テキスト建築意匠

平尾和洋＋末包伸吾 編著
Kazuhiro HIRAO　Shingo SUEKANE

大窪健之＋藤木庸介＋松本　裕＋山本直彦 著
Takeyuki OKUBO　Yosuke FUJIKI　Yutaka MATSUMOTO　Naohiko YAMAMOTO

Architecture in the Modern Age

Architecture in the Contemporary Age

Architecture in the postwar period of Japan

Possibilities of Architectural Drawing

Beginnings of Architecture

Elements of Architecture

Forms of Architecture

Parts and Entirety

Light and Darkness

Image of Space

City in the Modern and Contemporary Age

Expressions of Structure

Sustainability and Architectural Design

学芸出版社

Textbook of Theory and Practice for Architectural Design

はじめに *introduction*

　一般に「意匠」(design) という言葉には，「工夫すること，趣向を凝らすこと＝ idea, device」という意味と，「美術・工芸・工業製品などの形・色・模様・配置などについての独自の工夫，デザイン＝ design」という意味の2つがあります．

　近代建築以前，19C 頃の「建築意匠」は，「構造」と対比され，構造的解決を主とする建物本体に「意匠を施す＝外観の表現を与えること」，つまり美的・装飾的な操作を指すものと捉えられていました．ローマ期の建築家・ウィトルウィウスは建築の立脚点を「用・強・美」の3つに整理しましたが，このうち「美」を扱う学問としての建築美学は 18C 後半の哲学者バウムガルテンの創始以来「建築美の本質を追究する学問」として現在まで継続されてきています．こうした背景から，現代においても建築意匠＝建築美学の図式で捉える立場が存在するほか，わが国では建築の形態やその構成理論に関する研究が「建築意匠学」の名のもとに定義されています．

　本書は，建築家を志す学生や若手設計者を対象とし，日々交わす議論や設計を巡る思考の助けとなるような基礎的知識，あるいは最低限知っておくべき理論的フレームを「意匠 design」という言葉の上に（上記とは別の立場から）広く捉えつつ，これらの知見をわかりやすく解説した入門書としてまとめられたものです．と同時に，大学学部レベルの「建築デザイン」「建築設計論」「建築空間論」，大学院レベルの「建築設計特論」等といった意匠系・設計系の教材・講義テキストとして使えるよう，広範なテーマについてできるだけ平易に知見の紹介が試みられています．

　本書は，①近代建築以降の諸理論，②建築の「表記」方法と設計者の意図，③形態（かたちや構成，全体と部分の論理），④建築構成要素の役割，⑤建築の原点に関する論考，⑥空間と光のイメージの変遷，⑦近・現代の都市の諸理論，⑧力の流れ，⑨デザイン領域の拡大という9つのテーマについて，13 の章から構成されています．さらに巻末には各章 15 題ずつ総計約 200 問の一問一答を例示しました．よって本の使い方として，本文 13 章と問題集＋テストを併せ，15 回に分けて，講義をすることが可能です．大学の講義では，最終的な到達目標を，「巻末の問題集を解くことができるようになること」と設定することもできますし，「解答を作成するために本文を読んでいく」という手順をとることもできるでしょう．また，各問題文が各章のエッセンス，つまり要約版となっているので，この文章だけを再読することで，本文の中身を概読できるようになっています．

　テーマの構成と紙幅の都合上，従来の意匠系の本に比して，美学者・美術史家・建築家などの美論，シンメトリー（対称・均整）やコントラスト（対比）などといった「美の形式原理」，あるいは「色彩」や「装飾」については詳細に解説するにはいたりませんでした．こうした内容については，井上充夫『建築美論の歩み』（鹿島出版会，1991）や上松祐二『建築空間論 その美学的考察』（早稲田大学出版部，1997）そして小林盛太『建築美を科学する』（彰国社，1991）などの優れた入門書・解説書が存在しますので参考にして頂きたいと思います．

　本書は，40 歳前後の建築意匠関係者があつまり，全体構成から各章の内容にいたるまで議論を重ねつくりあげたものです．この議論は，建築意匠のテキストという広範な主題を扱わねばならない作業であったため，筆者たちの勉強会といった様相も呈していました．思わぬ錯誤などがありましたらご教授いただければ幸いです．

　本書を手にした方々が，建築意匠への興味を持っていただける，建築意匠に関する知識をえていただける，そしてこれから生み出される建築や都市の空間がよりよいものになる，そうした一助になればと思っています．

もくじ contents

はじめに 3 ／ 凡例 8

第1章 近代の建築 ……… 9
Architecture in the Modern Age

1 近代への変容——9
社会の変容／ビルディング・タイプの変化と新しい材料と技術／原型の模索と様式の相対化

2 世紀末転換期の建築——11
中世モデルと生産・デザインの調和：アーツ・アンド・クラフツ／様式からの離脱過程：アール・ヌーヴォー／表層の自立と装飾の排除：ヴァーグナーとロース／均質空間への道程：シカゴ派と高層建築／アーツ・アンド・クラフツから近代への接続：ドイツ工作連盟

3 前衛運動と近代建築の模索——14
速度の美：未来派／革命と建築：ロシア構成主義／抽象への意思：デ・ステイル／国際建築へ：バウハウス／近代と個人の表現：表現主義

4 近代建築の3巨匠——17
フローイング・スペースと有機的建築：フランク・ロイド・ライト／近代建築の5原則と彫塑性への転換：ル・コルビュジエ／ユニバーサル・スペースへの還元的展開：ミース・ファン・デル・ローエ

5 近代建築の成熟とその展開——21
近代建築の思考形態と意匠／普遍性と地域性との呼応：カリフォルニア・モダン／近代の古典主義への近接：イタリア合理主義建築／経験主義と近代：北欧経験主義

第2章 現代の建築 ……… 24
Architecture in the Contemporary Age

1 現代建築の視座——24

2 歴史主義——25
ロバート・ヴェンチューリと建築の意味性／歴史主義の様々な試行／ネオ・コルビュジアン：近代建築の歴史

3 合理主義——28
合理としてのタイプ／アルド・ロッシと記憶の中の都市／合理主義の展開

4 構造主義——29
西洋の外への視点／ヘルツベルハーと都市・建築空間の領域化／構造主義の建築

5 場所——31
空間から場：現代建築の意識の転換／批判的地域主義／批判的地域主義の諸相／テクトニック：カーンの構造とスカルパの細部

6 構造・技術——33
構造表現主義の建築／ハイテック：機械から環境へ

7 「建築」の解体から脱構築——34
建築の解体／構造主義とポスト構造主義／脱構築の建築／チュミとコールハース

第3章 戦後日本の建築 ……… 38
Architecture in the postwar period of Japan

1 戦後近代建築と日本——38
テクニカル・アプローチ／伝統論争

2 都市への進出——40
メタボリズムと未来都市

3 近代建築批判・テクノロジー批判——42
近代建築理念の解体／都市からの撤退・周縁なるものへの視座

4 1980年代——45
表層と記号／大文字の建築／機能から様相へ

5 1990年代以降——47
ランドスケープと公共性／ライト・コンストラクション／建築とプログラム

第4章　建築表記の射程　*Possibilities of Architectural Drawing* ……… 50

1. 建築表記から見えるもの —— 50
2. 意図の伝達 —— 51
   Situation／Area／Occasion／Division
3. 思考の外在化 —— 56
   Sketch／Collage／Description／Rhetoric
4. アンビルトの表記 —— 60
   アンビルト／都市とアンビルト／アーキグラムとセドリック・プライス／強化された物質的存在／リアリティーの表記／物語としての建築／SFにおける建築／社会へのアイロニー

第5章　建築の原点　*Beginnings of Architecture* ……… 65

1. 自然の変化と人間による構築 —— 65
   原点への志向／原始の人々にとっての洞窟／天体の動きと巨石による構築／巨石遺構の象徴性
2. 聖なる場所の理念と生成 —— 67
   聖なる場所と原初的体験／聖なる場所の構築—中心性と軸性—／神話と創造／「都市」（キヴィタス）と「都会」（ウルブス）／「まち」のイデアと概念モデル／古代ローマの創建儀礼と概念モデル
3. 建築理念と「原始の小屋」 —— 69
   祖形としての原始の小屋／ウィトルウィウスの原始の小屋／理性の原理としての原始の小屋／ロージエとデュラン＝自然と人為／建築による自然の模倣・再現／自然の模倣としての原始の小屋／自然の規範性としての原始の小屋
4. ルイス・カーンによる元初への問い —— 73
   建築の「元初」と「デザイン」／「サーヴァント・スペース」と「サーヴド・スペース」／「オーダー」から「フォーム」へ／「フォーム」と「リアライゼーション」／「フォーム」ドローイングの空間的特徴／元初の場所としての「ルーム」
5. 実存的空間とゲニウス・ロキ —— 76
   実存的空間の概念／実存的空間の諸要素と諸段階／ゲニウス・ロキの概念／ゲニウス・ロキの両義的本性／人間と場所の双方性

第6章　建築の要素　*Elements of Architecture* ……… 79

1. 西洋の内と外 —— 79
   建築は内と外の出会うところに作られる／西洋建築史における内部空間の形成／ル・コルビュジエの4つの内外規定
2. 日本の内と外, 曖昧な境界 —— 81
   日本の木造建築の作られ方／内外の連続と中間領域／結界の特性
3. 床 —— 82
   建築空間の構成要素／床の起源／高床（板敷）と土間／場を規定するものとしての基壇・台座／階級や序列を固定化する床の意匠／生命や食物を守る床, 機能を分化する床／大地との関わり, 人工の床
4. 屋根 —— 85
   屋根のはじめ／領域を示し, 構築をまとめる／階級や序列を表す／技術進歩と屋根表現
5. 壁 —— 87
   西洋建築のメイン・モチーフ／防衛の壁／分割する壁／壁の視認性と秩序化, 表現の場／日本の壁
6. 柱 —— 89
   基本構造のシンボルとしての柱／柱の意味／中心を示す柱と世界軸／方向性と領域性／柱のかたちのもつ効果
7. 門と窓（開口部） —— 92
   開きつつ閉じる門／閾／都市に開かれた建築の門／視線を通す窓／光と風を通す窓

第7章　建築のかたち　*Forms of Architecture* ……… 95

1. かたちの基本 —— 95
   かたちの基本要素／理想的な幾何学と比例
2. 単体としてのかたち —— 98
   中心性を持ったかたち／方向性を持ったかたち／求心性と遠心性

3 かたちの基本操作—— 103
引き算的と足し算的／重合と分割

4 かたちの組織化—— 107
規則性を持った群／不規則性とダイナミズム／不規則性の組織化

第8章 部分と全体 *Parts and Entirety* ……… 113

1 全体と部分の概念—— 113
建築における部分と全体／全体からの発想と部分からの発想／知覚の立場では「部分」が先立つ

2 調和とプロポーション—— 116
調和と秩序／神殿のシュムメトリア／ルネサンスの円柱学／アルベルティの数的「均整 Concinnitas」／立体的なプロポーション／木割と匠明

3 身体と人間尺度—— 119
オーダーと身体／寸法単位のベースとしての身体／身体のまわりにある距離帯

4 ミクロコスモスの思想—— 121
ミクロとマクロ／部分が全体を表す／一元論と多元論／現代の自己相似性

5 部分の集まり方—— 123
統合 (Unitas)：有機的統一と論理的統一／ルネサンスとバロックの対比／単一中心と多中心／単一中心の建築の例／多中心の建築の例／プレグナンツの法則

6 分節化—— 126
分節 (Articulation)／建築における6つの分節サンプル

第9章 光について *Light and Darkness* ……… 128

1 建築と光—— 128
ショーペンハウアーの言葉／光の量ではなく「光の質」が重要

2 影をつくる光—— 129
光の下の造形／ギリシア神殿の柱／光の鋳物師／光と色彩

3 差し込む光—— 131
内部空間に差し込む光／ドームと天窓／光をうける面／トロネの厚い壁と強い光／バロックとキアロスキュロ

4 日本の光—— 134
陰翳礼賛とバウンス・ライト／光を受ける日本の意匠／日本建築のプランと光

5 光の壁—— 136
モザイクのきらめき／神の宮居と光の形而上学／中世ゴシック教会の光

6 満たす光—— 138
クラシシズムと理性の光／明るい都市空間／鏡面とライト・ウェル／衛生と透視性

7 20Cの多様な光—— 140
水晶のメタファー／ガラスブロックと光を通す壁／影のない拡散光／アトリウム建築／動く光＝モバイル・ライト／影の復権

第10章 空間について *Image of Space* ……… 144

1 空間の位置づけ—— 144
空間芸術としての建築／空間の不可捉性／老子の「無」

2 宇宙 Space のイメージ—— 145
宇宙と空間／プラトンのコーラ／ケプラーの宇宙のコップ／アリストテレスのトポス／有限で求心的な空間像・場所の現在

3 有限から無限へ—— 148
有限宇宙論の矛盾／縮減された無限宇宙／ブルーノの無限・世界の多数性／デカルトの延長・解析幾何学／カルテシアン・グリッドと世界地図／ニュートンの絶対空間・相対空間

4 無限空間の波紋—— 151
空間の恐怖／芸術への影響／均質空間 (Universal space)／観念としての空間—ロック—／頭の中の先験的空間—カント—

5 幾何学的空間—— 154
遠近法と無限遠点／無限概念による新しい幾何学的造形／バロック的都市デザインとヴィスタ／視覚の遊び

6 建築の本質＝空間—— 157

感性の学問／カントとヘーゲルの美学／ゼンパーの様式論／シュマルゾーの空間と身体／空間体験は言葉にできない

7 空虚と非連続な空間概念──159
ギリシアとカラームの原子論／ライプニッツのモナド

8 20Cの空間概念──160
空間は物体の位置関係である／時空間の概念／リーマンによる幾何学空間の相対化／ポアンカレの幾何学的空間と表象的空間／メルロ・ポンティの身体からの空間／ピアジェの心理的空間の発達説／心理的空間と物理的空間

第11章 近・現代の都市 ……………… 164
City in the Modern and Contemporary Age

1 没場所性とグローバリズム──164
「都市とは何か」という問い／没場所性／グローバリズム

2 産業革命と近代の都市化──165
大都市化と都市計画の誕生／19C後半のパリ大改造と道路開設／超過収用と地割の大規模化／オスマン型道路の空間的特徴とその源流

3 近代都市計画とユートピア──167
田園都市の構想／田園都市構想の実践的側面／工業都市構想とその影響／「300万人の現代都市」の構成原理／「ヴォワザン計画」への展開／「ヴォワザン計画」の意義／「輝く都市」の理念／都市デザインにおける計画概念の4段階

4 都市イメージ論──172
視覚的経験と「わかりやすさ」(legibility)／パブリック・イメージとイメージアビリティ(imageability)／都市イメージの5つのエレメント／環境経験とシークエンス／シークエンスによる都市イメージ分析

5 都市のコンテクスト──175
都市組織とコンテクスト／都市組織と建築類型／建築ティポロジア／「図と地」，コラージュ・シティ／セミラチスとしての都市／パターン・ランゲージ

第12章 力の流れと表現 ……………… 179
Expressions of Structure

1 積む──179
積み木の原理／組積造の開口／まぐさ式構造と持ち送りアーチ／アーチ／ヴォールト／ドーム／土の建築／校倉造

2 組む──183
木の架構／木造のバランス構造／和小屋と洋小屋／トラス／鉄の架構／鉄の種類／建築部材の規格化／橋梁の表現／キャンティレバー／サスペンションの架構／サスペンションの展開／張弦梁構造／テンセグリティ／コンクリートの架構／コンクリートスラブ

3 曲げる──193
コンクリート構造の展開／シェル構造／シェル構造の展開／折板構造／膜の架構

第13章 持続可能性と建築デザイン ……… 196
Sustainability and Architectural Design

1 持続可能性への視座──196
環境問題の背景とパラダイム・シフト／持続可能な開発と建築デザインの領域

2 文化財の保存と活用──198
文化的多様性の継承／文化財建造物の保存と活用／近代化遺産の保存と活用／町並みの保存と活用

3 リサイクルとリユース──199
材料のリサイクルとリユース／建築のリユース(コンバージョン)

4 省エネルギーとデザイン──202
通風・換気とデザイン／断熱・暖房とデザイン／日射・採光とデザイン／エネルギーへのまなざしとデザイン

5 防災から減災のデザインへ──204
地震とデザイン／火災とデザイン／風水害とデザイン

問題集 208
索引 214
図版出典 219

凡例 notes

- 文中記載の人名については，初出のみフルネームとし，2回目からは文意に応じて適宜省略記載した．
- 人名のカタカナ表記は「建築大辞典」（彰国社）「建築20世紀」（新建築社）「世界建築事典」（N・ペヴスナー，鹿島出版会）を参考にした．
- 他章に関連図版がある場合は，できるかぎり⇨で参照を示した．
  例）⇨ p.45 図 2-7　……本書 p.45 の図 2-7 を参照
- 他章に関連記述がある場合は，脚注にてできるかぎり☞で参照箇所を示した．
  例）☞ p.45，2 章 2 節　……本書 p.45 の第 2 章第 2 節を参照
- 問題集 (p.208) は，講義での理解度をはかるのに役立てるために作成した．その使い方を考慮し，解答は掲載していない．
- 索引 (p.214) に関しては，概念的事項によっても索引化しており，必ずしもその語が本文中に現れるものではない．
- 図版出典については，引用させていただいた図版も含めて，紙面の都合上，巻末 (p.219) にまとめて掲載した．

近代の建築 ……………………………………………… 第1章
近代化の諸条件，世紀末転換期，前衛運動，ライト，ル・コルビュジエ，ミース，合理主義，機能主義

タイトル図）サヴォワ邸．

1-1) 本章では建築を中心に述べている．都市化から近代の都市計画への展開については☞ pp.165-172, 11章2～3節．

1-2) 鈴木博之『近代・現代建築史』彰国社，1993, pp.4-5.

1　近代への変容

●社会の変容

　18C後半イギリスで産業革命がおこり，農業を基盤とする封建的な土地支配による社会から工業を中心とする社会となり，社会構造や生産技術における変化が，近代独自の様々な可能性と課題を提示することとなります．工業化の進展によって，人々は，農業に適した場所から，工業の立地に適した場所へと流入します．都市化[1-1]です．彼らは従来の土地に縛られた制度からの離脱を期した人々でもあります．さらに彼らは専門的な技能を有する上層中産階級や労働者階級という新たな社会階級として，近代都市の主役となっていきます．新たな職を求め都市に集まる人々の住居も，旧来のものとは性格を異にします．労働と居住が一体化していた住宅から，労働と居住が切り離された専用住宅（集合住宅や郊外の住宅）へと，その性格を変えていきます．

　工業化の進展には，工場だけでなく，物品を輸送・保管する施設や，都市に居住する人々への公共的な施設が必要となります．また，工場で生産された物品を管理・保障をする，いわゆる第3次産業に従事する人々や作業場としての事務所なども必要となります．さらに，工場や事務所などに勤務する人々の住居も必要となります．

　「近代建築の歴史とは，このような社会の大きな近代化のプロセスの中での，建築の変化の歴史とかんがえるべき」[1-2]

ものなのです．建築にかかわる顕著な変化として次に述べるビルディング・タイプの変化や，新しい材料とその技術の適応があります．

●ビルディング・タイプ[1-3]の変化と新しい材料と技術

工業化とそれに伴う都市化の進展や社会構造としての資本主義社会への移行は，それまでにない新しい建築を必要とします．工場，倉庫といった生産に直結するものから，製品を輸送するための鉄道や駅，橋梁などの交通施設，製品を流通させるための博覧会場や市場・百貨店，事務所，市役所や図書館などの公共施設，そして独立住宅が，建築家が取り組む新たなビルディング・タイプとなります．

工業化の進展とともに，建築を作り出す鉄，コンクリート，ガラスといった材料も大量生産が可能となり，石やレンガにかわる主要な建築材料となっていきます．さらに鉄やコンクリートに関する物理的・科学的性質や構造方式についての工学的な研究が進みます．また，ゴシック建築の研究者であるE・E・ヴィオレ・ル・デュクは，ゴシック建築の部材（建築を分節するという考え方は近代の考え方に通じるものです）を鉄材に置換することが可能であるとし，新たな材料と建築の様式を結びつけます．

1851年のジョセフ・パクストン設計の水晶宮（⇨p.187図2-22）では，鉄の特性をいかし，細い構造体による大スパンの架構をガラスで覆い，それまでの建築の空間的性質を転換しました．ギュスターブ・エッフェルによる高さ300mのエッフェル塔（1889, ⇨p.164タイトル図, p.186図2-20）やスパン115mのパリ万国博覧会機械館（1889, フェルディナン・デュテール＋ヴィクトール・コンタマン，図1-1）など，同様の傾向を持つ様々な建築が創出されます．技術者が先導的に設計した，これらの建築には総じて装飾的な細部をみることができます．様式とそれに基づいた装飾が新たな価値観にもとづく造形として置き換えられるには，建築家たちの意識の改革が結実する20Cを待つこととなります．

●原型の模索と様式の相対化

社会や技術などの変容とともに，建築に対する考え方も変容します．

> 「歴史を動かしていくのは，社会・経済・技術などの力だけでなく，人間の意志の力でもある」[1-4]

のです．

マルク・アントワーヌ・ロージエは『建築試論』（1755, 第2版, ⇨p.71図3-4）において，4本の柱とそれらを結ぶ梁と桁からなる切妻の小屋を建築の原型として示します[1-5]．また，ジャン・ニコラ・ルイ・デュラン[1-6]は『建築教程の概要』（1802-05）において，平面・断面構成をダイアグラム的に把握することにより，構成における幾何学的な共通性を導きます．これらの考え方は，それまでの建築を理解する方法としての様式から離れ，建築の普遍的原理を希求する考え方といえます．

それとともに18C半ばからギリシャ建築が，ローマ建築に代わって新たな原型として見出され，さらにヨーロッパ諸国の文化的伝統の根源としてのゴシック建築をはじめ，様々な世界各地の様式が同時期に現れることとなります．ゴットフリート・ゼンパー[1-7]は，『工芸的および建築的芸術における様式，もしくは実践的美学』（1860）において，

> 「建築の基本形式の構造的・技術的把握は，粗雑な唯物論的考察と同じではない．唯物論的考察によれば，建築の固有の本質とは，仕上げられた構造，図解され着色された静力学と動力学，純粋の素材表現以外のものではない」[1-8]

と述べ，建築を捉える基盤として構造と素材の重要性を示します．

18C半ばから，それまで時代と対応してきた建築の様式や建築の考え方が，唯一のもの

[1-3) 新たな建築課題（ビルディング・タイプ）の詳細については，N. Pevsner, A History of Building Types, Princeton Univ. Press, 1976を参照のこと．

1-4) 鈴木博之『近代・現代建築史』彰国社，1993，p.17．

1-5) 原始の小屋に関する詳細は☞pp.69-74, 5章3節．

1-6) ☞p.28, 2章3節，およびp.71, 5章3節．

1-7) 井上充夫『建築美論の歩み』鹿島出版会，1991, pp.159-164, および☞p.158, 10章6節．

1-8) 井上：前掲書，p.161．

図1-1 パリ万国博覧会機械館

2-1) J・ラスキン, 杉山真紀子訳『建築の七燈』鹿島出版会, 1997.

2-2) ラスキンの光による重要性の指摘については☞p.130, 9章2節.

2-3) ニコラス・ペブスナー, 白石博三訳『モダン・デザインの展開』, みすず書房, 1957, p.10.

2-4) ☞pp.139-140, 9章6節.

でなく相対化していきます．さらに，普遍性（新古典主義の汎用性あるモデル）と固有性（ゴシックなどの中世のモデル）との拮抗も継続され，建築を新たに定義する必要性が生じてきます．こうした背景が，19C半ばからの近代社会に適応した建築を巡る様々な思考へとつながっていきます．

2　世紀末転換期の建築

●中世モデルと生産・デザインの調和：アーツ・アンド・クラフツ

美術批評家であり社会思想家としても後に大きな影響を与えたジョン・ラスキンは『建築の七燈』[2-1]（1849）において，中世を範とする建築ひいては社会への回帰を説きます[2-2]．ラスキンの影響を受け，彼と同様に機械により大量生産される俗悪品に反感を持っていたウィリアム・モリスは，芸術を

> 「人間による，労働における喜びの表現」であり「民衆によって民衆のために作られ，作る者と使う者にとって，共にそれが楽しみ」[2-3]

でなければならないと述べます．こうした理想の実現のため，モリスは商会を組織し，中世のギルド的な手工芸へと回帰させ，生活全体を総合的に芸術化することを企図します．

モリスがフィリップ・ウェブとともに設計した赤い家（1859, 図2-1）は，近代独自の裕福な中産階級のための郊外の専用住宅という特色をもちます．特に，内部の機能的な要求をそのまま外観に表現し，シンメトリーなどの様式的な構成を回避した率直な空間構成をとったことや，モリスによる家具や調度品と建築とを調和したことにより，アーツ・アンド・クラフツ建築の代表的なものとなります．

アーツ・アンド・クラフツは，ゴシックの再発見とともに，従来，応用芸術とみなされていた家具に絵画と同様の位置を与えたことや，実用性の高い上質な製品を重視したこと，さらにグループを組んで社会の改変に取り組もうとした点に意義があった一方，機械を否定したことには限界があったといえます．

●様式からの離脱過程：アール・ヌーヴォー

新しい芸術という意のアール・ヌーヴォーは，19C末にヨーロッパの都市文化を席巻します．各国で様々な複数の呼称がアール・ヌーヴォーに代わり用いられますが，多くが植物的な曲線を示すものです．絵画や建築から家具やガラス器など応用芸術までを対象としたことが，アール・ヌーヴォーの特色です．

エクトール・ギマールによるパリのメトロ入口（1900, 図2-2）は，植物を思わせる有機的で軽やかな鋳鉄の曲線の構造と，優しい曲線をもつガラスの屋根が，人々を地下鉄に誘います．平面的な装飾性という点で，アール・ヌーヴォーの特色をよく示すものですが，構造体やガラスが交換可能なようにプレファブ化が考えられていることは注目に値します．また，ヴィクトル・オルタのタッセル邸[2-4]（1892, 図2-3, ⇨p.139図6-9）も，ギマール同様の植物的で有機的な曲線をまとうものです．しかし，この作品では階段室を中心に，住宅

図2-1　赤い家

図2-2　メトロ入口

図2-3　タッセル邸

図 2-4 サグラダ・ファミリア聖堂

図 2-5 グラスゴー美術学校

図 2-6 ウィーン郵便貯金局

図 2-7 シュタイナー邸

2-5) O・ヴァーグナー 樋口清・佐久間博訳:『近代建築』中央公論美術出版, 1985

2-6) A・ロース 伊築哲夫訳『装飾と罪悪』中央公論美術出版, 1987.

2-7) 同上, p.71

の内部空間全体を有機的に連続させるものとして，装飾が用いられています．一瞥するだけでは，ほとんど差異のないようにみられる2つの作品にも，建築家の意図とその効果に差異があります．アントニオ・ガウディのサグラダ・ファミリア聖堂（1883-1926, 図2-4）は，ガウディ独自の様々な図像があふれる，複雑で高度な造形が十全に展開されたものですが，これはスペインの造形的特質を継承するとともに，塔の形態が構造的な合理性を持って決められたものでもあります．自国の文化的背景を近代という時代に重ね合わせる考え方は，フィンランドのエリエル・サーリネンのヘルシンキ中央駅（1905-14, ⇨ p.101 図2-18）などにも認められ，ロマンチック・ナショナリズムと呼ばれることもあります．

チャールズ・レニー・マッキントッシュが活躍したグラスゴーでは，彼を中心に，伝統的芸術や装飾の手法を重視するだけではなく，近代との積極的なつながりが模索されます．植物から着想を得た，流れるような直線を用いる点では，アール・ヌーヴォーと同じですが，例えばマッキントッシュのグラスゴー美術学校（1899, 1909, 図2-5）では，直線を中心とした造形が主となり，工業的なものと手工芸的なものの融合が図られ近代的な抽象性を獲得しています．アール・ヌーヴォーの建築には，植物的な曲線を主とする平面的な装飾性という共通点はありますが，それぞれの建築家による差異に意を払う必要があります．

●表層の自立と装飾の排除：ヴァーグナーとロース

1897年，ウィーンにおいて分離派が画家のギュスターブ・クリムトやヨーゼフ・オルブリヒらによって結成されます．彼らは，過去の様式から分離し，自身の時代に応じた様式をみいだすことを主張します．オットー・ヴァーグナーは『近代建築』2-5 (1895) において，目的を正確に把握する，素材を適切に選択する，簡潔で経済的な構造という，3点を考慮した上に成立する形態が，必要に応じて作り出される時代の様式であるとし，必要様式として定義します．彼のウィーン郵便貯金局（1906, 図2-6）では，外壁の石板がリベットで固定されることで表層の自立が示され，メインホールは，ガラスの天井とガラスブロックの床からなる，清廉な空間となっています．簡潔な構造とそれとは切り離された表層が自在に内外空間を包み込み，装飾的なグラフィックや細部は，すべて自立した表層性を際立たせるために適応されます．それがヴァーグナーの必要様式であり，表層の自立という問題は，近代への架け橋となります．

アドルフ・ロースは『装飾と罪悪』2-6 (1908) において

「文化の発展とは，実用品から装飾品を排除することと同義である」2-7

と述べ，近代への意識の転換点を示します．シュタイナー邸（1910, 図2-7）は，その実践と捉えられることが多く，外観にみられる対称

2-8) ラウムプランについては，伊藤哲夫『アドルフ・ロース』鹿島出版会，1980 を参照のこと．

性を重んじた構成を除くと，装飾的な細部を一切排除し，平滑な壁面とそれをくり貫いた開口部からなる幾何学的な全体構成であり，後のインターナショナル・スタイルの先駆けともされています．ロースは空間構成の点でも，「ラウムプラン」2-8 と呼ばれる独自の思想を展開します．その代表的な作品ミュラー邸（1929，図2-8）では，建物全体を3次元の空間として捉え，その中の各部屋を3次元の空間として切り取りながら空間の連関を達成したもので，近代建築の空間像の一つを示しました．

●均質空間への道程：シカゴ派と高層建築

1871年のシカゴ大火からの復興の過程で出現するのが，機能としてはオフィスで，形式としては高層建築です．シカゴ派の先駆者ヘンリー・ホブソン・リチャードソンの作品は，形態の単純性と粗石積みの重厚感を追求したもので，アーチを除けば装飾や様式的な細部を排除したものです．ダニエル・ハドソン・バーナムはモナドノック・ビル（1891）において，三層構成や対称性といった古典的な構成や装飾を回避し，リライアンス・ビル（1895）では，リベット打ちによる鉄骨の接合，鉄材の腐食防止と耐火性を確保するスパンドレル，軽量の床材や，鉄骨ブレースの使用，さらにシカゴ窓といった構成要素からなる高層建築の形式を導き，シカゴ派を先導します．

世紀末転換期のアメリカを代表する建築家ルイス・ヘンリー・サリヴァンの高層建築の最初期の作品がオーディトリアム・ビル（1889，図2-9）です．オペラハウスやホテル，オフィスからなる複合建築に対し，サリヴァンは三層

図 2-9　オーディトリアム・ビル

構成を中心に粗石仕上げとアーチによる統合という処理を行っています．さらに，カーソン・ピリー・スコット百貨店（1904，図2-10）では，控えめな装飾を有する白色のテラコッタ・タイルが外装に用いられ，その格子が頂部まで達することで，三層構成からの離脱を示すとともに水平性が表現されています．三層構成を軸に，その抽象性を高めた建築を作り出したサリヴァンの建築には，いつも装飾が用いられています．サリヴァン自身の建築観である「形態は機能に従う」というテーゼは，後の近代建築家によって合理主義的な機能観へと読み換えられますが，サリヴァン自身は建築の構成のあり方を，自然界にみられる植物等の構成に見いだしていました．彼の建築は，その表象として捉えられます．

バーナムやサリヴァンによる試行は，建築が高層化する際に直面した新たなデザインの課題でもあります．シカゴ派から，ゴシック的な様式を高層建築のデザインに適応したハウエルズ＋フッド設計のシカゴ・トリビューン（1922，図2-11）を経て，同じ競技設計においてワルター・グロピウスが示した，均質な

図 2-8　ミュラー邸

図 2-10　カーソン・ピリー・スコット百貨店

図 2-11　シカゴ・トリビューン

図 2-12 シカゴ・トリビューン（グロピウス案）

図 2-13 ドイツ工作連盟大会ガラス・パヴィリオン 　　図 2-14 ドイツ工作連盟大会モデル工場

空間が積層しているという表現（図2-12）は，近代建築の一つの到達点を示すものです．

●アーツ・アンド・クラフツから近代への接続：ドイツ工作連盟

1904年ヘルマン・ムテージウスは『英国の住宅』を著し，イギリスのアーツ・アンド・クラフツが芸術家などのグループを組織化し手工芸の再興に取り組んでいることや，イギリスの住宅にみられる合理性などを紹介し，1907年にドイツ工作連盟をアンリ・ヴァン・デ・ヴェルデとともに設立します．1914年に開催された工作連盟の大会において，ムテージウスは規格化の重要性を主張したのに対し，ヴェルデは一定の型や規準は芸術的創造にそぐわないものとします．この大会時に建設されたモデル建築には，ヴェルデによるアール・ヌーヴォー風の曲線が用いられた劇場，ブルーノ・タウトによる様々なガラスの素材や質感によって水晶[2-9]のイメージに高められた建築（図2-13）や，グロピウスによる端部の階段室がガラスのカーテンウォールとなっている軽快で透明感のある建築（図2-14）が出展されます．タウトやグロピウスも，ヴェルデの考え方を支持していたようですが，規格化と芸術的創造の葛藤の中で示したモデル建築は，後の近代建築の表現を提示することに成功しています．さらにドイツ工作連盟は，機械の使い方次第で高水準の製品を作り出すことが可能であるという，機械を是認する主張をしたことや，主張をともにする人々が集まり活動を展開するという，CIAM（近代建築国際会議）などに継承される活動の範を示したことにより近代建築の形成に寄与しました．

3　前衛運動と近代建築の模索

●速度の美：未来派

1909年，詩人フィリッポ・トッマッソ・マリネッティは未来派の初の宣言となる「未来主義」を著し，まずイデオロギーを示す言説により活動を開始します．彼は，工業化社会とそれに伴う都市化の進展を，文化的な伝統や遺産が集積するイタリアの閉塞状況を打破するものとして積極的に評価し，その特色をいかすことを主張します．具体的には，「速度の美しさ」を規範として掲げ，自動車をはじめとする機械やそれによって可能となる都市での生活などを賛美します．マリネッティのこうした主張に呼応した彫刻家や画家などが集結し展覧会などを中心に運動を展開します．

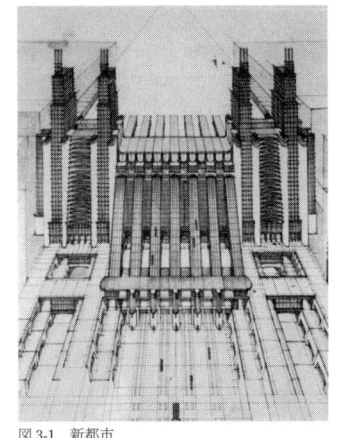
図 3-1　新都市

1914年に「未来派建築宣言」をマリネッティと共同で著した建築家アントニオ・サンテリアは,新都市(1914,図3-1)と題する16枚のドローイングによって未来派の主張を建築的に示しました.駅や高層の住宅,発電所などを新しい都市のシンボルとし,それを可能にする線路や車道,エレベーターなどのテクノロジーを積極的に採用します.彼は,速度と高さというダイナミズムと,それを達成しようとする人間の能力に賛辞を示しました.

未来派は,建築の実現には恵まれなかったものの,近代という時代の特性への視線を,マニフェスト(宣言)とドローイングというメディアで世界に伝えようとしました.

● 革命と建築:ロシア構成主義

ロシアにおける前衛運動は,キュビスムや未来派などとともに,前衛画家カジミール・マレーヴィッチのシュプレマティスム(至高主義,⇒ p.153 図4-8)の影響をうけたもので,絵画や彫刻,建築にとどまらず,文学や演劇,映画など広範な領域に拡がりをみせ,20Cの芸術全体に大きな影響を与えました.

1917年の革命以降,ロシアでは旧来の古典主義的な社会を一掃し,新しい体制への移行が推進されます.新体制に対する集団の意志や労働の象徴的で直接的な表現が必要とされ,新しい世界観を示すものとして,構成主義の芸術家が重用されるようになります.

ロシア構成主義の創始者ウラジミール・タトリンは,ブルジョア的な芸術を旧来のものとして,新しい社会に応じた素材・ボリューム・構成に主眼をおいた抽象芸術によって革命を達成することを目指します.彼の代表的な作品第三インターナショナル記念塔計画案(1920,図3-2)は,400mの高さを想定し,地軸に合わせて傾けられた螺旋状の構造体に,会議場・オフィス・情報通信センターの機能を有する立方体・四角錐・円筒形といったプラトン立体が組合わされ,これらの立体は1年・1ヶ月・1日に1回転するというものです.螺旋に,各立体の動きが加わるダイナミズムは,タトリンが希求した革命を扇動的に表現したものです.

ロシア構成主義は,前衛芸術の解散を余儀なくされる30年代前半にいたるまで,エル・リシツキー(⇒ p.161図8-3),ヴェニスン兄弟,コンスタンチン・メーリニコフなど,数多くの建築家を輩出しました.彼らの造形は,大胆な幾何学的構成を主に,サインや広告,エレベーターなどをデザインの要素に取り込んだ作品が多く見られます.特に構成主義の最終期に活動を展開したイワン・レオニドフ(⇒ p.57図3-4)は,レーニン研究所計画案(1927,図3-3)において,均質で無限に広がりのある場所に,文化的な複合施設を純粋形態の構成として展開し,後の脱構築主義[3-1]の建築家などに影響を与えました.

● 抽象への意思:デ・ステイル

1917年,テオ・ファン・ドゥースブルフを中心に,画家ピート・モンドリアン,建築家ヤコブ・ヨハネス・ピーター・アウトなどによって,雑誌「デ・ステイル」がオランダに創刊されます.彼らは,急速に変化を遂げる近代社会に適応した芸術として,個人的なものではなく

図3-2 第三インターナショナル記念塔計画案

図3-3 レーニン研究所計画案

図3-4 レッド・アンド・ブルー・チェア

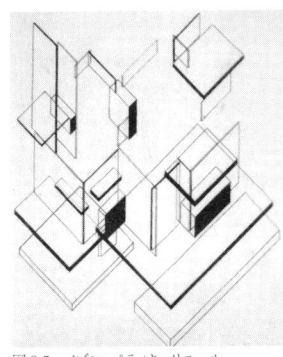
図3-5 メゾン・パティキュリエール

図3-6 バウハウス校舎

3-2) ドゥースブルフの時空間の概念については☞ pp.160-161, 10章8節.

3-3) W・グロピウス, 貞包博幸訳『国際建築』中央公論美術出版, 1991.

普遍的なものこそが，これからの「様式すなわちスタイル」であると主張します．彼らにとっての「様式」は，造形要素を点と線・面に明確に分節し，赤，青，黄の3原色と無彩色である白から黒の階調に限定した上で展開されるものです．家具職人であったヘリット・トマス・リートフェルトが，デ・ステイルに参加する前の1918年に発表したレッド・アンド・ブルー・チェアー（図3-4）は，線と面が相互に独立したものであることを，接合のさせ方や色の塗り分けで示した20Cを代表する家具です．リートフェルトはこの椅子での試行を，シュレーダー邸（1924，⇨p.95 タイトル図, p.127 図6-8b, p.152 図4-6）において，建築空間として展開します．この作品では，白，グレー，黒で塗られた面に，3原色の線材が，軽やかに浮かぶように配されています．こうした構成は，内部空間においても徹底され，建築・家具・絵画といった諸芸術を統合したものとなっています．

西欧諸国の前衛芸術家との積極的な交流を行っていたドゥースブルフ[3-2]は，ファン・エーステレンとの共同作品メゾン・パティキュリエール（1923, 図3-5, ⇨p.127 図6-8a）において，浮遊する面によって3次元的な空間を創出する手法を開拓し，建築への展開を行うようになりますが，1931年の彼の死とともに，デ・ステイルは終焉を迎えることとなります．デ・ステイルが示した幾何学への還元的思考は，近代の前衛芸術に共通する部分が多いですが，その抽象性の徹底が，後の近代建築の造形言語に大きな影響を与えることとなります．

● 国際建築へ：バウハウス

バウハウスは1919年にW・グロピウスを校長として設立されます．バウハウスの前身である工芸学校では，中世的な工房における様々な創作活動を，建築のもとに統合するという方針の教育が行われていました．バウハウスも同様の方針から，造形一般に関する基礎的な訓練を半年にわたり行う基礎教育を経て，舞台・彫刻・家具・テキスタイルなどの工房での創作を行う3年間の工房教育，それらを総括するものとしての建築教育からなるカリキュラム編成がなされます．

工房における創作を中心とする点では，アーツ・アンド・クラフツ運動からドイツ工作連盟を経由した影響をみることができます．しかし，バウハウスでは，機械生産に対応した創作に比重を移すこととなります．バウハウスには，画家ではヨハネス・イッテン，パウル・クレー，ワシリー・カンディンスキー，モホイ・ナジ（⇨p.160 図8-1,2），舞台芸術家オスカー・シュレンマー，建築家ではアドルフ・マイヤー，ハンネス・マイヤー，マルセル・ブロイヤー，そしてミース・ファン・デル・ローエなど，近代の代表的な芸術家が参集しました．

1925年，バウハウスはデッサウに移転します．グロピウスの設計によるバウハウス校舎（1926, 図3-6, ⇨p.126 図6-6a）は，彼の著『国際建築』[3-3]（1925）における主張を建築として示したもので，近代建築の代表的な事例として世界中に影響を与えます．グロピウスは，『国際建築』において，時代の精神に応じた建築は，過去の様式を採用するものではなく，近代の特徴を積極的に取り入れる世界中に共通

3-4) ☞ p.141, 9章7節.
3-5) ☞ p.141, 9章7節.

する意志と技術によるもので，機能とプロポーションを重視した普遍的なものでなければならないとしました．バウハウス校舎は，対称性を重んじた平面と三層構成をなす立面を組み合わせるという伝統的な構成ではなく，モノトーンの壁面とガラスのカーテンウォール3-4や横連窓などからなる3つの直方体のマッスというボリュームを非対称に組合せたダイナミックな構成となっています．このダイナミックさは，ガラスによって開放された建物隅部の表現によりよく現れています．1928年，H・マイヤーが第2代校長となり，その後，ミースが校長となりましたが，バウハウスが主張する国際的な普遍性は，ナチスが主張する自国民の優位性と相反し閉鎖されることとなります．

● 近代と個人の表現：表現主義

これまで述べてきた近代の前衛運動に共通する点は，近代という時代の独自性を積極的に彼らの造形理論や手法に取り入れ，抽象化や普遍性を志向する点にあります．一方，ドイツ工作連盟の大会でヴァン・デ・ヴェルデが主張した，個人的で内面的な動機に基づく芸術的創造という傾向も，1910年代から20年代にドイツやオランダのアムステルダムで高まりをみせます．表現主義と呼ばれるこうした傾向は，不安感，非合理性や主観を重んじ，理想的な社会の実現を彼らの表現を通じて主張することでもありました．

アインシュタインの相対性理論を検証する目的で創られたエーリヒ・メンデルゾーンのアインシュタイン塔（1921，図3-7）は，曲面や曲線を多用した躍動的で彫塑的な造形という表現主義の造形的特色のひとつをよく示すものです．同様の造形の傾向をとるものとして人智学を提唱したルドルフ・シュタイナーのゲーテアヌム（1920, 28，図3-8）があります．一つの要素を，規則的に多量に反復し利用した表層的な造形も，表現主義の造形の特色の一つで，ハンス・ペルツィヒによるベルリン大劇場（1919）やフリッツ・ヘーガーのチリ・ハウス（1924，図3-9）は，その代表的事例です．また，色ガラスやガラスブロックなどに，新たな空間の可能性をみいだし，水晶3-5などの鉱物の結晶的な造形をおこなったB・タウト（⇒ p.141 図7-2）は，ドイツ工作連盟大会でのガラス・パヴィリオン（1914，図2-13，⇒ p.141 図7-1）で，色ガラスを通過した光による幻想的な空間をつくりだしました．個人の内面に深耕する傾向は，時代によらず芸術に不可避的なものです．一方，その極度な固有性が拡がりを持ちにくいという傾向をもちます．

4　近代建築の3巨匠

● フローイング・スペースと有機的建築：フランク・ロイド・ライト

近代建築の巨匠の1人であるフランク・ロイド・ライトの活動は，アメリカの伝統やその独自性への敬意に基づくもので，アメリカの建築が，ヨーロッパの模倣ではなく，自らの表現を創出していく過程を記すものでもあ

図3-7　アインシュタイン塔

図3-9　チリハウス

図3-8　ゲーテアヌム

ります．1890年代から1910年代にかけて，「プレーリー・ハウス」(草原住宅)を創出した第一黄金時代の代表作がロビー邸(1909, 図4-1)です．ロビー邸では，暖炉を中心に居室が十字形に配され，それを覆う屋根が面として建物の外形線から大きく突出し，広大なアメリカの大地と呼応する建築が作り出されました．こうした空間構成について彼は，

> 「外部空間が内部に侵入し，内部空間が外部に流れ出す感じを本当に与えるシェルターの形である」[4-1]

と述べ，内外あるいは内部相互の空間の流動性(「フローイング・スペース」)を重んじた空間を創出していることを示します．

ライトの建築はヨーロッパに大きな影響を与えます．ヘンドリクス・P・ベルラーヘは，

> 「それらの独創性は『可塑性』と表現するのが最もふさわしいであろう．ヨーロッパの建築の内部空間が平坦で2次元的であるのに比べ，内部と外部の浸透がこの住宅の独創性を作り出している．この独創性を，新しさと呼んでも良いであろう．このすばらしいアメリカ建築に対して，ヨーロッパには拮抗するものがないのである」[4-2]

と賛辞をおくりました．

1910年代から20年代の「失われた時代」を乗り越え(⇒p.198 図2-2)，ライトは落水荘(1936, 図4-2)で復活を遂げ，第二黄金時代を迎えます．滝とともに住まうことをテーマとしたこの住宅で，ライトは，滝の上の岩盤からキャンティレバーのスラブを突き出させ，滝の上に生活空間を創出します．居間の床には，光を反射する塗装が施された石が敷かれることで，居間そのものが川面であるという空間的な効果が達成されています．また，30年代以降のライト[4-3]は，「ユーソニアン・ハウス」と呼ばれる住宅のシリーズを展開します．その代表作ジェイコブス邸(1937, 図4-3, ⇒p.84 図3-10)では，庭に向かい床から天井までの大開口を設け，その反対側には壁面を配し，前と後の差異を明確にするとともに，屋根をはじめとするスラブは面として，建物のボリュームから突出させます．こうした効果は建物が様々に雁行することで強化され，内外空間の強い一体性が達成されています．このライトの「ユーソニアン・ハウス」の空間構成は，1890年代の対称性を重んじた構成から，プレーリー・ハウスの面による箱の解体という構成を経て，建物の構成要素を全て2次元の面として構成した，ライトの到達点の一つでもあります．その後，ライトは，ジョンソン・ワックス本社(1936-39)やグッゲンハイム美術館(1959, 図4-4, ⇒p.99 図2-6)などの名作を次々と実現します．

ライトが目指した「有機的建築」は，H・グリーノー[4-4]が提唱した，多様な形態を持ちつつ，それぞれが機能と対応している自然の造形を重視し，そこから機能に忠実にデザインすべきであるという論に端を発しています．

4-1) Frank Lloyd Wright, *An American Architecture*, Horizon Press Pub., Ltd., 1969, p.77.

4-2) H. P. Berlage: The New American Architecture, *Schweizerische Bauzeitung* 60, Sep.14, pp. 148-50, 1912.

4-3) ☞ p.142, 9章7節．

4-4) グリーノーの考え方については，井上，前掲書, pp.181-83を参照のこと．

図4-1 ロビー邸

図4-2 落水荘

図4-3 ジェイコブス邸

図4-4 グッゲンハイム美術館

4-5) ル・コルビュジエ，石井勉訳『東方への旅』鹿島出版会，1979．
A・オザンファン，E・ジャンヌレ，吉川逸治訳『近代絵画』鹿島出版会，1968．
ル・コルビュジエ，吉阪隆正訳『建築をめざして』鹿島出版会，1967．
ル・コルビュジエ，樋口清訳『ユルバニズム』鹿島出版会，1976．

4-6) ル・コルビュジエ，吉阪訳：前掲書，p.14．

4-7) 同上，p.13．

4-8) ル・コルビュジエの内外規定については☞pp.80-81，6章1節．

4-9) ル・コルビュジエの都市計画については☞pp.169-170，11章3節．

それをサリヴァンが継承し，ライトへと引き継がれたものです．

ライトの建築はアメリカが有する広大な自然との親密な関係が企図されたものと言えます．内外空間が互いに浸透し，深い軒を持つ屋根が広い大地へ低く張り出す形式を用いていることや，さらに，その地に応じた素材を用いることにより，アメリカの大地に伸張していくイメージを体現するものなのです．

●近代建築の5原則と彫塑性への転換：ル・コルビュジエ

ル・コルビュジエは20歳代半ばから30歳代にかけて『東方への旅』(1911)をはじめ，雑誌「エスプリ・ヌーヴォー」(1920-)，『建築をめざして』(1923)，『近代絵画』(1925)，『ユルバニズム』(1925)などを立て続けに刊行します4-5．『東方への旅』では，パルテノン神殿などに，建築の普遍性とともに地中海的な精神風土を，『近代絵画』では，純粋主義の意の「ピュリスム」を表明し，キュビスム以上の秩序を求め，『ユルバニズム』では，近代都市のあり方を示します．

新精神の意の「エスプリ・ヌーヴォー」に掲載した論文をまとめた，20Cを代表する建築書『建築をめざして』において，彼は，建築を
「光の下での空間のよく考えられ，正しく，立派な組み合わせ」4-6（☞p.117 図2-2）
たものと述べ，彼が生涯にわたり設計の主たる対象とする住宅を
「住宅は住むための機械である」4-7
と定義します．こうした定義からでも，地中海的なおおらかさを持ちながら，普遍的原理を明快な形式として示そうとする，ル・コルビュジエの根幹をみてとることができます．

1914年に発表された計画案ドミノ（☞p.80 図1-1）は，柱と梁からなるラーメン構造の開発が可能にした，近代住宅ひいては近代建築の原型ともいえるものです．この原型をもとに，量産化を企図し具体的に展開した計画案シトローアン住宅（1920，図4-5）を経て，1926年の「近代建築の5原則」（☞p.80 図1-2）によって，ピロティ，屋上庭園，自由な平面，連続窓，自由な立面という近代建築が可能にする特性を提唱します．

ル・コルビュジエが，この5原則を十全に展開し20Cの代表的な住宅の一つとなるのがサヴォワ邸（1931，p.9 タイトル図，☞p.80 図1-4，p.114 図1-4）です．パリ郊外のポワシーに建つ，専用住宅という近代の独自の建築的課題へのル・コルビュジエの応答でもあります．細く丸い柱からなるピロティが，架構形式だけでなく，建築と敷地との新たな関係を示しています．主階となる2階は，内外の別なく連続窓が建物の四周を横断し（自由な立面），上下階との関係ではなく，機能に応じた部屋の間仕切りを可能にし（自由な平面），屋上に設けられた曲線と直線により構成された壁面が屋上庭園の存在を詩的に示しています．さらに，建物中央部に配されたスロープは，1階から屋上までを導き，地面と屋上を緩やかにつなぎながら，進むにつれてたちあらわれる内部と外部の空間の交錯4-8が「建築的プロムナード」となっています．

1920年代に入ると，ル・コルビュジエは10年代からの住宅における原型による規格化とその量産化という機械をモデルにした思考を発展させ，その帰結として都市への思考4-9に拡張させます．300万人のための現代都市（1922，☞p.169 図3-4），ヴォアザン計画（1925，☞p.170 図3-5），輝く都市（1935，☞p.61 図4-3）では，幾何学的なグリッド上の都市構成を基軸に，オフィスや住宅を含有する高層建築，そして

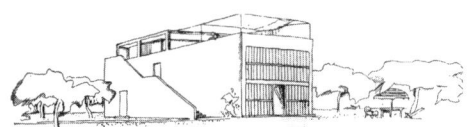

図4-5 シトローアン住宅

図4-6 ユニテ・ダビタシオン

図4-7 ロンシャンの教会

図4-8 ロンシャンの教会

図4-9 フリードリッヒ街のオフィスビル

図4-10 コンクリート造のオフィスビル

図4-11 バルセロナ・パヴィリオン

> 4-10) モデュロールについては☞ pp.97-98, 7章1節.
>
> 4-11) ロンシャンの教会における光については☞ p.132, 9章3節.
>
> 4-12) 鈴木博之『建築20世紀 part1』新建築社, p.132.
>
> 4-13) これらの案におけるガラスの建築イメージについては, ☞ p.141, 9章7節.
>
> 4-14) 均質空間については☞ p.152-153, 10章4節.

高層化に伴いつくりだされる豊かな緑地といった像を示します．こうした提案は，1933年のCIAMの第4回会議での都市計画の主要な機能として，居住・労働・レクリエーション・交通を抽出するにいたります．これらは，近代都市を理想的なモデルとして提示したものです．ル・コルビュジエの都市計画が実現するのは1950年からのインドのチャンディガールの計画を待つこととなります．また，集合住宅としてユニテ・ダビタシオン（1952, 図4-6, ⇨ p.91図6-9, p.98図1-13）をマルセイユに完成させ，住居ユニットを集合化し高層化させるという彼の都市居住のイメージを具現化します．

理想とするモデルの追求という点では，寸法体系としてのモデュロール 4-10（⇨p.97図1-12）を開発するなど，一貫した姿勢を保持したル・コルビュジエですが，その表現は，20〜30年代にかけての幾何学的な白い立体という表現から，第2次世界大戦以降，コンクリートの彫塑性と素材感を強調した表現へと変容します．ロンシャンの教会 4-11 (1955, 図4-7, 8, ⇨ p.51図2-1, p.128タイトル図, p.132図3-4) やラ・トゥーレットの修道院（1959, ⇨ p.98図2-3）が代表的な作品ですが．白く光あふれる空間から一転し，光と闇が交錯する，機械を超えた形態や空間の象徴性を打ち出します．これらはル・コルビュジエの中に常にあった建築の古典的な力を，白の建築とは位相の異なった形式で示したものであるといえます．

● ユニバーサル・スペースへの還元的展開：ミース・ファン・デル・ローエ

生涯をかけて一点を見つめ続けていた建築家の一人として，ミース・ファン・デル・ローエを挙げることができます．ドイツに石工の息子として生まれたミースは，当初，古典主義的な建築を設計していましたが，1910年代終盤から20年代初頭に発表されたの計画案は，「全建築史を通じても極めて重要なイメージ」4-12 と称されています．フリードリッヒ街のオフィスビル（1919, 図4-9），ガラスのスカイスクレーパー（1922, ⇨ p.127図6-7），コンクリート造のオフィスビル（1922, 図4-10），レンガ造のカントリーハウス（1923, ⇨ p.103図2-29），コンクリートのカントリーハウス（1923）がそれにあたります．近代の建築的課題であるオフィスと住宅に焦点を絞り，近代に可能となった構造形式を積極的に採用しています．しかも，オフィスの3案では，形態にこそ差異はあるものの，四周にガラスの皮膜 4-13 を有した均質な空間 4-14 が積み重ねられ高層化したものという，近代以降，現代においても有効な原型的な構成が示されています．それとともにレンガ造のカントリーハウス案で示された，自立し引き伸ばされた壁が互いに交わることのない構成は，抽象的な幾何学を確保しながら，空間の流動性と拡張を実現するという近代的な空間造形手法の一翼を鮮明に示してもいるのです．ミースがめざす空間は，まず20年代から30年代にかけてバルセロナ・パヴィリ

5-1) 鈴木博之『近代・現代建築史』彰国社，1993，pp.109-110.

オン（1929, 図4-11）やトゥーゲンハット邸（1930, ⇨ p.54 図2-11）として具現化されます．バルセロナ・パヴィリオンでは，線としての十字型の柱が均質なグリッドを表象し，その均質性を床の石材が強化し，内外に関係なく敷きこまれることで，均質な空間の伸張が示されています．こうした秩序を，自立した面としての壁や屋根が支配することもなく，従属することもなく，空間を流動的に規定しています．

バウハウスの校長を経てシカゴに居を移したミースは，イリノイ工科大学で教鞭をとり，大学キャンパスのマスタープラン（⇨ p.108 図4-4）をつくりあげます．均質なグリッドに応じた建物群は，ミースが20年代以降試行してきた，均質で抽象性が極限まで推し進められた空間が実現化されたものであるとともに，シンメトリーを基調とした全体構成に近代主義と古典主義との交錯が認められるものでもあります．ライトの落水荘，ル・コルビュジエのサヴォワ邸とともに近代住宅の傑作とされるファンズワース邸（1950, 図4-12）では，2枚の面（床のスラブと屋根のスラブ）を柱が繋ぎ，ガラスで囲われた一体的な空間が家具などだけで区切られた，均質で透明度の高い空間が創出されています．ここで注目すべきは，床や屋根に対して柱が外に出ていることです．後期のミースは，柱すなわち重力に拮抗する垂直材を表現の主たる要素とし，建築の古典性と近代独自の均質空間の融合を図ります．

1951年，ミースの高層住宅の代表的な作品であるレイクショアドライブ・アパートメント（図4-13）がシカゴに完成します．オフィスであるシーグラムビル（⇨ p.153 図4-7）との差異が認めがたいほど，鉄骨で形成された均質な空間をガラスが覆いきることで均質性を徹底するという，どのような機能にも対応できる均質かつ普遍的な空間（ユニバーサル・スペース）を，「より少ないことは，より豊かなことである」（レス・イズ・モア）という理念のもとに示したものです．

5 近代建築の成熟とその展開

● 近代建築の思考形態と意匠

1928年，ル・コルビュジエをはじめヨーロッパの前衛建築家が参集し，「近代建築国際会議」（CIAM）を結成し，彼らの考え方を「ラ・サラ宣言」として示します．CIAMは，近代特有のイデオローグとしての建築家のあり方が，より広範に国際的になったものです．

「ラ・サラ宣言」では，現在のみを期限とすること，建築は不毛のアカデミーや旧来の様式の影響から開放されるべきであること，最も効果的な作品は合理化と規格化から生まれることを主張し，工業化社会に応じた普遍性と合理性を有した建築を提唱します．鈴木博之はこうした考え方を「機械モデル」として説明します5-1．機械とは，目的を持つシステムで，部品から組み立てられる構造を有し，普遍的に作動するものです．機械をモデルにした建築は，抽象的で普遍的な空間性・時間性の概念を重視し，場所や歴史といった建築に関わる固有性を破棄したものとなります．CIAMは，住宅から都市までを，普遍的で合理的な思考形態によって把握し抽出し，社会を導いていこうとする姿勢を貫きます．

CIAMの第10回大会の準備を機に，スミソン夫妻，ヤコブ・バケマ，アルド・ヴァン・アイクらによるチームX（テン）は，CIAMをそれまで支えてきた建築家たちの思考形態への批判を行い，結果的にCIAMは幕を閉じること

図4-12　ファンズワース邸

図4-13　レイクショアドライブ・アパートメント

なります．スミッソン夫妻は，ミース的な明晰な空間構成と，素材を生地のままもちい，ディテールも材料の組立を直截に表現した建築を創出します．彼らの試みはレイナー・バンハムによって「ニュー・ブルータリズム」[5-2]と名づけられ，近代建築の展開の一方向とされます．

1932年，ニューヨーク近代美術館において「近代建築・国際博覧会」[5-3]が開催され，展覧会の企画者H・R・ヒッチコックとフィリップ・ジョンソンは，『インターナショナル・スタイル』を著しました．彼らは，世界で広がりをみせていた新しい建築から，その思想的な背景を切り離し，意匠上の特色を「スタイル」（様式）として3つの原理に整理します．ボリュームとしての建築，規則性をもつ建築，装飾忌避の建築がそれです．「スタイル」は，ともすれば形式的なものとなる側面を有しているものの，1960年代までの支配的傾向となります．それとともに見過ごすことができないのが，以下に述べる合理性・普遍性と地域・歴史などの固有性との呼応を図る試みです．

●**普遍性と地域性との呼応：カリフォルニア・モダン**

1920年代以降，ロサンゼルスではルドルフ・シンドラーとリチャード・ノイトラのウィーン出身の建築家が，ヨーロッパの同時代の建築家と同様の質を持ちながら，ロサンゼルスの気候風土に応じた建築を創出します．

シンドラーの2世帯住宅シンドラー・チェイス邸（1922，図5-1）は，各夫妻の2つの居間兼寝室をコの字状にし，その結節点にトイレや浴室といったコアとなるユニットを有し，全体としてはS字状に構成され，食堂や台所は共有したものです．温暖なロサンゼルスの気候風土に応じ内外空間の差異をなくすために，内外空間の床材やレベルの一致，スライディング可能なスクリーン，庇と高窓，可動の間仕切り壁，スリーピング・ポーチ，さらに屋外に設けられた暖炉など，様々な構成言語を開発し，後のロサンゼルスにおける近代建築を特質付けるものとなっていきます．ノイトラの健康住宅（1929，図5-2）は，急勾配の敷地に全体が浮くようにデザインされています．完全な鉄骨構造の住宅としてはアメリカ初のもので短期間に建設されました．ラーメン構造の特質を生かした繊細な鉄材の反復による規則性と，立体的な空間の相互貫入が全面に展開されたもので，インターナショナル・スタイルの典型と目されるものです．さらに第2次世界大戦後には，「ケース・スタディ・ハウス」（CSH）が展開されます．CSH＃8（1949，図5-3）は，イームズ夫妻の自邸です．鉄骨のフレームに，建材カタログから選び出された規格品で住宅を構成するという独自の発想による建築が展開されています．また，ピエール・コーニッグによるCSH＃22（1960，図5-4）は，ミース的な透明感ある建築で，眼下に広がる市街地を一望する建築です．

ロサンゼルスにおける近代建築は，抽象性

5-2) R.Banham: New Brutalism, Architect. P., 1966.

5-3) H・R・ヒッチコック，P・ジョンソン，武澤秀一訳『インターナショナル・スタイル』鹿島出版会，1978.

5-4) ☞ p.58，4章3節．

5-5) アールトーの空間と光の関係については ☞ p.142，9章7節．

補注）本章と次章では，西洋の近代・現代建築を概観していくため，近代・現代建築が有する背景や建築家個人の作風などへの言及が限られたものとなっています．西洋の近代・現代建築へのより深い理解のために下記の基礎的な文献も参照してください．近代・現代建築史と一口に言っても，著者が提示する視点により，様々な描かれ方をしますので，是非，複数の文献にあたってみて下さい．また，これらの書に示された参考文献にも積極的にアプローチしてください．
（原著の初版出版年順）
ニコラス・ペブスナー，白石博三訳『モダン・デザインの展開』みすず書房，1957：近代建築の形成における，英国の動き，アール・ヌーヴォー，抽象絵画の重要性を示しています．

ジークフリート・ギーディオン，太田實訳『空間 時間 建築』丸善，1969：CIAMの書記長であったギーディオンが1941年に著したもの．近代建築の特性を時間と3次元の空間の交錯に中にあるものとした「時－空間」の視点の広がりとその重要性が示されています．

レイナー・バンハム，原広司校閲，石原達二・増成隆士訳『第I機械時代の理論とデザイン』鹿島出版会，1976：近代建築の形成における，フランスなどのアカデミーの影響とともに，特に未来派を中心にデ・ステイル，ル・コルビュジエ，バウハウスといった前衛芸術運動の理論と実践を詳述しています．

レオナルド・ベネヴォロ，武藤章訳『近代建築の歴史』鹿島出版会，1978：第2次世界大戦までの近代建築の形成から展開までが，社会的な状況を踏まえながら都市計画についても詳述しています．

図5-1 シンドラー・チェイス邸

図5-2 健康住宅

図5-3 CSH#8（イームズ邸）

図5-4 CSH#22

図5-5 カサ・デル・ファッショ

の高い形態や高度な空間操作，新材料の採用などにより，近代建築のひとつの典型とみなせるとともに，気候や建設技術など地域の独自性との呼応にその特色があります．

●近代の古典主義への近接：イタリア合理主義建築

近代を先導した未来派を生み出したイタリアは，ファシズムという政治的状況に直面します．ドイツのナチズムは，選民思想をとり，国際的な普遍性を主張するバウハウスを閉校させます．一方，イタリアでは，他のヨーロッパ諸国に比べ工業化が遅れていたことや，ファシズムの考え方は必ずしも近代建築を否定するものではなかったこと，そしてイタリアという自国のアイデンティティから導かれる古典主義といった要因が重なり，近代建築と古典主義が近接する様相を呈します．

その代表的な作品となったのが，ジョゼッペ・テラーニによるファシスト党の地方本部であるカサ・デル・ファッショ（1934, 図5-5, ⇒ p.55 図2-13, p.98 図2-2）です．柱と梁の格子と壁面の非対称で近代的なファサードの構成に，古典的なプロポーションが厳格に適応されたものであるとともに，巧みな平面構成によって，均質と変化を同時に達成する空間が実現されています．テラーニは，1938-40年にダンテウム[5-4]（⇒ p.58 図3-6）という計画案を作成します．ダンテの神曲を，近代的な言語と黄金分割など古典から通じる構成手法により，詩的な空間へと高めたものです．

イタリアでは，1937年から42年に万国博覧会EURが開催されます．ここに建てられた建物の多くは，装飾的細部が排除され，その結果，近代建築的にもみえ，また古典主義的にもみえうる建築となっています．

●経験主義と近代：北欧経験主義

北欧における近代建築の発展は，自国のアイデンティティへの敬意と，普遍的な同時代性というベクトルが往復する傾向をとります．スウェーデンでは，エリック・グンナー・アスプルンドが，ストックホルム市立図書館（1928, 図5-6, ⇒ p.142 図7-9）や森の礼拝堂（1940, 図5-7, ⇒ p.111 図4-18）において，近代建築の抽象性の高い造形や機能主義といった成果を取り入れながらも，新古典主義的な構成を，北欧の風土や自然と融合させることにより，近代建築の経験主義的な修正を行うことに成功しています．

アルヴァー・アールト[5-5]のマイレア邸（1939, 図5-8）における，線材としての木を主体とする内部空間は，まさしく，森をめぐる経験を想起させるものとなっており，北欧の風土に根ざした表現を，近代建築の造形を遵守しながら展開した作品となっています．後年のセイナッツァロ村役場（1952, 図5-9, ⇒ p.32 図5-3）では，木々が樹立する環境の中に，レンガの簡潔なボリューム群によるピクチャレスクな配置構成がなされ，触覚感の強い素材を用いた空間を創出し，森の風景との対比的な調和という困難な課題にこたえています．

北欧における近代建築の展開は，近代建築の普遍的な言語を中心にしながら，自然や風土を重んじる経験主義の個別性との拮抗を提示するもので，現代においても，その清廉で暖かな空間が多くの人々を魅了しています．

マンフレッド・タフーリ，フランチェスコ・ダル・コ，片木篤訳『近代建築』本の友社，2003：現代の建築理論家を代表するタフーリとダル・コによるもの．建築／都市，ヨーロッパ／アメリカ，前衛／反前衛など，ポレミックでイデオロギカルな著．

ヴィットリオ・ランプニャーニ，川向正人訳『現代建築の潮流』鹿島出版会，1985：近代・現代建築を，合理主義・表現主義・有機的建築・伝統主義・新古典主義などの傾向により論じたもの．

ケネス・フランプトン，中村敏男訳『現代建築史』青土社，2003：現代の代表的な建築理論家の一人，フランプトンによるもの．近代建築の形成と展開をトピックごとに論じていく第I部・第II部と，現代建築の傾向を示した後に，フランプトンが主張する批判的地域主義の重要性を述べた第III部から構成されています．

W・J・R・カーティス，五島朋子，澤村明，末廣香織訳『近代建築の系譜－1900年以後』鹿島出版会，1990：筆者の主張を抑えた冷静な整理が行き届いたもの．

わが国でも近代・現代建築に関する成果は数多くありますが，近代から現代までの建築の流れを簡潔に示している近年の著作として下記の4冊をあげておきます．

鈴木博之，山口廣『新建築学大系5 近代・現代建築史』彰国社，1993
大川三雄，川向正人，初田享，吉田鋼市『図説近代建築の系譜』彰国社，1997．

石田潤一郎，中川理編『近代建築史』昭和堂，1998．

矢代眞己，田所辰之助，濱崎良美『マトリクスで読む 20世紀の空間デザイン』彰国社，2003．

さらに，20世紀の建築を豊富な写真や図版で紹介しているものとして，鈴木博之・中川武・藤森照信・隈研吾監修『建築20世紀』新建築社，1991，を挙げておきます．

図5-6 ストックホルム市立図書館

図5-7 森の礼拝堂

図5-8 マイレア邸

図5-9 セイナッツァロ村役場

現代の建築
近代建築への批評と批判，歴史，タイプ，場所，技術，脱構築

第 2 章

1 現代建築の視座

　近代と現代とを何を持って分けるのか，そもそも，いつから近代とすればよいのか，という問いは大変難しいもので，個人の歴史観や建築観によって異なってきます．
　ここでは，現代の基点を，近代に対する様々な異議申し立てが社会全体に大きな流れとなっていった1960年代後半とします．この時期に，核実験や，工業化社会から情報化社会への移行，資本主義のグローバル化，消費社会の進展，反戦や環境保護などを訴える運動など，従来の秩序への批判と新たな秩序の模索が行われました．こうした状況を示す言葉にポストモダンという建築の言論の世界から発せられた用語があります．
　これから述べていく現代建築の理論は，総じて以下の傾向を有しています．①近代建築に共通する考え方やそれに基づいて作り出される建築への批判がなされていること．②建築理論の一つの大きな流れを作り出していくというより，複数の，時には相反する多元的な考え方をとること．③思想や哲学など，様々な領域での検討がダイレクトに建築の理論と関係を有するようになること．
　1932年に「近代建築・国際展覧会」[1-1]を開催したニューヨーク近代美術館は，建築に関する数々の企画展をひらき，同時代の建築の動向を整理し，時に誘導する役割を担ってきました．1964年の「建築家なしの建築」展では，世界のヴァナキュラーな建築を取り上げ，建築家によるファインアートとしての建築にはない豊かさを導くことに成功しました．1975年の「ボザール」展では，近代建築に最も遠いものとされた古典主義的な建築を再評

タイトル図）ラ・ヴィレット公園．
1-1) ☞ p.22, I 章 5 節．

1-2) A.Drexler, *Transformation in Modern Architecture*, The Museum of Modern Art, New York, 1979.

1-3) 井上充夫『建築美論の歩み』鹿島出版会, 1991, p.312.

1-4) P. Johnson and M.Wigley, *Deconstructivist Architecture*, The Museum of Modern Art, New York, 1988.

1-5) T. Riley, *The Light Construction*, The Museum of Modern Art, New York, 1995.

1-6) T. Riley, *The Un-Private House*, The Museum of Modern Art, New York, 1999.

1-7) K・フランプトン, 小林克弘訳「現代建築における五つのイズム」, A+U, 8110, pp.67-74.

1-8) こうした思潮を中心に概括するため, 時に, 現代建築を先導した重要な建築家のことを述べることができないかもしれません. そうしたとき, 建築における思想にどのような意義があるのかという疑問が出てくるかもしれません. しかし, 少なくとも, 私たちの先達が, 何をどのように考えたのかということを理解しておくことによって, 私たちがこれからの建築を考える際の羅針盤にはなると思います.

価する試みを行っています. さらに 1979 年の「近代建築の変容」[1-2] 展は, 彫刻的形態, 彫刻, ハイブリッド, ルイス・カーン, ジェームス・スターリング, ロバート・ヴェンチューリ, エレメント, ヴァナキュラーという, 8 つのキーワードと建築家を選出し展示したものです. このカテゴリーをみると, 近代建築における機能主義・合理主義的な考え方から, 大きくテーマが変わっていることがわかります. 先述したヴァナキュラーだけでなく, 彫刻は「形態は機能に従う」に対するアンチテーゼを, またハイブリッドやエレメントは, 装飾を排した抽象性や幾何学性を重視することからの変容を示すものです.

さらに 1980 年に行われたヴェニス・ビエンナーレは展覧会のテーマを「過去の現前」としました. 全体を統括したパウロ・ポルトゲージは,

> 「半世紀のあいだ強制された記憶喪失のあとの, この記憶の回復は, 風習や衣装や, 歴史とその所産に関する興味の普及にあらわれ, あるいは機械文明に対立するようにみえる自然との静観的な経験や積極へのますます広範な要求にもあらわれている」[1-3]

と述べ, 近代建築では省みられることの少なかった歴史性, 風土や地域を形成してきた固有性の重要さを示し, 現代建築の考え方に大きな影響を与えました.

再びニューヨーク近代美術館に目を転じると, 1988 年にフィリップ・ジョンソンのディレクションによって, フランク・ゲーリー, ダニエル・リベスキンド, レム・コールハース, ピーター・アイゼンマン, ザハ・ハディド, コープ・ヒンメルブラウ, バーナード・チュミといった 20C から 21C の転換期の建築界を先導する建築家の作品が集められた「脱構築主義者の建築」[1-4] (図 1-1) 展が, さらに 1994 年には「レム・コールハースとバーナード・チュミ」展が開催されます. これらの展覧会によって, 建築のデザインだけではなく, 建築の考え方そのものに対する異議申し立てが行われました. その後も, ニューヨーク近代美術館による企画展は, 妹島和世と西沢立衛の再春館製薬女子寮がカタログの表紙になった, 1995 年の「ライト・コンストラクション」[1-5] (図 1-2) 展, 1999 年にコールハースのボルドーの家がカタログの表紙になった「アン・プライベート・ハウス」[1-6] (図 1-3) 展などが開催され, ネオ・モダンとも称される傾向を整理するなど, 現在も世界の建築家に影響を与え続けています.

この章では, こうした企画展などにも現れた様々な現代建築の考え方を参照しながら, ケネス・フランプトンの講演録「現代建築における五つのイズム」[1-7] (1981) に示された, 歴史, 合理主義, 技術, 構造主義, 場所に関わる思潮を中心に, その後の展開としての脱構築を含め概括していきます[1-8].

2 歴史主義

●ロバート・ヴェンチューリと建築の意味性

建築史家ヴィンセント・スカーリーが, ル・

図 1-1 『脱構築主義者の建築』表紙

図 1-2 『ライト・コンストラクション』表紙

図 1-3 『アン・プライベート・ハウス』表紙

コルビュジエの『建築をめざして』，F・L・ライトのヴァスムート社から出版された作品集とともに，20Cの建築書を代表するものとしたのが，ヴェンチューリの『建築の多様性と対立性』[2-1]です．彼は，記号論やゲシュタルト心理学といった学際的な理論を背景に，「レス・イズ・ボア」（より少ないことは，より退屈である）と主張します．これは「レス・イズ・モア」というミースの作品や近代建築に特徴的な建築の構成や言語を抽象化し還元していく考え方への，正面からの抵抗です．また，ヴェンチューリは，近代建築がその純粋性を確保するために，あれかこれかのどちらかを選択する傾向があったことに対し，「あれもこれも（Both-And）」という主張をし，純粋性に対しハイブリッドを，まっすぐに対しゆがみを，秩序に対しつじつまあわせを，分節に対してあいまいさを，一つの要素が二つ以上の機能を有することなどの重要性を示します．このように，近代に対する否を突きつけるヴェンチューリの視線は，近代が破棄した建築における歴史，特に建築の歴史の中心であった様式とその言語へと向かいます．ヴェンチューリは，建築の様式やその言語を，その象徴性や意味性[2-2]とともに，それらが有する連想性や親近感といった効果を重視し建築に援用します．さらにヴェンチューリは，夫人のデニス・スコット・ブラウンらとの共著『ラスベガス』[2-3]において，従来，キッチュなものとしてみられていたラスベガスの建築群を，「デコレイテッド・シェド」（装飾された小屋）として，その形態の象徴性などの点から積極的に評価します（⇨ p.59 図 3-9, 10）．

しかし，ここで注意が必要です．ヴェンチューリは，建築が有する歴史に対して敬意は十分払いながらも，様式をそのまま再現するのではありません．様式やその言語さえ，つじつまを合わせた，ハイブリッドなものとするのです．そしてそのことによって，逆に，様式やその言語を再認識させるという反転した構図を描き出します．ヴェンチューリがその名を世界の建築界に知らしめた作品母の家（1963，図 2-1）では，三角形の全体像が，アメリカの原風景のひとつである納屋の形態への連想とともに，古典的なペディメントへの連想を引き出します．対称性を強調した全体の形態に対し，アンドレア・パラディオのマルコンテンタを下敷きにそれをずらしたとも指摘される内部空間[2-4]は，平面・断面ともに全体性を感じさせない操作や，煙突の位置や窓の大きさなどで対称性を弱める様々な操作などがなされています．

●歴史主義の様々な試行

建築が有する連綿とした歴史への敬意を，設計のコンセプトとしていく姿勢は，チャールズ・ムーア，マイケル・グレイブス，ロバート・スターン，P・ジョンソンなど数多くの建築家に近代建築を乗り越えていく視点として共有されていきます．

ムーアは週末住宅群シーランチ・コンドミニアム（1965，図 2-2，⇨ p.123 図 4-7）において，シングル葺の納屋―スカーリーが『アメリカ住宅論』[2-5]で，アメリカの原風景を構成するものとしたもの―を継承するデザインを展開

2-1) R・ヴェンチューリ，伊藤公文訳『建築の多様性と対立性』鹿島出版会，1982．

2-2) ☞ p.59, 4章3節．

2-3) R・ヴェンチューリほか，石井和紘，伊藤公文訳『ラスベガス』鹿島出版会．

2-4) S・アンウィン，重枝豊監訳『建築デザインの戦略と手法』彰国社，2005, pp.183-187．

2-5) V・スカーリー，長尾重武訳『アメリカ住宅論』鹿島出版会，1978．

図 2-1 母の家

図 2-2 シーランチ・コンドミニアム

図 2-3 イタリア広場

2-6) ロウを中心とするコーネル学派が提唱した「コンテクチュアリズム」については☞p.176, 11章5節.

2-7) C・ロウ, 伊東豊雄, 松永安光訳『マニエリスムと近代建築』彰国社, 1981.

しました. 内部空間では, スーパーグラフィックを取り入れた玩具的なデザインが展開されています. さらにイタリア広場（1978, 図2-3）においては, 歴史的な建築言語のディテールが簡略化され, 素材が石から金属に変えられるだけでなく, イタリアの領土の形を模したランドスケープやカラフルな色彩の多用などがみられます. ムーアも歴史へ敬意を払いながら, そこに記号性や玩具性などポップアートに通じる操作を重ね合わせ, 近代建築への批判と現代性を導いています. グレイブスは, ポートランド市庁舎（1982, 図2-4）で, 立面を三層構成とし, さらに歴史的な建築言語のディテールを簡素化するとともに, 一つの要素を建物全体を覆うスケールに拡大しています. ジョンソンの超高層ビルAT＆Tビル（1984）は, 頂部にペディメントを配し, ルネッサンス, ゴシックなどの様式を併用し全体をまとめています.

このように, 現代建築における歴史主義は, まず, 歴史の重要性を説いた点に意義があります. さらに, 建築的な言語とその解釈の多様さに重きを置き, 様式やその言語の変換が行われ, それにより建築の歴史を現代的に再認識するという点に特色があります.

●ネオ・コルビュジアン：近代建築の歴史

1975年, コーリン・ロウ[2-6]は『マニエリスムと近代建築』[2-7]を出版します. ロウは, パラディオのマルコンテンタとル・コルビュジエのガルシュの家の平面構成を比較し, その同質性を導きます. これによって, 歴史との隔絶を主張してきた近代建築, 特にその代表的な作品とされてきたガルシュの家が, 空間の構成の点では歴史性を有していることを示しました. さらにロウは近代建築の透明性を, ガラスによる実体的な透明性と, ル・コルビュジエの作品に認められる奥行き感（ピカソやブラック, レジェの絵画と同質なもの）を創出する虚の透明性に分け, この虚の透明性こそが近代建築の特性であるとしました. つまり, 近代建築は歴史と通ずるものであるとともに, その進展の可能性を示したのです.

こうした可能性を展開したのが, アイゼンマン, リチャード・マイヤー, ジョン・ヘイダック（⇒p.111 図4-19）, チャールズ・グワスミー, グレイブスなどの建築家たちです. 彼らはロウの思考を背景に, キュビスムの理念の建築的展開や20年代のル・コルビュジエの空間構成や建築言語に再検討を加え作品を創出します. こうしたことから, 彼らをネオ・コルビュジアン, 彼らの活動拠点や白を基調とした建築を創出したことに因み, ニューヨーク・ホワイトと呼ぶこともあります.

R・マイヤーのダグラス邸（1973, 図2-5）は, ル・コルビュジエの20年代の作品との親近性が鮮明に認められる作品です. アイゼンマンは, 住宅VI号（1973, 図2-6）をはじめとする住宅シリーズにおいて, 建築の言語とそれによる構成を, 幾何学や言語学などの最新の成果をふまえ, 概念的なレベルにいたるまで昇華した建築を創出しました.

ヴェンチューリらによる建築における歴史の再評価と記号論に基づく再解釈や, それとは位相を異にするものの, ネオ・コルビュジ

図2-4　ポートランド市庁舎

図2-5　ダグラス邸

図2-6　住宅VI号

アンによる近代建築と歴史の問題など，現代建築において検討を加える重要な項目として歴史が浮上し，後のデザイン・サーヴェイなど伝統的な町並みを再評価する契機ともなりました．

3 合理主義

●合理としてのタイプ

建築の世界では，タイプという言葉は，様々な意味で用いられています．例えば，ビルディング・タイプといった，建物の機能や効用性に基づくもの，ラーメンやトラスといった構造形式もタイプとされることもありますし，脱構築を唱えた哲学者ジャック・デリダは，建築の中の建築と定義しています．

この節で述べていくタイプは，J・N・L・デュランが19C初頭に著した『建築教程の概要』[3-1]（図3-1）に端的に示されています．デュランは，それまで様式を中心に整理してきた建築の考え方ではなく，どのような様式であっても，その平面・断面構成を，幾何学的なユニットの組合せとして，ダイアグラム的に把握することにより，様式を超えた幾何学的な共通性があることを導いています．建築を様式ではなく，全体構成のタイプ（型）として類型的に把握可能なことを示したもので合理的な思考[3-2]と言えます．すなわち建築の構成を幾何学的な観点からみれば，前節でロウがパラディオとル・コルビュジエの親近性を導いたように，幾何学的な構成のレベルでは，近代建築も歴史性を有していることになります．但し歴史主義との差異は，歴史主義が建築の様式や言語とその解釈の多義性に重きを置いたのに対し，合理主義は，様式やその言語を抽象化し，全体構成の幾何学性に重きを置いたことにあります．

●アルド・ロッシと記憶の中の都市

1973年のミラノ・トリエンナーレの「合理主義建築」展を主導したアルド・ロッシ[3-3]が，自身の建築に対する考え方を提示するものとして発表したのが類推的都市（図3-2）です．このコラージュには，実在の都市の地図に，計画案や場所が異なる建物のイメージが並置されています．このコラージュからロッシの考え方を理解するには，夢での空間体験を考えるとよいと思います．迷子になった夢をみたとします．夢の中に映し出される街の風景は，どこかの街に似ているものの，その街を正確に再現したものではなく，時に，街角を曲がると，全く違う街になっていたり，また，その街を形作る建物も，ある部分は細部まで再現しているのに対し，ある部分は大まかな部分しか再現できていなかったりします．夢での空間体験とは，人々の記憶の中にある時間や空間が，時間的・空間的な連続性を持たずに並置されたものと考えることができます．

ロッシが「類推的」というのは，まさにそうした記憶に基づき再構築されるものと言えます．ロッシは，自らの記憶にある街や建物，そしてそこでの経験をもとに設計を展開します．記憶に基づくものですから，建物の形態やディテール，素材感は簡素化されるとともに，記憶に残る強さを有する形態やディテー

3-1) J. N. L. Durand, Precis des Lecons d Architecture Donne a l' Ecole Royal Polytechnique, Paris, 1802-05.

3-2) D・シャープ編，彦坂裕，菊池誠，丸山洋志訳『合理主義の建築家たち』彰国社，1985 は，20世紀の建築の主たる概念である合理主義を論じた論文集である．同集にロッシなど新合理主義者を中心に同時代の動向を整理した，C・ジェンクス，彦坂裕訳，「非合理的な合理主義＝1960年以降のラッツ (Rats)」があります．

3-3) ロッシの著書としては下記の2冊を参照のこと．A・ロッシ，大島哲蔵・福田晴虔訳『都市の建築』大龍堂書店，1991．A・ロッシ，三宅理一訳，『アルド・ロッシ自伝』鹿島出版会，1984．

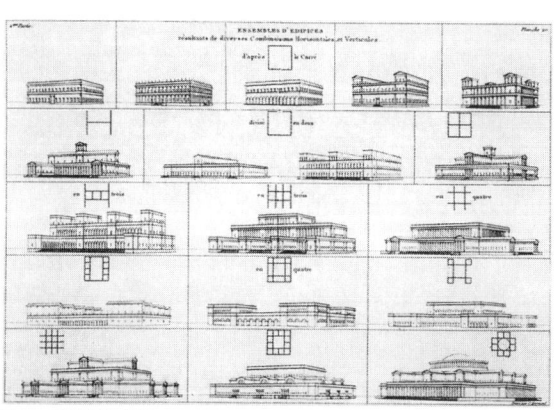

図3-1　建築教程の概要

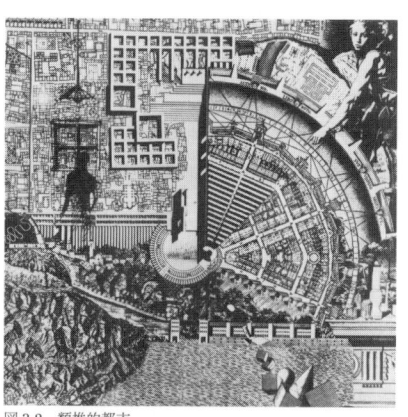

図3-2　類推的都市

4-1) 構造主義における構造は，例えば，今村仁司編『現代思想を読む事典』講談社 現代新書，1988，p.209-211．に示されるように，人間の社会や文化を考える際に「主体」ではなく，「主体の思想と行動を決定づけ軌道づける概念」として重要性を有している．

4-2) C・レヴィ＝ストロース，大橋保夫訳『野生の思考』みすず書房，1976．

4-3) 渡辺公三『レヴィ＝ストロース 構造』講談社，1996，p.321．

図3-3 ガララテーゼの集合住宅

図3-4 学生寮

ルは，原型より強調され，繰り返される形態が有する強さへの親近性が高くなります．さらに，記憶にもとづく設計は，同じ街や建物を体験した記憶を，設計者以外の人々と共有することへの可能性が開かれています．ロッシによる類推的都市は，建築の様式や言語を抽象化し，幾何学的な強さを打ち出した点で，合理主義の一つの成果であるとともに，そこに，都市や風景の独自性を織り込む点に特色があるといえます．

ロッシによるガララテーゼの集合住宅（1973，図3-3）は，180m強の建物の長さ全体にわたり，細かなピッチで配された壁柱と円柱からなるピロティと，正方形の穴が穿たれただけの壁面が載せられている構成となっています．壁柱を通してピロティに強く差し込む光と影が彩りながらも無機的な表情をみせる柱廊，オーダーのついた柱を想起させる円柱，住まうことを禁欲的に示す正方形の開口など，デ・キリコの形而上学的絵画に自身の夢を重ねるような，連想性に溢れる空間が形成されています．

● **合理主義の展開**

合理主義的な建築を展開した建築家として，オズワルド・マティアス・ウンガースとジョルジョ・グラッシがいます．ウンガースのタイプへの希求は，最も基礎的な形態である立方体を用いるという還元的な手法をとります．グラッシは，ロッシと同じく，合理主義的な形態の展開に意を注ぎましたが，ロッシ以上に，形態や言語の抽象化を徹底しました（図3-4）．

建築の幾何学性に記憶による風景や場所といった問題を重ね合わせたロッシの考え方は，現代にも通ずる重要な論点を提示しています．

しかしロッシの作品，例えば，わが国におけるホテル・イル・パラッツォなどに認められるとおり，ロッシの記憶は，イタリアでは共同のものとして人々に働きかける効果がありますが，そうした記憶を共有することが困難なわが国にあっては，違和感を伴ったものとなってしまいます．この点にロッシの方法論の限界をみることもできるでしょう．

4 構造主義 [4-1]

● **西洋の外への視点**

文化人類学者クロード・レヴィ・ストロースは『野生の思考』[4-2] によって，アフリカの原住民族の生活の仕方や考え方が西洋では非合理で粗野なものと考えられてきたのに対し，彼らが基礎としている神話的思考が，決して西洋の科学的思考に劣るものではないこととし，さらに彼らの感性を重んじた表現によって世界や宇宙を実感を伴い把握できる「具体の科学」であるとし，その意義を示します．

すなわち，西洋の近代を人類の歴史において到達した最高の段階とする進歩主義的な世界観が転覆され，理性を重んじた思考への反省を促します．構造主義の「構造」とは，

> 「人間が社会を考えるための思考のカテゴリーばかりでなく人間の思考が自然に触発されて生成する過程そのもの」[4-3]

なのです．

さらにレヴィ・ストロースは，器用仕事の意のブリコラージュという概念の重要性を示します．アフリカの原住民族が住宅を作る場合，彼らの周囲にある限られた道具や材料を工夫して組み合わせることとなります．ありあわせの道具と材料による住宅ですから日常

的な更新を余儀なくされます．彼らの器用仕事は，あらかじめ決まった計画に沿って目標を達成するという西洋的あるいは近代的思考とは異なる思考形態のもとにあります．しかしレヴィ・ストロースは，原住民族の神話的思考形態に基づく生活の方が，はるかに豊かなものであることを示します．

言葉や観念をものの象徴とみる近代西洋哲学の主観・客観原理に基づく理性主義を根底から批判したことにレヴィ・ストロースの思想の重要性があります．こうした批判を継承し徹底するのが，後に述べるポスト構造主義です．

●ヘルツベルハーと都市・建築空間の領域化

西洋的視点にとどまるのではなく，西洋の外へと視線を向けるというレヴィ・ストロースの主張は，主にオランダの建築家によって展開されます．その代表的な建築家が，ヘルマン・ヘルツベルハーやアルド・ヴァン・アイクです．ヘルツベルハーは，デルフト工科大学での教鞭の内容を『都市と建築のパブリックスペース』4-4 としてまとめています．この教科書は3部から構成されていますが，ヘルツベルハーだけでなく，構造主義の建築家に共有される議論 4-5 を提示しています．

第1部「公共の領域」では，個人から集団にいたる人間関係の段階的なヒエラルキーと，それに応じた領域の設定の重要性が，古今東西の様々な空間における人々の振る舞いへの観察から導かれています（図4-1）．それぞれの領域において，人々が楽しそうに過ごしている様子が繰り返し示されることで，私たちは，レヴィ・ストロースがアフリカの集落で見いだしたものと同様の，人と人，人と領域との調和を再確認することができます．

第2部「空間をつくること，作り込み過ぎないで残しておくこと」では，大きく2つのテーマが議論されます．一つは，領域の原単位としてのユニットと集合形式と，集合を成立させるストラクチャー（構造）やオーダーについてです．もう一つは，建築を使う人々が，自ら空間の使い方を発見し作り出すことによって空間への愛着を持つための，「空間を作り込みすぎないこと」や「気をそそるもの」に関する考察です．ここではコンクリート・ブロック塀のブロックの穴が植木鉢の様に使えることを発見した子供たちによって花が育てられることなどの例が示されています．さらに彼は，建築や空間の形態を「楽器のようなもの」と形容し，建築や空間に関わる人々が，それを豊かな空間へと転じさせる可能性と重要性を示します．第3部「心を誘う形態」では，特に個人的な空間から集団的な空間までの，空間の親近性や視界やスケールの問題が論じられています．

●構造主義の建築

ヘルツベルハーが彼の著書『都市と建築のパブリックスペース』で示した様々な論点は，彼の作品セントラール・ベヘーア（1972，図4-2）にみることができます．約1000人が働くオ

4-4) H・ヘルツベルハー，森島清太訳『都市と建築のパブリックスペース』鹿島出版会，1995．

4-5) 井上充夫はアーヌルフ・リュヒンガー「建築と都市計画における構造主義」1981をふまえ，アイク，ヘルツベルハーの考え方を簡潔にまとめている．
「重要なのは空間ではなく「場所 place」であり，時間ではなく「場合 occation」である．場所と場合にはそれぞれ意味があり，それらは人間を「包み込む include」・・・．家も戸口も街路も「外部」であってはならない．・・・「内部 interior」を創造することである．「混沌と秩序の共演」が必要である．全体としては秩序をもちつつ，部分は「特定性 identity」があること，部分が出来るだけ小さな単位となり，その配置によって全体が構成される．よって成長と変化に対応し，建物とその周辺との境界も曖昧となる．」井上充夫：前掲書 pp.314-318．

図4-1 街路の風景

図4-2 セントラール・ベヘーア

5-1) 井上充夫：前掲書, pp.252-255.

5-2) ☞ p.82, 6章3節, pp.158-159, 10章6節.

5-3) 20世紀の空間概念については ☞ pp.160-161, 10章8節.

5-4) ギーディオンによる建築空間の変遷の整理は ☞ pp.79-80, 6章1節.

図4-3 子供の家

図4-4 子供の家

フィス・ビルの設計にあたって，通常は可変性に富むスパンの大きな均質空間を作りだすところを，ヘルツベルハーは，まず約10mグリッドの空間を原単位として設定します．この原単位が，少人数の執務空間，打ち合わせ室，リラックスのできる部屋，トイレとなります．これらの原単位は，四方にスリットがとられ，原単位同士がブリッジでつながれています．大きな均質空間を旨としてきたオフィスの空間では，人と人，人と領域や空間が，親密な関係を有しがたいことから導かれた設計コンセプトです．原単位の立体的な重なりが，内外に表出することにより，アフリカの集落の構成と，そこでの人と空間の調和を踏襲したものともいえます．

また，アルド・ヴァン・アイクが設計した子供の家（1960, 図4-3, ⇨ p.147 図2-9）は，約120名の孤児が住む養護施設です．肉親と切り離されるというトラウマをもつ子供たちが，日々の生活を集団で行う施設の計画に際し，ヴァン・アイクは，個人から数人のグループ，その上位のグループ（8グループ），そして全体で行うといった，様々な活動に対応するように，3.3mのユニットを原単位（ここは，寝室や遊びや読書の部屋になります）として設定します．それらを10m角のグループでの活動のユニットの周りに寄せ集め，中庭や通路を介することで一つの街（世界）となる構成としました．さらに，柱を中心に床に描かれた円に誘発された子供は，柱を触りながら回転を重ねます（図4-4）．こうした，ヘルツベルハー同様の，「心誘う形態」によって，ここで生活する子供たちに，生きていくことの意味を再発見させようとしたものと言えます．

個人の領域を重視し，「気をそそる」形態を「作り込み過ぎずに」おくことで，空間を自らのものとさせるという，ヘルツベルハーやヴァン・アイクの建築は，空間を作ることから使うことへの変換であり，そのプロセスを重視するものでもあります．彼らの設計手法が，原単位を設定し，それを組み合わせることから，シンボル性のある明確な全体像を示すことが困難であるという点はあるものの，使うことやプロセスの重視は現代の建築や都市の設計において重要なものとなっています．

5 場所

●空間から場：現代建築の意識の転換

建築を語る際に当たり前のように使われる言葉は「空間」です．しかし，井上充夫[5-1]によると，「空間」という問題を最も早く理論的に取り上げたのはアウグスト・シュマルゾー[5-2]で，特に『建築的創造の本質としての空間構成』（1914）では，建築空間の様々な問題を総括しています．いわば，建築における「空間」[5-3]は，近代建築の進展と軌を一にして，発見され展開されることになるともいえます．

CIAMの書記長をつとめたジークフリート・ギーディオンが1941年に著した『空間・時間・建築』は，近代建築の成立過程からその特性までを示したものとして必読の書です．彼は近代建築の空間の特性を，ルネサンス的な透視図法的な空間把握から離れたもの[5-4]

とし，

> 「空間の本質は，その多面性，すなわちその内部関係への無限の可能性にある．従って，ある一つの視点から一つの場所を余す所なく記述しつくすことは不可能であり，空間の性格はそれを見る視点によって変化する．空間の真の性質を把握するためには，観者はその中に自己を投入しなければならない．エッフェル塔の上層の階段は，内外空間の連続的な相互貫入を建築的に表現した最も早い例である」

とします．また，原広司は，近代建築の空間の特質を均質空間として示し，その上で，先に述べた構造主義の重要性とともに，空間の非均質への志向性を示します[5-5]．それとともに，歴史やコンテクストなど建築や都市の固有性を重んじることへの指摘が増すとともに，現象学などを背景とした，空間や領域と人間とのかかわり方が論じられます．

●批判的地域主義

K・フランプトンが1983年に著した論文「批判的地域主義に向けて」[5-6]は，哲学者ポール・リクールの引用から始まります．そこでは，人類の様々な側面での進歩が，私たちの生を解釈する基盤である伝統的文化の創造の核を破壊しているという認識を示した後，近代文明に参加するために科学的・技術的・政治的な合理性を導入する必要性とともに，国家の精神を掲げ植民地的な性格に対して精神的・文化的に身を守る必要性を訴えます．そして，

> 「いかにして近代化すると同時に源泉へと立ち戻るか，いかにして古い眠れる文明を再興すると同時に普遍的文明に参加するか」

と，従来の進歩主義でも保守主義でもない，それら双方を含有する思考の必要性を説きます．つまり「啓蒙主義の進歩の神話」や「工業化以前の過去の形態へ回帰するという反動的で現実ばなれした衝動」に対して距離をとり，「普遍的技術を慎重に利用しつつ，同時に抵抗する文化や，アイデンティティを与える文化」を展開することです．その上で彼は，場所[5-7]，地勢，コンテクスト，気候，光，構造的形態，そして触覚性といった，「局所的な見方の広がりや質，独特の構造様式から引き出される構築術（テクトニック）」，あるいは与えられた「場所の地勢」の重視を訴えます．

●批判的地域主義の諸相

ヨルン・ウッツォン（⇨ p.193 図 3-2）のバウスベアーの教会（1976，図 5-1,2, ⇨ p.85 図 4-1）は，コンクリート・パネルやブロックが規則正しく配された工場のような外観と，内部空間を覆い尽くす曲線の天井という，明確なコントラストが一つの建築に並存しています．フランプトンは，外観に認められる合理的な普遍性と，内部の―東洋の仏塔の屋根を連想させる―非合理性が止揚されたものとして評価しています．さらに，アルヴァー・アールトーのセイナッツァロ村役場（1952，図 5-3, ⇨ p.23 図 5-9）については，石，レンガ，そして木と，内部に進むに従い柔らかになる床材に着目して，身体的な経験それ自体によってのみ解読されうるという触覚性を重視した建築であるとし，近代的な視覚重視の考え方からの変換，あるいは普遍的な文明において喪失してきたことに対する回復でもあるとしています．さらに，ルイス・バラガン（⇨ p.88 図 5-6）や安藤

5-5) 原広司「均質空間論」，『空間 機能から様相へ』岩波書店，1987, pp.22-83.

5-6) H・フォスター編，室井尚，吉岡洋訳『反美学』勁草書房，1987, pp.40-64.

5-7) 場所の概念と密接に関係する実存的空間とゲニウス・ロキについては☞ pp.76-78, 5章5節.

図 5-1 バウスベアーの教会

図 5-2 バウスベアーの教会

図 5-3 セイナッツァロ村役場

5-8) K・フランプトン，松畑強，山本想太郎訳『テクトニック・カルチャー』TOTO出版，2002．

5-9) カーンの建築理念については☞pp.73-76，5章4節．

図5-4 ソーク・インスティテュート

図5-5 キンベル美術館

忠雄（⇨p.44 図3-11, p.52 図2-4, p.107 図3-20）の建築にみられる，コンクリートを用いた近代的な造形言語と彼らの自国の独自の空間の創出などを批判的地域主義の例として示しています．

●**テクトニック：カーンの構造とスカルパの細部**

フランプトンが建築の自立性の第一の原理と示した「構築の結節点，つまり構造の統辞論的な形式がはっきりと重力の作用にさからう仕方」を詳細に検討した『テクトニック・カルチャー』[5-8]（2002）では，ライト，オーギュスト・ペレ，ミース，ウッツォンとともに，L・カーンとカルロ・スカルパが挙げられています．

フランプトンは，カーン[5-9]（⇨p.107 図4-1, p.112 図4-23, p.114 図1-3）の建築を近代化と新しいモニュメント性という視点から考察することによって，彼が近代のテクノロジーを制度的な施設形態に統合させることを目指し，この統合は構造形態と素材技術が結びついた表現やサーヴド／サーヴァント・スペースという概念の導入を通して実践されたものであるとします．また，カーンはソーク・インスティテュート（1965, 図5-4, ⇨p.88 図5-5）やキンベル美術館（1972, 図5-5, ⇨p.126 図6-5）をはじめとする作品において，幾何学的形態やプラトン立体を主に，建築の永続性，時を越えた建築，すなわちものとしての建築のあり方を示すことによって，建築におけるモニュメント性を追及しました．

スカルパの建築（⇨p.56 図2-15），カステルヴェッキオ美術館（1964, 図5-6）やブリオン・ヴェガ墓地（1972, 図5-7）などに認められる，スカルパのシークエンシャルに展開するシーンと，シーンを創り出すディテールの濃密なデザインは，ジョイントへの崇敬と評しうる象徴性を有しています．

6　構造・技術

●**構造表現主義の建築**

19C末には，鉄筋コンクリート構造の技術

図5-6 カステルヴェッキオ美術館

図5-7 ブリオン・ヴェガ墓地

図 6-1　TWA 空港ターミナル

図 6-2　ポンピドー・センター

図 6-3　香港上海銀行

6-1)　☞ pp.193-195，12 章 3 節．

6-2)　☞ pp.189-192，12 章 2 節．

6-3)　☞ pp.196-198，13 章 1 節．

7-1)　磯崎新『建築の解体』美術出版社，1975．

が開発されるなど，鉄やコンクリートなどの材料に関する分析が進み，ラーメン構造やトラス構造といった架構形式においても，様々な形式が開発され現在にいたります．

1960 年代には，シェル構造や折板構造 6-1，吊り構造 6-2 などの構造形式の採用により，新しい建築形態を創出していこうとする，構造表現主義と称される傾向がありました．その代表的なものとしては，シェル構造によるエーロ・サーリネンの TWA 空港ターミナル (1962，図 6-1，⇨ p.87 図 4-10，p.190 図 2-38) や同時期の丹下健三の作品があります．バックミンスター・フラーはジオデシックドーム (1961) で，巨大な空気膜のドームによって，マンハッタンの気候を理想的な状態に保とうとする計画案を提出しています．

●ハイテック：機械から環境へ

70 年代後半に入ると，建築におけるテクノロジー (機械のイメージ) の側面を，修辞的に，装飾的に表現していくハイテック (high-tech) の建築が創出されます．建築家レンゾ・ピアノ，リチャード・ロジャースと，構造家オヴ・アラップの共同作品ポンピドー・センター (1977，図 6-2，⇨ p.63 図 4-11，p.186 図 2-19) は，鋼管のフレームと原色で塗り分けられた設備の配管，内外を隔てるガラスの 3 つの要素が明確に分節化して表現され，ハイテック建築の先鞭をつけたものです．また，ノーマン・フォスターによる香港上海銀行 (1986，図 6-3) は，蟹にも喩えられる構造と設備系のユニットを主な表現としています．さらに急速に進む情報化に向け執務空間におけるモデュール化や可変性への対応を徹底し，インテリジェント・ビルとしての高い性能を持たせるだけでなく，ソーラーリフレクターなどによるサスティナビリティ 6-3 への対処の重要性が高まったことを示すものでもあります．

90 年代からの大きな建築の課題となっているサスティナビリティへの対応にも，先端のテクノロジーが適用されています．構造表現主義では，架構形式が空間の創出に直接的に結びついていたのに対し，ハイテックでは，ポンピドー・センターのように機械のイメージを表出するデザインから，香港上海銀行におけるデザインとして必ずしも表出されることのない情報化やエコロジーへの技術的な対応など，建築における技術の対象が変化し，それに対応したデザインも変遷を重ねてきています．近年は，コンピューターによる解析方法が豊富化と解析技術の進展に伴い，従来では解析が不可能であった複雑な形態を，要素に分節するのではなく一体的に解析することも可能となってきており，構造と建築表現の新しい関係が見られつつあります．

7 「建築」の解体から脱構築

●建築の解体

磯崎新は『建築の解体』7-1 (1975) において，近代建築だけでなく建築を支配している主題への異議申し立てを，同時代の建築家の思想への考察を通して示します．磯崎によると，

7-2) ホラインについては☞ p.57, 4章3節.

7-3) アーキグラムやプライスについては☞ pp.61-63, 4章4節.

7-4) アレグザンダーについては☞ pp.177-178, 11章5節.

7-5) 高橋哲哉『デリダ 脱構築』講談社, 1998を参照した.

図7-1　12の理想都市

図7-2　ザ・ピーク

図7-3　ユダヤ博物館

ハンス・ホライン[7-2]は「すべてのものは建築である」と述べ, 航空母艦を広大なランドスケープの中に置いた航空母艦都市(1964, ⇨p.57図3-2), プラグを広がりある田園に突き刺した超高層建築(1964)などのコラージュを示し,「建築それ自体の概念を解体していくことによって, まったく新しい視点のもとに建築をとらえなおす」ものとしました. また, ピーター・クックやロン・ヘロンらによって組織されていたアーキグラム[7-3]は, プラグ・イン・シティ(1964, ⇨p.62図4-7)やウォーキング・シティ(1964, ⇨p.62図4-9)など, 数々のSF的ともいえるドローイングで, 彼らのユートピアとしての都市を描き出します. 可変性や可動性を全面に打ち出し, メタボリズムのような堅牢なテクノロジーへの信頼ではなく, むしろテクノロジーの利用を徹底化することにより, テクノロジーへの批判を行ったものと言えます. セドリック・プライスは, システムの徹底(⇨p.61図4-6)を, またスーパー・スタジオは, 初源的な形態が都市を横断することによって(図7-1), アーキグラムと同様にテクノロジー至上主義の解体を促しています. さらに, ヴェンチューリやクリストファー・アレグザンダー[7-4], ムーアらによる, ハイブリッド, 環境形成言語, ポップへの視点は, 従来の建築の言語や構成原理を解体するものです. 近代建築への批判だけでなく, 建築そのものに対する解体の宣言がなされているのです. こうした解体は, ポスト構造主義の, 特に現代思想の分野において概念規定として徹底されることとなります.

●構造主義とポスト構造主義

J・デリダらに代表される脱構築への思考は, レヴィ・ストロースらによる構造主義における, 西洋の主流的な考え方であった形而上学中心主義を解体することを継承し, 徹底化を図っていることからポスト構造主義と呼ばれることもあります.

デリダ[7-5]は, 伝統的思考とその成果に内在し, その内的論理の極限にまでいたるという, 形而上学的思考の積極的な活性化への関与とともに, 形而上学的概念が成立したときに排除し, 隠蔽したものを救出することを脱構築の意義とします. 時に, 形而上学は, それに基づく思考形式や体系そのものが, 築き上げられたものとしての「建築」にたとえられることがあります. デリダは前提をはずすことによって, 改めて得られる自由や正義への途を示し, 哲学をはじめ芸術・建築・政治などの様々な分野に影響を与えました.

●脱構築の建築

ニューヨーク近代美術館が1988年に開催した「脱構築主義者の建築」展に出展した建築家には形態操作やロシア構成主義への親近性などで共通点があると, 企画者P・ジョンソンは述べます. Z・ハディドのザ・ピーク(1983,

図7-2，⇨p.63図4-12)のコンペ案では，建築の構成要素が断片化され，それらが重力と拮抗するかのように寄せ集められることで，建築が既定のものとしてきた全体性・完結性が回避され，機能と形態の整合やそれを支える明快な構造といった近代建築の思考形態に対する批判がなされています．

断片化された幾何学形態による試行を継続してきたD・リベスキンド（⇨p.58図3-7）は，ユダヤ博物館 (1998, 図7-3，⇨p.123図4-8a)において，不規則で鋭い形態の開口が設けられたコンクリートの壁面が，不安定で断片的な状態を保持しながら意味を剥ぎ取られた内部空間をつくりだし，アウシュビッツにおける明日が定かでない不安感を表象しています．F・ゲーリーはビルバオ・グッゲンハイム美術館 (1997, ⇨p.83図3-5)やウォルト・ディズニー・コンサートホール (2003, 図7-4，⇨p.110図4-11)において，魚や蛇を思わせる，多数のチタンによる曲面が，それぞれの断片性を保持しながら，空中に浮遊したまま固定されたかのような印象さえ持つ建築をつくりだしています．模型をつくり，それを3次元スキャナーにかけて，建築図面としての2次元化を図るというゲーリーの設計手法は，それ自体が，平面図を中心とする従来の建築への批評となっています．

デリダの提唱した脱構築を，もっともデリダの文脈に応じて思考した建築家がアイゼンマン（⇨p.106図3-15）です．彼は，建築の思考にあたって，前提的に正しいとしている概念や思考形態を「自然」性と呼び，それを変換していくことで建築を解放しようとします．彼によれば，建築は制度を不可避的に創造してしまうが，その制度に拮抗して，更なる新たな制度の創立に向かう，つまり制度化という形而上学は維持しつつ，制度的であることを解体する，ということになります．彼は場所，歴史，意味という概念規定を，前提を疑うことをしない「自然」性のもとにあると捉え，そうした「自然性」を解体するため，重ね合わせ・スケール・距離・方向の変換などを主張します（図7-5)．

●チュミとコールハース

1983年に開催されたフランスのラ・ヴィレット公園の競技設計は，自然の再現を旨とする造園家の考え方と，その「自然」性に異議を唱える建築家の考え方の乖離から大きな論争を引き起こしました．この競技設計によって，それまで建築に関する理論的な探求を続けてきたB・チュミとR・コールハースという2人の建築家が，一気に世界の建築界のスターダムへと押し上げられます．

チュミやコールハースはともに1940年代に生まれ，活動の初期には，チュミ[7-6]が「ジョイスの庭」(1977) や『マンハッタン・トランスクリプツ』[7-7] (1981, ⇨p.54図2-10) などの著述において，空間を機能や有用性によって創出

7-6) チュミによる論文としては，次のアンソロジーを参照のこと．B・チュミ，山形浩生訳『建築と断絶』鹿島出版会，1996．

7-7) マンハッタン・トランスクリプツについては ☞ pp.54-55，4章2節．

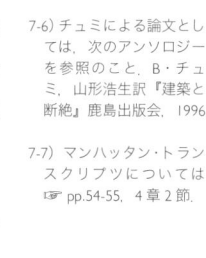

図7-4 ウォルト・ディズニー・コンサートホール

図7-5 マックスラインハードビル

7-8) コールハースの数多くの著作の中で代表的なものとしては、R・コールハース、鈴木圭介訳『錯乱のニューヨーク』筑摩書房、1999 や R・KOOLHAAS, B・MAU, S M L X L, MONACELLI PRESS, 2002 がある.

7-9) コールハースの都市への視点については☞p.165, 11 章 1 節.

7-10) ☞ p.60, 4 章 3 節.

7-11) この作品については☞ p.53, 4 章 2 節.

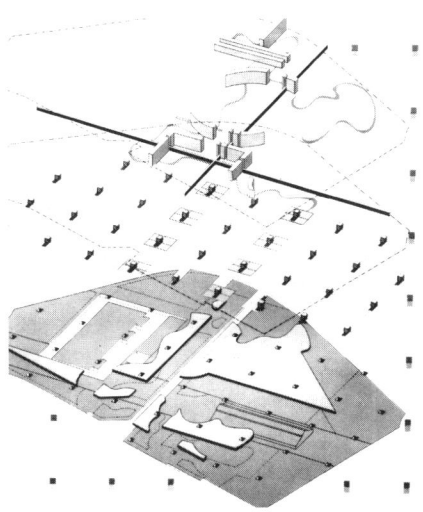

図 7-6　ラ・ヴィレット公園

図 7-7　フランス国立図書館案

するのではなく，文学や映画などを参照することで，建築空間の新たな可能性を示そうとします．コールハースも『錯乱のニューヨーク』[7-8]（1976）などによって，機能的構成を超える都市[7-9]の可能性に言及します．こうした論考を通じ，チュミやコールハースは，空間と機能，形態と機能，配置と機能，スケールと機能，都市と機能など，建築設計で自明とされてきた事項に対し，それらの脱構築を「ハプニング」や「プログラム」という概念を導入し展開します．

　チュミが実施を勝ち取ったラ・ヴィレット公園（1989, p.24 タイトル図，図 7-6）は，125 エーカーの広大な公園に，「点」，「線」，「面」を 3 つのレイヤー[7-10]に分けて，重ね合わせることで全体を構成しています．120 m のグリッドを設定し，その交点にフォリーを「点」として配します．フォリーは，様々な機能に呼応するものとして，逆に機能とは独立した形態として想定されています．プロムナードやギャラリーともなる「線」，グラウンドや広場となる「面」，これらが相互に独立した断片として重ねあわされ，予期せぬ「ハプニング」を誘発することが目論まれています．

　また，欲望によってつくりあげられる都市に，建築の概念を拡張する可能性をみいだしていたコールハースは，80 年代以降，世界の建築界を先導する建築家として，その活動の幅を広げてゆきます．常に革新的なアイデアを提出し続けるコールハースの活動を概括することは困難ですが，例えば，ドミニク・ペローが勝ち取ったフランス国立図書館[7-11]（1989, 図 7-7, ⇨ p.53 図 2-5 ～ 7）の設計競技でコールハースは，まず全体を包み込むボリュームを想定し，その中に諸機能を浮遊させるように構成することにより，図書館の機能を分析しプログラムに応じて空間を分節し構成したスラブを積層するという建築計画学に応じた設計への，根本的な異議申し立てを行っています．ユトレヒト大学の学生会館であるエデュカトリアム（1997, 図 7-8）では，一枚の湾曲するスラブが，地面から徐々に浮き上がり，端部で「つ」の字状に屈曲し，そのまま屋根スラブとなっていきます．床から壁，そして屋根が 1 枚のシームレスなスラブにより構成されることで，それらの差異を無効化し，また床と階段をはじめ，あらゆる階層化から逃れることに成功しています．

図 7-8　エデュカトリアム

2　現代の建築

戦後日本の建築 第3章
伝統論争，メタボリズム，手法論，機能から様相へ，大文字の建築，ライト・コンストラクション，プログラム，ランドスケープ

　本章では，戦後日本における建築の理論や運動について述べます．ここでは，現在の私たちを取り巻く都市や建築に関わる問題の多くが提出された1950年代以降の建築家による主な建築理論とその理解に必要な背景について簡潔に述べたいと思います．

1　戦後近代建築と日本

●テクニカル・アプローチ
　前川國男は，1951年に西洋における近代建築の発展段階を次の3段階に整理しました．
- 第一段階（1895-1915）：19世紀の折衷主義的様式建築に対する反抗の時代．
- 第二段階（1915-35）：グロピウスやル・コルビュジエが登場し，「機械化」ということを中心に技術が重要視された時代．
- 第三段階（1935-）技術を駆使した上で近代建築に人間的な暖かみ，芸術的感銘，新しい記念的表現を生み出そうとする時代．第二段階からさらに造形を展開させたル・コルビュジエ，ライト，アールトーが挙げられる．

　前川は，翻って日本では，折衷主義建築（明治大正期）に対して異を唱え近代建築の先鞭を切った分離派が第一段階を担ったが，その後は建築を支える技術的基礎が十分に育まれず，当時，日本の建築は第二段階から第三段階へと向上することができなかったのが実情だったと振り返ります[1-1]．

　そこで前川は，第二段階の克服のため技術諸問題に正面から取り組んだデザインに努力すべきこと，すなわちテクニカル・アプローチを掲げます．日本相互銀行本店(1952, 図1-1)では，建物を軽量化する構造や外壁が技術的に追求されました．

　しかし，1950年代半ばには，建築技術は急

タイトル図）群馬県立近代美術館．

1-1) 前川國男『建築の前夜 前川國男文集』而立書房，1996, pp.149-153.

1-2) 松隈洋「前川國男とテクニカル・アプローチ その歴史と今日的意味」『現代建築の軌跡』新建築社，1995，p.186．

1-3) 帝冠様式とは，近代建築の屋根のみを日本風にする様式を指す．「日本趣味を基調とすること」が条件として規定された東京帝室博物館懸賞設計競技（1931）で一等当選した渡辺仁の案が知られる．またこの設計競技には前川國男がインターナショナル・スタイルで応募したことが知られる．

1-4) 丹下健三「現代日本において近代建築をいかに理解するか　伝統の想像のために」新建築 1955 年 1 月号，pp.15-18．

1-5) 藤森照信「伝統論争」『現代建築の軌跡』新建築社，1995，pp.214-215．

1-6) 岩田知夫（川添登）「丹下健三の日本的性格 とくにラーメン構造の発展をとうして」新建築 1955 年 1 月号，pp.63-69．

速な発展を遂げていきました．その主な担い手は，建築家ではなく組織的な技術開発力を持った建設会社でした．建築の近代化は，結果的に前川の意図とは違ったかたちで実現されました．そして，建築家に課せられたテーマは，前川の言う「ほんもの」の近代建築の実現を目指した技術的追求から，造形的な表現によって近代建築を乗り越えるという，上の第三段階に近い状況へと移っていきました[1-2]．新たな造形表現の大きなテーマとなったのは，以下に述べるように近代建築における日本的な表現でした．

● 伝統論争

[美しきもののみ機能的である]

1950 年代に入ると，清家清設計の森博士の家（1951）や斉藤助教授の家（1952，図 1-2）に代表される真日本調と呼ばれる一連の住宅作品や P・ジョンソン推薦によって吉村順三が設計し，ニューヨーク近代美術館に展示された書院造（1954）といった作品により，国内外で日本建築の伝統的側面が見直されるようになります．そして，1955 年には，1910 年代の帝国議会議事堂の様式問題，1930 年代の大東亜の建築様式や帝冠様式[1-3]の問題に続く三度目の建築における日本的な表現についての論争が起きました．この論争は，後に「伝統論争」と呼ばれることになります．

論争の中心人物は，丹下健三と当時『新建築』の編集長であった川添登でした．丹下は，「美しきもののみ機能的である」と述べます[1-4]．後に建築史家の藤森照信は，ここで丹下が日本の伝統に対峙するにあたり，「伝統の形がなくとも伝統の精神は踏まえているとする態度」を否定し，「精神ではなく具体的な形において伝統を生かす」という姿勢を取ったと指摘しています[1-5]．

丹下は広島計画の設計にあたり，当初，原爆遺品の保管と展示をする正面の陳列館（1952，⇨ p.171 図 3-8）の機能から正倉院の校倉を想定したが，設計プロセスの中で伊勢がプロトタイプとして現れ，また，隣接する本館は桂離宮から着想を得たと述べました．

これに対して川添は，本館の構造が寝殿造に似ていることを指摘します．本館では，室内の耐震壁がすべての水平荷重を負担し，柱は垂直荷重のみを負担することによって，繊細なピロティによるファサードが表現されています．これを川添は，主構造である母屋に差し掛けられた繊細な庇がつくりだす優雅で雅な寝殿造の姿になぞらえました．そして，本館は桂ではなく寝殿造ではないかと応答し，伝統論争の口火が切られました[1-6]．丹下は，この後，京都御所のもつ形態的均衡を意識したという東京都庁舎（1957，図 1-3），庇と縁を張り出した立面を持つ香川県庁舎（1958，図 1-4）を続けて発表し，庁舎建築のプロトタイプとともに自身の位置と作風を確立していきます．

図 1-1　日本相互銀行本店

図 1-2　斉藤助教授の家

図 1-3　東京都庁舎

図 1-4　香川県庁舎

図 1-5　江川氏旧韮山館

図 1-6　善照寺本堂

図 1-7　親和銀行本店

図 1-8　ノアビル

[縄文的なるもの]

　伝統論争の中で中心的役割を果たした丹下と川添に対して，「縄文的なるもの」を謳い，独自の立場を表明したのが白井晟一です[1-7]．白井は日本の造形文化を縄文と弥生の葛藤としてとらえました．同時代の建築家が，丹下の伊勢や桂に代表されるように大陸に淵源を持つ弥生的な伝統にしか関心を示していなかったのに対して，白井は江川氏旧韮山館（図1-5）を弥生に先駆けた縄文的なるものとして取り上げ，

　　「繊細，閑雅の情緒がありようはない．（〜中略〜）文化の香りとは遠い生活の原始性の勁さだけが迫ってくるのだ」

と述べます．日本的創造の契機を縄文のポテンシャルに見出した白井は，その後，善照寺本堂（1958，図1-6），親和銀行本店（1970，1975，図1-7），ノアビル（1974，図1-8），などの作品を通して，独自の建築表現を行っていきました．

　初期の篠原一男も，日本の住まいの伝統を遡り，白井と似た立場を取りました．その論文「住宅論」（1960）では，貴族の住まいとしての南方系高床住居と原始以来の農民の竪穴式住居を対比し，ブルーノ・タウト以来，前者の柱梁による開放的な空間がモダニズムの美学と共通することから賛美される風潮を強く批判し，後者を「非開放的なもの」として顕在化させようとしました[1-8]．

　次いで「3つの原空間」（プライマリィ・スペース）[1-9]を提示し，古今東西の建築は，機能空間，装飾空間，象徴空間の合成物でしかないと述べると同時に，篠原自身は，日本建築の空間性を追求していました．こうした考え方は，から傘の家（1962，図1-9）や白の家（1967，図1-10）に代表される原型的，抽象的，閉鎖的な空間構成として実現されました[1-10]．

2　都市への進出

●メタボリズムと未来都市

　丹下健三の東京計画1960[2-1]（⇨ p.61 図4-4）が嚆矢となり，アーバンデザインの機運が盛

図 1-9　から傘の家

図 1-10　白の家

1-7) 白井晟一「縄文的なるもの　江川氏旧韮山館」新建築 1956年8月号，p.4.

1-8) 篠原一男「日本伝統論」『住宅論』鹿島出版会，1970, pp.11-65（初出および原題：「住宅論」新建築1960年4月号）．

1-9) 篠原一男「3つの原空間（プライマリィ・スペース）」『住宅論』鹿島出版会，1970, pp.133-157（初出：新建築1964年4月号）．

1-10) 奥山信一編，篠原一男監修『アフォリズム・篠原一男の空間言説』鹿島出版会，2004, pp.3-10 によれば，篠原の言説の中には，「形と論理」，「視線と状況」という2つの部分がある．奥山によれば，前者のうち，時に誤解や反発を招く可能性さえ厭わずに発せられる簡潔で格言めいた言説部分が「アフォリズム」と呼ばれる．後者はアフォリズムの背後に通底する篠原の時代・社会などに対する洞察である．本文中の「3つの原空間」の記述はアフォリズムのひとつである．
こうした明解な構造は篠原の言説自体を自立させているが，作品との関連においては，同書 p.249 で篠原は次のように語っている．
「白の家」は，建築空間の基底として定義した〈3つの原空間〉のひとつ，最も厳格な意味性を持つ〈象徴空間〉と重なっている．

2-1) 東京計画1960の都市デザイン史上の位置づけについては☞ p.171, 11章3節．

2-2) 川添によるメタボリズムの宣言文は次のよう．「メタボリズム」とは、きたるべき社会の姿を，具体的に提案するグループの名称である．われわれは，人間社会を，原子から大星雲にいたる宇宙の生成発展する一過程と考えているが，とくにメタボリズム（新陳代謝）という生物学上の用語を用いるのは，デザインや技術を，人間の外延と考えるからにほかならない．したがってわれわれは，歴史の新陳代謝を，自然的に受け入れるのではなく，積極的に促進させようとするものである（「メタボリズム 1960」）．

2-3) 神殿という表現は，後の長谷川堯の『神殿か獄舎か』相模書房，1972 でよく知られる．川添の批判は丹下に対してであり，国家の意向とともに歩んできた建築家が神殿（＝体制の建築）を作り続けてきた欺瞞が糾弾された．

2-4)「か」「かくあるべきものである」という構想・秩序，「かた」実践認識の段階，典型・体系であり，構想・秩序を実態概念で把握しなおすこと，「かたち」実践における本質的段階，組み立てられた「かた」が「かたち」という実践を通して検証されること．
か・かた・かたちは、イマジネイティブ・テクノロジカル・ファンクショナルに各々対応するとされる．

り上がると同時に，1960 年に東京で開催された世界デザイン会議において，当時の若手建築家を中心に「メタボリズム」（新陳代謝）と呼ばれるグループが結成されました．その宣言文[2-2]を起草した建築評論家の川添登を中心に，建築家では，菊竹清訓，黒川紀章，大高正人，槇文彦が参加しました．川添は，同年に『建築の滅亡』(1960) を著し，50 年代の戦後復興を終えて高度経済成長に伴う大衆消費社会を迎えつつあった社会状況のもと，恒久的な，あるいは川添自身の言葉によれば「神殿」[2-3] としての「アーキテクチュア」はもはやあり得ないという立場を表明しました．メタボリズムは，こうした見地に立ち，都市とともに新陳代謝していく新しい建築のあり方の実践を通して未来都市像を描こうとしました．

菊竹は，塔状都市1958，海上都市1958 (⇒p.61 図4-5) において，都市自らがパーツ工場を持って自己増殖する構想を提示し，特に後者では，巻貝やクラゲなどの生体アナロジーから発想した5タイプの都市を提案しました．

自邸であるスカイハウス (1958, 図2-1) では，キッチン，バス，収納の機能を備えた「とりかえ」可能な「ムーブネット」が設計され，ワンルームの居間の周りに配置されています．後に，子供部屋もピロティ部分にムーブネットとして吊り下げられました．

メタボリズムの意義を現状分析と実践の往復運動の内に捉えた菊竹は，後に建築理論として「か・かた・かたち」[2-4]を唱え，『代謝建築論』(1969) として体系化しました．

黒川は，科学，芸術，現代思想などから多彩なキーワードを抽出する一方で，作品では最も直接的に新陳代謝のイメージを形態化しました．メタボリズムの代表的な作品のひとつとなった黒川の中銀カプセルタワー (1972, 図2-2) は，予めほぼ完成された個室カプセルを，現場でエレベーターシャフトとパイプスペースを含む塔に取り付けるものでした．

大高と槇は，未来都市を描くというよりはむしろ，現実の都市の中での建築の集合形式を模索する「群造形」をテーマとし，共同で新宿ターミナル再開発プロジェクト (1960) を提案しています．後に槇は，「外部空間体を内部空間体のつなぎ手とみなすことによって成立する集合体」である「ゴルジ体」の概念を代官山集合住宅 (1969, 図2-3) で実践し，大高は人工土地の概念を，坂出市・人工土地 (1965-85, 図2-4, ⇒p.85 図3-11) で実現させました．

1970 年の大阪万博では，菊竹のエキスポタワー，お祭り広場を覆うスペースフレームに挿入された黒川の住宅カプセルなど，メタボリズムの技術信仰が象徴的に実現されました．一方で，万博に構想段階から参加した丹下は，科学技術の成果の展示場としての万博の意味がすでに薄れ，お祭り広場は，むしろ人間のソフトなコミュニケーションを生む場として計画された面があったと述べます．続くオイルショックとポスト工業化時代を迎え，技術に立脚した未来都市像から，建築家は徐々に

図2-1　スカイハウス

図2-4　坂出市・人工土地

図2-2　中銀カプセルタワー

図2-3　代官山集合住宅

図2-5　大分県立図書館 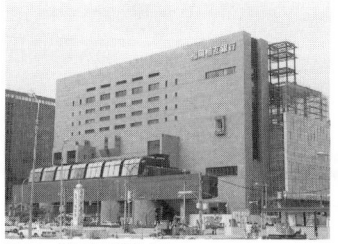　　　図3-1　福岡相互銀行本店 　　　図3-2　北九州市立美術館

脱却を迫られていきました．

[プロセス・プランニング論]

磯崎新は，大分県立図書館（1966）設計の際に，時間の要因を導入した考えである「プロセス・プランニング」[2-5]（1963）を提唱しました（図2-5，⇒ p.201 図3-4）．建築は完成した瞬間に終末の破局を迎えるとされ，創作される現段階と終末を同時に捉えるという時間的要因をふまえて，はじめて建築の全体性が担保されるという考えです．図書館という建築は竣工時の姿を永遠に留めるものではなく，蔵書の増加や管理システムの更新など，近い将来においてさえ変化が予想されるからです．そこで磯崎は，「人間が本を読む空間」を原型としたプロセス・プランニングの展開を示し，タテ系列（機能の類型）とヨコ系列（規模）の無限の展開を予想することによって図書館という建築の全体性という概念を獲得することを試みました．

磯崎が敢えて竣工時は建築の終末と言ってみせた背景には，技術に支えられたシステムが無限に拡大，新陳代謝していく楽観的なメタボリズムの未来観に対して，建築家が完全に未来をコントロールすることはできないという認識の上で，未来に対して何が提示できるかという視座を伺うことができます．

3　近代建築批判・テクノロジー批判

●近代建築理念の解体

[手法論から建築の修辞へ]

磯崎は，1972年に「なぜ《手法》なのか」[3-1]を発表し，自身が60年代に近代建築に対して取り組んできた方法を清算します．この論文で磯崎は，鉄やコンクリートを用いて工業化を浸透させ，洗練された表現を完成させた近代建築に対して，エレクトロニクスやシステムエンジニアリングといった脱工業化の時代，ものがあふれ出し始めた時代において表現すべき物質的な形態とは何かと問いかけます．そこでは表現すべき主題は無数にあるとの姿勢をとり，個別の視覚言語をいかに組み合わせるかという手法（マニエラ）が重要となることを提示しました．具体的には，増幅，梱包，切断，転写，射影，布石，応答という7つの側面からなる手法を提示し，福岡相互銀行本店（1971，図3-1）を発表しました．

一方で磯崎は，手法論の発表に先立ち，その評論「親和銀行を見て」[3-2]（1968）の中で，白井の作法は選び出されたものの組み合わせによって常に新しいものをつくりだすとし，その手法をマニエリスムとも評していました[3-3]．

以後，磯崎は一貫して主題の消滅と不在を思考し続け，「主題を空位のままにして，形式が自立しながら自己運動を続ける」手法を徹底することによって，結果的に手法によって操作された過程が浮かび上がり，そこに「建築の修辞性」が出現すると述べました[3-4]．さらに磯崎は主題の不在を，記号論，言語論，構造主義など建築の外部としての現代思想をまとうことによって謳い続けていきました[3-5]．

1974年に一気に発表された立方体をモチーフとした群馬県立近代美術館（p.38 タイトル図）と北九州市立美術館（図3-2），連続ヴォールト屋根を持つ北九州市立図書館と富士見カントリークラブハウス（図3-3）は，いずれも徹底した形態操作の過程，すなわち修辞性によって，主題の不在の中で，磯崎が建築を自立させることを試みた作品でした．

次いで磯崎は『建築の解体』（1975）[3-6]を出版

2-5) 磯崎新「プロセス・プランニング論」『空間へ』鹿島出版会，1997，pp.66-87（初出：建築文化 1963年3月号）．

3-1) 磯崎新「なぜ《手法》なのか」『手法が』鹿島出版会，1997，pp.4-26（初出：a + u 1972年1月号）．

3-2) 磯崎新「親和銀行を見て―凍結した時間のさなかに裸形の観念と向かい合いながら一瞬の選択に全存在を賭けることによって組み立てられた《晟一好み》の成立と現代建築のなかでのマニエリスト的発想の意味」『空間へ』鹿島出版会，1997，pp.398-412（初出：新建築 1968年2月号）．

3-3) 建築史家の土居義岳は，磯崎の手法論への転向が，白井に影響を受けたものであろうこと，磯崎がルネッサンスの後のマニエリスムを，近代建築とその後に時代に重ねて見ていたことを指摘している（土居義岳「The Year of Isozaki, 磯崎新のステイトメント」『現代建築の軌跡』新建築社，1995，p.370）．

3-4) 磯崎新「手法論から修辞論へ，そして……」『手法が』鹿島出版会，1997，pp.56-73（初出：新建築 1976年4月号）．

3-5) 建築評論家の布野修司は，この磯崎の文化論への傾倒が，資本の論理や大衆消費社会の台頭に席巻された現実の都市が建築家の手に負えない代物になり，現実のコンテクストにおいて「表現の場が限定されていく状況のなかで，それを逆手にとろうとする」戦略であったと述べている（布野修司『戦後建築の終焉』れんが書房新社，1995，p.217）．

3-6) 磯崎は「建築の解体」という症候群に見られる共通の特徴を次の5つのAで整理した．「アパシー（近代建築への熱狂の喪失）」，「エイリアン（建築という概念の拡張）」，「アドホック（混成的な性格）」，「アンビギュイティ（多義性を内在させた表現形式）」，「アブセンス（主題の不在）」．（磯崎新『建築の解体』鹿島出版会，1997，pp.297-400）．具体的に紹介されている建築作品や建築家については⇒ pp.34-35，2章7節．

3-7) 原広司「有孔体」『住居に都市を埋蔵する』住まいの図書館出版局, 1990, pp.181-227 (初出：「有孔体の理論とデザイン」国際建築 1966 年 6 月号).

3-8) 原広司「反射性住居」『住居に都市を埋蔵する』住まいの図書館出版局, 1990, pp.69-144 (初出：「住居に都市を埋蔵する」別冊都市住宅 1975 秋, 住宅第 11 集, 鹿島出版会, 1975).

3-9) 原広司「呼びかける力」『住居に都市を埋蔵する』住まいの図書館出版局, 1990, pp.9-24. また原の「部分と全体」についての論考の歴史的整理に関しては☞ p.113, 8 章 1 節.

3-10)「谷としての建築」は, 通常の建築をボリュームが立ち上がる「山としての建築」として, これを反転させた概念で, 粟津邸や自邸で内核に下降していく空間として構成されていることに実現されている.
「住居に都市を埋蔵する」は, 住居の歴史は, 機能的要素が都市に剥奪される歴史と捉えた上で, これを反転させ, さらにスケールから意識的に解放された上で, 都市の自然, 空間的な趣, 場所の意味, 記号性, コンテクストなどの諸イメージを住居の中に持ち帰らせる概念. これによって, 過密した都市環境下の住居内の住みやすさ, 「防衛の拠点」としての住居を実現する.

3-11) 原広司「均質空間論」『空間〈機能から様相へ〉』岩波書店, 1987, pp.21-83 (初出：思想 1976 年 8 月号・9 月号).

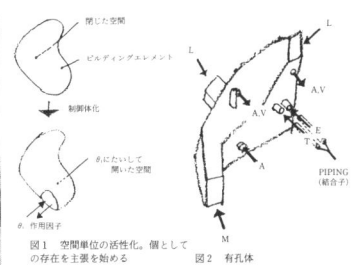

図 3-3 富士見カントリークラブハウス　　図 3-4 有孔体

図 3-5 原広司自邸

し, 近代建築という概念の解体は世界的現象であることを示し, 鮮やかに自らを世界の最先端に位置づけて見せたのです.

[有孔体理論と反射性住居]

原広司は, その著書『建築に何が可能か』(1967) の中で有孔体理論[3-7]を提唱しました (図 3-4). 有孔体理論は, 形式主義的な建築を生み出すことにつながる最初に全体パターンを与えるという方法に対するアンチテーゼとして提出されました. 社会構造の理念と環境形成 (建築の構成) の理念を同化させることを念頭に置き, 有孔体理論では「下からの全体性」と「部分の自律性」が前提とされます.

重要な概念として, 空間単位, 被覆, 作用因子, 孔の 4 つが挙げられます. 空間単位は, 社会における個人と対応する建築的な基本単位, すなわち閉じた部屋と定義されます. 被覆はこの空間単位の外皮としてのビルディングエレメントです. 作用因子は人やものに加えて, 環境的な要素 (雨, 風, 光など) やエネルギーなどが含まれます. そして運動する作用因子が空間単位に出入りするために被覆に孔が穿たれるのです. 作用因子の運動や方向性によって, 有孔体の内部には分割された領域が形成されます. そして作用因子の影響の低い領域は, 人にとって自由度の高い領域となります.

以上は, 単体としての有孔体の定義ですが, 「反射性住居」[3-8]の原型となった粟津邸 (1972) では, 住居全体に複合化された有孔体の孔が表出されています. ここでは, 有孔体としての各部屋が「内核」と呼ばれる住宅の中心領域と孔を通じて結合されています. 有孔体の集合はそれ自体が有孔体化するのです.

また, 原は, 機能的に装備された「決定領域」と人の動きが比較的自由な「浮遊領域」が建築にはあると述べます. これは単体の有孔体内に自由度が高い領域があるという考え方を 3 次元的に集合した有孔体に適用したものです. 反射性住居では, 住居内の「セカンドルーフ」の下の各室を決定領域にあて, 内核部分が浮遊領域にあてられています. このように反射性住居は, 各部屋と建物全体が各々のレベルで有孔体として成立しています. つまり, 部分と全体が立体的な入れ子構造となり, 全体が優位性を持たない空間構成が実現されているのです[3-9].

原広司自邸 (1974, 図 3-5) では, 反射性住居の特性に「反転」の概念を加え,「谷としての建築」, 「住居に都市を埋蔵する」[3-10]といった考えが取り入れられましたが, 両作品はともに, 過密化した日本の都市環境に合わせて, 閉ざされた住居形式として成立したものでした.

[均質空間論]

1975 年は, 磯崎の『建築の解体』と並んで, 一貫して近代が創出した空間を批判していく原広司が「均質空間論」[3-11]を発表した年でもありました. 原は,「ガラスの箱の中のロンシャン」という構図を提示しました. 機能を追求したル・コルビュジエの建築が, ミースのガラスの箱 (均質空間) に収まっているのが, 近代的な空間と近代建築のあり方というわけです. 空間の機能を追求した建築家が, 最終的に空間を使用する人間存在とは何かという困難な問いに直面したのに対し, 機能を排除した建築家は空間の座標のみを描き, この座

図3-6 桜台コートビレジ　　図3-7 パサディナハイツ

標こそが均質空間であると述べます．均質空間は空間の管理者（＝資本や制度）と空間の使用者（＝人間）の分離を強化し，空間の管理者に都合のよい空間形式であったため全世界に均質空間が出現していったと述べ，近代が生み出した均質空間を強く批判しました[3-12]．

●都市からの撤退・周縁なるものへの視座

[住宅という回路]

　当時，すでに確立した地位にあった建築家達には，70年前後には都市やアーバンデザインといった領域から後退を始めつつも，拡大する都市郊外の中で集合住宅の設計という仕事が残されていました．内井昭蔵の桜台コートビレジ（1970，図3-6）や60年代の都市プロジェクトをスケールダウンさせた菊竹のパサディナハイツ（1974，図3-7）はそうした例です．

　一方で都市からの撤退という建築の停滞ムードを大きく破ったのは篠原一男でした．その論文「住宅論」（1974）で，「住宅をこの都市の悪からどれほど遮断し得るか」が住宅と都市の関係についての基本的な大構造と断言し，篠原はこれが独立住宅をつくり続ける自身の原点であると宣言します．そして，強い遮断により逆説的に都市への連続性・人間性の回復への期待が現れると述べます[3-13]．これにより建築家が都市住宅を設計するという仕事の価値が大きくプラスに転換されました．

　70年代は住宅の設計において若い世代の建築家が台頭しました．「閉じた箱」としての水無瀬の町屋（1970）や，建築を構成する要素から社会的，象徴的な意味を消去し，家という概念に住むという「家型」を追求した代田の町屋（1976，図3-8）など坂本一成の一連の住宅作品，自己の記憶の中から徹底的に抽象化された都市のイメージを空間として実現した伊東豊雄の中野本町の家（1976，図3-9），住宅全体を格子で埋め尽くし物質の持つ機能的や日常的な意味を消し去った藤井博巳の宮島邸（1973，図3-10），安藤忠雄の住吉の長屋（1976，図3-11，⇨ p.52 図2-4），建築面積や採光面積といった与条件から全ての空間のスケールを決定した長谷川逸子の鴨居の家（1975，図3-12）などが挙げられます．意味性の消去，抽象性，概念的といった特徴を持つこうした住宅には，形式の徹底による自立的な内向性，外部への意識を意図的に欠如させた個人的な反都市の意思表明が見られます．こうした姿勢には，原の言う「最後の砦としての住居の設計」というスタンスや磯崎の手法論と共通した特徴も見ることができます．

　これに対し，原広司とともに「集落への旅」を経験した山本理顕は，近代家族のあり方を鋭く問いかける住宅作品を発表しました．山川山荘（1977，図3-13，⇨ p.86 図4-5）を始めとした70年代の一連の住宅作品には，「開かれた場所」，「閉じた場所」，「閾」など後の作品を規定していくキーワードがすでに提出されています．

3-12）均質空間については☞ pp.152-153，10章4節．

3-13）篠原一男「住宅論　個と集合のための空間論」新建築 1972年2月号，pp.135-146．

図3-8 代田の町屋　　図3-9 中野本町の家　　図3-10 宮島邸　　図3-11 住吉の長屋

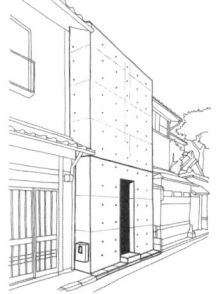

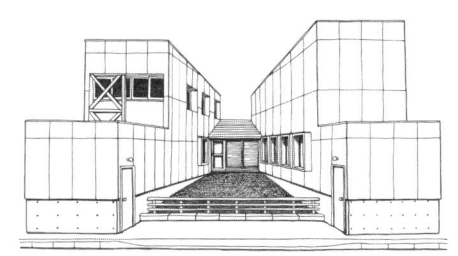

図 3-12 鴨居の家

図 3-13 山川山荘

図 3-14 名護市庁舎

図 3-15 伊豆の長八美術館

3-14) 現代建築における歴史性の再評価の動きについては☞p.27, 2章2節.

3-15) 宮脇檀「サーヴェイと創る術との狭間にて」新建築1977年5月号, pp.212-213.
但し宮脇は, 最終的には秋田相互銀行角館支店の設計によって自らは作品に物足りなさを感じながらも, 隣接する土蔵に配慮したデザインを住民が好意的に評価したことによって, デザイン・サーヴェイの意味を確信したと述べる.

3-16) B・ルドフスキー, 渡部武信訳『建築家なしの建築』鹿島出版会, 1984 (原著:B.Rudofsky, Architecture without architects: a short introduction to non-pedigreed architecture, London, Academy Editions, 1964).

4-1) 大江宏・藤森照信「キッチュの海とデザインの方法」磯崎新編著『建築のパフォーマンス』PARCO出版, 1985, pp.83-96 (初出:建築文化1983年11月号).

4-2) 松葉一清『ポストモダンの座標』鹿島出版会, 1987, pp.62-65.

[デザイン・サーヴェイ]

一方, 近代建築への反動は, 建築に関わる者の目を, 近代建築の理念から外れてきた周縁なるものへも向けさせました[3-14].

伊藤ていじ, 神代雄一郎, 宮脇檀らが先鞭をつけたデザイン・サーヴェイは, 70年代前半には多くの大学を巻き込んで展開されました. 伊藤や神代らの建築史家は, 日本的空間や地方性といったテーマを掲げました. 一方, 建築家としての宮脇は, アーバンデザインの具体的な手法を抽出することを, その目的としました. しかし, デザイン・サーヴェイは, 70年代後半に入ると, 一時の熱狂的な支持を急速に失っていきます. その大きな原因は, 後に宮脇自らが,「現実に設計そのものがサーヴェイと直面することがなかった」と告白したように, サーヴェイを直接的に設計に反映させることが困難であったからでした[3-15].

[リージョナリズム]

しかし, こうした動きは, 歴史的建造物の保存や町並み, ヴァナキュラー(土着)な建築の再評価につながっていきました. バーナード・ルドフスキーの『建築家なしの建築』[3-16]も, 一連の動きに大きな影響を与えました.

そして, 建築をつくる側にもリージョナリズム(地域主義)を掲げた建築作品が生まれました. 代表的な作品に, 沖縄において初期の活動を開始した象設計集団による名護市庁舎 (1981, 図3-14)や石山修武が行った伊豆松崎町での活動と伊豆の長八美術館 (1984, 図3-15)が挙げられます.

4　1980年代

●表層と記号

[ポストモダン建築]

藤森照信は, モダニズム/ポストモダニズムの対比を, 工業的イコンのヴァナキュラー/商業的イコンのヴァナキュラーの対比と捉えました. この意味で, ポストモダンは, 20世紀最大の消費社会であるアメリカが生み出した代表的な建築スタイルだと述べます[4-1]. 当時, 藤森は路上観察によって, 多くの日本の木造建築の商店に, 新しいファサードが付け足されている様子を取り上げて「看板建築」と評してもいます.

隈研吾のM2 (1991, 図4-1)によって示されるように, 我が国でもこうした商業的イコンによるスタイルが浸透した一方で, 松葉一清は, モダニズム/ポストモダニズムの対比が, 日本においては, 海外からの普遍的文化/日本の地域性という構図として, 当時のむらおこしに機会を得て成立したと捉えています[4-2]. 石井和紘の直島町役場 (1984, 図4-2)は, そうした例です.

[インダストリアル・ヴァナキュラー]

槇文彦は，メタボリズムの中でも都市に対して比較的現実的なアプローチを取った建築家でしたが，80年代に入って，新しい「都市の事実」を意識します．それは，現代日本の都市が圧倒的に工業化された人工物によって構成されているだけでなく，すでにそのなかにあるものは歴史性ともいうべき時間を獲得し，新たな意味を担うことになったという認識でした．こうした概念がインダストリアル・ヴァナキュラー[4-3]です．作品としてはスパイラル（1985，図4-3）に実現しました．ここでは「不連続の連続」とも呼べる東京という都市のイメージが，明解な輪郭を持った工業材料のパッチワークとして構成される建築のファサードに表現されています．

長谷川逸子の湘南台文化センター（1990，図4-4）は，こうした工業材料に対する肯定を推し進めて，「〈第二の自然〉としての建築」[4-4]という概念を提示します．ここでは，工業製品でできた屋根が一体となって，地形や森を想起させるような建築が作りだされています．

● 大文字の建築

日本におけるポストモダンの集大成として注目を浴びた，つくばセンタービル（1983，図4-5）の設計を通じて，磯崎新は，国家を表現する様式とは何かを問いました．当時，国家は資本と合体して自らの姿を消しつつあるという認識をもとに，それは，

「決して明確な像が結び得ないような，常に横すべりし，覆り，ゆらめきだけが継続するような様式」

ではないかとします[4-5]．

磯崎は手法論において，歴史建築からマニエリスティックな引用を行うとき，手法が多様な意味の引用へ変質し，定まらない主題が漂うことを自覚しました．こうした作業を通じて，70年代に自らが掲げた主題の不在から，80年代には，「主題を捜す」という主題が浮上したと述べます[4-6]．磯崎の中で，国家の様式探しと主題捜しは，おそらく互いに深い関係を結んでいたのでしょう．

そして，洋の東西の建築様式や建築要素を引用し，ひとつの建築を縫い合わせることに格闘する過程で，建築を抽象化し続けた近代建築に対して，

「建築が秩序を構成しているのは，こんな抽象可能な部分だけでなく，すべての表層にあらわれるオーナメントを含む，建築的要素と呼びならわされてきたものの総体だったはずだ」

ということを自ら認めざるを得ないことに到達します[4-7]．このメタレベルの「総体」，形式としての建築概念のことを磯崎は，「大文字の建築」[4-8]と呼んだのです．それは，主題捜しの継続の向こうにいつか姿を現しうるはずのものとして，追い求め続けられる存在なのです．

● 機能から様相へ

「白い山々が夕陽に映えるような状態を何と言いあらわすのが適当なのか，前書『建築に何が可能か』（1967）を出して以来，その言葉を探してきた．それが〈様相〉である」

均質空間論によって近代建築批判を行った原広司が，冒頭の問いから20年をかけて行き着いたのが近代建築を乗り越えるための「様相」という概念です．その間に，原は「集

4-3) 槇文彦「近代主義の光と影」新建築1986年1月号，pp.162-169．

4-4) 長谷川逸子「〈第二の自然としての建築〉」新建築1989年9月号．p.214．

4-5) 磯崎新編著「都市，国家，そして〈様式〉を問う」『建築のパフォーマンス』PARCO出版，1985，pp.22-36（初出：新建築1983年11月号）．

4-6) 磯崎新「主題を捜す，という主題」新建築1988年1月号，pp.226-230．

4-7) 磯崎新編著『建築のパフォーマンス』PARCO出版，1985，p.99（初出：建築文化83年11月号）．

4-8) 磯崎自身は，大文字の建築について，次のように述べます．
「正統的に，自立した建築的思念に基づいた観念の結晶化したようなもので，必ずしも具体的な建築物に限らず，言説として組み立てられた総合的な観念と言っていい」（磯崎新編著『建築のパフォーマンス』PARCO出版，1985，p.97，初出：建築文化83年11月号）．

図4-1　M2　　　　図4-2　直島町役場　　　　図4-3　スパイラル

4-9) 原広司「機能から様相へ」『空間〈機能から様相へ〉』岩波書店, 1987, pp.209-242.

5-1) MoMA における「ライト・コンストラクション」展については☞ p.25, 2章1節.

図 4-4　湘南台文化センター

図 4-5　つくばセンタービル

図 4-6　ヤマトインターナショナル

落への旅」を通して，ヴァナキュラーな建築や集落の特性を次のようにまとめています．
①建築や集落が「場所を生成している」，「場所と融合している」と説明されるような意味での場所性を持っている．
②自然の周期的な変化に応じて，あるいはこれを和らげたり，増幅するかたちで変化する．
③社会的な諸関係がある程度物象化されていて，制度が可視的になっている．
④集落のような建築を要素とする集合では，要素間に，同一あるいは類似と差異のネットワークが認められ，この構造が集落のルースなあるいはタイトな一体性を表出している．

つまり，①場所性，②親自然性，③制度の可視性，④一体性となります．近代建築から漏れ落ちてきたこうした特性を，経験を通じて意識によって生成され保持される情景的な様態と捉える原は，これらを表出している見えがかり，あらわれ，雰囲気，たたずまいなどの空間の現象を，「様相」と呼びます．

さらに，「近代建築」：機能－身体－機械，「現代建築」：様相－意識－エレクトロニクス装置，という後者が前者を包含しつつも対比的な図式を提出しました．つまり，近代建築においては，機械をメタファーにした社会が身体を通して機能主義建築を生み出したのに対して，現代建築では，エレクトロニクスのメタファーが意識を通して様相という概念を備えた建築を生み出すとするのです[4-9]．ヤマトインターナショナル (1986, 図 4-6) は，様相の概念を具現化した建築となりました．

5　1990 年代以降

●ランドスケープと公共性

1990 年代前半には，建築とランドスケープを融合させたものが登場します．伊東豊雄は，初めての公共建築設計であった八代市立博物館 (1991, 図 5-1) において，起伏する緑地を造成し，その中に建築を配置しました．城跡に近い敷地の周辺環境への配慮から，建築の一部を緑地に埋めると同時に，地上部分のボリュームを慎重にコントロールすることが試みられています．続く公共建築，下諏訪町立諏訪湖博物館 (1993, ☞ p.106 図 3-13)，長岡リリックホール (1996)，大社文化プレイス (1999, 図 5-2) などでは，いずれも建築のボリューム自体さえランドスケープに溶け込むかたちに変化して行き，アイランドシティ中央公園の「ぐりんぐりん」(2005, 図 5-3) では，自由曲面のシェル構造による屋根面が屋上緑地として開放されています．

こうした一連の作品に見られる開放された緑地の導入や建築のランドスケープ化は，環境時代における建築の公共性の表現であると考えてよいでしょう．

●ライト・コンストラクション

「light」は軽さと明るさを同時に表現する概念で，ライト・コンストラクションとは，スチールによる軽い構造とガラスを多用した明るい空間を持つ建築を指します[5-1]．原広司は，「light」とはもともとC・E・ブルックナーが日

図 5-1　八代市立博物館

本建築の特性を説明するのに用いた概念で，自身が妹島和世の作品をこの概念を用いて説明したのがライト・コンストラクションという言葉のきっかけであったと述べます 5-2. それ故，中心となるのは，90年代後半からの妹島和世と西沢立衛の作品で，その後，同傾向の作品が同様に呼ばれるようになりました．

古河総合公園飲食施設 (1998, 図 5-4) では，わずか 300㎡ の床面積に，約 100 本の直径 6cm のスチールの柱が，構造を支えるというよりは，「ふらふら」と立っています．視覚的な軽さにとって，屋根や床スラブが軽く見えることも非常に重要です．そのため視覚的に邪魔になる梁で屋根スラブを受けるといった構法は採られず，スラブは完全な水平面として極限まで薄く作られます．古河の場合の屋根は，25mmのキーストンプレートの上に4.5mmの鉄板が溶接されたもので，わずか 30mm の厚さに収まっています．

伊東豊雄のせんだいメディアテーク (2000, 図 5-5) の独自性は，そのコンセプトドローイングに端的に示されています．そこでは高さの異なるスラブが，海草のような柔らかな構造体で連結されています．概念的に建築の構成要素を分節していった場合，従来その最小単位のひとつとなってしまっていた柱が，さらに微分され内部に空洞を抱きながら柔らかに再構成されているのです．伊東は，せんだいメディアテーク以降の作品では，壁や柱といった差異をなくし，構造と空間が同時に生成される建築を提案しています．

こうした非常に繊細なライト・コンストラクションを支えるのは，構造計算の進歩と施工精度の向上です．妹島や伊東の近年の作品は，常に構造デザイナーである佐々木睦朗と

図 5-4 古河総合公園飲食施設

の協働によって作られてきました．佐々木は，フラットな屋根が 8 本のスチール柱に支えられたバルセロナ・パヴィリオンが，自身の構造設計のモチーフのひとつだと述べています．

● 建築とプログラム

西欧では建築のプログラム論は，脱構築主義の建築 5-3 の考え方に端を発し，建築をフォルマリスティックに扱う姿勢を生み出しました．一方で，日本におけるプログラム論は，むしろ社会学的な視点をとり，既存のビルディング・タイプが形骸化し時代の実情に合わないことを問題としました．つまり，器としての建築とソフトな空間の利用との間にズレが生じているという自覚です．

八束はじめは，R・コールハースに影響を受けた日本の建築家が形態を軽視しプログラムを重要視する流行を，アンリアルなシミュレーションあるいは都市空間を再構築する力を持ち得ない単なるパッケージとして批判する一方で，集合住宅に関しては，プログラム論の確かな有効性を認めました 5-4.

プログラム（あるいはビルディングタイプ）は建築を取り巻く「制度」と深く関係します．山本理顕は，保田窪第 1 団地 (1991, 図 5-6) において，従来の制度が建築に及ぼす力ではなく，建築が制度に及ぼす力の可能性を探りました．

5-2) 原広司「〈機械〉と〈風〉」『GA ARCHITECT 17 TOYO ITO』A.D.A. EDITA Tokyo, 2001, p.11.

5-3) 脱構築主義の建築の世界的な潮流については ☞ pp.35-37, 2章7節.

5-4) 八束はじめ「「非形態と呼ばれる形態」と「プログラムと呼ばれる非プログラム」」新建築 1993年8月号, pp.137-140. また，この論文の翌年，八束は，『10＋1』1994年2月号で，「制度／プログラム／ビルディング・タイプ」という特集を企画している.

図 5-2 大社文化プレイス

図 5-3 ぐりんぐりん

図 5-5 せんだいメディアテーク

5-5) 山本理顕「「パブリック/プライベート」は空間概念である〈閾〉という概念をめぐって」『新編住居論』平凡社ライブラリー, 2004, pp.72-91（初出および原題：「空間配列論《閾》という概念について」新建築 1992 年 6 月号）．

補注）本章では，主に戦後から現代までの日本の建築理論を扱ってきた．明治・大正・戦前までの日本における建築理論や近代建築の受容に関して，より詳細な内容については以下を参考図書として挙げておくので目を通されたい．
・稲垣栄三『日本の近代建築 上・下』, SD 選書, 1979.
・山口廣ほか，新建築学大系『5 近代・現代建築史』, 彰国社, 1993.

図 5-6 保田窪第 1 団地

図 5-7 東雲キャナルコート CODAN

図 5-8 ハイタウン北方

そこでは，従来の集合住宅のパブリック（外）－セミパブリック（共同スペース）－プライベート（住戸）という段階構成が破棄され，セミパブリックはセミプライベートとして閉じた共同中庭になり，パブリック（外）とプライベート（住戸）は直接出入り可能なように連結されました．ここでは，山本が 70 年代に自身の住宅作品で提示した「閾」の概念が住棟に適用されています 5-5．

さらに，山本は日本の集合住宅では住戸と共用部分が鉄の扉によって分断されてきたことが大きな問題と考え，東雲キャナルコート CODAN（2003，図 5-7）では，シースルー玄関を始めとし，f（ホワイエ）ルーム，サンルーム型水回りなどのアイディアを実現しました．また，現代の家族のあり方を，住戸内の各部屋が個別に外部廊下につながることよって表現したハイタウン北方の妹島棟（2000，図 5-8）も，家族制度の捕らえ直しによって集合住宅のプログラムを再考した事例です．

妹島と西沢は，個別の事例に関する個別的な課題の分析を徹底することにより，従来の建築にかかわる考え方などを，少し揺さぶる視点や方法を導き出し，それを具現化することによって，個別を凌駕する普遍的な変化と可能性を導き出そうとします．金沢 21 世紀美術館（2004，図 5-9）では，従来の美術館が，絵画の保護のための壁面を中心とし，さらに鑑賞のための動線の明確さのために展示室を連続した構成にするという，建築計画学的な原理を反転させています．彼らは，建築の外形を円にしてガラスで覆い，その内部では，展示室やコミュニティの空間が，数多くのユニットに分解されています．ユニットの間に部分的にパブリックに開放された通路を配することで，展示構成だけでなく空間の使い方や使われ方に，これまでとは異なる新しい自由を創出することに成功しています．

さらにディスプログラミングは，従来の建築に対する思考方法そのものの再考を迫ります．隈研吾は，従来の建築そのものや建築に対する考え方の根幹を「強さ」にあるとして，これを批判し「弱さ」を提唱します．隈にとって「強さ」とは，支配的で抑圧的な思考や表現形態であり，柱や梁などの構造，物質，仕上げ，設備など建設に関わる明確な階層化を示すものです．隈は，「強さ」と「弱さ」の二項対立を回避することを提唱し，フラットや粒子化という概念を援用し，造形言語としては，面としての壁でも線でもない，ルーバーを積極的に用います．馬頭町広重美術館（2000，図 5-10）は，切妻屋根の簡潔な形態の全体を杉材のルーバーで覆ったものです．切妻の初源的な形態は，西洋的にも日本的にも読み解くことができるため，ここでは洋と和という二項対立の調停も達成されています．

図 5-9 金沢 21 世紀美術館

図 5-10 馬頭町広重美術館

建築表記の射程 ———————————————————— 第4章
ドローイング，図面・図法，アンビルト，アーキグラム，ピーター・クック，ロンドン・アバンギャルド

1 建築表記から見えるもの

　実在の建築を経験したところで，その建築の全てを理解することはできません．人が実際の経験から理解できるものは限定されたものであり，表層によって隠された内部や，構成の全てを概観することはできないからです．まして，建築に至るまでの設計プロセスを，既に建築された実在から読み取ることは不可能でしょう．しかしこれらの問題は，その建築が表記されることによって解決されます．適切に描かれた建築表記からは，その構造や構成を総合的に理解し，建築意図や設計プロセスを読み取ることが可能なのです．

　では，建築表記にはどのようなものがあるのでしょう．例えば，配置図，平面図，立面図，断面図といった建築の一般図，パースペクティヴ[1-1]，アクソノメトリック[1-2]といった図法，更には，ダイアグラム[1-3]やコラージュ[1-4]，スケッチといった様々な表記方法が思い浮かびます．但しこれらの表記には，意図するものに関連するそれぞれの個性があることに留意しなければなりません．それぞれの目的に適した表記方法の選択と，その適切な使われ方がなされなければ，建築表記としての意味を持つものにはなり得ません．一方で，優れた建築表記からは，対象となる建築を理解し考察するといった一義的な目的を越えて，ここから拡がる建築的思考の展開を見いだすことが可能です．つまり，建築表記を理解することから得られるものは，「見えるもの」に隠された「見えないもの」を読み解くことである[1-5]と同時に，広域な建築の領域に対する思考の拡がりを導くものだと言えるでしょう．

　イギリスの建築家，ピーター・クックは，建

タイトル図）軽井沢の山荘Aの平面図・断面図・立面図．

1-1）パースペクティヴ：透視図法，遠近法．

1-2）アクソノメトリック：投影方法によって「アイソメトリック」「ダイメトリック」「トリメトリック」の三つに分類され，これらを総称してアクソノメトリックと言う．

1-3）ダイアグラム：図表のこと．例えば，列車ダイヤとは，直接的には列車の運行予定が示された表を指す．

1-4）コラージュ：近代絵画の技法の一．画面に紙・印刷物・写真などの切り抜きを貼り付け，一部に加筆などして構成する．ブラック，ピカソらが創始．『広辞苑（第五版）』岩波書店，1998，p.1011．

1-5）図研究会『図・建築表現の手法』東海大学出版会，1999，p.4．

1-6) 浜田邦裕『アンビルトの理論』INAX出版, 1995, pp.28-29.

築におけるドローイングの意味について以下のように述べています[1-6].

「ドローイングは際限の無い探求を記録する（ドキュメントする）手段である．ドローイングは意図的に未完成に終わらせることもできる．ドローイングでは建てることのできないものを描くこともできるし，ゆがめられた色づかいをすることもできる．また，決してないようなアングルから描くこともできる．これらすべては，直線的な思考や凡庸な結論にいきつくことを避けるための選択である．」

2　意図の伝達

● Situation
[敷地・環境]

建築がおかれる状態，すなわち建築の敷地における様々な条件は，建築と常に相互の関係にあります．一般的な建築の敷地は実在の環境に設定されますが，目的によっては架空の概念上に想定されることもあるでしょう．どちらにしても，建築と敷地環境との関係を知らずして，建築の意図を理解することはできません．

吉村順三の軽井沢の山荘A（1962）の平面図と断面図（p.50タイトル図）を見ると，林の中を緩やかに傾斜するアプローチを経て，小高い丘の上に山荘が位置しています．主たる居住スペースは躯体によって2階レベルに持ち上げられていますが，さらにこれらの図を見ていくと，描写された周囲の木々の背は高く，木々に繁る葉も高い位置にあります．ここでは，木々の高さに合わせて居住スペースのレベルが設定されており，建築計画に居住スペースからの眺望が考慮されていることを読み取ることができます．また，アプローチの途中には人が描かれており，スケールを理解できるのと同時に，アプローチからの視線と居住スペースからの視線が，相互に交差していないことがわかります．つまりこの表記が意図するものは「山荘の居住スペースから見える景色」であることがわかるのです．

[方角・光]

朝の礼拝時，やや右背後から射す陽を受けながら小高い丘を上っていくと，ル・コルビュジエのロンシャンの教会（1955, ⇨ p.20 図4-7, 8）は見えてきます．アプローチに対峙して建つ湾曲した重厚な壁は，陽光を受けて白く輝き，丘を上ってくる者にその存在を印象づけます．しかし内部に入ると一転して，壁はその重厚な厚さをもって陽光を遮ります．奥行きを持つ注意深く配置された開口は，先程まで背を射していた陽光を抑制し，神聖な場へ導かれるべき光を演出しています（⇨ p.128 タイトル図）．ロンシャンの教会の配置図（図2-1）には，等高線や方位などと共に，アプローチに対峙して建つ壁が，黒く塗りつぶされた太い線によって描かれています．これは，この表記が建物の配置を単に示しているのに留ま

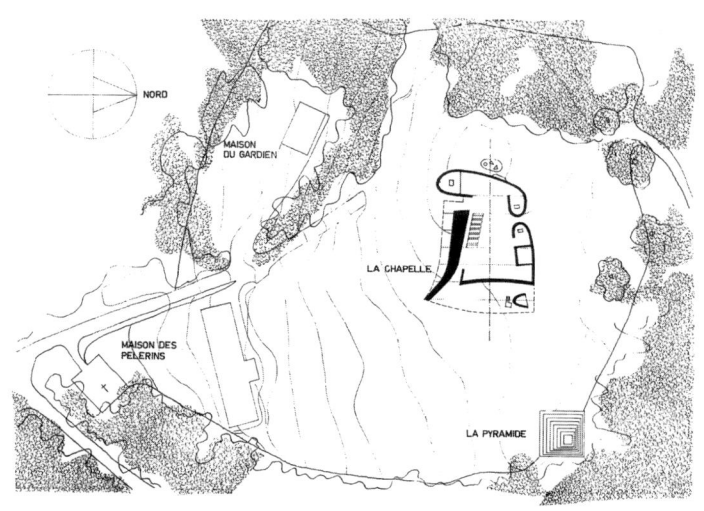

図2-1　ロンシャンの教会・配置図

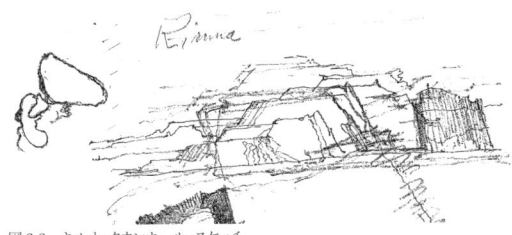

図2-2　キルナ・タウンホール・スケッチ

図2-3　ロイオラ・チャーチ・スケッチ

らず，湾曲した壁が，それに対峙するアプローチや陽光の射す向きに密接な関係性を持つことを強調しています．

[風景]

　人の手が未だ加えられていないような手付かずの環境に建築を建てようとする場合には，風景の一部として存在する建築の見え方が，非常に重要な検討要素であると言えます．アルヴァー・アールトーは地形と建築の関連を意識した多数のスケッチを残していますが，これらは豊かな自然風景の中における建築の在り方を，スケッチによってスタディーしようとした痕跡に他なりません．スウェーデンのキルナ・タウンホール(1958)のためのスケッチ(図2-2)には，周囲の地形と呼応するかのような形態の建築が，廻りの風景と共に一体化されて描かれています．またイタリア北部の山間に建つロイオラ・チャーチ(1978)のためのスケッチ(図2-3)には，小高い丘の上に位置する建築物の造形的イメージが，遠方から望むように描かれており，風景の中における建築の見え方を検証しています．

● Area

[内と外]

　内と外の概念は，建築を考える上で最も根源的な要素の一つでしょう．一般的には「内」が建物の内部であり「外」が建物の外部ということになります．一方，これらを混在させたり，あるいは連関させることで，様々な効果を引き出そうとする建築的試みがなされており，この様な建築的意図を，ドローイングから読み取ることも可能です．

　安藤忠雄の住吉の長屋(1976，⇒p.44図3-11)の1階平面図(図2-4)を見ると，長方形の外形からなる内部空間が，4700スパンで均等に三分割されています．床に貼られた石の目地を見ると，これらは三つの間にまたがって連続して表記されており，分割された三つの間が，それぞれ同等に扱われていることがわかります．周知のように，実際には中央の間は中庭となっていますが，ここでの中庭は，あくまで建築物の「内」における間の一つであり，住宅密集地における内と外の概念を問うたこの住宅の意図を，この図は示していると言え

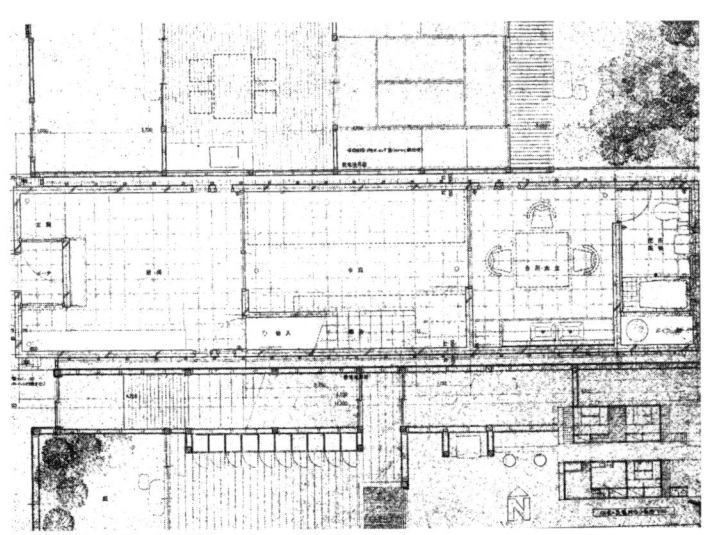

図2-4　住吉の長屋・1階平面図

2-1) 図研究会『図・建築表現の手法』東海大学出版会，1999, pp.10-11.

2-2) マッス：塊のこと．実質の存在する領域．

2-3) ヴォイド：空きの領域．

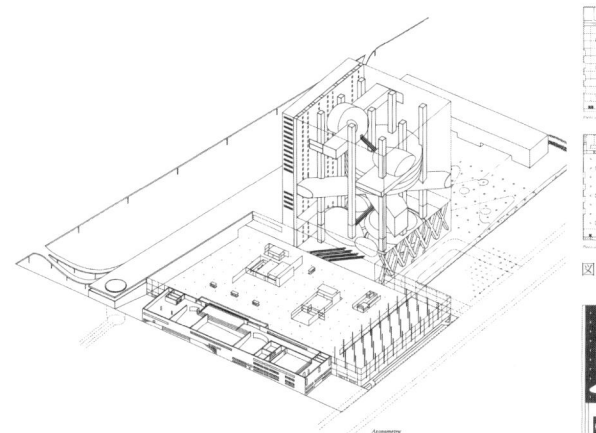

図 2-5　OMA／フランス国立図書館コンペ案・アクソノメトリック図

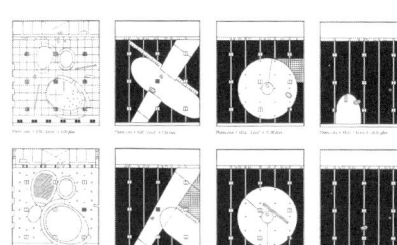

図 2-6　OMA／フランス国立図書館コンペ案・平面図

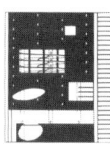

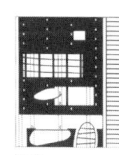

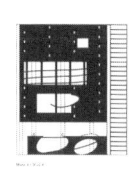

図 2-7　OMA／フランス国立図書館コンペ案・断面図

るでしょう．また，清家清の私の家（1954）の配置図を兼ねた平面図では，庭の敷石が住宅の内部に連続するように表記されています．敷石が連続する先にある建築物内部に目を移すと，構造的な壁を除いては，カーテンによる簡易的な仕切りがあるのみで，トイレの扉さえありません．つまりこの表記には，建築の内部を外部に向けて可能な限り連続させ，狭小住宅の内部空間を拡張させていこうとする意図[2-1]が表れています．

[マッスとヴォイド]

実質的な「マッス」[2-2]の領域のみが，建築的機能の設置されている部分とは限りません．例えば，吹き抜けなどの空きスペースである「ヴォイド」[2-3]にも，建築構成上の重要な機能が付与されている場合があります．

レム・コールハース／OMAのフランス国立図書館のコンペ案（⇨ p.37 図7-7）では，実質的な領域（マッス）と，空きの領域（ヴォイド）を反転させることで，実験的な建築設計を試みています．このコンペ案のアクソノメトリック図（図2-5）を見ると，不定形なボリュームが棒状のボリュームに串刺しにされた様子が描かれています．単線で描かれた輪郭が建物全体のボリュームを示しており，一見するとヴォイドとしての領域の中に，串刺しにされた不定形なマッスが設置されているかの様に見えます．しかし実際には，これらは全く反転されて扱われており，四角いマッスの中に不定形にくり貫かれたヴォイドが設置され，このヴォイドには閲覧スペースやホールなどの建築的機能が与えられています．また，不定形なボリュームを貫く棒状の部分は，エレベーター・シャフトを示しています．マッスの部分には通常の階設定がなされた書庫の機能が詰め込まれていますが，ヴォイドの部分はいわゆる階の概念から切り離されており，言わばマッスの中を浮遊するヴォイドによって図書館の主要機能が構成されています．このことは，平面図（図2-6）を見るとより明解に理解することができます．黒く塗られた部分がマッスであり，白くくり貫かれた部分がヴォイドです．また，ヴォイドは階の設定とは無関係な浮遊するボリュームですから，ここでの平面図は通常の様な階ごとの表記がなされていません．断面図（図2-7）を見ると，平面図と連関する縦方向の構成がさらに理解しやすくなります．

● Occasion

[リアリティーの確認]

パースペクティヴは，実際に人の目に見える立体的な空間要素を，それに近いかたちで平面上に表記することで，そのリアリティーを疑似的に確認するためのものであると言えます．

芸術愛好者の家のコンペティションに提出されたチャールズ・レニー・マッキントッシュの計画案（1901, 図2-8）では，水彩画のパースペクティヴにより，エクステリアやインテリアの細部に至るまでが緻密に表現されていま

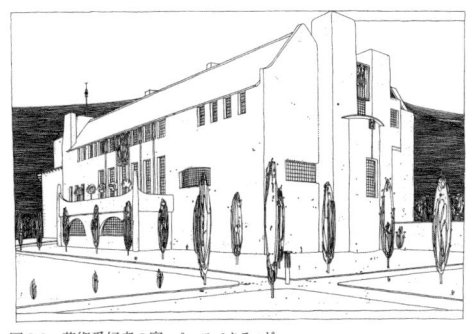

図 2-8 芸術愛好者の家・パースペクティヴ

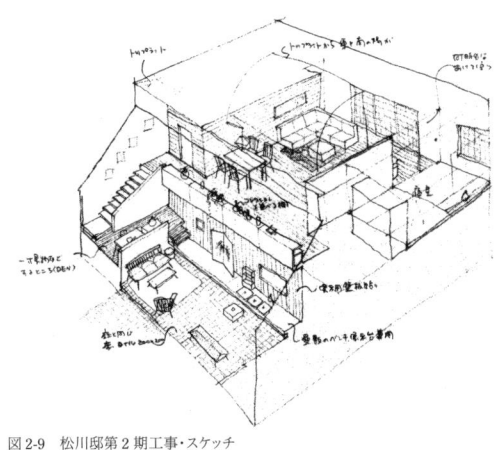

図 2-9 松川邸第 2 期工事・スケッチ

2-4) グラスゴー・スクール・オブ・アート：スコットランドの美術大学．校舎はコンペ（1896）によって選ばれたマッキントッシュの設計による．

2-5) 「House for an art Lover」（芸術愛好者の家のリーフレット）．

2-6) 松川邸：宮脇の代表作の一つ．1971年の第1期工事にはじまり，1978年の第2期工事，さらに1991年の第3期工事と続いた．

2-7) チュミについては☞ pp.36-37，2章7節．

す．コンペ当時は一等案が選出されず，プロジェクトは棚上げされましたが，1995年になってグラスゴー市とグラスゴー・スクール・オブ・アート 2-4 の協働により，マッキントッシュの計画案は実現します．建設に際し，オリジナル図面には施工を行なうための設計図が含まれていませんでしたが，数々の色彩豊かなパースを検証することで，オリジナルの設計案を忠実に再現することができたと言われています 2-5．

一方，宮脇檀は建築の設計過程を示す，たくさんのパース・スケッチを残しています．松川邸 2-6（1971-91）第2期工事のスケッチ（図2-9）では，建築の外形が簡略化した単線で示され，主要なインテリアが透視されて表現されています．内部構成を理解するために描かれたこの様な表記は，他者に対するプレゼンテーションというよりはむしろ，建築家自身の設計確認のためのものであり，ここで営まれるであろう生活と，それに係わる建築構成との関連を探ろうとする意図が，このスケッチには表れています．

［出来事］

建築はただ在るのではなく，様々な要素と関係することによって成り立っています．バーナード・チュミ 2-7 はマンハッタン・トランスクリプツ（1976-81）と題された一連のドローイング（図2-10）において，都市における出来事と，それに連鎖する人の動きや場の状況，さらには時間の経過などをダイアグラムによって表記し，このことから建築を解釈するための独自の視点を提示しようとしました．都市における様々な要素が離反しつつも関連し，ハプニングなどの偶然の事情が介入され，人

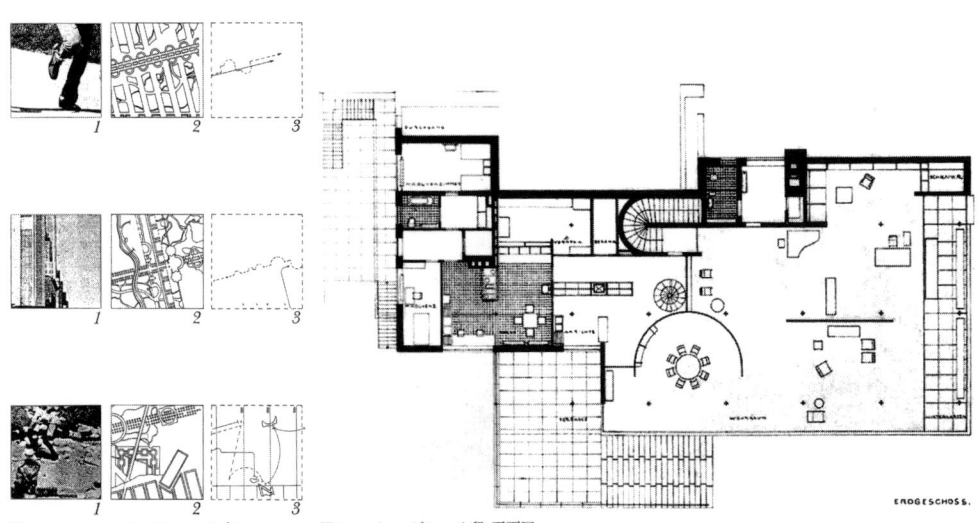

図 2-10 マンハッタン・トランスクリプツ　　図 2-11 トゥーゲンハット邸・平面図

2-8) 黄金分割については☞ pp.96-97，7章1節．

2-9) モデュロールについては☞ pp.97-98，7章1節．

2-10) イタリア合理主義：ファシズム期のイタリアにおける合理主義．『建築20世紀PART2』新建築社，1991，p188．

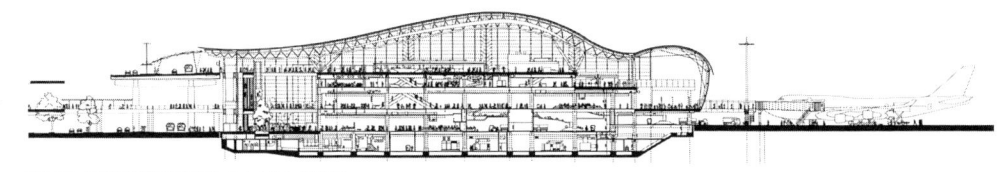

図 2-12　関西国際空港旅客ターミナルビル・断面図

がプログラムすることができない錯綜する都市と建築の成立要素を，継続的に展開する連続場面として，ここに表現しようとしています．

[位置]

ドローイングにおける建築物のスケール感や空間の広がりは，家具や人を表記することで，より実感しやすいものとなります．この手法は様々なドローイングに用いられていますが，例えばミース・ファン・デル・ローエのトゥーゲンハット邸（1930）の平面図（図2-11）にも，このような表記を見ることができます．ここには家具やピアノの配置が図示されていますが，このことからはスケール感を得ることができるだけでなく，それらが置かれた場所や向きによって，このフロアー上の位置的な使い方も示されています．

また，レンゾ・ピアノによる関西国際空港旅客ターミナルビル（1994）の断面図（図2-12）には，たくさんの人が意図的に描き込まれています．人が描き込まれた場所を追っていくと，実は，車寄せからチェックイン・フロアーや出発ロビーを介して飛行機に搭乗するまでの，空港における人の動線を読み取ることができるだけでなく，この建築内部での賑わいを，位置的に理解することができるように仕組まれているのです．

● Division

[比率]

黄金分割[2-8]は古代ギリシャ以来，最も調和的で美しい比率として様々なフォルムに用いられて来ました．建築のフォルムを決定する際にも，このような幾何学上の比率が使用された例を見ることができます．ル・コルビュジエは黄金分割をファサードデザインの決定要素としただけでなく，このような比率をもとにした独自のモデュールであるモデュロール[2-9]（1948，⇨ p.97 図1-12）を考案し，これを計画のための基本モデュールとして建築設計に用いています．また，イタリア合理主義[2-10]の代表的な建築家であるジュゼッペ・テラーニが設計したカサ・デル・ファッショ（⇨ p.22 図5-5）の立面図（図2-13）にも，およそ1：2の比率を示すラインが各所に描き込まれており，建築フォルムが幾何学的な比率によって構成されていることを強調しています．

[ディテール]

ディテールを表記する事の意図は，それらによって構成される建築の「成り立ち」を理解することだと言えます．ここでの「成り立ち」とは，建築を構成するパーツひとつひとつの形状や材質，またはそれらが示す性質に至るまで，これらが建築全体といかに関連し，成立しているのかという，その様態を指し示すものと理解してよいでしょう．

R・ピアノは大規模な建築を計画する際にも，建築構成上の詳細を緻密にかつ論理的にスタディーする建築家として知られています．IBM巡回展示パヴィリオン（1984）の断面詳細図（図2-14）を見ると，同一形状の木製フレー

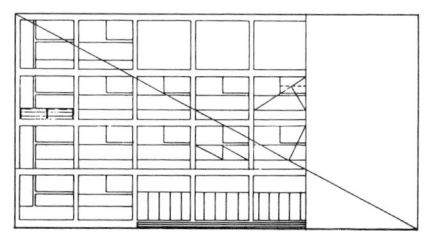

図 2-13　カサ・デル・ファッショ・立面図

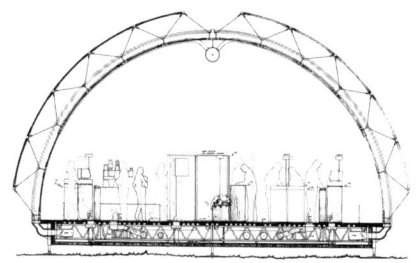

図 2-14　IBM巡回展示パヴィリオン・断面詳細図

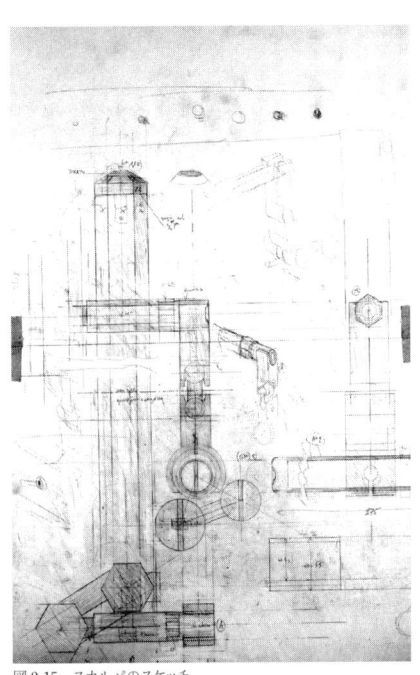

図 2-15　スカルパのスケッチ

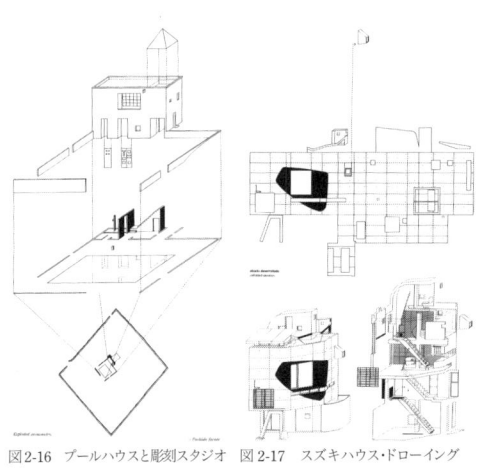

図 2-16　プールハウスと彫刻スタジオ　図 2-17　スズキハウス・ドローイング

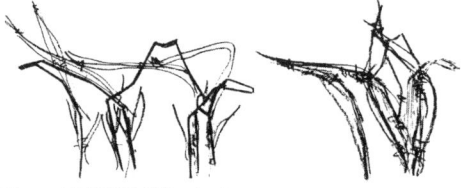

図 3-1　宇奈月展望休憩所・スケッチ

2-11）ポリカーボネイトについては☞ p.193, 12 章 3 節.

2-12）3 ヒンジ・アーチ☞ p.185, 12 章 2 節.

ムがポリカーボネイト[2-11]製の被覆を支持し，トラス構成のフレームによる 3 ヒンジ・アーチ[2-12]を形作っていることがわかります．また，床ユニットには機能上の装置が収められていますが，同時にアーチを支えるための引っ張り材としても機能しており，解体して巡回することが前提である構造体として，各パーツの役割とこれらによって構成される全体像が明解に示されています．システマティックに用いられるピアノのディテールに比較して，カルロ・スカルパのディテールには，独自の世界観に深く没入していこうとする職人的な個性が強く打ち出されています．スカルパは非常に沢山の色鉛筆によるディテール・スケッチ（図 2-15）を残していますが，このようなスケッチは，使用する素材の性質と，それを使用することによって表現されうる作家個人の世界観を，ディテールにおいて突き詰めようとする意志の現れであると言えるでしょう．このようなスタディーを経て決定されたディテールは，建築における部分としての機能を担いつつも，これらが蓄積されることによって具現化される，建築全体の個性を形作るものと成り得るのです．

[エレメント]

アクソノメトリックは，立体の構成要素をエレメントに分節して表記することができ，建築構成の立体性を図式として表現するのに適しています．スティーブン・ホールのプールハウスと彫刻スタジオ（1981）のためのドローイング（図 2-16）では，敷地におけるプールと建築の位置関係が，建築機能の各エレメントと共にアクソノメトリックによって示されています．また，ピーター・ウィルソンのスズキハウス（1993）のためのドローイング（図 2-17）では，外壁の展開図とアクソノメトリックによる建築の内部構成が併記され，建築の構成要素を関連付けています．つまりこのようなドローイングでは，建築がドローイングの中で分節化されながらも総体として示されており，エレメントから成る建築全体の構成要素を，総合的に表記しているのです．

3　思考の外在化

● Sketch

[イメージの描写]

建築の造形を創出しようとする時，まずは自身の中にある渾沌とした形のイメージを，

3-1)『a + u No.226』新建築社, 1989, pp.78-79.

3-2) ホラインについては ☞ pp.34-35, 2章7節.

3-3) レオニドフについては ☞ p.15, 1章3節.

目に見えるものに置き換えていく作業が必要です. その際に最も一般的に用いられる手法がスケッチだと言えるでしょう. エンリック・ミラーレスの黒部渓谷を望む宇奈月展望休憩所 (1991) のためのスケッチでは, 感覚的に描かれた竹のスケッチ (図3-1) から段階的にイメージを発展させ, 最終的に建築される実在に向けた造形を導いています. また, コープ・ヒンメルブラウが建築設計を始めようとする際には, まさに「手の動くままに」と表現されるのが相応しいようなイメージスケッチ[3-1]から, 実際に建築される最終形としての複雑な造形が導かれています.

● Collage

[変換]

オーストリアの建築家, ハンス・ホライン[3-2]は「すべてのものは建築である」として, 伝統的建築様式に固執するウィーンの保守的な建築潮流にだけでなく, モダニズムの様式からも束縛されない新たな建築のスタイルを作りあげようとしました. この際に用いられたものが, 航空母艦を建築に見立て陸地にコラージュしたドローイング (1964, 図3-2) です. ここでは建築ではない物体が突如として建築に変換されており, 非常に劇的な手法をもって既成の建築概念を覆しています.

[即効性]

アーキグラムの活動における一連のドローイングには, 都市のリアリティーを即効的に表現するためのテクニックとして, コラージュが頻繁に使用されています. 例えばピーター・クックによるオーチャード・パレス (1972) のドローイング (図3-3) には, 当時の風俗を反映するファッションや車などの様々な写真が挿入され, 前衛的な建築の主張を身近な風景の中に反映させています. つまり, 非現実としての建築計画に具体的なリアリティーを与える方策が, ここに用いられているコラージュの意図なのです.

[イメージの誘導]

イヴァーン・イリーチ・レオニドフ[3-3]による重工業省計画案 (1934, 図3-4) は, 建築における形態と機能の統合による合理性を, 旧ソビエトにおける工業化推進の時代的背景に関連づけて構成した, 社会的メッセージを内包する建築計画です. ここに計画されたタワーの上部には, 鉄のフレームによって支えられたバルコニーが描かれていますが, その横にコラージュされた飛行機の翼は, バルコニーを支えるフレームの形態に類似しています.

図3-2 航空母艦都市

図3-3 オーチャード・パレス

図3-4 重工業省計画案

図3-5 アーク

図3-6 煉獄の間

3-4) 神曲：ダンテの詩編，1307-21年作．地獄編・煉獄編・天国編の3部に分かれ，人間の霊魂が罪悪の世界から悔悟と浄化へ，さらに永遠の天国へと向上・精進する経路を描く．『広辞苑（第五版）』岩波書店，1998，p.1373.

3-5) T.L.Schumacher, *THE DANTEUM* Triangle Architectural Publishing, 1985.

3-6) 弁証法：本来は対話術の意味で，ソクラテス・プラトンではイデアの認識に到達する方法とした．弁証法については，この他にも様々な解釈が存在する．『広辞苑（第五版）』岩波書店，1998，p.2416.

最新技術の象徴とも言うべき航空機の形態が，建築の形態をも誘導しているというメッセージをこの表記からは読み取ることができます．

● Description

[非物質的実在]

一般に，建築は物質としての実在ですが，表記された建築は実在とは異なる次元に建つ非物質的実在と言うことも可能でしょう．このような非物質的実在の建築は，実際の建築物のように外的要素や見る角度によって，見え方や存在そのものの様態が変わってしまうことはありません．あくまで限定的に在るのであり，故にそれ以外の一切を拒絶した独自の世界にのみ実在することが可能なのです．何種類もの研ぎ澄まされた鉛筆を使用して，紙の上に刻み込むように描き込まれた高松伸のドローイング（図3-5）は，物質的な実在から切り離されることによって，独自に存在しようとする建築の姿を表記しようとしているのかもしれません．

[絶対性]

ダンテウム（1938）はG・テラーニによる，ダンテの「神曲」3-4をモティーフにした建築計画です．ダンテの神曲は，地獄編，煉獄編，天国編の3部構成からなっていますが，テラーニのダンテウムにおいても大きく分けて3つの部屋が，それぞれ幾何学的な比率によって構成されています．「地獄の間」では100本からなる柱の森が，光を遮るものとして暗喩され，「煉獄の間」（図3-6）に至ることで，ようやく操作された光が挿入されます．「天国の間」はガラスの柱が据えられた光の満ちる場であり，それぞれの間が，神曲の場面構成に関連付けられて設定されています3-5．ダンテウムは一見して，物語そのものを建築に翻訳しているかのようですが，しかしここでの本質は，実在の人間が介在することのできない，空間自体の「絶対性」を表記することではなかったかと思われます．

[対話]

現代美術を解釈する際に用いられる弁証法3-6的手法は，言語と実在の行き来によってなされていると言えます．明解な言葉では説明のつかない建築表記においても，このような方法によって解釈される可能性を残しています．例えば，ダニエル・リベスキンドによる幾つもの断片が集積されたドローイング

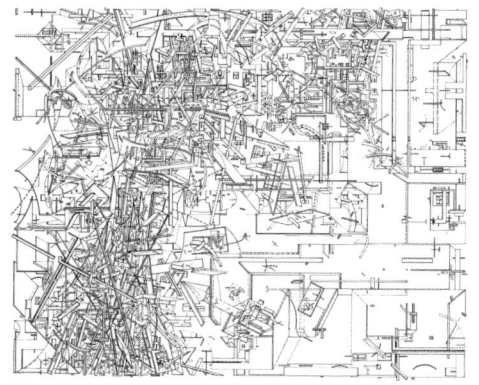

図3-7 アークティク・フラワーズ

3-7) ヴェンチューリについては☞ pp.25-26, 2章2節.

3-8) *Architectural THEORY* TASCHEN, 2003, pp.790-811.

図3-8 フィッシュ・マシーン　　図3-9 アイ・アム・ア・モニュメント　　図3-10 ザ・ダック

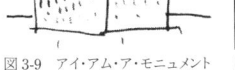

（図3-7）に，確証的な説明をつけることはできません．暗喩のごとく与えられた言葉とドローイングの間を行き来することだけが，表記を理解しようとする人に与えられた唯一の手がかりなのです．このような意味において，江頭慎のフィッシュ・マシーン（1990，図3-8）も，同じ文脈において理解されるべきものと言えるでしょう．視点を変えてみると，このような表記は言語によって明確に理解されることを意図していないのかもしれません．つまり，言語を排除したところにある感覚や感性による表記との対話が，これらのドローイングを理解するための本質と言うこともできるのです．

[宣言]

ロバート・ヴェンチューリ[3-7]は，建築の表層に大衆社会における実際的な意味を見いだそうとし，モダニズムにおける様々なテーゼから離反する新たな建築表現を主張しました．アイ・アム・ア・モニュメントと題されたドローイング（図3-9）では，建築における機能上の目的を建築物の表層に言語化して宣言するや否や，その機能は様々な建築計画上のデザインを差し置いて，何よりも明解に認知されるとする論証を行っています．またザ・ダックと題されたドローイング（図3-10）では，ダックレストランという建築の目的を建築自体のデザインにおいてシンボライズしようとする試みが提示されています[3-8]．

● Rhetoric

[変形]

建築物以外の物の形をモティーフにして，建築のフォルムをスタディーすることもあるでしょう．この際，もととなる形から，いかにして目的とする建築のフォルムに転化させていくのか．これは考察を要する厄介な問題だと言えます．ピーター・ウィルソンは大阪で行われた花の博覧会に設置するためのフォリー（1990）のフォルムを決める際，潜水艦の形をモティーフにしたユニークな試みを行なっています．コピー機の機能を使って変形された潜水艦の姿は，そのディテールや雰囲気を残しつつも，別の形態へ変形されています（図3-11）．ウィルソンは，このような作業を繰り返すことによって，気に入った形を探しだし，この形を使うことで，結果的には潜水艦の雰囲気を持つ建築のフォルムを導いているのです．

[ベクトル]

空間構成を考察する際に，音や光といった

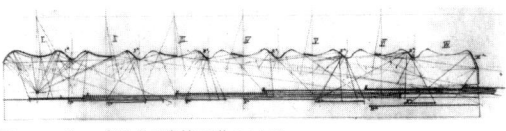

図3-12 ヴィープリ公共図書館・天井のスタディー

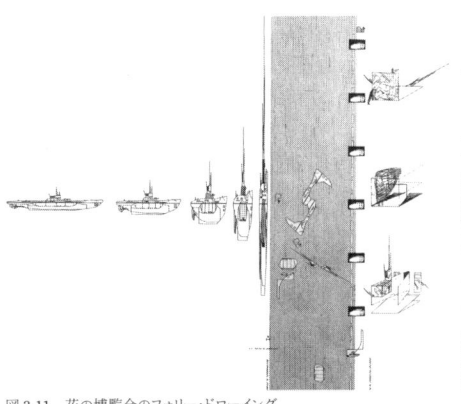

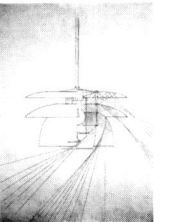

図3-11 花の博覧会のフォリー・ドローイング　　図3-13 PHランプ・ベクトル図

要素は重要な検討対象と言えるでしょう．しかし，音や光を物質として描写する事はできません．そこで，これらが進む方向性をベクトルとして図式的に置き換え，これにより空間構成との関連を示そうとする手法は様々なドローイングに用いられています．A・アールトはヴィープリ公共図書館 (1934) のレクチャー・ルームの天井をデザインする際に，レクチャーを行なう人の声が聴衆に対して鮮明に届くよう，天井の断面形状と声のベクトルを図面上でスタディー (図3-12) し，結果的に特徴的な天井の形態を導いています．また，PHランプ[3-9] のデザイナーとして有名なポール・ヘニングセンは，電球から発せられた光がランプ・シェードに反射して拡散していく様子を，ベクトルを用いた図 (図3-13) として表記し，ランプ・シェードのデザインを根拠付けています．

[レイヤー]

建築設計をスタディーする際に，敷地の形状や建築躯体などをそれぞれ別のトレーシングペーパーに描き分けつつ，それらを重ねて全体を概観し，計画を検討することは日常的に行われていることでしょう．またCAD[3-10] によって図面を作成する際にも，寸法線や躯体線などを，各レイヤーに分けておくこともあるでしょう．このように，レイヤーは同一建築物における構成要素の各用途を，目的別に整理するのに適しています．バーナード・チュミのラ・ヴィレット公園 (1983, ⇨p.24タイトル図, p.37図7-6) の全体計画を示すドローイングでは，公園を構成する様々な機能が，それぞれ三つのレイヤーに整理されています．一番下のレイヤーには「面」の要素として敷地が示され，その上のレイヤーでは，様々な機能を持つパヴィリオンが「点」の要素として表現されています．一番上のレイヤーでは，「面」と「点」を機能的に関連づける動線の役割を持つ構造体が「線」の要素として表記され，公園における各エレメントの機能が合理的に整理されています．

4　アンビルトの表記

● アンビルト

「アンビルト」(unbuilt) は「建てられざる」と訳すことができます[4-1]．つまりは「建てられない」建築ではなく「建てられざる」建築的思考を指すのであり，その多くはドローイングとして表記されますが，模型やその他の表現をとることもあります．アンビルトの目的は，建てられざる自らの建築的思考を，目に見える形で他者に伝えようとするものであり，今は実現し得ない，あるいは実現に時間を要する建築的アイディアの伝達手法であると言えるでしょう．しかし，はっきりとその目的を解釈することができないようなものもあり，多くのアンビルトを一言で概説することはできません．但しこれらを，実在とは無関係な架空の建築的概念と解釈するのは誤りであり，多様なドローイングに内包された建築的メッセージが，実在に作用する重要な視点となることを見逃すべきではありません．

これからこの節で紹介するものは，近代以降の特徴的なアンビルト作品と，その作家[4-2]を扱っていますが，近代以前にも古くからアンビルトによる表現は行われてきました．たとえば，レオナルド・ダ・ヴィンチが残した

3-9) PHランプ：デンマークのルイス・ポールセン社が販売するペンダント型照明器具．ヘニングセンの名前の頭文字をとって，PHランプと命名された．

3-10) CAD：Computer Aided Design.（コンピュータ エイテッド デザイン））は，コンピュータ援用設計とも呼ばれ，コンピュータを用いて設計をすること，あるいはコンピュータによる設計支援ツールのこと（CAD システム）．CADを「コンピュータを用いた製図システム」と解する場合は Computer Assisted Drafting，または Computer Assisted Drawing を指し，同義として扱われることが多い．フリー百科事典『ウィキペディア（Wikipedia）』．

4-1) 浜田邦裕『アンビルトの理論』INAX出版, 1995, p.8.

4-2) ここでの作家とは，必ずしもアンビルトのみにおいて活動した，あるいは活動している作家だけを対象にしているわけではない．

図4-1 ヘリコプターのスケッチ　　図4-2 ピラネージのステアーウェイズ

4-3) ピラネージのドローイングには，パースペクティヴの焦点を微妙にずらしたり，形を歪めたりするなどの操作が認められる．

4-4) メタボリズムについては☞ pp.40-42，3章2節．

4-5) AA スクール：ロンドンにある建築の研究・教育機関（The Architectural Association School of Architecture）．

4-6) スペースフレームについては☞ p.189，12章2節．

様々なスケッチ（図4-1）の中には，まさにアンビルトと呼ぶに相応しい多数のドローイングが有りますし，ジョバンニ・B・ピラネージのドローイング（図4-2）に描かれた不可思議な空間と建築のプロポーションも，アンビルトならではのものと言えるでしょう[4-3]．

● 都市とアンビルト

近代以降のアンビルトを概観する上で，都市はその最も重要な対象の一つと言えます．ル・コルビュジエの輝く都市（1935，図4-3）や，丹下健三の東京計画1960（1961，図4-4）は，未来の社会生活に対応する新たな都市システムをアンビルトとして提起しています．また，菊竹清訓（図4-5）や黒川紀章らによる一連のメタボリズム[4-4]の活動は，建築可能な都市機能の具現的提案であり，後日，実際にその幾つかは実現をみることとなります．

1960年代初頭のイギリス・ロンドンでは，都市を扱った重要なドローイングが，共にAAスクール[4-5]出身の若い建築家によって相次いで描かれています．

セドリック・プライスのファン・パレス（1961，図4-6）は，技術やテクノロジーを，都市構成の手段として人々の生活に関連づけようとするものです．ここでは映画館やスタジオといった様々な文化施設が，規格化された構造躯体にシステマティックに組みこまれています．人々は空中に設置された動く通路によって，自由にこれらを行き来することができ，オートメーション化された都市的文化コンプレックスの姿を描き出しています．

P・クックのプラグ・イン・シティ（1964，図4-7）は，巨大なスペースフレーム[4-6]が都市に設置され，ちょうど電子回路にプラグを差し込むように，様々な機能を持つ取り外し可能なスペースユニットが，フレームに挿入されるように設置されています．この都市的構造体は，機械の部品を取り換えるように都市の機能を活性化することができ，社会変容に伴って流動する都市の様態を建築化しています．

また，インスタント・シティ（1964，図4-8）では，飛来した飛行船からつり下げられた様々な都市機能が，それまでの凡庸な都市の状態を瞬時にして活性化させてしまう様子が描かれており，移動する都市機能の有用性を提示しています．

ロン・ヘロンのウォーキング・シティ（1964，図4-9）では，八本の足を持つ巨大な構造体そのものが都市であり，この構造体自体が動きまわることによって都市間のコミュニケーシ

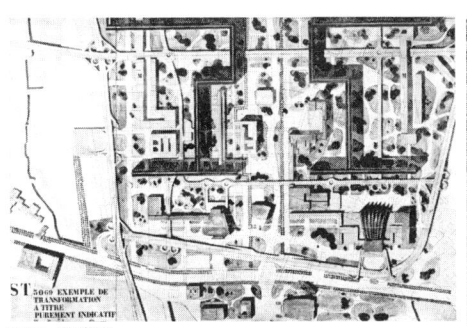

図4-3 輝く都市

図4-4 東京計画1960

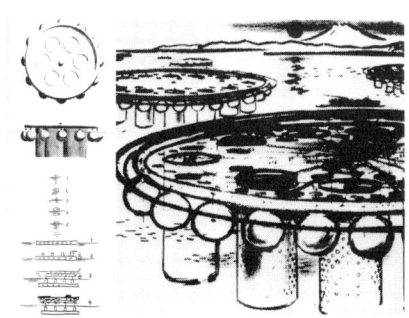

図4-5 菊竹清訓の海上都市1958

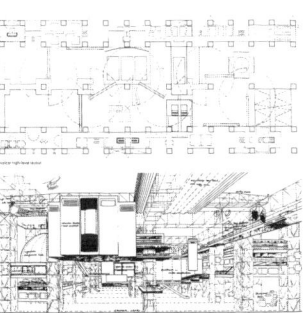

図4-6 ファン・パレス

ョンが行われるという，クックのインスタント・シティにもつながる移動する都市の可能性が示されています．しかしこのドローイングからは，一方にあるテクノロジー至上主義への警告を読み取ることも可能であり，機械化されゆく都市のシステムに対する，痛烈なアイロニー[4-7]と解釈することもできます．

● アーキグラムとセドリック・プライス

1960年代初頭のロンドンでは，実際の建築は非常に保守的な気風によって成立していました．このような潮流の中では，既存の建築に飽き足らない若い建築家らが，自らの理想を具現化させる機会など皆無であったと言えます．そこで，彼らが活動の手段として見いだしたのがアンビルトでした．このようなロンドンにおける動向は，後にロンドン・アヴァンギャルド[4-8]と呼ばれるようになりますが，アーキグラムとC・プライスの活動は，ロンドン・アヴァンギャルドのルーツをつくり上げたと言っても過言ではありません．

アーキグラムは，P・クック，ウォーレン・チョーク，デニス・クランプトン，デビッド・グリーン，R・ヘロン，マイク・ウェブの6人からなる組織体です．アーキグラムの名称は当初，クックがグリーンやウェブらと共に1960年に作成した，自身の作品を掲載するための自作の雑誌を指していました．その後この雑誌に他のメンバーらが加わり，発刊を重ねる度に，次第に社会に対するマニフェストの色を濃くしていきます．既に述べたプラグ・イン・シティやウォーキング・シティも，アーキグラム誌上で発表されたものです．その後，アーキグラムは1970年の第9号まで続き，グループの活動名としても，この名称が使用されるようになります．

アーキグラムのドローイングの特徴は，当時，アメリカにおいて隆盛しつつあったポップ・アート[4-9]の表現を採り入れ，従前の建築表記の常識を覆しただけでなく，建築という具現化されるべき形式に拘束されない，全く自由な建築的領域を導いたことにあると言えるでしょう．特にリーダー的存在であったクックのドローイングは，一貫して現代都市に対する辛辣なメッセージを内包させながら，自由で独特のイラストレーション世界を確立しています．1976年から79年にかけて継続的に作成された「アルカディア」計画（図4-10）では，建築が人々の生活と共に成熟することで，やがて自然に回帰していくという都市へのメタファー[4-10]が，鮮やかな色彩表現に

4-7) アイロニー：皮肉．ソクラテスの用いた問答法．議論の相手を知者とし，自己は無知を装いながら，対話を通じて相手の無知をあばいた．『広辞苑（第五版）』岩波書店，1998，p.10．

4-8) ロンドン・アヴァンギャルド：『SD 329号』鹿島出版会，p.5．

4-9) ポップ・アート：大衆文化のシンボルをそのまま素材とする前衛芸術．『広辞苑（第五版）』岩波書店，1998，p.2466参照．

4-10) メタファー：隠喩．隠喩法による表現．

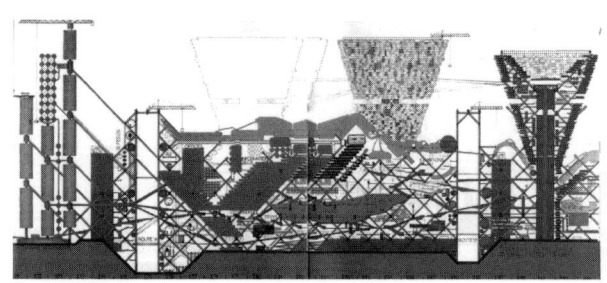

図 4-7 プラグ・イン・シティ

図 4-8 インスタント・シティ

図 4-9 ウォーキング・シティ

図 4-10 アルカディア・トリッキングタワーズ

4-11) 浜田邦裕『ロンドン・アヴァンギャルド』鹿島出版会, 1997, pp.82-85.

4-12) ハイテックについては☞ p.34, 2章6節.

4-13) 『建築20世紀 PART2』新建築社, 1991, p248.

4-14) シュプレマティズム：マレーヴィッチが提唱した抽象芸術の一種。あらゆる際限的・連想的要素を排除し、最も単純な幾何学形態だけで絶対性をめざすもの。『広辞苑（第五版）』岩波書店, 1998, p.1286.

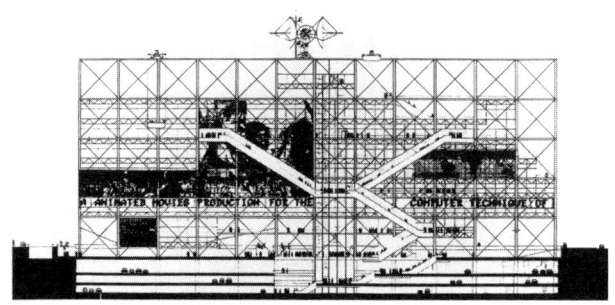

図 4-11　ポンピドー・センター・コンペ案

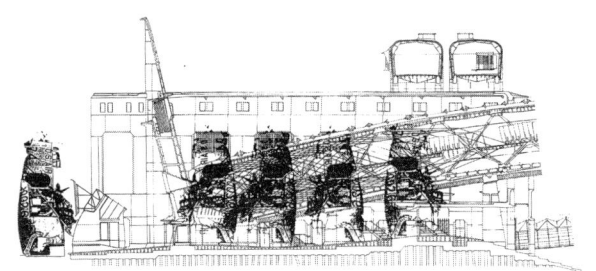

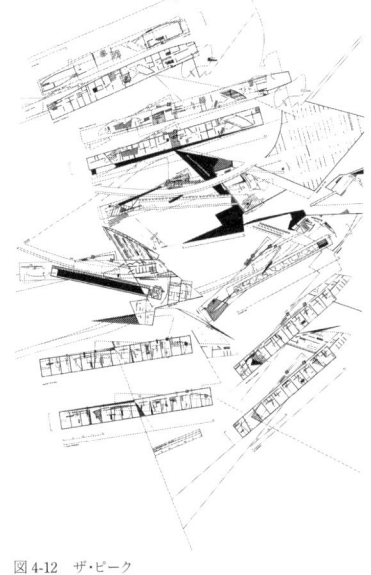

図 4-12　ザ・ピーク

図 4-13　アカデミア・ブリッジ

よって描かれています．

プライスは，雑誌アーキグラムに度々投稿をしていますが，グループとしてのアーキグラムからは一線を画し，独自の活動を行っています．彼が目指したものはファン・パレスにおいて示したように，テクノロジーを用いた構築システムによる，完全にプログラミングされた建築社会の確立です．プライスは後にインターアクション・センター(1975)を実際に完成させますが，ここには建築が芸術でも工芸品でもなく，人々の生活に連関する社会システムであるという，一貫した主張を実践として見ることができます[4-11]．

このようなアーキグラムやプライスのドローイングは，後の建築的動向に多大な影響を与えることになります．例えばR・ピアノらによるポンピドー・センターのコンペ案（1971, 図 4-11, ⇨ p.34 図 6-2）をはじめとする「ハイテック」[4-12]と呼ばれる建築的傾向は，彼らの活動と無関係には成立し得なかったでしょう．またアーキグラムやプライスが教育を行い，活動の拠点にもしていたAAスクールは，クックと同時期に在籍していたリチャード・ロジャースをはじめ，続いてニコラス・グリムショウ，R・コールハース，P・ウィルソン，ザハ・ハディドなど，現代における重要な建築家を輩出し，建築教育における前衛性を現在に受け継ぐと共に，ロンドン・アヴァンギャルドの拠点として広く認知されています．

●強化された物質的存在

Z・ハディドは香港におけるザ・ピーク(1983)のコンペで一等を獲得し，一躍その名を知られるようになります．このコンペに提出されたドローイング（図 4-12, ⇨ p.35 図 7-2）では，リゾート施設の各機能が単純化された物質的断片として空中に積層され，自立的に躍動していく都市の様態[4-13]を，先鋭化された建築的断片に置き換えて特徴付けようとしています．シュプレマティズム[4-14]（⇨ p.153 図 4-8）の意図にもつながるようなこの表現手法は，以降のハディドのドローイングに一貫して用いられるようになります．単純化され，極端なパースペクティヴにより刃物のような鋭さを与えられた建築の構成要素は，実在における建築の物質的存在を表記によって強化させようとしています．

●リアリティーの表記

ピーター・ソルターのドローイング（図 4-13）の特徴は，いかなるスケールの図面表記においても，非常に緻密な細部にわたるディテールまでもが描き込まれ，その上で建築の全体を表現しようとしている点にあります．これ

は，建築構成要素のひとつひとつにおける固有の質感や量感を，非実在でありながら常に追及しようとするリアリティーの表記と言うことができるでしょう．また，このような詳細な図面に挿入される鮮やかなシーンスケッチやメタファーとしての非建築的イメージは，素材やスケールの経験的なリアリティーを，ドローイングの中に想起させるためのスパイスとして作用しています．

●物語としての建築

ダグラス・ダーデンがドローイングに追及したものは，物語としての完結された世界観の中で，作家の意思によって完全にコントロールされた建築の生涯を表記することでした．オキシゲン・ハウス[4-15]（制作年不明，図4-14）では，物語の進行と共に変容を伴いながら存在する建築の創始から終末までが，克明に描かれています．現実に建てようとするや否や，建築を支配する様々な予測不可能な外的要素の全てを排除するかのように，ダーデンの建築はその全てを作家の意図の内にのみ存在させようとする，物語としての建築表記であると言えるでしょう．

● SFにおける建築

ダーデンの建築が日常のリアリティーを内包しつつ在るフィクションとするならば，レベウス・ウッズの建築はサイエンス・フィクション[4-16]の中の建築とでも言うべき存在でしょう．エアリアル・パリ（1988-91, 図4-15）に見るパリの上空に浮遊する建築的物体は，サイエンスをともなった完全な空想世界の中に存在しています．しかし，ウッズの世界観をリアリティーから隔離された建築的遊戯と切り離してしまうことは軽率でしょう．なぜなら，かつてのSF世界が今日においてリアリティーを得たように，ウッズのドローイングに表現されているものは，むしろすぐ先に見える建築的リアリティーのメタファーと捉えることもできるからです．例えば，ベルリン・フリー・ゾーン（1990）に表記された既存の建築物に挿入された寄生的なボリュームは，SF的な空想世界を表現しつつも，既に現実の片鱗を見せはじめたリアリティーと解釈することもできるのです[4-17]．

●社会へのアイロニー

建築表記は，建築的なアイディアの表現にのみ用いられるとは限りません．例えば，社会を風刺することに汎用された例を挙げることもできます．アレクサンドル・ブロツキーとイリア・ウトキンは，パートナーシップによって活動するロシアの建築家二人組です．彼らは実際の建築設計活動とは別に，建築ドローイングを用いることで，幾つかの社会風刺を試みています．千の真実のフォーラム（1987, 図4-16）と題されたドローイングでは，与えられた知識などは何の役にもたたず，真の知識を得るためには，その人自身において幾千もの情報の中から真の情報を選び出さねばならないとする，社会に対するアイロニーを提示しています．

4-15) オキシゲン・ハウスの制作年についての表記は発見することができなかったが，表記された物語の年月日設定は「6 July 1979」とある．DOUGLAS DARDEN, "CONDEMNED BUILDING" PRINCETON ARCHITECTURAL PRESS, 1993, p.145.

4-16) サイエンス・フィクション（SF）：科学・技術の思考や発送をもとにし，あるいはそれを装った空間的小説，『広辞苑(第五版)』岩波書店，1998，p.293.

4-17) レベウス・ウッズのドローイング作品については，『a＋u 1991年8月臨時増刊号，レベウス・ウッズ：テラ・ノヴァ 1988-1991』新建築社，1991.

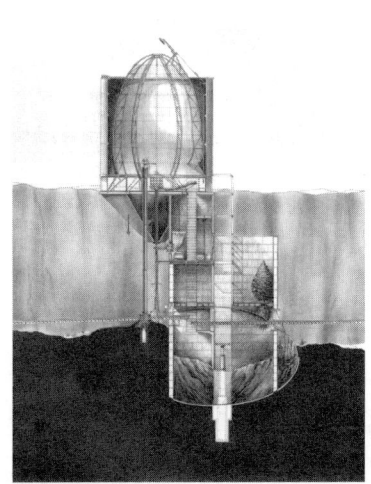

図 4-14 オキシゲン・ハウス 　　図 4-15 エアリアル・パリ 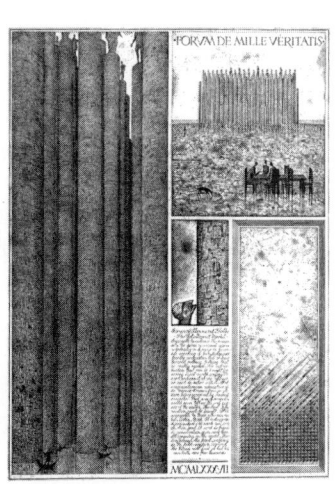　　図 4-16 千の真実のフォーラム

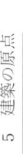

建築の原点 ……………………………………………………… 第5章
原始，洞窟，巨石遺構，聖なる場所，神話，まちのイデア，原始の家，自然の模倣，ルイス・カーン，元初，実存的空間，ゲニウス・ロキ

タイトル図）牡牛の角を模した装飾，クノッソス宮殿（ギリシア・クレタ島）．

1-1）アンドレ・ルロワ＝グーラン，荒木亨訳『身ぶりと言葉』新潮社，1973，pp.311-312．

1 自然の変化と人間による構築

●原点への志向

　この章では，建築や都市の起源や元祖が何であったかを解明するのが目的ではありません．ここでは，原点を志向する人間の側に焦点を当てることで，建築や都市が，そして空間や場所が人間にとってどのような意味を帯びて現れてくるのかを，その都度の「原点」として捉え，考察していきます．

　また，原点への志向とは，近代化の反動として時々見られるような原始社会への回帰願望ではありません．むしろそうした理想論にすがらず，人間が周辺環境や自然との関わり方を自覚的に反省し，よりよい関係性を構築していこうとする意志の表れだと考えます．

●原始の人々にとっての洞窟

　自然の洞窟や洞穴は，人間のための空間の原点として位置づけられてきました．

　フランスの人類学者，アンドレ・ルロワ・グーランは，「人間的に組み立てられた空間の始まりについては，断片的な情報さえもない」と前置きしつつも，原始人が洞窟を住居にしたという説に対しては，

> 「頑強な科学的伝統があって，先史時代の人間は洞窟に住んでいたと考えたがる．・・・しかし洞窟が住める状態にあったばあいに，人間が時おりこれを利用した，というほうが正確である．統計的にいって，圧倒的に多くのばあい，人間は戸外で生活し，資料が手に入るようなころには，隠れ場をつくって住んでいた．」

と疑念を呈しています[1-1]．また，美術史家，鬼丸吉弘も，

> 「当時の人々はしばしば自分たちの居住の場所

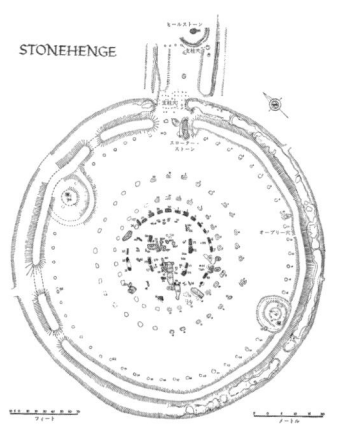

図 1-1 ストーンヘンジ平面図

として，天然の洞窟を利用したが，それは洞窟ならすべてということではなく，限られた好条件の場所だけで，南向きの，しかも日当たりと通風のよい入り口の部分だけであった．」

と述べています[1-2]．両者とも，洞窟の限定的な利用を示唆しており，洞窟は，住居としては，雨露をしのぎ猛獣から身を護る避難所・シェルター以上の空間ではなかったことが推察されます．

むしろ洞窟は象徴的な壁画が描かれ宗教的儀式が執り行われた聖なる場所として重要な意味をもったと考えられています[1-3]．ルロワ・グーランは，統計的分析に基づき，洞窟壁画は，秩序性，整合性，時代ごとの様式性をもって描かれた図像の集成であり，「記念碑」的特徴を示すことを明らかにしました[1-4]．

このように，洞窟には，人間が世界の中に自己を定位できるような住まいの現れを確認することはできません．しかし，人間と世界とが意味を持ってつながり得る原初的な聖なる場所がそこに存在していたことは窺えます．

● 天体の動きと巨石による構築

洞窟の囲われた空間とは異なり，開かれた大地においては，境界設定やモニュメント構築などによって意味や象徴性が与えられます．

現存するものの中で，われわれが認め得る最も古い建築的行為のひとつは，ストーンヘンジ（⇒ p.179 タイトル図）に代表される巨石遺構でしょう．巨石は，その組み合わせによって，いくつかの形態を成しますが，中でもメンヒル（直立長石）は，一つの巨石が重力に抗して大地に垂直に立てられた最も基本的な構築物です．大地に一つのメンヒルが立てられるだけで，そこがある種の中心性を帯びてくるのが分かります．ストーンヘンジはメンヒルが環状に配されて，囲われた領域性と中心性を与えていると捉えることもできるでしょう（図1-1）．他方，同じ巨石遺構でも，フランスのカルナック（ブルターニュ地方）のアリニュマン（alignement：一直線の意味）の場合は，メンヒルが数列にわたって一直線上に配置され，大きなまとまりを成して，方向性を与えています（図1-2）．

こうした巨石遺構が造られた真の目的は今も謎です．しかし，最近の研究成果により，ストーンヘンジもカルナックのアリニュマンも太陽や月の軌道と密接に関係して正確に配置されていることが分かってきました[1-5]．

多大な労力がつぎ込まれて構築されたこれらの事例は，宇宙の営みと人間の生活との不可欠な関係性がいかに切実な問題であったかを，今に伝えています．

● 巨石遺構の象徴性

巨石遺構には，宇宙との関係を示す一面に加えて，ドルメン（図1-3．数ヶの直立石の上に巨石を乗せた卓石型．奈良県明日香村の石舞台古墳[1-6]（図1-4）と類比される）など，墳墓として霊魂との繋がりを象徴したと考えられるものもあります．

建築理論家のクリスチャン・ノルベルグ・シ

[1-2）鬼丸吉弘『原初の造形思考』勁草書房，1985，p.151．

[1-3）ジークフリート・ギーディオン，江上波夫・木村重信共訳『永遠の現在－美術の起源』東京大学出版会，pp.524-527．

[1-4）アンドレ・ルロワ＝グーラン，蔵持不三也訳『先史時代の宗教と芸術』日本エディタースクール出版部，1985，p.94．

[1-5）フレッド・ホイル，荒井喬訳『ストーンヘンジ』みすず書房，1983 では，ストーンヘンジは日食・月食を予知するための装置であったとの解釈がなされている．また，Gérard Bailloud, Christine Boujot, Serge Cassen, Charles-Tanguy, Le Roux, Carnac. Le premiere architectures de Pierre, CNRS, 1995, pp.58, 64-66. では，アリニュマンの列石が太陽の日の出・日没の方角を基準に配置されているとの解釈がなされている．なお，諸説あるが，ストーンヘンジは，BC2750年ごろからBC1500年ごろまで4期に分けて構築され，カルナックのアリニュマンは，BC3000 年ごろ構築されたと考えられている．
スピロ・コストフ，鈴木博之監訳『建築全史 背景と意味』住まいの図書館出版局，1990，p.62，p.73 参照．

[1-6）『日本書紀』に記された蘇我馬子（?-626）の「桃原墓（ももはらのはか）」であるとの指摘もなされている．

図 1-2 アリニュマン，フランス，カルナック遺跡 　　図 1-3 ドルメン，フランス，カルナック遺跡 　　図 1-4 奈良県明日香村，石舞台古墳

ュルツは，巨石遺構そのものに，先祖崇拝と子孫繁栄の象徴性があるとし，主に以下のような点を指摘しています[1-7]：①先祖の魂は生きており，放っておくことはできず，石が先祖の魂の住居になる，②石の硬さと重さは，永遠性と不朽性を表わし，それは世代存続の表現であり，子孫繁栄のマニフェストになる，③エネルギーを蓄えられ直立したメンヒルには，男性の象徴としての生命力が宿る，④すべての生命が生まれくる恵みの大地のなかに入り込んだ洞穴 (cave) は，石の「垂直−水平」関係の基本的な秩序とは対照的に，最初の空間的要素であり，女神とその子の象徴となる，⑤洞穴が人工的に建築化され，聖なる結婚を象徴するためにメンヒルを洞穴に配する，⑥この二つの要因の結合は「建築的シンボルの最初のシステム」である（図1-5）．

ここで注意すべきは，巨石そのものに霊力や聖性が備わっているのではなく，それが一つのシンボルとして了解されているということです．宗教学者のミルチャ・エリアーデは，呪術的，宗教的な価値を付与するシンボリズムによって，ある種の石が聖なる特性を獲得するのだと述べています[1-8]．

2 聖なる場所の理念と生成

●聖なる場所と原初的体験

宗教現象学者 G・ファン・デル・レーウは，

「自然科学でいう空間は，すべてが等しく，相互に交換可能な等質的空間である．だが実際にはこうした空間は存在せず，どの空間も独自の特性と独自の価値を持っている．ある空間の中で力が啓示されると，その空間はそれによって特別なものとなり，他から分離される．こうしたものをわれわれは聖なる場所と呼ぶ．」

と聖なる場所を定義しています[2-1]．ここで言われている聖なるものの顕現を，エリアーデは「ヒエロファニー」（Hierophanie）[2-2] という造語で表しています．それは「空間が均質ではないという宗教的体験」であり，「一つの原初的体験」であるとエリアーデは捉えます．そして，この体験を通じて生じる空間の中の（意味的）断絶[2-3] こそが，世界の形成を可能にするのだと言うのです．なぜなら，その断絶が，「将来のあらゆる方向づけの基礎となる《固定点》，中心軸を産み出す」ものだからです．エリアーデは，このようにして，聖なる空間の中に「中心性」と「（中心）軸性」の現れを見ています[2-4]．

●聖なる場所の構築―中心性と軸性―

中心を垂直に貫く中心軸は，世界の中心であると同時に，地界と天界との絆でもあります．ローマの「ムンドゥス」（mundus）と呼ばれる黄泉の口はその一例です．実証はされていませんが，建築史家ジョーゼフ・リクワートはムンドゥスを「地下冥界の口」と推察しています．またリクワートは，ムンドゥスが，都市軸である「カルド・マクシムス」（南北主要道路軸）と「デクマーヌス・マクシムス」（東西主要道路軸）の「デクッシス」（辻）と関連性があったのではないかと注目しています[2-5]．

エリアーデのいう垂直方向の中心軸に加えて，水平方向にも広がりを見せる軸線も重要な意味を帯びることがあります．メキシコのテオティワカン遺跡では，まっすぐな「死の大通り」が「月のピラミッド」を起点に形成されています．「死の大通り」の彼方には，神殿の廃墟が残る小高い山「セロ・ゴルド」が位置し，遺跡と聖なる山が視覚的に結ばれる軸線構成（図2-1a）になっています．そして，この聖なる都市軸とも呼べる「死の大通り」を基軸にして格子状に，「太陽のピラミッド」をはじめとする百数十の諸ピラミッドが，太陽の軌道も考慮しながら，ヒエラルキーをもって配置（図2-1b）されています[2-6]．

また，安芸の宮島の厳島神社（図2-2）では，

図1-5 土石墓のメンヒルと人工の洞穴，フランス，カルナック遺跡

1-7) Christian Norberg-Schulz, Système logique de l'architecture, Mardaga, 1998, pp.145-147. また，クリスチャン・ノルベルグ＝シュルツ，加藤邦男・田崎祐生共訳『ゲニウス・ロキ』住まいの図書館出版局, 1994, pp.92-95 参照.

1-8) ミルチャ・エリアーデ，久米博訳，堀一郎監訳『聖なる空間と時間 エリアーデ著作集3』せりか書房, 1981, pp.159-160.

2-1) G・ファン・デル・レーウ，田丸徳善・大竹みよ子共訳『宗教現象学入門』東京大学出版会, 1979, p.211.

2-2) 「聖体示現」と訳される．Hierophanie= ギリシア語の hieros（神聖な）+ phainomai（現れる）なる造語．ミルチャ・エリアーデ，風間敏夫訳『聖と俗』法政大学出版局, 1969, p.3 参照．

2-3) エリアーデのこの「断絶」の概念をボルノウは「体験されている空間」と「数学的空間」との本質的な区別のしるしと見ている．オットー・フリードリッヒ・ボルノウ，大塚恵一・池川健司・中村浩平共訳『人間と空間』せりか書房, p.135 参照．

2-4) ミルチャ・エリアーデ，風間敏夫訳『聖と俗』法政大学出版局, 1969, p.13. 柱の示す中心性と軸性については☞ p.90, 6章6節．

2-5) ジョーゼフ・リクワート，前川道郎・小野育雄共訳『〈まち〉のイデア ローマと古代世界の形の人間学』みすず書房, 1991, pp.100-102.

2-6) 川添登『都市と文明』（改訂版）雪華社 1970, pp.59-62.
Charles Delfante, Grand Histoire de la ville, Armand Colin, Paris, 1997, pp.82-84.
ドリス・ハイデン+ポール・ジャンドロ，八杉佳穂+佐藤孝裕共訳『図説世界建築史9 メソアメリカ建築』本の友社, 1997, pp.18-39. なお，「テオティワカン」とは「神々の生まれた場所」という意味である．

図 2-1a　メキシコ，テオティワカン遺跡の軸線「死の大通り」

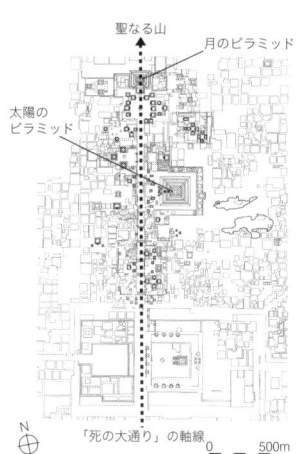

図 2-1b　メキシコ，テオティワカン遺跡の配置図

図 2-2　広島県宮島町，厳島神社

対岸の本土（厳島神社の旧外宮であった地御前）から海を介して大鳥居と社殿を貫き背後の霊峰「弥山（みせん）」へと軸が構成されています．ここでは，テオティワカンの「死の大通り」などのように物理的に連続した軸線の構成は一切ありません．しかし，そこには場所の持つ固有なコスモロジーである浄土世界に通ずる軸線が構成されています．

これらの事例には，聖なる場所が，天体の動きや自然の地形と密接に関係しながら，建築という象徴作用を通じて顕わになる姿が見て取れます．

● 神話と創造

古代においては，建築や都市がつくられる際に，天文学の知識や地形の特徴といった自然の体験にもまして神話が重要な役割を担っていました[2-7]．エリアーデが，

「神話は超自然者の行為の歴史を構成する」「この歴史は（それが実在にかかわるがゆえに），絶対的に真実で，（それが超自然者の偉業であるがゆえに）神聖であると考えられている」

と言うように，そこに示された科学的・史実的な内容の真偽が問題なのではなく，当時の人々がそれを信じて創建の行為を行ったという事実こそが重要です．エリアーデに従えば，それは神話を「生きる」ことであり，真に「宗教的」経験を意味します．よって，「神話の出来事を記念するのではなく，反復するという点が大切」であり，それによって，「原初の時」を追体験することが可能となるのです．

このようにして，神話が人間行為の貴重な模範となることで，神話は過去の出来事の反復にとどまらず，「創造」にも関与しているのだとエリアーデは神話の重要性を主張しています[2-8]．

では，どのような形で神話が創造に関わってきたのか，その一つの典型的な事例であるローマの創建儀礼を見てみましょう．

● 「都市」（キヴィタス）と「都会」（ウルブス）

歴史家フュステル・ド・クーランジュは，「city」と「urban」の語源であるラテン語の「都市」（キヴィタス civitas）と「都会」（ウルブス urbs）は古代人にとっては同意語ではなかったとし，次のような差異を指摘します[2-9]．

「都市は家族や部族の宗教的・政治的団体であるが，都会はこの団体の集会の場所であり住所であり，とくにその聖所であった．古代の都会を現在みるようなものと想像してはならない．現在は数個の家屋をたてて，それを村となし，家の数が知らずしらず増加して都会となる．そして場合によっては，溝渠または城壁でかこむ．しかし，古代にあっては，都会はかように緩慢な人口と戸数との増加にともなっておもむろに形づくられたのではない．古代人は一挙に都会を建設し，全部を一日で完成したのである．・・・家族と支族と部族とがおなじ祭祀をもつことに同意すると，すぐにその共同の聖所とするために都会を建設した．それゆえ都会の建設はつねに宗教的行為であった．」

この説明に従えば，これから見ていく創建儀礼は，「都会」の創建儀礼のことであり，そ

2-7) 一例を挙げると，イギリス人考古学者アーサー・エバンズ卿が1900年以降に発掘・復元を加えた「クノッソス宮殿」（ギリシア，クレタ島，BC2000年期前半ごろ）における，ミノタウロス神話と迷宮建築の関係（未証明）が有名である．王妃パーシパエーが呪いによって美しい白牡牛と恋に落ち，牛頭人身の怪物ミノタウロスを産んだことを，ミノス王が激怒し，ミノタウロスを迷宮に閉じ込めた．この迷宮は，ギリシア最初の伝説的建築家ダイダロスがエジプト王の墓の平面をモデルとして建築したといわれている．迷宮には，牛の角を模した彫刻が数多く施されていたと考えられている．その一部が発掘遺構に残る（5章タイトル図参照）．

2-8) ミルチャ・エリアーデ，中村恭子訳，堀一郎監修『神話と現実 エリアーデ著作集7』せりか書房，1974，pp.24-26．

2-9) フュステル・ド・クーランジュ，田辺貞之助訳『古代都市』白水社，1995，p.198．原本（仏語，第28版）Hachette 刊，1923，p.151 では，「cité と ville」と区別して表記されている．英訳本 Jhons Hopkins 刊，1980，p.126 では，「civitas と urbs」と区別されてはいるが，「ville」の訳には「city」があてられている．

2-10) ジョーゼフ・リクワート，前川道郎・小野育雄共訳『〈まち〉のイデア ローマと古代世界の都市の形の人間学』みすず書房，1991，p.47．

2-11) 以下，前掲書『〈まち〉のイデア ローマと古代世界の都市の形の人間学』pp.66-67, 100-102，「ポーモエリウム」は pp.52, 107-110，「四方位定位」は pp.82－83, 144, 155-159 を参照．

の際に観念されているのは，リクワートがいみじくもその著書の表題に用いたように「《まち（town）》のイデア」ということになります．

● 「まち」のイデアと概念モデル

リクワートは，まちの具体的な平面形態と人々が抱く理念との関係について，

> 「ローマの諸都市が今日私たちのよく知っている格子状パターンを呈する以前に，整然とした都市平面の理念が彼らの心の中に形成されていたに違いない．直線でできた都市は，彼らがゆきあたりばったりの実験によって到達し，そののち意味を与えたというのではなかった．」

と述べています[2-10]．すなわち，格子状の形態につながる整然とした「概念モデル」（the conceptual model）が，当時のローマの人々の頭の中で先に形成されていたとの考え方が示されています．この「概念モデル」は，ローマの創建儀礼における行為や言葉によって構成され，その後も，慣習と信仰に基づいた儀式を通じて反復され継承されていくのだとリクワートは論じています．

● 古代ローマの創建儀礼と概念モデル

この「概念モデル」は時間の経過につれ様々に変容していくものであり，その都度の具体的な都市形成過程に照らして明らかにされる必要があります．ここでは，最も原初的な古代ローマの創建儀礼に関わる三つの主要な「概念モデル」の形成を見ていきます[2-11]．

① 「ムンドゥス」

伝説上のローマの創建者で初代王のロムルスが，パラティウムの丘に円形の小さな穴を掘り，故郷アルバから持参した一塊の土を，鎮魂の意味も込め，その穴に投げ入れました．この穴「ムンドゥス」は，死者の魂が年に三度出入りする冥界との閾の意味を持ち，普段は石で蓋がされていました．ロムルスがこの場所に祭壇を設け，聖火をともすことで，まちの物理的・精神的中心が形成されました．

② 「ポーモエリウム」

「ムンドゥス」を中心としてまちの境界が定められました．犂（からすき）に青銅の刃をつけて，牛に引かせ深い犂溝をつくりました．この溝は，「スルクス・プリーミゲニウス」（初めの犂き溝）

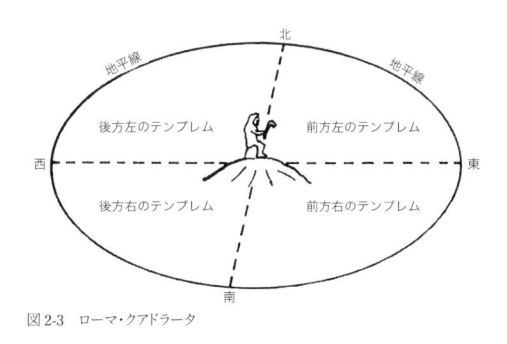

図2-3　ローマ・クアドラータ

と呼ばれ，この筋で壁を描いて「ポーモエリウム」（pomoerium）と呼びました．そして，門を作る予定のところでは，犂の刃を取り外し犂を持ち上げてすき間をつくりました．門（porta）は不浄なものを持運び（portare）出し入れする箇所であり，それ以外の壁全体は神聖なものと考えられていました．

③ 「四方位定位」

囲われた敷地が，中心を通る直交軸により四分割され，軸性と方向性が導入されます．なお，未実証ながら，この直交軸と「カルド（南北軸）とデクマーヌス（東西軸）」や「ローマ・クアドラータ」（ローマの四分割）（図2-3）との関連が指摘されています．

3　建築理念と「原始の小屋」

● 祖形としての原始の小屋

人間と自然との根源的な関係性を明らかにするため，一つの手がかりとして「原始の小屋」が着目され，その概念が様々に論じられてきました．特にルネサンス期以降，「原始の小屋」をめぐる遡行的な探求において，次に挙げる二点は主要なテーマとなってきました：①理性の原理としての原始の小屋，②建築による自然の模倣と原始の小屋の意義．

以下，この二点に関して代表的な事例を見ていきます．その前に，ここではまず，古代ローマの建築家・建築理論家ウィトルウィウスの原始の小屋を取り上げます．それは，その後の論考において常に参照されていく原始の小屋の「祖形」といえます．

● ウィトルウィウスの原始の小屋

ウィトルウィウスは，その著『建築十書』

3-1) 原書は，BC33-22頃に作成されており，日本の弥生文化中期時代にあたる．ウィトルウィウス，森田慶一訳註『ウィトルウィウス建築書』東海大学出版会，1979, pp.34-35より以下，ウィトルウィウスが想定した原始の小屋建設までの過程：①人類は野獣のように原始状態で森や洞窟や茂みの中に生まれ，野生の食料を食べて一生を送っていた．②あるところで密生した樹木が嵐や風で揺り動かされ，枝と枝とが互いに擦れ合って火がおこる．③焔に恐れをなし逃げ去ったが，焔がおさまった後，火の暖かみに面して身体に非常な快さを感じたので，木を投げ込んで（火）を保持し，他の人々も呼んで手真似で火の効用を説く．④人々の気分がおのおのの勝手な音を出していたが，毎日の習慣で偶然単語が定まり，比較的しばしば使われることで会話に発展する．⑤火の発見によって，人々の間に往来，会合，集会が生まれる．⑥直立歩行し，手や足を働かせて欲するものを易々と取り扱うことができるようになる．⑦この集団の中で，ある者は木の葉で屋根を葺きはじめ，ある者は丘の麓に洞窟を掘りはじめ，ある者は燕の巣とその造り方をまねて自分たちのはいるところを泥と小枝で造りはじめる．⑧それから他のものと比較したり，自分で新しいものを加えて日々改良された形式の家を造り上げる．⑨人間は本来において模倣的であり学習的であるから，家の出来映えを示しあい，競争しあって技能を鍛錬し，判断力を向上させる．⑩最初は，二股の支柱を立て，その間に枝を配置し，泥で壁を塗る．⑪あるものは泥塊を天日で乾かして壁を築き，それを木材で繋ぎ，雨と暑さを防ぐために芦や木の葉で覆う．⑫この屋根は本来の冬の雨季に大雨を支えることができなかったので，泥を塗って傾斜をつくり，屋根に勾配をつけて雨の水を流下させる．

(BC33-22頃執筆)「第二書，第一章」において，人類が「火」の発見を契機に，言葉を操り，簡素な木造の原始の小屋（図3-1）を建築するまでの過程を物語っています[3-1]．

また，ギリシア以外の例として，森林が豊富なポントゥスに住むコルキス族（図3-2左）と森林が乏しい平地に住むプリュギア人の原始の小屋（図3-2右）が挙げられています[3-2]．この図は，ウィトルウィウスの記述に基づいて，フランスの建築家クロード・ペロー[3-3]が案として再現したものです．

同書「第二書，第一章」では引き続き，人類は本能的に切磋琢磨するので，小屋の建設技術が次第に上達し，中には「職人」の名に相応しい建設者も現れてくると記されています．ここに原理（アルケー archē）を知って技術（テクネー technē）を駆使する人「アルケー archē ＋テクトン tectōn」すなわち「建築家 architectōn」の発祥を伺い知ることができます．さらに，家の建造から他の技術や学問に進み，人間は文化的になるとの説明が加えられます．その結果，人間は技術の多様性に伴い広い考え方で前途を展望するようになり，ギリシア建築の重要な理論である「シュムメトリア」にまで達したと，次のようにその展開を示しています[3-4]．

> 「（単なる）小屋だけでなく，煉瓦壁で基礎をつくり，石で壁を築き，木材と瓦で屋根をかけた家を立派に造りはじめ，次いで研究を尊重して不定な不確かな判断から正確なシュムメトリアの理論にまで達した．」

このシュムメトリアにより神殿の構成が定められ（第三書，第一章），神殿はギリシア古典建築の不動の規範へと発展していきます．

このように，ウィトルウィウスの原始の小屋それ自体は規範性を持つものではなく，自然の摂理に則り改良を加えられながらシュムメトリアの原理を獲得していく建築の，その重要な第一歩として捉えることができます．

●理性の原理としての原始の小屋

ウィトルウィウスの原始の小屋は，いわば発生論的な建築のはじまりとしての位置づけでした．これに対し，建築の「原型（モデル）」としての原始の小屋の概念を明確に提示したのが，イエズス会司教であったマルク・アントワーヌ・ロージエ[3-5]です．ロージエは，建築の専門的教育は受けていなかったものの，その批評的精神に基づいて『建築試論』(1753初版, 1755第二版)を記して大きな反響を呼びました．ロージエは，装飾過多なロココ建築への批判，繊細な美しさを呈するゴシック建築における単純さと自然さの欠如に対する批判などを繰り広げました．他方，合理主義的視点でもって古典建築を研究し，よき趣味をたたえる古典建築と美しいゴシック建築との融合による独自の教会設計理論も展開していきました[3-6]．この考え方は，ジャック・ジェルマン・スフロのパリ，サント・ジュヌヴィエーヴ聖堂（パンテオン 1755-92, 図3-3, ⇨p.139 図6-4）の設計に影響を及ぼしたとされています[3-7]．

ロージエは，『建築試論』(第二版)第1章「建築

3-2) ウィトルウィウス，森田慶一訳註『ウィトルウィウス建築書』東海大学出版会，1979, p.36 より以下抜粋；ポントゥス(Pontus：黒海の沿岸地方)に住むコルキス(Colchis：黒海の東岸地方，今の西部カフカズ地方)族は，森林が豊富なので，長い木を校倉風に積んでいき，隙間を木屑と泥で閉ざした．次いで，方錐形の屋根組みを作り，芦と泥で葺いて異国風に亀の甲形の塔屋根をつくった．他方，平地に住んでいるプリュギア(phrygia：小アジアの西部内陸地方)人たちは，森林が乏しく木材に困り，自然の丘を選んでその中腹をところどころ堀り，通路をうがった．その上に丸太を互いに組み合わせて方錐形につくり，それを芦や小枝で覆い，住まいの上に地面より高く多量の土を盛り上げた．

3-3) クロード・ペロー(1613-88)：ウィトルウィウス『建築十書』のフランス語訳(1673)を行う．オーダーに合理性がないこと，錯視矯正の否定などのウィトルウィウス批判を展開した．

3-4) ウィトルウィウス，森田慶一訳註『ウィトルウィウス建築書』東海大学出版会，1979, p.37. シュムメトリアに関しては ☞ p.116, 8章2節, p.119, 8章3節.

3-5) ロージエ(1713-69)と同時期に活躍したカルロ・ロドリ(1690-1761：ヴェネツィア・カルメル会修道士で建築理論家)は，ウィトルウィウスの唱えた木造の原始の小屋から石造建築が発展していくという考え方を科学的・史的根拠がないとして否定．例えば，オリエントの国々では石が最初に建築に用いられており，原始的なドリス式オーダーはエジプトに起源を持つと主張した．ジョセフ・リクワート，黒石いずみ訳『アダムの家―建築の原型とその展開』鹿島出版会，1995, pp.59-60 参照．

3-6) マルク＝アントワーヌ・ロージエ，三宅理一訳『建築試論』中央公論美術出版，1986, pp.156-157.

図3-1 ウィトルウィウスの原始の小屋のイメージ（ドイツ語訳版の挿図）　図3-2 C・ペローによる原始の小屋の再現案．コルキス族(左)，プリュギア人(右)

3-7) Georges Poisson, Histoire de l'architecture a Pari (Nouvelle Histoire de Paris), Hachette, Paris, 1997, pp297-298. 折衷主義（19C）の先駆者であるスフロが「ゴシック教会堂の構造の軽快さとギリシア建築の端正さと壮麗さを、最も美しい形態の一つへと融合する」と述べたことを、スフロ（1713-80）の共同者ブレビオン（Brebion）が証言している. ⇨ p.138, 9章6節.

3-8) 以下、マルク＝アントワーヌ・ロージエ、三宅理一訳『建築試論』中央公論美術出版, 1986, pp.34-35 より. ロージエが想定した原始の小屋建設までの過程：①初源の状態にある人は必要に対する自然な本性以外に導かれない. ②休息の場所を必要とする. ③静かな渓流岸の緑地に横たわり自然の恵みと安らかに戯れる. ④太陽に熱される. ⑤身を隠す場所を探す. ⑥森の木陰で涼をとる. ⑦豪雨に襲われる. ⑧木の葉でしのぐも、降り注ぐ不快な雨から身を守るすべを知らなかった. ⑨洞窟が目に入り、そこへすべり込む. ⑩洞窟は、闇に包まれ空気がよどんでいた. ⑪自然状態の不備を自力で補う決意をする. ⑫洞窟を出て、身を土の中に隠すのではなく、覆い包む住居を作る決意をする. ⑬森の中から切り出した枝から最も強い4本の枝を選ぶ. ⑭地面に垂直に立て（＝柱：円柱の観念）、方形状に配する. ⑮この4本の木の上に、別の4本を横に通す（＝梁：エンタブラチュアの観念）. ⑯その上に、何本かの枝を傾けて立て、二辺を一点で交わらせる（＝屋根組み：ペディメントの観念）. ⑰この屋根は太陽も遮るくらい十分密に木の葉で覆う. ⑱こうして人間は住居を手に入れる. ⑲四周が開放されているこの住居では寒さや暑さに耐え切れない. ⑳そこで柱の合間を閉じて身の安全を確保するようになる.

3-9) ジョセフ・リクワート、黒石いずみ訳『アダムの家―建築の原型とその展開』鹿島出版会, 1995, p.50.

3-10) 円柱の柱礎を置くための四角い量体. マルク＝アントワーヌ・ロージエ、三宅理一訳『建築試論』中央公論美術出版, 1986, pp.47-49, p.240参照.

の一般原理」において、あらゆる建築の「原型（モデル）」としての原始の小屋を提示しています 3-8. 同書の扉絵（図3-4）には、リクワートの解釈によれば、女性の姿に擬人化された建築が、この原始の小屋を指差しながら、火を表す小児に向かって、これこそが建築の真のモデルであると論す姿が描かれています 3-9. 単純な自然の原理に基づいたこの原始の小屋には、ヴォールト、アーケード、ペデスタル 3-10（図3-5）、屋階、扉、窓などの無いことが強調されています. そして、原始の小屋の基本要素は、円柱、エンタブラチュア、ペディメント（図3-6）に限定され、これらの三要素がいずれもふさわしい位置および形に置かれていれば、作品を完璧にすることが可能であり、特に他の要素を付加する必要はないとの結論が導き出されます 3-11. この結論は、オーダーの各部分は建物の構成と過不足なく一体でなければならないという、ロージエが「絶対に確信しているひとつの真理」を敷衍したものです. 加えてロージエは、この原理が実践においてしばしば逸脱していくのを正すのが理性の役割であると続けています. そして、ロージエは原始の小屋に象徴されるような真の建築の原理にかなった実例として、南仏ニームの「メゾン・カレ」（BC19頃、図3-7）を挙げ高く評価しました 3-12.

● ロージエとデュラン＝自然と人為

原始の小屋を手本として理性に基づいてオーダーが模倣されていくというロージエの考え方に対して、ジャン・ニコラ・ルイ・デュランは厳しい反論を突きつけました. デュランはフランスの王立理工科学校で展開した『建築教程の概要』（1802-05, ⇨ p.28図3-1）を通じて、建築の設計原理における経済性、簡潔性、効用性の優位性を主張しました. そうした実践的システムの有用性の方が、ロージエの主張よりもはるかに確実性や単純性、自然性があり、オーダー成立の根拠があると考えたのです. そして、ロージエの原始の小屋は、人間の造り出した最初のすまいとしては十分にその機能を果たさないという即物的批判がなされたのです 3-13. 古典主義・新古典主義研究者の白井秀和は、このロージエとデュランの差異を、「深層としての自然を見る」立場と「表層としての人為を見る」立場との違いと説明しています 3-14.

いずれにせよ、建築家八束はじめが指摘するように、ロージエが示したのは、原始の小屋の実証ではなく、ひとつの解釈であり虚構です 3-15. それ故、ロージエの構想した建築の原型としての原始の小屋は、デュランが批判したような形態上の原型ではなく、理性を通じその都度自覚的に見つめ直されるほかないような規範として捉えるべきでしょう.

● 建築による自然の模倣・再現

建築は他の芸術（詩、音楽、舞踊、絵画、彫刻など）とは異なり、自然（人間の外面や内面も含まれる）を直接的に模倣・再現することはできません. そのため、15世紀末から18世紀末にかけて、建築が芸術として高く評価されその地位を維持するためには、建築がどのようにし

図3-3 サント・ジュヌヴィエーヴ聖堂／パンテオン

図3-4 ロージエの原始の小屋

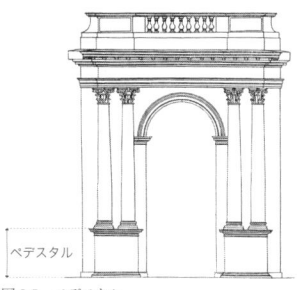

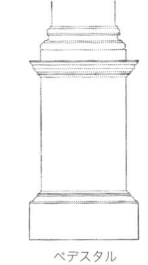

図3-5 ペデスタル

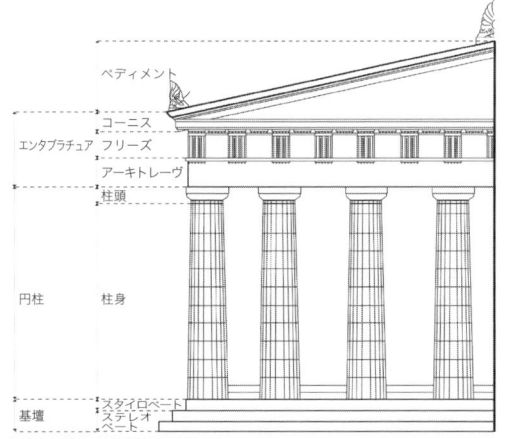

図3-6 ギリシア神殿正面各部名称
（ペディメント、コーニス、エンタブラチュア、フリーズ、アーキトレーヴ、柱頭、円柱、柱身、基壇、スタイロベート、ステレオベート）

図3-7 フランス，ニームのメゾン・カレ

て自然を模倣・再現し得ているかの証明が必要であったと歴史家エイドリアン・フォーティーは述べています．フォーティーに従えば，その証明は，①仮想上の原始の建物（木造や皮革で構成された小屋やテントなど）を一つの自然のモデルであると見なすことで，建築がその形態を石材に翻訳しながら再現していくことは，すなわち自然の模倣であり得るとの主張，②建築は自然を見たままには再現できないが，その一方で，自然本来の諸原則を再現してきた．その点で，建築は，自然の再現が直接的で文字通りであるような他の芸術ジャンルに比べ，より深遠な模倣・再現の形式をもたらすことができるとの主張，という2種類に大別されます[3-16]．

● 自然の模倣としての原始の小屋

①の主張では，ウィトルウィウスの原始の小屋が祖形とされます．その模倣的発展過程を，例えばウィリアムズ・チェンバース卿の図は簡潔に示しています（⇒ p.85 図4-3）．チェンバースの原始の小屋は，円錐形のテントが原型です．リクワートによれば，円錐形の採用は，ウィトルウィウスの C・ペロー再現案（図3-2）が参照されているとのことですが，実際上も，原始の小屋の構成として，ロージエのそれよりもはるかに単純で，最も容易な建築方法であると言えます．やがて，円錐形の傾いた壁の不便さを解消し，垂直方向にもゆとりを持つべく，平屋根立方体へと発展します．その後，雨処理に適した切り妻型へと展開していくという流れです[3-17]．

● 自然の規範性としての原始の小屋

②の主張に目を転じると，まず先述のロージエによる原始の小屋が当てはまります．ロージエの観念は，①の主張と同様に自然の模倣としての原始の小屋を提示しながらも，その実在性や展開過程ではなく，理性に照らされて明らかになる古典的規範性（自然の呈する合理性や簡潔性など）の意義を説いている点で②の主張に根拠を与えるものです．

このように，原始の小屋の位置づけを，自然の一つのモデルとするレベルに留まらず，規範性のレベルにまで高めようとする考え方を更に深化させたのがフランスの建築理論家アントワーヌ・クリゾストーム・カトルメール・ド・カンシーでした．

カトルメールは，木造建築の構成が石に置換されていったというウィトルウィウスの考え方を継承します．その際，建築の類型（タイプ）として，①洞窟②テント③小屋の三つを挙げました．このうち，堅牢性，軽快性，調和と均衡などの点から，木の小屋が最も完全で美しく，それ故，木造軸組みがギリシア人に受け継がれ完成されて模倣に値するものになったと，カトルメールは考えたのです[3-18]．ここで，重要なのは，形態上の模倣にではなく，木造建築の内に認められた自然の秩序を規範として捉え，石の建物へと実践的に変換していく考え方です．その観点からは，模倣すべき自然のモデルはもはや必要ではなく，建築その

3-11) オランダの建築理論家フェン はル・コルビュジエの「ドミノ」架構が原始の小屋をさらに単純化したものだと捉えている．コルネリス・ファン・デ・フェン，佐々木宏訳『建築の空間』丸善株式会社，1981，p.65．

3-12) マルク=アントワーヌ・ロージエ，三宅理一訳『建築試論』中央公論美術出版，1986，pp.13-14，p.36 参照．

3-13) ジョセフ・リクワート，黒石いずみ訳『アダムの家—建築の原型とその展開』鹿島出版会，1995，p.47．白井秀和『カトルメール・ド・カンシーの建築論—小屋・自然・美をめぐって—』ナカニシヤ出版1992 p.18-19．なおデュランのタイプ論に関しては☞ p.28，2章3節．

3-14) 前掲書『カトルメール・ド・カンシーの建築論—小屋・自然・美をめぐって—』pp.18-19，p.21 参照．

3-15) 八束はじめ『空間思考』弘文堂，1986，pp65-76．

3-16) エイドリアン・フォーティー，坂牛卓・邊見浩久監訳『言葉と建築 語彙体系としてのモダニズム』鹿島出版会，2006，pp.332-337．

3-17) ジョセフ・リクワート，黒石いずみ訳『アダムの家—建築の原型とその展開』鹿島出版会，1995，pp.93-94．

3-18) 白井秀和『カトルメール・ド・カンシーの建築論—小屋・自然・美をめぐって—』ナカニシヤ出版1992 pp38-40，p.61．

4-1) ルイス・カーン, 前田忠直編訳『ルイス・カーン建築論集』鹿島出版会, 1992, p.28. なお, 訳者でカーン研究者の前田は, 「カーンのいう元初は, たんなる端緒, 発端, 出発 (start) ではなく, ある事柄の初めであると共に, それに後続するものを初めから支配しているものである」との定義をしている. 同論集 p.23 訳注参照.

4-2) 前掲書『ルイス・カーン建築論集』, p.32-33.

4-3) 前田忠直『ルイス・カーン研究 建築のオデュッセイア』鹿島出版会, 1994, p.197 − 第 I 章− 注 4.

ものが, 自然と同様に (すなわち, 自然に倣って) 規範を創出していくのだと考えられました.

4　ルイス・カーンによる元初（ビギニングス）への問い

● 建築の「元初（ビギニングス）」

ルイス・カーンは, 言葉と作品を通じ, 建築のはじまりである「元初」(beginnings) を一貫して志向しました.

> 「私は元初を愛します. 私は元初に驚嘆します. 存続を確証するのは元初であると思います. もし元初が確証しなければ, 何ものも存在しえないし, また存在しないでしょう.」

このように, カーンは元初をものごとの存在との関係において根源的に捉えています[4-1]. さらに, 建築に関してカーンは,

> 「建築は, 存在へともたらされんとする否定できない衝動のみをもっていました. つまり存在へともたらされるまで, そこには建築というようなものはありませんでした. 建築はつねにそのようなあり方で存在すると私は考えています.」

と言及しています. 「建築のスピリット」とも表現されるこの「存在への衝動」は, 〈建築〉(言わば, 建築のイデアのようなもの) の本性的な働きであると理解できます. そして, 人間がもたらす建築〈作品〉という「プレゼンス」(あえて訳せば, 現前・現存) を通じて, 〈建築〉は自らを開示する (ことが起こり得る) のです. 同時に, 建築〈作品〉は人間にとって意味のある空間・場所としてたち現れてきます. 但し〈建築〉と建築〈作品〉が同一となることはあり得ず, その差異を明確に意識した上で, 建築〈作品〉は,

> 「最高にうまくいって, つまり建築の元初の驚異をそなえている限りにおいて, 建築への捧げものと見なされるにちがいありません」

とカーンは述べています[4-2].

カーンは, このような建築の元初の例を, アルカイク期のパエストゥムのポセイドン神殿 (BC460 頃, 図 4-1, ⇨ p.120 図 3-3) に認め, その後に続くすべての驚異をその中に含み, パルテノン神殿をも触発したのだと考えました[4-3].

このように建築の元初とは, 人間と〈建築〉なるものとの相互の働きかけの結果, 現前する建築〈作品〉を介在して, 〈建築〉の本質・本性が驚きと共にたち現れる, そのような一つの原点と捉えることができるでしょう.

●「オーダー」と「デザイン」

カーンは, 建築や都市の本質・本性をいかに把握し, それをどう表現すべきかを問い続けた建築家です. こうした試みは, 1950 年代以降, 以下に見るようないくつかの重要な概念や作品へとつながっていきます.

1950 年代初期の段階では, 「空間の本質 (nature of space) −オーダー (order) −デザイン (design)」という図式が想定されています (図 4-2). ここでの「オーダー」は, 「空間の本質」を見極め, 具体的な形である「デザイン」へと導く上での, 一つの規範や理性の働きとして考えることができます. この点に関し, カーンは, 煉瓦とアーチの事例で次のような分かりやすい説明をしています.

> 「デザインは〈オーダー〉が理解されることを求めます. 煉瓦を扱ったり, 煉瓦でデザインするとき, あなたは煉瓦に対して, それが何を望んでいるのか, あるいは何ができるのかと問わねばなりません.」

そして, レンガの本性を知り, それが望む本質的なデザインがアーチであると悟らねばならないと続けます. また, たとえレンガでアーチを架けることが構造的に難しく, 高価に付くとしても, 開口の上にコンクリートの

図 4-1　イタリア, パエストゥムのポセイドン神殿

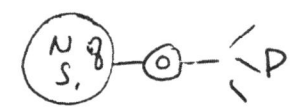

図 4-2　デザイン−オーダー図式

まぐさをかけて代わりにするようなことは，レンガの本質からずれる行為だと諭しています4-4.

● 「サーヴァント・スペース」と「サーヴド・スペース」

「オーダー」に思いをめぐらす中で，カーンは，生命体がその生命維持のための循環機構（水分，養分，血液など）をその「オーダー」として備えているのと同様に，建築においても，諸室への電気や水の循環，換気などのための独立したスペースを持つべきだと考えました4-5. そして，「オーダー」のなかに，「構造」（structure）と「機能」（function）の概念が導入されていきました．この考え方は，「サーヴァント・スペース」（奉仕する空間）と「サーヴド・スペース」（奉仕される空間）との分離に基づく設備スペースの構成へとつながります4-6. ペンシルバニア大学リチャーズ医学研究所（1957-60, 図4-3）はその代表的な実践事例です．

● 「オーダー」から「フォーム」へ

アレクサンドラ・ティンによれば，1950年代末から1960年代前半にかけて，カーンの考え方が深化するにつれ，「オーダー」の定義が狭められ，その分「フォーム」に置き換えられるようになり，図式（図4-2）にあった「空間の本質」の概念も「フォーム」へと統合されたといいます4-7. また，それまで形態的な意味合いで用いられていた「フォーム」は，次のように，元初の次元で捉えられるようになります．

「フォームはシェープも寸法ももちません．フォームは端的に言って，本性をもち，特性をもちます．それは不可分の諸要素をもちます．・・・デザインとは，フォームを存在することへと変換することです．」4-8

つまり，「フォーム」は決して決まった形を持たず，他の何ものかとの差異を司るあるものの本質・本性であり，測り得ないものとして考えられるようになったのです．

● 「フォーム」と「リアライゼーション」

本質・本性である「フォーム」は，存在へともたらされたいという衝動や意志のみを宿しているとカーンは考えます．こうした「フォーム」の働きかけを悟り，呼応して，存在へともたらそうとするのは人間の精神の働きです．この相互作用を「フォーム－リアライゼーションの展開図式」（1960, 図4-4）は示しています．この図では，まず「個人」（personal）が「感情」（feeling）と「思考」（thought）という二側面から構想されています．それぞれが，「超越性」（transcendence）のレベルにある「宗教」（religion）と「哲学」（philosophy）という「測り得ない」（unmeasurable）次元にまで高められ，一体に融合されたとき，そこに「リアライゼーション」（覚醒，啓示）が起こり，「フォーム」が想起されるというのです．そして，この「フォーム」に導かれて，「測り得る（measurable）」次元である個々の「デザイン」が生まれていくと理解することができます．

建築家・香山壽夫は，こうした原型としての「フォーム」という基盤があるからこそ，人は互いに共感しあうことができるのであり，

4-4) ルイス・カーン，前田忠直編訳『ルイス・カーン建築論集』鹿島出版会，1992, pp.34-35.

4-5) アレクサンドラ・ティン，香山壽夫・小林克弘共訳『ビギニングス ルイス・カーンの人と建築』丸善，1986, p34.

4-6) ☞ p.33, 2章5節, pp.124-125, 8章5節.

4-7) 前掲書『ビギニングス ルイス・カーンの人と建築』, p32.

4-8) ルイス・カーン，前田忠直編訳『ルイス・カーン建築論集』鹿島出版会，1992, p.164.

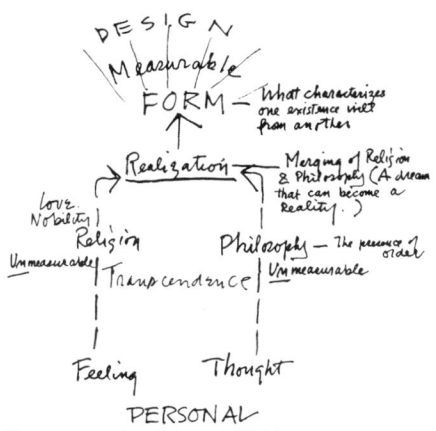

図4-3 リチャーズ医学研究所　　図4-4 フォーム－リアライゼーション展開図式

4-9) 香山壽夫『ルイス・カーンとはだれか』王国社, 2003, pp.102-103.

図4-5 ファースト・ユニタリアン教会

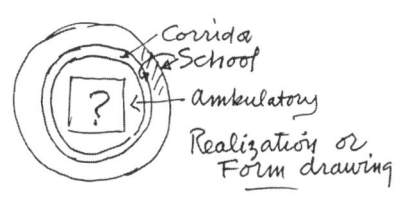

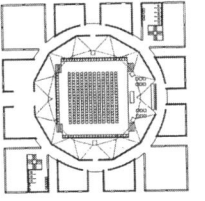

図4-6 フォーム―リアライゼーション・ドローイング

その上ではじめて，個々人の多様な「デザイン」が可能になるのだと述べています 4-9.

● 「フォーム」ドローイングの空間的特徴

ファースト・ユニタリアン教会（1959-67, 図4-5）の「フォーム―リアライゼーション・ドローイング」（図4-6）は，ヒエラルキーを伴った入れ子構造を呈しています．この図は，「フォーム」の空間的な位置づけを示唆するものと考えられます．最も内側の中心に聖域（sanctuary）がおかれ，正方形の中に囲まれた形で「？」記号が描かれています．その意味するところは，教会における「フォーム」の本質・本性である聖なるものは具体的に明らかにすることはかなわず，それ故に問われ続けられる他ないものとしての「？」と理解することができます．本来，聖域は不可侵の領域です．しかし，カーンの考える「フォーム」としての聖域は，むしろそこに身をおくことによって「フォーム」に思いをめぐらし，その現われに出会うこと，すなわち「リアライゼーション」を可能とするような場所として理解することができます．

カーンの発想のユニークなところは，ある領域と別の領域との間にそれらを結びつけるもう一つ別の中間的な領域が考えられている点です．ファースト・ユニタリアン教会のドローイングでは，聖域と学校（school）との間に二重の回廊が巡らされています．聖域のすぐ外側には，聖域に属するアンビュラトリー（ambulatory）が配され，その外側には学校に属するコリドー（corridor）が描かれています．特に，アンビュラトリーはカーンの独自性をよく現しています．カーンによれば，アンビュラトリーは聖域に入るか否かを，少し距離をおきながら自由に考える場所です．それ故，その中間領域では，人は「フォーム」なる聖域をめぐって問いを繰り返していくのです．

この「フォーム―リアライゼーションドローイング」は，ファースト・ユニタリアン教会だけのものではなく，カーンの概念の基本形と捉えることができます．例えば，同時期に進められていたブリン・モアのエルドマン・ホール寄宿舎（1960-64）では（図4-7a, 7b），宿舎なるフォームが同様の空間構成で問われていま

図4-7a エルドマン・ホール寄宿舎

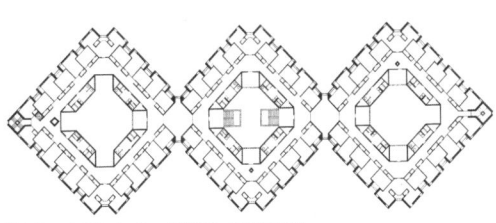

図4-7b エルドマン・ホール寄宿舎, 最終平面図

す．一つの正方形のユニットの内部には，スカイライトを持つ明るい共有空間が中心に設けられています．そして，その共有空間を包みこむように，トイレや階段などの共同使用されるスペースが配され，さらにその外周部を個室が取り囲んでいます．一つのユニットは家族がそこに暮らし集うかのような一軒の住宅として構想されており，ほぼ同様な空間構成をもつこの正方形ユニットが3つ並べて連結されています．

● 元初の場所としての「ルーム」

「沈黙と光」に関するカーン晩年のドローイング（1973，図4-8）には，自然と人間との根源的な関わり方を，元初において捉えようとしたカーンの原点への強い志向が見て取れます．この点に関して，A・ティンは，

「カーンは，光を，自然によって考えられた表現手段あるいは表現の道具として見，また沈黙を，集団の無意識の中から汲み取られる表現願望として見た．それらが出会う地点で，発想が生じ，それが芸術作品の創造へと通じていくのである．カーンが沈黙と光との間に見出した関係は，自然法則と共に行動することを表現しようという人間の衝動が発想を可能にするというカーンの初期の理論の拡大したものである．」

と述べ，「光」を自然の事象として，「沈黙」を人間の事象として解釈しています[4-10]．

ドローイング（図4-8）には，「沈黙は光へ」，「光は沈黙へ」と激しく交錯している状況が描かれています．この「光」（自然の事象）と「沈黙」（人間の事象）が交錯する「閾」(threshold)

に位置するのが「ルーム」（図4-9）であると考えられます[4-11]．

カーンは，「ルーム」をこう定義します[4-12]．
「ルームは建築の元初です．それは心の場所です．自らの広がりと構造と光をもつルームのなかで，人はそのルームの性格と精神的な霊気に応答し，そして人間が企て，つくるものはみなひとつの生命になることを確認します」

図4-9の上部に記された
「建築はルームをつくることからはじまる」
という言葉は，ルームが建築の元初であるとの考えを明確に表明したものです．

一つの「閾」である「ルーム」のなかでも，特に窓は，さらにその「ルーム」の内と外の世界とを繋ぐ「閾」となる重要な場所です．

「ルーム」を通して入ってくる光が「ルーム」に属し，太陽は逆に「ルーム」がつくられたとき初めて太陽自身の素晴らしさを知る[4-13]という，自然と人間との双方向かつ同時的な成立の可能性に開かれた場所が窓なのです．

カーンは都市の中においても，街路を共同体の「ルーム」と捉えており[4-14]，この「ルーム」に込められた概念を，人と世界，人と自然とを繋ぐ元初の「場所」として見ていることが理解できるでしょう．

5　実存的空間とゲニウス・ロキ

● 実存的空間の概念

実存的空間と言われるとき，「実存」[5-1]としての人間にとって，どのような意味のある空

4-10) アレクサンドラ・ティン，香山壽夫・小林克弘共訳『ビギニングス ルイス・カーンの人と建築』丸善，1986，p.133．

4-11) この「閾」は，「フォーム」―「リアライゼーション」の想起の場所としても考えられる．この対概念は，後年，人間の日常的な生活とより密接にリンクし具体性を帯びた対概念である「インスティテューション」―「インスピレーション」へと展開される．ルームもそうした人間の最も基本的で日常的な生活空間単位の概念である．

4-12) ルイス・カーン，前田忠直編訳『ルイス・カーン建築論集』鹿島出版会，1992，p.77．

4-13) 前掲書『ルイス・カーン建築論集』，p.11．

4-14) 前掲書『ルイス・カーン建築論集』，p.36．

5-1) 特に，20世紀の実存思想では，個別で具体的なあり方をした有限な人間の主体的存在形態を表示し，Existenz ないし existence という語が用いられる．
廣松渉他編『哲学・思想事典』岩波書店，1998，pp.668-670より．

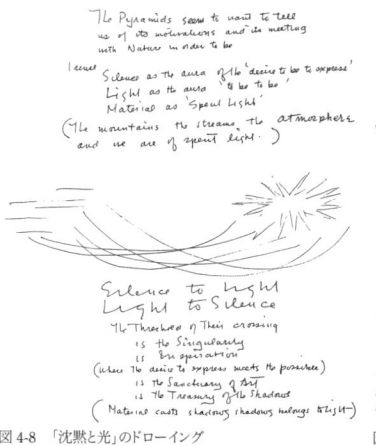

図4-8　「沈黙と光」のドローイング　　図4-9　「ルーム」のドローイング

間が「いかに」たち現れてくるかが問題とされます．こうした実存的な空間は，例えば，哲学者オットー・フリードリッヒ・ボルノウの言う「体験されている空間」[5-2] や社会心理学者クルト・レヴィンが提唱した「ホドロジー的空間」[5-3] などにその特徴がよく示されており，数学や物理学で扱われるような「抽象的空間」の概念とは異なります．

このように，人間にとっての意味作用と関係する実存的空間の概念は，ノルベルグ・シュルツによれば，「定位作用 orientation」と「同一化作用 identification」という基本的な心的機能に分けられます．すなわち，人間が周辺環境のなかで，自分の位置を定めることができ，その環境と同一化できるとき，その環境は人間にとって有意味となります．そのとき，人間は環境において「住まう」ことができると表現され，そこで「アット・ホーム」な感覚を得ることができるのです[5-4]．これは，一つの元初の状態であり，カーンの「ルーム」はまさにこのような実存的空間です．

ノルベルグ・シュルツは，心理学者ジャン・ピアジェが示した人間の空間知覚の段階的構成という研究成果に基づき，実存的空間を

> 「比較的安定した知覚的シェマの体系，つまり，環境の《イメージ》である」

と定義しました[5-5]．また，実存的空間は「自我中心的」であるとも述べています．このことは，空間の現れは人によって千差万別であって任意の解釈が許されるということでは決してありません．ノルベルグ・シュルツは，そこには個人的な「諸空間」に共通の「一般的な諸構造」があることを指摘しています[5-6]．

● **実存的空間の諸要素と諸段階**

ノルベルグ・シュルツは，実存的空間に備わる「一般的な諸構造」を分析するには，① 抽象的側面（ピアジェが詳しく研究したようなトポロジー的，幾何学的種類の一般的なシェマ．近接，分離，継続，閉合，連続などの諸関係），② 具体的側面（自然景観，都市景観，建築物，物理的事象など「環境の諸要素」の把握に関係するもの），というこの二面を包含する必要があると考えました．そして，人間が自らを定位するために把握すべき諸関係として，① 中心（centre）すなわち場所（place 近接関係），② 方向（direction）すなわち通路（path 連続関係），③ 区域（area）すなわち領域（domain 閉合関係）の３点を挙げています[5-7]．

これらは，最も初期的段階でのシェマの成立に寄与する構成要素です．さらに，こうした諸関係は，「地理的段階」「景観的段階」「都市的段階」「住居」「器物」という，最も包括的なレベルから身の回りの小さなレベルまで，ヒエラルキー体系の様々な段階で現れてくることが指摘されています[5-8]（図5-1, 2）．

● **ゲニウス・ロキの概念**

実存的空間が建築的空間として具体化される際，その基盤となる場所の性格が問題となります．そして，それは，場所の本質に関わる「ゲニウス・ロキ」を問うことにもつながっていきます．

ゲニウス・ロキ（Genius Loci）とは古代ローマに由来する概念です．「ゲニウス＝霊気」と「ロキ＝場所（locus）の所有格」を表すラテン語から「場所／土地の精霊」を意味し，「地霊」などと訳されます[5-9]．イタリア人建築家アルド・ロッシは，

> 「《占地》，つまり敷地は，"genius loci"［地霊］，すなわち土地の神によって支配されていたのであり，このような神がその土地に生ずる事柄すべての仲立ちとして君臨していた」

とゲニウス・ロキに言及しています[5-10]．但し，厳密にはゲニウス・ロキは，「土地の神」そのものを指すものではありません．ノルベルグ・シュルツは，「ゲニウス」なる概念の「根本的な本性」について，

> 「古代ローマ人の信仰によれば，あらゆる《独立》の存在は固有のゲニウスつまり守護霊を持っていると言う．この霊は人びとや場所に生命力を付与し，誕生から死までそれらに随伴し，それらの性格もしくは本質を決定する．

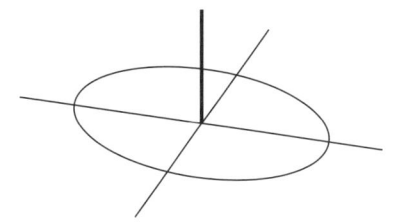

図5-1　実存的空間の基本シェマ

5-2) オットー・フリードリッヒ・ボルノウ，大塚恵一・池上健司・中村浩平共訳『人間と空間』せりか書房，1978，pp.17-20．

5-3) ホドロジー的空間とは，数学的な二点間の最短距離ではなく，人間の主体性や気分，目的に応じて選び取られる回り道などの「きわだたされている道」の概念に基づく空間，前掲書，『人間と空間』pp.186-189 参照．

5-4) クリスチャン・ノルベルグ＝シュルツ，加藤邦男・田崎祐生共訳『ゲニウス・ロキ 建築の現象学をめざして』住まいの図書館出版局，1994，pp.9-10, p.46．

5-5) クリスチャン・ノルベルグ＝シュルツ，加藤邦男訳『実存・空間・建築』鹿島出版会，1973, p.18, p.40．ここで言うシェマとは，「ある状況に対応したある典型的反応であると定義してもよい，それは個人と環境との相互作用を通じて行われる精神的発達と並行して形成され，この過程によって人間の行為すなわち《操作》の数々が，群集して緊密な統一体となる」と記されている．なおピアジェの研究に関しては☞pp.162-163, 10章8節．

5-6) クリスチャン・ノルベルグ＝シュルツ，前川道郎・前田忠直共訳『建築の世界 意味と場所』鹿島出版会，1991, p.29．

5-7) クリスチャン・ノルベルグ＝シュルツ，加藤邦男訳『実存・空間・建築』鹿島出版会，1973, p.42-44．

5-8) 前掲書『実存・空間・建築』p.67-68．また，実存的空間の具体化としての建築的空間においては，ケビン・リンチの都市イメージ分析の成果を踏まえた次の構成が提示されている：「場所 place と結節点 node」，「通路 path と軸線 axis」，「領域 domain と地域 district」．☞p.114, 8章1節．

5-9) 鈴木博之『東京の［地霊］』文春文庫，1998，pp.4-5．

5-10) アルド・ロッシ，大島哲蔵・福田晴虔共訳『都市の建築』大龍堂書店，1991, p.161．またロッシの記憶の中の都市に関しては☞pp.28-29, 2章3節．

図5-2 エドワード・レルフが作成した実存的空間の諸段階と構成要素の概念図

神々でさえ固有のゲニウスを持っていた.」

と説明しています[5-11]. つまり，「ゲニウス」は，人にも土地にも神にも宿る「霊」（性）そのものであり，実態として把握されるものではありません. ここでは，ゲニウス・ロキが，何らかのお告げを与えるような，ある種の超越的存在ではないことをまず理解しておく必要があります.

● ゲニウス・ロキの両義的本性

では，このゲニウス・ロキはどのようにしてわれわれと関わり得るのでしょうか. 端的にそれは，「詩的状態」（ポール・ヴァレリー）や「純粋経験」[5-12] などに代表されるような「原初の状態」において，土地と人間が相互に働きかけあうことで可能になると考えられます. すなわち，主観（見るもの）と客観（見られるもの），精神と物質といった「二元論的世界観」ではない「主客未分」の状態においてゲニウス・ロキが自覚され顕現するのです. ここに至って，デカルト的二元論を根に持ち展開された近代建築・都市における画一性（物質として客観的に分離された）に対する反省として[5-13]，「空間」から「場所」へとパラダイム（思考の枠組）がシフトした理由の一端が理解できるのではないでしょうか[5-14]. こうした点を踏まえて，

建築論研究者の加藤邦男は，

「Genius loci の示唆するところは，土地からの霊感，連想性，可能性，土地の持つ背景・性格といった潜在的構造の意味だけではない. また土地の持つ，もしくは土地に見出される，固有の雰囲気，様相，気風というだけでは十分ではない. いわゆる participation（分有）を誘う，宇宙的な主・客を通底する響きの力」

だと定義しています[5-15]. 主・客を通底するとは，主観と客観といった二元論を超えた（むしろ包み込むというべきか），相互作用的な状態であることは既に述べました. さらに重要なのは，そうした現象（人間も含まれる）の底に，その関係そのものを下支えし成立させ得る何か（それ自体は把握不可能な非人称の存在）が見て取られている点です.

● 人間と場所の双方性

ノルベルグ・シュルツはゲニウス・ロキと人間とのこうした関わり方を「take place」（生起する／場所を占める）という両義的な現象として捉えています.

建築史家の鈴木博之は，土地と人間との関係に着目したとき，こうした両義的な状態「take place」（①生起する／②場所を占める）を，「A. ゲニウス・ロキの有する二面性」と「B. 建築にとっての二つの可能性」として捉えています[5-16]. 組み合わせると，①－A.「場所の固有性が人間に訴えかけてくるという面」と①－B.「建築を認識する可能性」，②－A.「場所に対する人間の主観的な働きかけという面」と②－B.「建築を作り上げていく可能性」となります. 換言すれば，①では，場所の固有性が人間に対して働きかけ，そこに建築の現れを人間が認識することであり，他方②では，人間が場所に積極的な意味を見出し建築していくことです. 但しこの二相は二分されるのではなく同時的かつ双方向的に作用しているのであって，それこそがゲニウス・ロキなる概念の本質なのです.

5-11) クリスチャン・ノルベルグ＝シュルツ，加藤邦男・田崎祐生共訳『ゲニウス・ロキ 建築の現象学をめざして』住まいの図書館出版局, 1994, p.36.

5-12) 小阪国継『西田哲学の研究―場所の論理の生成と構造』ミネルヴァ書房, 1991, pp.22-26 参照.「純粋経験」とは，あらゆる判断や考えが加わる以前の原初的な経験の状態，何か物事を反省したり規定したりする前の直接的な経験の状態であり，ヴァレリーの「詩的状態」もほぼ同様と考えられる. 前掲書『ゲニウス・ロキ 建築の現象学をめざして』p.368 所収の加藤邦男の解説を参照.

5-13) 一例として, 安藤忠雄「ゲニウス・ロキ」を参照のこと. 磯崎新・浅田彰編集『Anywhere』NTT出版, 1994, pp.108-109 所収.

5-14) 鈴木博之「地霊（ゲニウス・ロキ）とは」『建築雑誌』vol.108 no.1347, 1993年9月号, p.20 では「世界が西欧を中心とする普遍的な空間によって支配されているという概念はすでに存在していない」「世界は空間として構造化されるのではなく，場所として理解されるべき」と述べられている.

5-15) 加藤邦男「GENIUS LOCI を巡って―建築・場所論をめざして―」日本建築学会大会学術講演梗概集 1993年9月（関東）p.1080.

5-16) 鈴木博之「ゲニウス・ロキの概念について」日本建築学界大会学術講演梗概集 1990年（中国），pp.1051-1052. ならびに「地霊（ゲニウス・ロキ）とは」『建築雑誌』vol.108 no.1347, 1993年9月, pp.18-21 参照.

建築の要素
西洋と日本の内と外，床，屋根，壁，柱，門と窓（開口部）

第6章

タイトル図）モンサンミッシェル修道院の回廊柱．

1-1）ロバート・ヴェンチューリ，伊藤公文訳『建築の多様性と対立性』鹿島出版会，1982，p.162．

1-2）R・アルンハイム，乾正雄訳『建築形態のダイナミズム（上）』鹿島出版会，1980，p.143．

1　西洋の内と外

●建築は内と外の出会うところに作られる

　西洋建築の「内と外」に関する考え方について，まず建築家ロバート・ヴェンチューリの言葉を引用することから始めてみたいと思います．

> 「外と内とが異なるものだとしたならば，その接点である壁こそは何かが起こるべきところであろう．外部と内部の空間や用途上の要求が衝突するところに建築が生ずるのだ．・・・建築は内部と外部を区切る壁よりなるものだと考えた時，その建築は内部と外部の葛藤と和解を空間に記したものだと言えよう．」[1-1]

　この言葉が示すように，建築は内部と外部の境目に存在しています．ヴェンチューリの示した図式すなわち「建築をつくること＝内外を区別すること」という考え方は，堅牢な石の壁の建築を主体とする西洋古典建築における基礎概念です．建築の生成により，内と外という概念上の二項対立は強化され，内外空間の差異や両者のせめぎ合いとなって境界としての建築デザインを規定します．これと同じことを，芸術心理学者ルドルフ・アルンハイムは

> 「建築家の仕事の中で，空間の取り扱いに関する一番特徴的な問題は，内部と外部とを関係させて，大まかに言えば，同一の概念の中の二要素としてみることのできる必要性である．」[1-2]

と，空間概念の2面性について言及しました．

●西洋建築史における内部空間の形成

　では西洋建築における内と外の区別は，いつ頃から顕著になってきたのでしょうか．建築史家S・ギーディオンは1941年の著作『空間・時間・建築』の中で，建築空間の変遷に

79

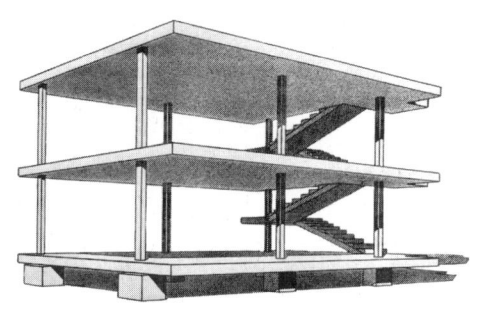

図1-1 ドミノ・システム

ついて次の3段階に整理しています[1-3].

① 「ボリュームとしての建築」：エジプト（ピラミッド）やギリシア建築のように内部空間が無視された「前－空間的」な建築を指し，空間はボリューム間の相互作用によって生み出され，空間を放射する立体と上方への垂直性によって特徴づけられる．

② 「刳りぬかれた内部」：ローマのパンテオンのように，ヴォールト架構が建築手段となった内部空間としての建築を指し，ローマ中期から18C末まで西洋建築の主流はここにある．

③ 「相互貫入」：サヴォワ邸（⇒ p.9 タイトル図）のように，人間の運動・視線の動きを前提にした内部空間と，異なるレヴェルの相互貫入を特徴とする建築を指し，遠近法的な単一視点の放棄と，連続的なガラス開口による内外空間の融合によって特徴づけられる．

このように，内部空間の形成という建築の役割は，ヴォールトの発明がなされたローマ期以降に決定的となり，

「時・空間概念－ボリュームを空間に配置してそれらを相互に関連づけるやり方や，内部空間を外部空間から切り離したり，外部空間によって貫通させて相互貫入をもたらすといったやり方－はすべての現代建築の基礎になっているような普遍的な特質である．」[1-4]

20C以降，このギーディオンの言葉が要約するように，内外の①相互貫入と②関係性の規定，の二つが主要なテーマとなっています．

●ル・コルビュジエの4つの内外規定

ギーディオンは，20C前半の建築のうち，内外の相互貫入が最も顕著に現れた建築として，ル・コルビュジエのサヴォワ邸（1931）を挙げました．ル・コルビュジエは柱と水平スラブ，階段のみからなる「ドミノ・システム」（図1-1）によって，壁の解体，内外相互貫入が可能な構法を1914年に提案し，その後のサヴォワ邸に至る「内と外」の考え方の進化プロセスについては，著書『プレシジョン』の中で「4つの平面計画形式」として解説しています[1-5]．図1-2に示された発展過程にしたがって要約すると，①内部を自由に作り，外形に内部の凹凸が不規則に現れる第1形式（ラ・ロッシュ・ジャンヌレ邸，図1-3，⇒ p.102 図2-24），②外形を純粋幾何に規定し，内部を拘束された中で分割する第2形式（ガルシュの家），③まず外形を骨組み（ドミノ的なフレーム）として幾何学的に与え，その枠内で内部を自由構成する第3形式（カタルージュ邸），④第2形式のように外形を規定しつつ，第1・3形式のように内部を自由に構成する第4形式（サヴォワ邸），

1-3) ジークフリート・ギーディオン，太田實訳『空間・時間・建築』丸善，1990, pp.27-28.

1-4) ジークフリート・ギーディオン，太田實訳『空間・時間・建築』丸善，1990, p.7, 611.

1-5) ル・コルビュジエ，井田安弘・芝優子共訳『プレシジョン下』鹿島出版会，1984, pp.25-26.

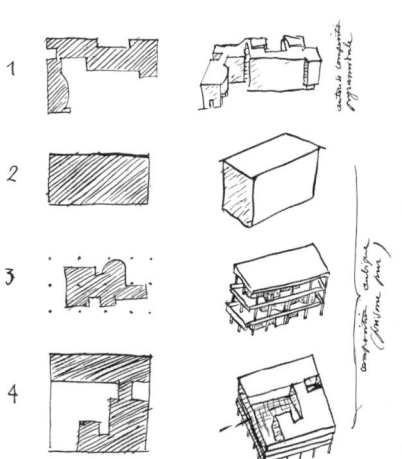

図1-2 ル・コルビュジエの4つの平面計画形式

図1-3 ラ・ロッシュ・ジャンヌレ邸

図1-4 サヴォワ邸の内外

となります．

こうしてル・コルビュジエは，内部を自由に構成しつつ外形を明快な形として整えうる形式を発見し，サヴォワ邸において「内部のような外部，外部のような内部」という相互貫入的・両義的空間を生み出したのでした（図1-4）．

2　日本の内と外，曖昧な境界

●日本の木造建築の作られ方

次に日本建築の内と外について，木造建築の作られ方を復習することから始めましょう．西洋の壁式の建築構法では，下から順に石やレンガを積み上げ，必要な箇所に開口をとりながらさらに壁を積んでいき，屋根が最後に出来上がります．これに対して伝統的な日本の木造建築では，最初に「柱立（はしらだて）」つまり柱を立てることを行い，「間（はか）（長さ）を斗って」次の柱を建ててゆき，柱の頭を桁で水平に固定したのち，棟を上げて屋根をかけます[2-1]．この構法では先に軸組[2-2]と屋根ができ，その後に壁や開口部の造作[2-3]工事が行われます．このように日本建築の場合，構法の順番から壁や開口部は2次的な要素とされ，ヴェンチューリの日本建築に関する次の言葉

> 「Roof as Umbrella, Wall as Furniture：屋根は傘，壁は家具」[2-4]

に示されるように，壁は軽い造作程度のものとなります．このような西洋の組石造と木造の構えの違いを含めて図2-1のように要約すると，大屋根の下に軒と縁をもつ日本建築の特質が容易に理解できるでしょう．

●内外の連続と中間領域

この軒と縁を特徴とする日本建築の内外について，宮川英二は『風土と建築』の中で

> 「ヨーロッパの家は分厚い煉瓦の壁が外と内とを明確に区切っている．・・・日本の場合には・・・庭と家とは生活の場が連続している．・・・座敷を核に，座敷⇔縁⇔濡縁⇔庭と，内から外へと拡散してゆく空間が，静（内）から動（外）へと波動するのが日本の空間であり・・・日本の家は建築の内外を二つの空間に集約し，分断してしまうのではない．」
> 「日本人は，壁に穿たれた孔（窓）を通して自然を見るのではなく，自分の座っている所が自然の一部であることをねがう」[2-5]

として内外の連続性と自然との融和性を強調しつつ論じました．

また建築史家・伊藤ていじは，縁側を含む軒下空間（⇒p.135 図4-3a）は大工用語では文字通り「軒下」と呼ばれているのに対して，庭師用語では「軒内」と呼ばれ庭の一部として認識されていることから，このスペースを庭と建築の両方に属する「灰色の空間 pivot space」「つなぎの空間 joint space」と呼称しています．さらにこうしたスペースについて

> 「軒下空間は内部空間，外部空間のいずれに属するともいえるし，またはいずれにも属さないともいえる，性格的にはきわめて曖昧な空間であることを示している．内部空間，外部空間という・・・対立的な空間分類法は西洋的なものであり・・・日本の伝統的な空間の中には，その両者のいずれの範ちゅうにも属さないような性格の空間があることになる」[2-6]

と述べ，内にも外にも分類されない，曖昧な

2-1) 神代雄一郎『間・日本建築の意匠』鹿島出版会，1999, p.16.

2-2)「軸組 Framework」：土台，柱，梁，桁，筋交などから構成されている壁体の骨組み，架構の骨組みをいうこともある（建築大辞典）．日本建築では①軸組のもの：寺院建築，神社建築，寝殿造り，民家，②非軸組のもの：数寄屋，大名住宅，③①と②の中間：書院造りと，大別できる．

2-3)「造作 joinery」：木工事において軸組工事の後に施される天井や床板，敷居・鴨居類，階段，棚や戸棚，床などの仕上工事を称していう．

2-4) 香山壽夫『建築意匠講義』東京大学出版会，1996, p.99.

2-5) 宮川英二『風土と建築』彰国社，1979, pp.159-169.

2-6) 伊藤ていじ『日本デザイン論』鹿島出版会，1966, pp.43-51.

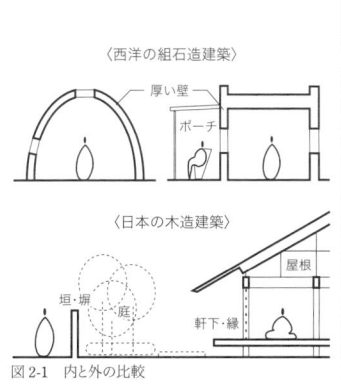

図2-1　内と外の比較　　図2-2　阿弥陀堂の結界

図2-3 春日大社の神域の結界

中間領域を日本の建築空間の特徴としました．

● 結界の特性

　内と外をこのように曖昧に切り分ける日本建築の特徴は，軒下空間以外にも，境界面のデザインに現れています．伊藤ていじは帳場の格子（商家の店頭に置かれる柵）や寺院本堂の内陣と外陣を区分する結界[2-7]（図2-2）を例に挙げ，「区切りつつ繋ぐ」日本の境界の特質を次のように述べています．

「結界の機能の重要な点は，区切りながら同時につなぎの役割を果たしている点にある」

　このように境界を物理的な壁で完全に区切ることなく，簡単な道具立てや象徴的指示物だけで設定し，空間的な繋がりの状態を残しておくことは日本空間の特徴と言えます[2-8]．領域を繋ぎかつ切り分けるものとしての「結界」には，神社における鳥居・注連縄・紙垂に代表される「神域の結界」（図2-3），集落における奥津宮・道祖神・門などに代表される「里の結界」（常緑樹林の山裾に社寺が並び，人里との結界を張る）をはじめ，畳のへり（＝色による序列[2-9]）・大黒柱に代表される「家の結界」などがあります．また，神事に出自をもつ「四本柱の結界＝ひもろぎ，能舞台，相撲の土俵」が，非日常的儀式の際に設営されることからも判るように，結界とは元来，そこに発現する「仮」なもの，すなわち「来たり依る」来訪神を迎える仮設的側面を持っていました．こうした，時に応じ設えられ，ある時が過ぎれば消滅するという，一種の時間概念（うつろひ観[2-10]）をはらみつつ，日本建築における境界は，軽く，はかなく（エフェメラル），曖昧な空間意匠として多様な展開を見せてきました．

この伝統的な文脈の上で，日本の内と外は緩やかに分節されてきたのです．

3　床

● 建築空間の構成要素

　ここまで建築の内と外に関する通説の一部を見ましたが，次に内外を区別する，実体としての建築要素について，その意匠的論説を概観しておきましょう．レオン・バッティスタ・アルベルティは建築の基本要素について，「建築書」の中で

「建物のすべては6つの部分からなることが明白である．・・・地域，床面，分割，壁，覆いおよび開口．」[3-1]（建築書 1.2）

とし，「床，壁，屋根（覆い），開口」に言及しました．「建築とは空間構成者である」の定義で知られる19C理論家A・シュマルゾーは，空間の構成要素を次の3つ：①空間を閉ざす要素＝床・天井・屋根・壁，②空間を開く要素＝戸口・窓・柱の間隙（かんげき），③空間を分ける要素＝支柱・円柱・アーケード・手摺，に分類しました[3-2]．これらの指摘を踏まえつつ以下では，「床[3-3]，屋根[3-4]，壁[3-5]，柱[3-6]，開口部[3-7]」の5つを取り上げます．

● 床の起源

　まず床についてみましょう．古語としての「ユカ」は「一段高く板などを敷きつめて設けた一区画」を指し，類義語「トコ」は土台・トコロ（所）を原義とし，「高く盛り上がって平らな区域」と定義されます[3-8]．

　また，ユカは①イカ（斎所＝清められた場所の意）が転化したものとされると同時に，②「寝処（いか）」が寝台～涼み台・縁台などを意味することから，基本的に台のようなものを指した[3-9]と考えられています．このように，床には①清められた区画の意と，②台（寝台），という2つの源流を想定することが可能です．

　建築史家・藤森照信は，清められた区画としての床について次のように述べています．

「平らで清浄，周囲から切り取られている，この二つの日本の床の特徴を建築の歴史の上でさかのぼると，ついには古代の神社まで行き

2-7)「結界」：仏教用語の結界から転じた言葉．①仏教修行に妨げがないよう修行者の行動範囲を定めることまたはその区域（日本語大辞典）を指したが，後に②密教では魔の障難をはらうために道場の一定区域を定めること（女人禁制など）をした．③寺院本堂，神社本殿の木柵・スクリーン＝僧俗の社会的地位を区別するもの／内陣と外陣

2-8) 磯崎新『見立ての手法』鹿島出版会，1990，p.178-179．

2-9) 最も高い地位を象徴するものに「繧繝縁（うんげんべり）」がある．

2-10)「うつろい（移）」：うつろうこと．変遷（広辞苑）．

3-1) アルベルティ，相川浩訳『建築論』中央公論美術出版，1982，p.10．

3-2) 井上充夫『建築美論の歩み』鹿島出版会，2000年，p.254．

3-3)「床」：空間を水平方向に仕切る建物の部位で，人間や物がその上に乗ったり置かれたりする（建築大辞典）．

3-4)「屋根」：建築物の上方に位置し外部に面して空間を覆うもの（建築大辞典）．

3-5)「壁」：隔壁の意という．材料のいかん，建物の内外を問わず空間を分離している垂直の構造物（建築大辞典）．

3-6)「柱」：屋根や床の加重を支え，基礎に伝える役目を果たす垂直部材をいう（建築大辞典）．

3-7)「開口部」：採光・換気・通行・透視などの役目を果たすことを目的とした建物の壁・屋根・床などの切り抜かれた部分（建築大辞典）．

3-8) 大野晋ほか『岩波古語辞典』1974．

3-9) 山田幸一監修『床の間のはなし』鹿島出版会，1999，pp.51-53．

図3-1　伊勢神宮の斎庭　　　　図3-2　アクロポリスの丘　　　　図3-3　能舞台

3-10）藤森照信『天下無双の建築学入門』筑摩書房，2001，pp.106-107．

3-11）「斎庭（ゆにわ）」：神道において神を祀るか降臨を仰ぐために斎み浄められた場所．通常は石砂または玉石を敷き，注連縄や柵などを巡らす．

3-12）太田博太郎『日本の建築』筑摩書房，1968，p.22-23，42-44．
太田によると日本にイスの生活が輸入されたのは5・6Cであるが，6Cの日本には既に貴族の高床住居があったので，イス式は定着しなかったとされる．また神社と寺院の比較では，日本古来の神社は必ず床を設け周囲に縁を張るのに対して，外来の7・8C寺院は基壇上に建ち土間である．
また縄文竪穴住居の土間を床と見立てた場合，床は盛り上げるだけではなく，掘り下げることによっても形成できるとする意見もある（香山壽夫『建築意匠論』放送大学教育振興会，2004，p.127）．

3-13）地理学者トゥアンはこの傾向を「建築では重要な建物は高台に築かれ，必要な技術が存在している場合には，それらは他よりも高さのある建物になる傾向がみられる．」と述べた（イーフー・トゥアン『空間の経験』筑摩書房，1988，p.73）．

3-14）「能は神霊や死霊を招いて，その素性を語ってもらうドラマであり，舞台は霊を生きている人間が慶賀したり，苦悩や憂悲を聞いて弔う場所である．」吉村貞之『日本の空間構造』鹿島出版会，1982，pp.218．

3-15）「須弥壇」：仏像を安置する木造の壇．平面は四角または八角（建築大辞典）．
「戒壇」：師が弟子に戒を授ける儀式に用いるため，石や土で築いた壇．754年鑑真が東大寺大仏殿前に築いたものが日本の最初とされる（日本語大辞典）．

3-16）ヴィジュアル版建築入門編集委員会編『建築の言語』彰国社，2002，p.12．

3-17）隈研吾『新建築入門』筑摩書房，1994，pp.55-59．

つく．…わが列島の御先祖様は…ただ一本の柱とその周囲に画された清浄な平面だけでじゅうぶん聖なるものを感じ取ることができたのである．そしてこの，清浄な平面に対する聖なる気持ちが，床というものへの深い感受性につながってゆく．」3-10

この指摘は，神の舞い降りる「斎庭（ゆにわ）」3-11 すなわち白砂などで清められた区画の中に建てられた，白木の一本柱という簡素な空間に対して（図3-1），深い聖性を感じ取った日本人の感性が，床の原点にあることを示しています．

●高床（板敷）と土間

もうひとつの「台」を源とする床については，太田博太郎が，人間の生活面が土間であるか，あるいは板敷であるかの違いに本質的な差異を指摘しています．歴史上どこの国でも，住居の始まりは土間であることが一般的ですが，後代になって人間社会に階級差（貴族階級）が生じると同時に，高さの差の道具であるイスと寝台が生まれました．このことからイス・寝台の発生は，①地面の湿気から逃れる機能に加えて，②貴族がその地位を奴隷に対して示す，という働きがあるとされます．以上の経緯から日本でも，高床（板敷）が高貴なものに，土間が庶民的なものに対応するというのが太田の提示する図式です3-12．

●場を規定するものとしての基壇・台座

日本の床のみならず西洋でも，高さのちがう水平面（基壇・高床・台座など）を構築することで，①場を規定し，領域を明示することに加え，②その場所に特別な意味を持たせる，という試みがなされました3-13．

高低差を用いて大切な領域を区分してみせた古典事例には，アテネのアクロポリスの丘（図3-2）がまず挙げられます．ここではアテネの守護神アテナが都市の中でとりわけ高い場所（床的な高台）に据えられました．またわが国の神社における拝殿や，舞を奉納するための能舞台3-14（図3-3），仏の座である寺院の須弥壇や戒壇3-15（図3-4）なども，こうした床のもつ原理的な特性を利用したものです．

新古典建築や現代建築（図3-5）でも，建築物が基壇の上に載せられ，「建築作品＝特別なもの」として扱う表現がなされています3-16．台座はまた，①ギリシア神殿のように「複数の柱の拡散を抑えまとまりをもたらす効果」3-17（⇒p.72図3-6），②ドナート・ブラマンテ設計のテンピエット（図3-6）が示すように，「建物のかたちの完結性を視覚的に明示する効果」を有することから3-18，西洋古典では常套的に用いられてきた要素です．さらにカンピドリオ広場（⇒p.102図2-19）に見られるように，床は図象的意匠表現のキャンバスとしての役割も

図3-4　唐招提寺の戒壇　　　　図3-5　基壇に載せられたビルバオ・グッゲンハイム

図 3-6　テンピエット

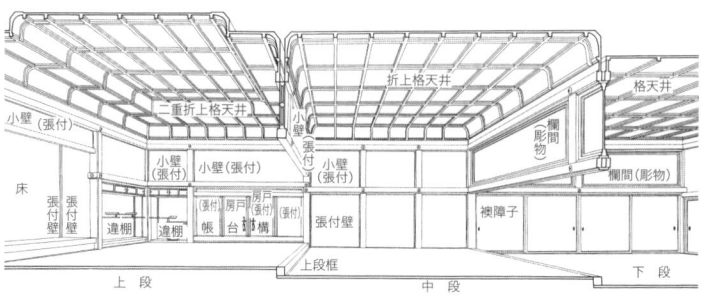

図 3-7　江戸城本丸大広間

3-18) R・アルンハイム, 乾正雄訳：建築形態のダイナミズム（上）, 鹿島出版会, 1980, pp.67-74.

3-19)「円座（藁座）」：古代に現れた座具のひとつ, 葉・藁・竹皮などを同心円状に丸く編んだ敷物. 直径約90cm, 厚さ約3cm.

3-20) 藤森照信『天下無双の建築学入門』筑摩書房, 2001, pp.110-114.

3-21) 伊藤ていじ『日本デザイン論』鹿島出版会, 1966, pp.82-85.

持っています.

●階級や序列を固定化する床の意匠

　先に述べた人間の階級差, 目上や目下といった高さのヒエラルキーは古くエジプト, ギリシア期から存在していました. 住居形式の源流に高床と竪穴の二系列をもつ日本でも, 高床が社殿や特権階級に用いられたのに対し, 竪穴系列の土間住居は一般庶民（農家）に対応してきたという点は既に触れた通りです.

　こうした日本の建築空間における高さのヒエラルキーは, その後も①板間の上に敷いた畳が古代に王者（天皇）の座となっていた点や, ②平安期の寝殿造をピークに「地面→縁側→板の間（高床）→円座（藁座）[3-19]→畳」という序列, すなわち僅かな座位の高低差が階級によって設定された事実, にも現れています[3-20]. こうした床による階級の固定化は, 鎌倉期に武士階級が定着すると, 書院造の上座・下座の平面的分化につながり（⇒p.136図4-9）, さらに室町期以降の床（押板）・棚・付書院・帳台といった書院の意匠に結実していきました. さらに近世になると, 江戸城（図3-7）, 二条城二の丸御殿などの武家書院で, 序列の空間化はクライマックスに至ります. 伊藤ていじの次の指摘[3-21],

「書院造りにおける床の間の最大の役割は地位を象徴することにあり…しかも屋内の床は上段, 中段, 下段とわかれていたから, 将軍は最も高い床に坐っていることになり, 地位が低まれば低まるほど, それに応じて低い床に坐っていることになった. つまり, 距離と高さが地位のシンボルになっていたのである.」

に示されるように, 身分差を厳格に規定する設いは, 床の高さに加え, 上座からの距離にも翻訳されました.

●生命や食物を守る床, 機能を分化する床

　以上を要約すれば, 床は「貴いもの, 大切なものを持ち上げること」と関わってきた, と言えます. こうした文脈でいうと, 床は人間にとって「根本的に貴いもの＝生命や食物」を外敵や洪水・地面の湿気から守る, という本質的な役割を担ってきたことも忘れることはできません. 食物を守る床の例には, 19Cまで北欧や北海道・沖縄の集落で用いられてきた高床の食料庫（図3-8）, 生命・生活を守る床には, アフリカや東南アジアに見られる高

図 3-8　ラップランドの高床倉庫

図 3-9　デルファイの野外劇場

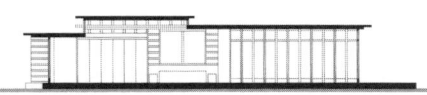

図 3-10　ライトのジェイコブス邸

3-22) 小松義夫『地球生活記』福音館書店, 1999.

3-23) フランク・ロイド・ライト, 遠藤楽訳『ライトの住宅 自然・人間・建築』彰国社, 2002, p.6.

3-24) レム・コールハース, 鈴木圭介訳『錯乱のニューヨーク』筑摩書房, 1995, p.106.

4-1) 伊藤ていじ『屋根』淡交社, 2004, p.70, 74.

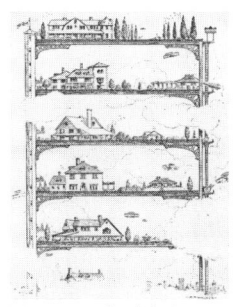

図3-11 坂出市・人工土地
図3-12 1909年の想像図

床の水上住居 3-22 などが確認できます．

加えて，床には，客席と舞台，土間と部屋，座敷と床の間などの区別に見られるように，段差や仕上げの違いによって，機能を切り分けるという働きもあります．

◉ 大地との関わり，人工の床

建築は必ず地形の上に建てられます．「素地」としての大地に対して，「どのような床を設定するか」は設計におけるひとつのテーマです．ギリシア・デルファイの建築群は，その配置が傾斜を利用して行われており（図3-9），地形に併せた床設定がなされた例です．

F・L・ライトは，一連の草原住宅（プレイリーハウス）で，大地に平行な水平基礎盤（床）と屋根を置くことで，平原と内外一体化した建築イメージを目指しました 3-23（図3-10）．

逆に床を，大地とは別のもの，すなわち第2の地面（人工地盤）として計画した例に，メタボリズム・グループの大高正人による坂出市・人工土地（図3-11）や，SITEの計画案などがあります．建築家R・コールハースは著書『錯乱のニューヨーク』の中で米国大衆誌「life」に掲載されたイラスト（図3-12）を引用し，フロンティアが開拓されつくした20Cアメリカにあって，新たな土地を求める欲望が，人工地盤としての床（摩天楼建築）へと繋がった点を指摘しています 3-24．

4　屋根

◉ 屋根のはじめ

図4-1は建築家J・ウッツォンが描いた日本の伝統建築のスケッチです．この印象的な構成の指し示すもの，すなわち日本建築の生命線が床と屋根にあることを踏まえ，床の次に屋根をみたいと思います．まず日本の屋根の起源・役割について，伊藤ていじは竪穴住居（図4-2）を例に

「少なくとも奈良時代から平安時代中期にかけて，ヤは建物または屋根を指していた．…ネは植物の根に通ずるものであり，たしかに原始時代の竪穴住居の屋根につながるものであり，ここでの屋根の垂木は大地にくいこんでいる．とするとヤネということばは，竪穴の時代にまで遡ることができることになる…この竪穴住居の屋根は，外敵よけ，寒さよけの役目をもっていたのだろう．…屋根の最大の目的は，なによりも雨よけであった」

と述べて 4-1，建物内部を風雨から守ることが勾配屋根の初源的機能である点を説きました．西洋でもW・チェンバース（図4-3）やロージエの原型イメージ（⇨ p.71 図3-4）に見られるように，洞窟から出た人間が雨風を避けるために土の上に柱を立て，三角形の屋根を作ったと

図4-1　ウッツォンによる仏教寺院建築のスケッチ，屋根と床

図4-2　登呂遺跡の竪穴住居

図4-3　W・チェンバースの図版

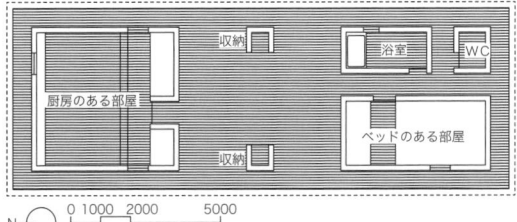

図 4-4 法隆寺綱封蔵の双倉

図 4-5 山川山荘の平面図

する説がよく知られます[4-2].

●領域を示し，構築をまとめる

風雨から内部を守ることの他に，屋根はその下に領域が存在することを指し示す役割を果たします．伊藤ていじは著書『屋根』で，更級日記の一節を引用して

「一本の傘を立てるということは，そこに芸を演ずる舞台を作ったということだったのである．そこに舞台という空間が現出したのである．あるのは屋根だけで壁はなくとも，空間はそこにたしかに存在していたのである」[4-3]

とし，一本の傘のみによって形成される空間の存在を説きました．

また屋根はその囲繞性によって複数の領域を統合し，構築物をまとめる特性を持ちます．法隆寺綱封蔵（図4-4）の「双倉」では中央吹抜部が双子の倉の共用入口となりつつ，1つの連棟屋根の下に2つのボリュームが纏められています[4-4]．現代では建築家・山本理顕が山川山荘において，点在するプライベートコアを屋根でまとめ，その他を居間的な拡がりとして計画しています（図4-5，⇨p.45図3-13）．

これは屋根がばらばらのボリュームを統合し，さらに「屋根の下にあること＝空間」という考え方を端的にデザインした例です．

屋根はさらに繰り返し並置されることで，群として認識されることを可能にします．棟・軒の連なる日本の伝統的な屋並み（屋根の連なる様子，図4-6）やイタリア都市の屋根のスカイライン（図4-7）は，個々の屋根の高さや大きさが少しずつ違いつつも，素材や勾配の類似性により全体の統一感を担保する例です．

●階級や序列を表す

さらに日本建築の屋根は，「格」を表現する役割も担ってきました．屋根は家の象徴であり，時として社会的地位や経済的豊かさのシンボルになります[4-5]．

屋根形状のヒエラルキーについて太田博太郎は，日本の仏教建築では「入母屋や寄棟（アズマヤ＝「東国風の屋」の意）」が，金堂その他の重要な建物に用いられたのに対し，「切妻」は門その他の程度の低いものに用いられた点に触れています．これとは逆に，仏教建築輸入以前の古墳時代には「切妻（マヤ＝「真の屋」

[4-2) 「原始の小屋」の詳細については☞pp.69-73, 5章3節．但し西洋の屋根起源に関して，①勾配をもつペディメントはBC5Cギリシア神殿からとされる，②アエディクラはローマ期ポンペイ壁画に出現したとの説がある．③ギリシア以前の建築では陸屋根がベースであったとされる．以上3点には留意が必要．「ペディメント」：①ギリシア・ローマ建築で水平コーニスと傾斜したレーキング・コーニスに囲まれた三角形の切妻壁．②窓や出入口の上部に取り付けられた三角形の部分．ラテン語のアエディクラaediculaは小さい家，小神殿の意．柱の上に三角形を乗せた家型を指す．古代の凱旋門や市門などに見られる彫像をおいたニッチの周りを円柱とペディメントによって神殿風に構成したものをエディキュールaediculeと呼ぶ（以上建築大辞典ならびに隈研吾『新建築入門』筑摩書房，1994，pp.59-61）．

4-3) 伊藤ていじ『屋根』淡交社，2004，p.76．

4-4) 神代雄一郎『間・日本建築の意匠』鹿島出版会，1999，pp.42-43．

4-5) 日本語の伝統慣用句「棟が高い」は家が富裕であることを意味し，演歌欣喜節の『一夜暮らの屋根代は，煎餅布団に柏飾』では屋根代＝家賃を示す，といった用法がこのことを示す．]

図 4-6 清水二年坂の屋並み

図 4-7 フィレンツェのスカイライン

図 4-8 樫魚木

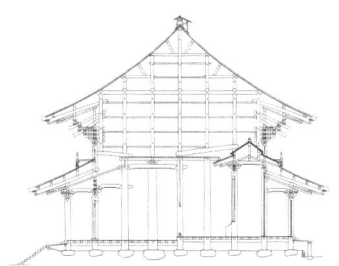

4-6) 太田博太郎『日本の建築』筑摩書房, 1968, pp.23-24.

4-7) 伊藤ていじ『日本デザイン論』鹿島出版会, 1966, pp.78-80.

4-8) これらの屋根が現れたのは平安時代以降で、奈良時代のように化粧垂木で野地板を受け、これに瓦土を盛って屋根面を構成する手法では造ることができず、野屋根の発生で初めて可能となった。「野屋根」：「化粧垂木」の上に束を立てて母屋桁を支え、その上に「野垂木」を並べ屋根を構成したもの、「見えない屋根」の意で平安期仏堂に現れた。法隆寺大講堂（990）が古い例、鎌倉期にはこのスペースを利用して長い軒（はねぎ）が入れられた（建築大辞典）。中国と異なり、屋根架構が下部構造の軸組と分節されるのが日本建築の特徴であり、ここでは天井を張ることが慣習化された。仏堂の内陣と外陣の天井高の違いはここから生まれる。

5-1) 香山壽夫『建築意匠講義』東京大学出版会, 1996, p.86.

5-2) ロバート・ヴェンチューリ、伊藤公文訳『建築の多様性と対立性』鹿島出版会, 1982, pp.148-153.

図4-9 金峰山寺本堂断面図 　　図4-10 サーリネンのTWAターミナル

の意）」の方が立派な屋根とされ、こうした傾向が神社建築に継承されている点を指摘しました4-6. さらに神社の屋根に付随する樫魚木（かつおぎ）（図4-8）は、古墳時代には宗教的司祭者・政治的軍事的権力者（首長）のみに許され、権力の象徴とされています4-7.

● 技術進歩と屋根表現

屋根のかたちは、施工性などの理由から平板や一定曲率の断面形となることが一般的ですが、日本の伝統的な屋根の中には、反り（照り、凹型曲線）、むくり（起り、凸型曲線）と呼ばれる、微妙に勾配を変化させた意匠が見られます。こうした表現は、歴史的には「野屋根」という木造手法（技術発展）の出現によって一般化されました4-8（図4-9）.

近現代では、RC・鉄・ガラス・アルミ・ステンレスといった新材料に加え、コンピューター技術の進歩が、多様なかたちの屋根表現を可能にしています。エーロ・サーリネンのNY空港のシェル構造屋根（図4-10）や、R・ピアノによる関空ターミナルの翼形断面（⇒ p.55 図2-12）がその例です.

5　壁

● 西洋建築のメイン・モチーフ

日本の伝統建築では床と屋根が建築の基本要素でした。これに対して西洋建築では壁が大切な役割を担います。ヴェンチューリの

「壁は建築上の勝負どころとなる。」

という言葉に表れているように、西洋的文脈では、壁は建築家にとって内外空間形成の第一要素です。また彼の次の言葉

「建築においては壁は常に少なくとも二重になっている。」5-1

が示すように、建築は外からの力と内からの力が拮抗するところに生じます.

図5-1はヴェンチューリの外なる壁（外周面）と内なる壁（内周面lining）の関係を示すダイアグラムです。ローマやバロック建築では外部（外形）と異なる内部空間をつくるために、外周面と内周面の間は「残存部分：ポシエ」と呼ばれ、「壁」（gの網掛け部分）や「残余の空間」（e・f・hの四角と円の間）として認識されていました5-2. 建築家ヴァン・アイクはこのポシエの価値を

「建築とは、明解に規定された媒介空間（残存部分ポシエ）を形成することだと考えられる。」

と積極的に評価し、ヴェンチューリも

「残余の空間は厄介者扱いされることもある．・・・経済的な利点はないからだ．・・・しかし、この種の空間は本来、対比、緊張、限定を伴うものであり、『建築は良い空間とともに悪い空間ももつべきだ』というカーンの言葉も納得されようというものだ。」

と述べています。内外の力の拮抗は、こうし

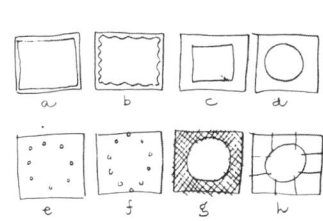

図5-1 ヴェンチューリの内外ダイアグラム 　　図5-2 カルロス5世宮殿の内周面 　　図5-3 カルカソンヌの市壁

図5-4　桂離宮の穂垣
図5-5　ソーク生物学研究所の垂直壁 
図5-7　サンタ・マリア・ノヴェッラ聖堂のファサード 
図5-6　L・バラガンのラス・アルボレダス 

た一見無駄とも思える「残余空間や厚い壁」を生んできましたが，これらの存在が建築の魅力を支えてきたことも事実です[5-3]．

● 防衛の壁

壁がもつ物理的な機能について，最初に挙げなければならないのは防衛性です．壁は外部空間から内部空間を区切る役割に加え，歴史上，外敵の進入や自然の脅威から内部を守るものとして存在してきました．こうした「防御の壁」の代表的な例には，西洋中世の市壁（図5-3）を筆頭に，日本近世の城壁や国土防御のために万里の長城などを挙げることができます．またこうした防御性は住居にも求められる場合があります[5-4]．

● 分割する壁

壁の第二の機能は「領域の分割性」です．これは占有・所有を含めた①自然と人間社会，人間社会相互の分割，②支配者と一般民衆の分割，③家族間，家族内の個人間の分割など，「領域を区分する働き」を指します．

この「分割する壁」の特徴は，その目的・関係性に応じて，堅牢になったり簡易になったり，そのたち現れ方が様々であることです[5-5]．牢屋や土蔵の固く厚い外壁と，日本の木造住宅の軽い間仕切壁は，同じ領域を分割する壁とは言っても，その仕様が全く異なります．また塀や垣[5-6]は，空間を区切り領域を示す点で分割の壁の一種といえますが，その中には極めて軽微なものがあり（図5-4），必ずしも強固な防衛性を担保しないこともしばしばです．

● 壁の視認性と秩序化，表現の場

地面に対して垂直面をつくる壁は，水平面（地面や床など）や傾斜面（屋根など）に比べ，人の視覚に入りやすく認識されやすいという特徴を持ちます．R・アルンハイムは，垂直面が水平面に比べ人間の形態知覚に影響を及ぼしやすいことを，次のように述べました．

「日常の視覚的経験においては，ある物体あるいは生物は，大地からもちあがるから見えてくるのであり，垂直軸が，そのものの形のいちじるしい特徴をなす．・・・顕著に垂直な形においては，われわれは，あらゆる水平要素を，まず第一に，垂直の秩序の中にみる．この秩序の中でのみ，その水平要素を周囲の似通った細かい部分と比較しうるのである．」[5-7]

このように，人間の知覚はよほど扁平なかたちでない限り，垂直面の秩序を優先的に認知します．このことから建築では，壁（および柱）を適切に配置することが，垂直面そのものだけでなく，空間全体の秩序感の形成につながるのです（図5-5）．

こうした秩序化の力を活用した壁の例に「独立壁」が挙げられます（図5-6）．独立壁は独立柱や独立門と同様，装飾などにより象徴性や記念性を帯びることで，（防御性や分割性とは別の）第3の機能すなわち「表現性」を持つことが可能です．また壁画や彫刻といった装飾表現が，専ら教会の内壁などで展開されてきた事実からも分かるように，壁は様々な芸術表現の舞台としても機能してきました[5-8]．さらに素材のもつパターンや色彩を利用して

5-3）グラナダのカルロス5世宮（図5-2）は，外の矩形壁と内側の円形中庭（内周面）にはさまれた残余の空間に宮殿の部屋がつくられた例である．屋根の節で先述した日本の「野屋根」も，天と地を分かつ「残余の空間」として存在し，かつ日本の伝統建築の意匠的特徴となってきた．

5-4）建築家M・ボッタが建築の初源的な機能について「家は・・・潜在意識の中で人が回復し，自己を発見し，自己の歴史や記憶を取り戻し，そして夢見ることのできる場所であり続けているのである．・・・プロテクションという初源的な機能・・・家にこうした意味を再度与えることは，建築家の真の目標を実現することである．・・・いい建築のためには・・・地面から立ち上がって次第に空間を形づくり，内部と外部を分かつ側壁が重要になってくる．プロテクションの要素として表現された壁は美しい」と述べた．マリオ・ボッタ，古谷誠章訳『構想と構築』鹿島出版会，1999，pp.13-15

5-5）土肥博至「壁・塀・垣」日本建築学会編『空間要素』井上書院，2003，pp.40-41．

5-6）「垣」は「限る」から，空間をしきる絹の帷帳（とばり）も「綾垣」「絁垣（きぬがき）」と呼ばれる．

5-7）R・アルンハイム，乾正雄訳『建築形態のダイナミズム（上）』鹿島出版会，1980，pp.63-65．

5-8）土肥博至「壁・塀・垣」日本建築学会編『空間要素』井上書院，2003，pp.42-43．

5-9) 伊藤ていじ『日本デザイン論』鹿島出版会, 1966, p.94.

5-10) 川崎清・小林正美・大森正夫『仕組まれた意匠』鹿島出版会, 1991, p.127.

6-1) 伊藤ていじ『日本デザイン論』鹿島出版会, 1966, pp.97-100. なお日本建築では梁と桁が区別されることから分かるように, 軸組の発想にはかならず方向性がある (四方性を持たない).

6-2) 伊藤ていじ『日本デザイン論』鹿島出版会, 1966, pp.94-100.

図5-8 ニューハウンの彩色された壁面

意匠表現がなされる例も多くあります. フィリッポ・ブルネレスキ設計のドゥオーモや, サンタ・マリア・ノヴェッラ聖堂のアルベルティによるファサード (図5-7), コペンハーゲン・ニューハウンの色彩壁面 (図5-8) などは, 壁のこうした特性を示す例です.

●日本の壁

寺社建築・寝殿造り・民家・書院造における日本の壁について, 伊藤ていじは西洋と比較しながら, その違いを

「木造建築だけで比較すると, 日本の壁は造作工事の一部であるが, 西洋の壁は軸組工事の一部である. それゆえ日本建築では壁を取り外しても建物は壊れないが, 西洋の建物では, 壊れてしまうだろう.」5-9

と説明しました. また①元来, 日本は西洋に比べて壁が非常に少なく, あっても非常に薄いものであり, 壁はせいぜい家の区画と視線を遮る程度のものであった, ②近世以降に城郭・住宅・土蔵の壁に塗壁・大壁が使われるようになるのは, 都市が発展し特に町家の防火対策が意識されるようになったためである 5-10 という指摘もあります. 日本の壁が家の区画, つまり分割性だけを満足する程度のもの, という特質は, 語源的に見ても, かべの「カ」がアリカ・スミカのカ, 「ヘ」は隔てとなるもの, を原義とすることからも確認できます. また近世後期江戸では慣用句「壁と見る=野暮と見るの意」など, 壁は野暮つまり田舎臭く無骨なさまを指しました. ここに日本人の壁に対する考え方の一端を伺うことができるでしょう.

6 柱

●基本構造のシンボルとしての柱

日本の壁が西洋に比べ軽い傾向をもつのに対して, 柱は日本建築の基本構造を担います. 基本構造(ベーシック・ストラクチャー)とは「軸組 Framework」つまり土台, 柱, 梁, 桁, 筋交などから構成された架構骨組みを指し, 仏寺の塔に代表される心柱 (図6-1) をはじめ, 門型 (逆U字形) フレームとその組合せ (梯子形), 町家のジャングルジムのような軸組構造, 民家の十字形, 傘構造などが挙げられます 6-1.

「伝統的な日本建築の特色は, その軸組のなかに《基本構造》の典型を必ず含んでいることである.・・・わが国においては建物が建設当初の平面を後世まで維持していたことはきわめて稀である. 当初の柱のうちのあるものはなくなり, また後から付加される柱もある. それにもかかわらず絶対にといっていいくらいその位置をかえることのない柱がある.・・・これらの基本構造は, その必然的な結果として柱の一定の配置形式=パターンを生み出す.・・・柱は基本構造のシンボルなのである.」

この伊藤ていじの指摘 6-2 のように, 柱とそれがつくる基本構造は, 日本の建築空間のフレームそのものとして機能しています.

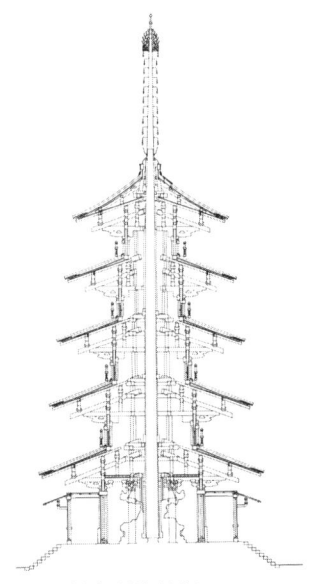

図6-1 法隆寺五重塔・断面図

図6-2 大徳寺方丈南庭の立砂 　　図6-3 デルファイの世界の臍 　　図6-4 ブリューゲルの描いたバベルの塔

●柱の意味

柱という古語は①家・門・橋などの全体を支えて立つ長い木（支柱），②中心の支えとして最も力にし，頼みとするもの（中心性），③建物の中心，支えとして尊重する意から，神・仏・貴人など信仰・尊重の対象を数えるのに使う言葉，以上3つの意味を持ちます[6-3]．

柱の特性のひとつである「中心性」については，19C末の美学者テオドール・リップスが造形芸術を模写的芸術と空間芸術に区別した際，空間芸術（建築・工芸）を次の3つ，①実体的なマッスで満たされた空間をつくるもの：柱，②実体的なマッスによって空間を囲むもの：室，容器，③マッスによらないで空間をつくるもの：文様，に区分しており，ここに「屹立し周囲に空間を作るもの」としての柱の役割は定義づけられています．また柱は垂直であることから，壁と同様に知覚的な秩序化の力をもち，それゆえに柱のオーダーは西洋古典建築の主テーマとなってきました[6-4]．

●中心を示す柱と世界軸

中心をなし，さらに神をシンボライズするという柱の役割は，「依代」[6-5]に顕著に現れています．古代神道では，凹型の石（磐座）や白木の柱を神の降臨場所に見立て，その周りを白砂の庭で清らかに囲み，さらにその外周を注連縄などの結界で仕切ることが度々行われました．後に依代としての柱を保護する囲いが常設・建築化されたものに，「心御柱」[6-6]を囲む伊勢神宮や，「岩根御柱」の出雲大社[6-7]などがあります．また降臨シンボルの柱に関しては，古事記に出てくるイザナギとイザナミの結婚に立てられた「天の御柱」が宇宙柱であるという解釈[6-8]や，円錐形に盛られた白砂（立砂，図6-2）が降臨シンボルとして古代貴族の庭園に常置され，これが後に枯山水庭園に引き継がれた，という説があります[6-9]．

こうした聖なる垂直性への信仰は，宗教的・神話的世界における「天地を結ぶシンボル＝聖柱イメージ」（山，梯子，蔓，生命の木など含む世界の柱 axis mundi）として世界各地で見られます[6-10]．デルファイの世界の中心（図6-3），バベルの塔（図6-4），古代ローマの世界の頂上 caput mundi，インディアンのトーテムポールなどは，超越的な天界・宇宙とつながることで，地上世界に秩序を形成しようとする人間願望の現われです[6-11]．また巨大な聖柱の建設は，古代の人々の情熱を結集するという，共同体的な意味を持ち，人間による構築の根源的意味を示す催しでもありました[6-12]．このように柱や垂直オブジェクトは，聖性と中心性を表現する役割を担ってきたのです[6-13]．

●方向性と領域性

上記以外に，柱には方向性と領域性を示す役割があります（図6-5）．軸線に沿って並ぶことで方向性をしめす例に，パルミラの中央柱廊（図6-6），長谷寺の登廊などの列柱廊を挙げ

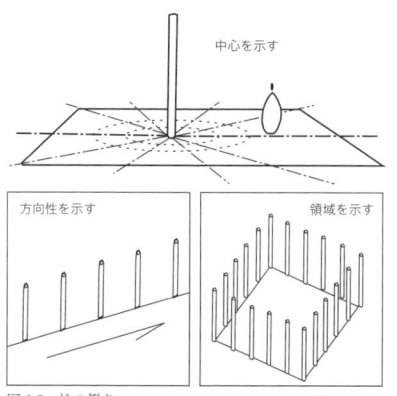

図6-5 柱の働き

6-3) 大野晋ほか『岩波古語辞典』1974．
古代日本では神の数を数えるのに2柱，3柱・・・というように柱を単位として用いた．

6-4) 井上充夫『建築美論の歩み』鹿島出版会，1991，pp.156-157．
オーダーについて☞ p.117-120，8章2・3節．

6-5) 依代とは，神道で樹木・岩石・御幣（神または布を串にとりつけた神祭用具）・動物などに神霊がのり移ってその意思を表す媒体，つまり神霊のよりつくものを指す（日本語大辞典）．また「招き代おぎしろ」とも呼ばれる．

6-6) 「心柱」「斎柱（いみはしら）」とも呼ばれる．→「宮柱」「大極柱だいこくはしら」「建初柱」につながる．

6-7) 出雲大社の高さは，大昔32丈（96m），昔16丈，現在8丈．かつての柱は1350mmの丸太三本の金輪縛りの寄木であったことが，平安時代の古図に示されている．現在の出雲大社では周りの8本の柱は屋根を支えるが，中央の3尺6寸岩根御柱は背丈を越えたところで止まっており，他の8本よりもたくましい．こうした中心柱は「出雲国造神賀詞」「伊勢神宮祝詞式」の「底つ岩根に宮柱太敷き立て，高天原に千木高知りて」で語られる古代神社や宮居の始まりであり，のち三重塔，五重塔に受け継がれてきた，とする説がある．「高知る」とは柱が神の次元まで高くそびえることで，神との交流が可能となるため，平安と繁栄をこめた高さの願望の表現である（吉村貞司『日本の空間構造』鹿島出版会，1982，pp. 63-65,143）．

6-8) 吉村貞司『日本の空間構造』鹿島出版会，1982，p.62．

6-9) 磯崎新『見立ての手法』鹿島出版会，1990，pp.14．

6-10) ミルチャ・エリアーデ『聖と俗』法政大学出版局，1969，pp. 25-58,152-169．

6-11) その他に家屋内部の中心としてのかまど，炉から柱状に立ち上がる煙突が家屋の垂直軸を中心を表徴する．
O・F・ボルノウ，大塚・池川・中村訳『人間と空間』せりか書房，1978, p.155.

6-12) イーフー・トゥアン『空間の経験』筑摩書房，1988.

6-13) この文脈では「塔」も柱状に立ち上がる建築として考えることが可能である．井上充夫は法隆寺五重塔を例に「塔は，いわば豪華に装飾された一本の柱である．…原始時代の柱はしばしば神格や人格の象徴であった」と指摘した（井上充夫『日本建築の空間』鹿島出版会，1969, pp.43-45).

6-14) 福井通「柱」日本建築学会編『空間要素』井上書院，2003.

6-15) 福井は，場をつくる柱を「囲柱」，装飾され空間の意味や雰囲気を表象する柱を「飾柱」と呼称している．
福井通「柱」日本建築学会編『空間要素』井上書院，2003, pp.16-18.

6-16) 伊藤ていじ『日本デザイン論』鹿島出版会，1966, p.80.

6-17) 神代雄一郎『間・日本建築の意匠』鹿島出版会，1999, pp.98.

6-18) R・アルンハイム，乾正雄訳『建築形態のダイナミズム（上）』鹿島出版会，1980, pp.82-87.
「短い柱は，屋根の荷重によって上から押される圧力と，土台によって下から反発される抵抗力との，相対的に受身な受容器である．…高い柱は生き生きとした自由な感じ，圧迫に対する勝利といった感じをもつに至る．あらゆる視覚的長さは相対的なものであるから，柱の高さのダイナミックな効果は，高さと太さの関係に依存する．」

図 6-6 パルミラの中央柱廊
図 6-7 カルナックのアンモン神殿
図 6-8 アミアン聖堂の柱

ることができます．また「囲柱」として領域を区別し，内外を仕切る柱列には，修道院の回廊柱（p.79 タイトル図），ジュラシュのフォーラム，アルハンブラの中庭などを見ることができます 6-14．またカルナック神殿（図 6-7, ⇨ p.108 図 4-7）やコルドバ・モスク（⇨ p.160 図 7-3），G・テラーニのダンテウムに見られる「多柱室」は，①秩序のシンボル（林）を神に向けて過剰に構築した建築とも，②太古の森のメタファーとも，③記憶・伝承の柱とも言われ，多義的な柱（支柱，長柱，囲柱，飾柱 6-15）の解釈を可能にする空間であり，柱の構築性を拡大し広さを確保しようとした点で，領域性を示す例とも捉えられます．

日本の寝殿造においても，母屋の柱が丸柱であるのに対し，庇の側柱は角柱となり（床も一段下げられる），柱はその断面形状により領域区分を指し示すものでした（⇨ p.135 図 4-4）．また一定の地位以下の者は，角柱の庇より中に入ることが許されないなど，柱はヒエラルキーの指示装置としても機能しました 6-16．さらに近世では，書院造と数寄屋・草庵とでは柱の太さ寸法が 2 倍程度違っており，

「数寄屋（茶室）や数寄屋造りとよばれる建築は，すべてが庇や廊の系統の細柱だけで構成された間だといい切ることができよう．」6-17

という神代雄一郎の指摘のように，格式重視の書院造における「太柱」に対して，非格式・主客同床・フリースタイルのコンセプトを持つ茶室・数寄屋では「細柱」が専ら採用され，柱の太さが様式の違いにも反映されていました．

● 柱のかたちのもつ効果

アルンハイムは，柱のかたちのもつ動的（ダイナミック）効果の決定因子の第 1 に，「柱の高さと太さのプロポーション」を据えました 6-18．これによると，太く短い柱は荷重に耐える「支柱」の働きをよく表現し，反対に，細長い柱は重さの感覚を否定し，浮遊感や開放感をもたらす「長柱」となります．天空への上昇志向を示すゴシック聖堂の柱（図 6-8），動的なバロックの捩れた柱，数寄屋の中柱などは，軽さや動的効果を求めた長柱の例です．

また，アルンハイムの第 2 因子である柱の「形」については，柱の視覚的な幅のもたらす効果が問題とされます．①古典的な柱の多くに見られる，下が太く上が細い「円錐状の柱」は，大地との強い繋がりを示すと共に上方へ

図 6-9 ユニテのピロティー柱

の推力を感じさせ，②底部から3分の1の部分が最も膨らむ「エンタシス柱」は，「荷重に圧迫されたときの弾力性を眼に見えるように示そうとしている」（R・ノイトラ）ような印象を与えます．これに対して，③上が太く下が細い，すなわち支えている物体から「伸びでた足」のような「逆円錐状の支柱」の場合，その建築は大地から自立し，立っているように見えます 6-19（図6-9）．

7 門と窓（開口部）

●開きつつ閉じる門

A・シュマルゾーの用語を用いれば，壁・屋根・床といった閉じる要素と同時に，建築は開く要素（戸口・窓）を必要としています．門・戸・窓といった開口部が存在することによって，建築の内と外は初めて関係を持つことが可能です．

「門」という漢字（象形）は両開きの扉を指し，漢の訓書「釈名」に「門はおすなり」と記されていることから，押し開く扉のついた「かど，いりぐち」を指します 7-1．門は開・閉（何れも部首はもんがまえ）の用法から分かるように，時に開き，時に閉じるものです．開き放しの門は必要がなく，O・F・ボルノウの次の言葉

> 「戸の根本規定のひとつは，その半透性，すなわち，半分だけ透過させる性質とでも言いうるようなことから生じてくる．・・・家屋に所属する者は戸を通って自由に出入りすることができ・・・これにたいして，よそ者は閉めだされており，特に許されてはじめて内に入れ

てもらわなければならないのである．」7-2

に示されるように，場合に応じて通過と防御，双方の機能を担います．

防御のための門には，市壁で囲まれた西洋都市の門がまず挙げられます．門の内側では法律・秩序に従う市民が住んだのに対し，外側では無法者が徘徊したとの逸話 7-3 は，秩序・市民を守る門としての役割を示すものです．また日本における防御の門に，城門，武家屋敷の門，豪農の長屋門などがあります．

さらに寺社建築の中門（図7-1）や宮殿の正門の場合，そこが「内部を礼拝・謁見する場」となっていたことからも分かるように，門は通過・防御だけでなく，「外来者との交渉空間」としても機能しました 7-4．また門は記念碑として独立門となることで，装飾の舞台となると共に，歴史・記憶を伝承する役割を担ってきています．こうした役割は，門が必然的に高さを生み出し視認性の高い存在であることと関わりが強く 7-5，日光東照宮の陽明門，ローマのパルティア征服を記念したセプティミウス・セヴェルス凱旋門（図7-2），パリの凱旋門などがこの顕著な例です．

●閾

人は誰でも，門の下を通過する時あるいは扉を開けて中に入ろうとする時，何らかの心理的高揚を経験することがあります．こうした心理機能をもつ境界は特に「閾(いき) threshold of consciousness」と呼ばれ，この言葉は，ある意識作用が生じたり，消失したりする境界一般を指しています．また宗教学者 M・エリア

6-19）R・アルンハイム，乾正雄訳：建築形態のダイナミズム（上），鹿島出版会，1980，pp.83-87．

7-1）白川静『常用字解』平凡社，2003，p.615．門に対して片開きの扉のかたちが戸である．カド（門）＝神迎えの庭という意見もある．門松は依代，手水，滝打ち，入浴は潔斎つまり俗体の止揚（精進という）を意味する．門には一つの世界に入っていく入口という意味の他に，門閥・門下生・一門・破門のように，特定の社会集団を表現する意味でも用いられる（土肥博至「門・扉」日本建築学会編『空間要素』井上書院，2003，p.80）．

7-2）O・F・ボルノウ，大塚・池川・中村訳『人間と空間』せりか書房，1978，pp.146-147．

7-3）香山壽夫『建築意匠論』放送大学教育振興会，2004，p.52．

7-4）井上充夫『日本建築の空間』鹿島出版会，1969，pp.73-82．

7-5）土肥博至「壁・塀・垣」日本建築学会編『空間要素』井上書院，2003，p.82．

図7-1 法隆寺中門

図7-2 セプティミウス・セヴェルス凱旋門

図7-3 アミアン聖堂の入口

7-6) エリアーデ『聖と俗』法政大学出版局, 1969, pp.17.

7-7) 川崎清・小林正美・大森正夫『仕組まれた意匠』鹿島出版会, 1991, p.180 「玄関」という言葉は禅宗の「玄妙に入るの関門」からでたもの. 住空間への出入りは ①中門廊（寝殿）, ②玄関（禅宗方丈に始まり書院へ）, ③車寄（二条城二の丸書院など）と変化し, ④数寄屋では「躙口にじりぐち」が現れた. 書院造では大きな「唐破風」をつけ「式台」をあがる武家の儀礼的な玄関となった. 書院造の玄関と数寄屋造の躙口が定式化した玄関の両極.

7-8) 磯崎新『見立ての手法』鹿島出版会, 1990, pp.179-180.

7-9) アルベルティ, 相川浩訳『建築論』1982, 中央公論美術出版, pp.122.

7-10) 「ポルティコ（伊）portico」: 柱廊玄関, 普通, 列柱がペディメントを支える. 英語でポーチ.

7-11) 「ハレ」: 正式, おおやけ, 表向きの時・場所. 年中行事や冠婚など特別な儀礼の行われる日を晴れの日という（日本語大辞典）.

7-12) 大野晋ほか『岩波古語辞典』1974.

図 7-4　伏見稲荷大社の千本鳥居

図 7-5a　ディジョンのノートル・ダム教会　　図 7-5b　NY ブルックリンのブラウンストーン

ーデの次の言葉

「閾と戸口は直接具体的な方法で空間連続の廃棄を示している.」7-6

は, この閾が, 聖なる領域（内）への境界を示すことを述べたものです.

聖なる領域への戸口, すわなち「人の心を準備させる門」の例には, ロマネスクやゴシック聖堂の扉口（ポルタイユ）がまず挙げられます. ここではタンパン, ヴッシュール（聖人などの浮彫り彫刻がアーチ状に重層したもの, 図7-3）が, 俗的日常から聖的世界へと赴く人々の意識変換装置, 心的フィルターとして作用します. 日本で同様の効果を狙った例には, 神社の鳥居（図7-4）をはじめ, 禅宗塔頭の折れ曲がりながら進むアプローチ空間7-7, 茶庭の露地の中門・中潜戸なかくぐりど, 寺院の門の敷居などが挙げられます. 潜戸は敷居をとりわけ高く設定することで, 敢えて障害物として門を設え, ここを通過する人間の身体的抵抗感を, 意識の転換に利用した例です7-8.

●都市に開かれた建築の門

都市に開かれた建築にあっては, 門は人に休憩や交流・談笑・待機の場所を提供します.

「柱廊および玄関は・・・家僕のためだけに設けられたものではなく, 一般市民のためにも設けられたものと認められる.」7-9

アルベルティのこの言葉は, 玄関とその周辺に作られた小屋・柱廊コロネード・ポーチなどの設しつらいが, 全ての人に開かれた状況を述べたものです. こうした門構えの例には, 聖堂入口のポルティコ7-10や, 劇場のエントランスホール, 民家・タウンハウスの玄関先（図7-5）などを挙げることができます. また日本の町家に見られるトオリニワとミセの空間（見せ棚, 揚げ店などを含む, 図7-6）は, 普段は商売や接客・生活の空間として都市と関わるのに対して, ハレ7-11の祭事には全ての人に開かれた場所になります. このように門は時間・季節に応じ装いを変え, 都市に彩りを添える装置ともなります（図7-7）.

●視線を通す窓

窓は「マ（目）」と「ト（門）」の原義からなり, 視線あるいは光を制御するものの意をもちます7-12. また「間戸」という表現から, 日本建築における柱と柱の間の戸, または部屋（間）の仕切りを指す言葉としても用いられます.

「窓の持つ最も単純な働きには・・・内部空間

図 7-6　町家の入口と土間　　図 7-7　ハロウィンの玄関飾り　　図 7-8　京町家の格子

図7-9　宝泉院の借景 　　図7-10　ウインドウ・シート 　　図7-11　独立した風を通す窓

から外部世界を観察することができるということがある．…覗き穴というものが存在し，これをとおしてひとは，脅威的となるかもしれない見知らぬ者の接近に焦点をあわせつつ，家屋の周囲を見渡すことができたのであった．…窓は，家屋の目として解釈されており，さらにこの場合，窓自体が…しばしば眼の形をしていたということを付言しておいてよいであろう．…見られることなくして見ること，この用心深い生命保全の根本原則は，窓の場合に，その最も純粋な形をとって具現化されている．」[7-13]

ボルノウのこの言葉に示されるように，窓の第一の機能は内部から外部を観察することにあります．窓は「人間は守られながらも，外で何が起こっているかを知りたいものだ」(アップルトンの原理）という人間の根本的欲求に応えてくれるものです．こうした外を監視する働きは日本の格子にも見られ，京町家の格子（図7-8）に関する次の指摘

「その透けた構造によって…明るい往来からは仄暗い室内の様子はほとんど分からない．それに対して室内からは居ながらにして往来の様子や気配が分かるのである」[7-14]

に述べられているように，格子は町の相互監視機構としても機能していました．

視線を通すという点では，窓は風景を額縁効果により二次元的な「絵」として切り取る役割，つまりピクチャー・ウインドウとしても働きます．縁側と軒先により水平に切り取られた日本の庭の風景も，こうしたまど（間戸）のもつ機能を利用したものです[7-15]（図7-9）．

● 光と風を通す窓

窓は視線以外に，光と風の通り道となります．ル・コルビュジエは光と窓について

「太陽の光は人類の本質そのものに根ざした影響力をもって人間という動物に作用するのです．ですから窓の開口位置の重要性を理解しなければなりません．ここにこそ建築という大部分があり，建築の決定的印象はここに由来するのです．」[7-16]

とし，窓の位置が建築の印象を決定づけるとしました．また，窓辺は光に満ちた空間となることから，読書や食事・作業のための机や座席が設けられることが多く，「空間としてまとまった特別な窓辺，ウインドウ・シート」として常設化される場合があり（図7-10），日本の書院窓もこれにあたります[7-17]．

さらに，ルイス・カーンは窓の役割について「近代建築の窓，すなわち大きい板ガラスとサッシュによって作られる開口部によって，私達の窓に対する感覚は鈍化している．窓とは何か，その働きは何か．窓は様々な働きをしている．光をいれまたふさぎ，風を入れまたふさぎ，視線を導きまたさえぎり，そしてその開き閉じる方向と程度もまた様々である．一度それらを分解し，それぞれに最も適したかたちを与えてみよ．そして次にそれらをひとつに組み合わせてみよ．」[7-18]

と述べて，光，視線，風に関わる窓の3つの働きに言及しました．この言葉には建築の部位のもつ本質的な役割を再考し，それぞれに適した意匠が与えられるべきである，というカーンの考え方が端的に謳われています．

図7-11はル・コルビュジエ設計のブラジル学生会館の窓ですが，ここではカーンの言葉通り，光，視線とは別に，通風の窓が独立して設計され，ル・コルビュジエ独自の意匠として纏められています．この例からも，建築の構成要素の成り立ちや意味を捉え直し，実作において個性的なデザインに修練させる巨匠の非凡さを垣間見ることができるでしょう．

7-13）O・F・ボルノウ，大塚・池川・中村訳『人間と空間』せりか書房，1978，pp.150-153．子供の中には，自分自身は隠れたままで，そこから周りの世界を気づかれずに観察しうる隠れ場所を求める深い要求があると論じられている．

7-14）日向進著『窓のはなし』鹿島出版会，1988，pp.101-102．

7-15）日向進著『窓のはなし』鹿島出版会，1988，pp.36-37．

7-16）ル・コルビュジエ，井田・芝訳『プレシジョン（上）』鹿島出版会，1984，pp.124．

7-17）香山壽夫『建築意匠論』放送大学教育振興会，2004，pp.65-69．

7-18）香山壽夫『ルイス・カーンとはだれか』pp.162．

建築のかたち　　　　　　　　　　　　　　　　　　第7章
幾何学，中心性，方向性，引き算的と足し算的，重合と分割，規則性を持った群，不規則性の組織化

タイトル図）シュレーダー邸．

1-1) 建築エレメントとしての柱の持つ様々な意味については☞ pp.89-92, 6章6節．

1　かたちの基本

●かたちの基本要素
[点・線・面・ボリューム]

　点は空間の中でひとつの位置を示します．点は，それ自体では静的で求心的なものです．端点，交点，中心点が線や円によって示されるように，点を図形的に規定するためには少なくとも二次元の図形の助けを必要とします．二つの点が結ばれると，線ができます．線は位置に加えて，長さや向きといった性質を持ちます．そして，垂直の線，つまり柱が水平に移動する軌跡によって面が成立します．面は線の性質に加えて，幅，輪郭，表裏といった性質を持ちます．面が水平に移動すればボリュームが成立し，ボリュームは，奥行きによって内部空間を生み出します（図1-1）．

　こうした基本的なかたちの要素を，よく生かした建築の例をいくつか挙げておきましょう．空中に向かって力強くそびえる記念柱は，線の建築の代表例です[1-1]（図1-2）．基本要素が線から面の移行段階にあるのが，列柱廊です．柱の姿を残しつつも面の存在を暗示し正面性を獲得します．また，一枚の面が，建築の中で非常に重要な役割を果たすこともあります．

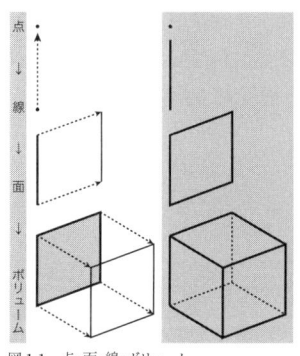

図1-1　点・面・線・ボリューム
図1-2　コンコルドのオベリスク

図1-3 東山魁夷せとうち美術館 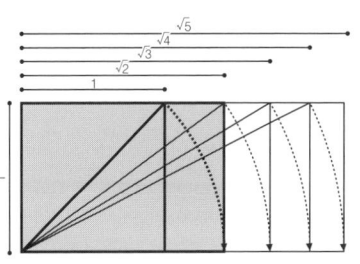　　図1-4 √矩形の作図法 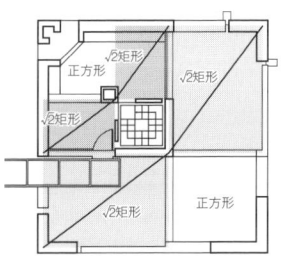　　図1-5 リヴァ・サンヴィターレの√2矩形

谷口吉生の東山魁夷せとうち美術館では，瀬戸内海の風景とアプローチ空間分ける一枚の大きな壁が，空間構成の要になっています（図1-3）．G・T・リートフェルトによるシュレーダー邸は，様々な可動する面によって自在な空間がつくられています．面が移動することによって空間が成立するという基本的性質を踏まえて，建築化した好例といえるでしょう（p.95 タイトル図，⇨p.127 図6-8b, p.152 図4-6）．本章では，こうした建築のかたちを組織していく上での基本的な考え方について説明していきます．

●理想的な幾何学と比例

まずは二次元的なプロポーションを決定するいくつかの方法について見てみましょう．

[ルート矩形]

建築のかたちを決定するとき，理想的な幾何学を実現するために使われてきたルールがあります．長方形のプロポーションを決めるのに，次に述べる黄金矩形と並んで，よく使われるのがルート矩形です．20世紀に古典建築の比例について研究を進めたJ・ハンビッジ[1-2]は，正方形，黄金矩形に$\sqrt{2}$, $\sqrt{3}$, $\sqrt{4}$（2倍正方形），$\sqrt{5}$矩形を加えた6つによって，ギリシアの比例が成立したと述べています．$\sqrt{2}$矩形の対角線から$\sqrt{3}$矩形が作図でき，同じ方法を繰り返せば，他のルート矩形も作図できます（図1-4）．つまり$\sqrt{2}$矩形は，他のルート矩形の基本形であることから，「調和の門」と呼ばれます[1-3]．歴史建築ではF・ブルネレスキのサン・ロレンツォ教会聖具室，現代建築ではマリオ・ボッタのリヴァ・サンヴィターレの住宅にも$\sqrt{2}$矩形の平面が使われています（図1-5）．同じくリチャード・マイヤーのシャンバーグ邸でも，正方形や黄金矩形と組み合わせながら，$\sqrt{2}$矩形が多用されています（図1-6）．また，ハンビッジはパルテノン神殿のファサードの構成に$\sqrt{5}$矩形が多用されていることを示しています[1-4]（図1-7）．ルート矩形は，かたちに安定した構図をもたらすのです．

[黄金分割]

西欧の造形は，われわれには想像がつかないほどに黄金分割に執着してきました．古代では，ローマのパンテオンやエジプトのホルス神殿，近代ではル・コルビュジエ，現代では磯崎新のロサンゼルス現代美術館にも立面や平面の構成を決定するのに使われています[1-5]．

ひとつの線分を二つに分割してできた大きな部分と小さな部分の比が，線分全体と大きな部分の比に等しくなるように分割したときに黄金分割になります．これは，$\phi^2 - \phi - 1 = 0$の根で，$\phi = \frac{1+\sqrt{5}}{2} = 1.61803398874\cdots$という無理数になり，この数を黄金比（$\phi$：ファイ）と言います（図1-8）．また，二辺の比がϕになるような長方形を黄金矩形（ϕ矩形）と言

1-2) J・ハンビッジは，一連の矩形をもとにしたダイナミック・シンメトリーを1920年に発表した，イェール大学で教鞭を執った，他方，円周の分割によってルート矩形を作図するクラシイシス・ジオメトリーを提唱したエルンスト・モーゼルも知られる．

1-3) 柳亮『黄金分割 ピラミッドからル・コルビュジエまで』美術出版社，1965. pp.16-18.

1-4) 柳亮『黄金分割 ピラミッドからル・コルビュジエまで』美術出版社，1965. pp.60-62.

1-5) 図面表記における黄金比の示し方については⇨p.55, 4章2節.

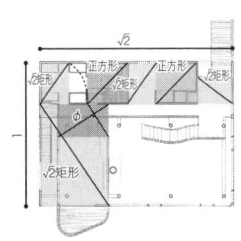

図1-6 シャンバーグ邸の$\sqrt{2}$矩形 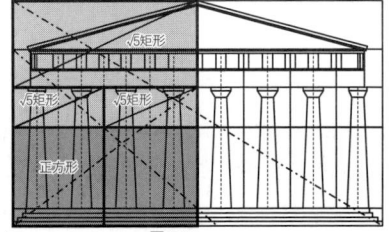　　図1-7 パルテノンの$\sqrt{5}$矩形 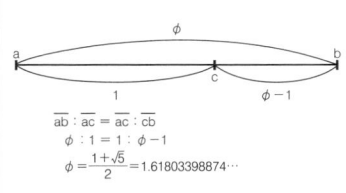　　図1-8 黄金分割の定義

1-6) ル・コルビュジエ, 吉阪隆正訳『建築をめざして』鹿島出版会, 1967, pp.64-76.

1-7) コーリン・ロウ, 伊東豊雄・松永安光訳『マニエリスムと近代建築』彰国社, 1981, pp.1-31. ロウによるル・コルビュジエの作品と古典建築の関係については☞ p.27, 2章2節.

1-8) ル・コルビュジエ, 吉阪隆正訳『モデュロールⅠ』鹿島出版会, 1976, p.39.

1-9) ウィトルウィウスのオーダーと身体の関係については☞ pp.119-120, 8章3節.

図 1-9　正方形の加算性とφ螺旋

図 1-10　セナトリオの指標線

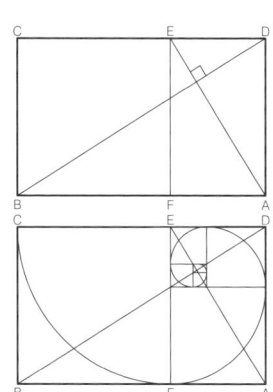

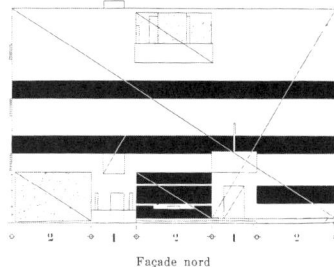

図 1-11　ガルシュの家の指標線

い, これが建築における面の分割に大きな役割を果たします. 黄金矩形のひとつの対角線に他方の頂点から垂直線を引き, その延長が元の黄金矩形の一辺と交わった点を基準として, 元の黄金矩形を分割すると, 正方形と小さな黄金矩形ができるという不思議な図形的性質があるからです. これを続けていくと, どんどん小さな正方形ができ, 最後に黄金矩形が残ります. 生成された正方形の同じ点を結んでいくと, φ螺旋と呼ばれる巻き貝のような曲線ができます (図1-9).

[指標線(トラセ・レギュラトゥール)]

ル・コルビュジエは, ローマのカンピドリオ広場正面のパラッツォ・セナトリオやプチトリアノンの立面に直角三角形の組み合わせ (図1-10), パリのノートルダム寺院の立面に円と正方形による指標線を見つけています[1-6]. このように西欧の建築では, 建築の背後に幾何学を基準線として利用し, 形態の秩序がつくられてきました.

ガルシュの家では, この考えが明解に実践されています (図1-11). その要点は, 次の二つです.
①ファサード全体を整数比によって分割する.
②ファサード全体の対角線と平行な対角線を用いて全体と開口部を相似なかたちとする.

①は, ファサードの水平垂直両方向に適用されています. 水平方向は, 北側ファサードの入口キャノピーから上の壁が, 二本の水平連続窓によって3分割されています. この白い壁の帯は, 幅が上から4:2:1の整数比になっています. 垂直方向は, 2:1:2:1:2 に分割されています. その根拠は, この分割を, 2+1+2:1+2=5:3と見ると, 近似的に黄金分割になるからです.

②については, まず, ファサードの輪郭がもともと黄金矩形であることが重要です. ファサード全体の対角線と平行な対角線を持つ開口部の輪郭は, 同じく黄金比を持つようになります[1-7].

[モデュロール]

トラセ・レギュラトゥールが純粋に幾何学的処理によって建築のファサードの分割を規定する手法だったのに対し, ル・コルビュジエは, 新たにモデュロールと自ら呼ぶ寸法体系を提唱しました (図1-12). 彼自身が, 「人体寸法と数学とから生れた, 寸法をはかる道具」[1-8]と述べる通り, 数学的な調和に基づく一方で, 空間の寸法を人体に基づいて内側から決定しようとしたのです.

人体を正方形と円の中に収めたウィトルウィウス[1-9]に対して (⇨ p.120 図3-1), モデュロールでは, 片手を挙げた人間が, ちょうど臍

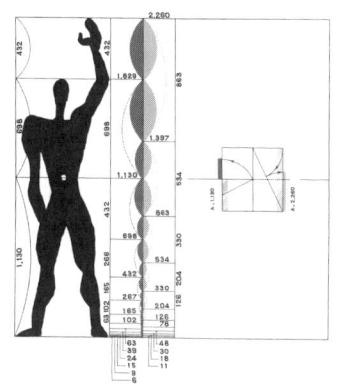

図 1-12　モデュロールの寸法体系

住戸内法 M = 366cm
天井高　 J = 226cm

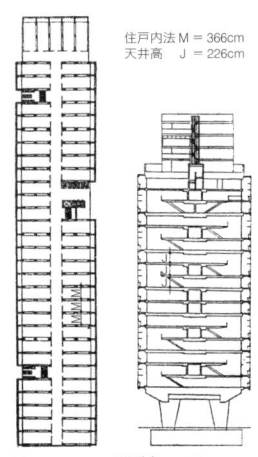

図1-13 ユニテ計画案のモデュロール

の高さで積み上げた二つの正方形に収まるとしました．このとき基準となるのは，人間の身長182.9cm（6フィート）と，積み上げた正方形の高さ（＝手の高さ）226.0cmです．モデュロールの寸法体系は，色分けされた2系列の数列の組み合わせになっています．赤系列（左列）の基準値となるのが前者，青系列（右列）の基準値となるのが後者です．ここでフィボナッチ数列[1-10]を用いて，人体と黄金比とを関連づけて寸法体系を導き出したことが重要です．具体的には，赤系列が，27cm，43cm，70cm，113cm，183cm，青系列が，86cm，140cm，226cmとなります．ここには，イス，テーブル，流し台などの高さというような，私たちがよく知っている寸法が見られます．

ル・コルビュジエは，マルセイユのユニテ・ダビタシオンの計画案で，メゾネット住戸の幅や高さ，ブリーズ・ソレイユの寸法などを，実際にモデュロールを用いて設計しました（図1-13，⇨ p.19 図4-6，p.91 図6-9）．例えば，住戸幅の内法は，366cm（= 226 + 140cm），住戸1層分の天井高は，226cmです[1-11]．

2　単体としてのかたち

●中心性を持ったかたち

[円形]

円形は，ある点の周りを等距離に囲んだ複数の点の集まりです．このため常に中心が強調され，集中的で内向的な図形になります．周囲の図形があっても，それらを従属させて強く組織し，自ら中心の位置を動こうとはせずに，安定化しようとします．集中式平面の教会堂は，こうした例です．

[ロの字形]

ロの字形も，円形と同じように中心性を持ちます．しかし，円形が周囲の図形を自らに従属させようとするのに対して，ロの字形は，輪郭である四角形が，ある方向だけを誇張することのない中立的な図形であることから，周囲の図形と規則的な連携をとりやすい性質を持ちます．

中心部分は，中庭であることも室内化されることもありますが，むしろ重要なのはスケールによって使い分けられてきたことです．大きなスケールのロの字形は，建物の公共性や共同性を示すために使われてきました．古代小アジアのエフェソスのアゴラは，政治・経済活動など市民生活の中心となった場所でした（図2-1）．パラッツォを引用したG・テラーニのカサ・デル・ファッショ[2-1]（図2-2，⇨ p.22 図5-5，p.55 図2-13），A・アールトのセイナッツァロ村役場（⇨ p.23 図5-9，p.32 図5-3）は，政治との関係を持つ場所ですし，ル・コルビュジエによるラ・トゥーレットの修道院（図2-3，⇨ p.143 図7-15）は修道士たちが共同生活を行う場所です．

[1-10] フィボナッチ数列では，nを無限に大きくしていくと，第n+1項と第n項の比が，黄金比に無限に近づくことが知られている．フィボナッチ数列とは，隣り合う項の和が次の項の値となる数列で次式によって表される．$a_{n+2} = a_{n+1} + a_n$（n=1,2,3,…）．

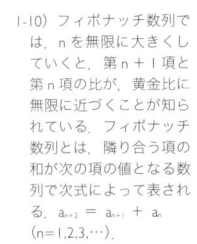

[1-11] ル・コルビュジエ，吉阪隆正訳『モデュロールI』鹿島出版会，1976, pp.90-105．また，ル・コルビュジエの「輝く都市」とマルセイユのユニテ・ダビタシオンの関係については⇨ p.170，11章3節．

[2-1] イタリア合理主義については⇨ p.23，1章5節．

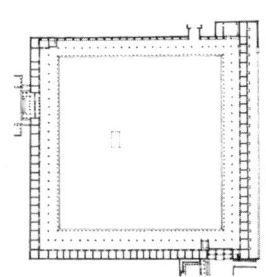

図2-1 エフェソスのアゴラ

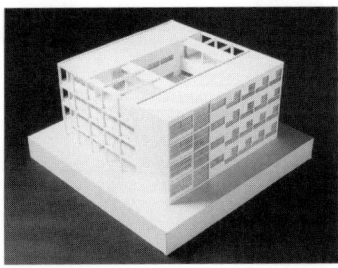

図2-2 カサ・デル・ファッショ

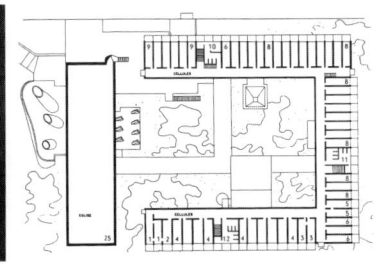

図2-3 ラ・トゥーレットの修道院

2-2) 西澤文隆は、アラビア半島からアフリカ北部にかけて見られる「砂漠の中に点在する壁で囲まれた民家」は、「自然の熱風の驚異に対し壁で防ぎ止め、みずからの囲いの中にオアシスを見出そうとする人間の憩いへの努力であろうか」と述べる. 西澤文隆「コートハウス論」新建築 1962年10月号, pp. 88-95.

2-3) 螺旋のダイナミズムを生かした建築に第三インターナショナル記念塔計画案もある. ☞ p.15, 1章3節.

2-4) メッカではイスラーム教徒は、その巡礼の一環として、黒い布に覆われたカーバ神殿の周りを反時計回りに7回巡る. この儀式は、タワーフと呼ばれる.

2-5) 常行堂では、常行三昧と呼ばれる修行が行われる. これは天台宗の修行法の四種三昧のひとつ (その他は、常坐三昧、半行半坐三昧、非行非坐三昧) で、7日または90日の間、常に弥陀の仏像のまわりを歩いて弥陀の名号を称え、心に弥陀を想ってやまない修行法のこと.
また、仏教では、一般に仏塔を回る場合など、右肩を仏に向けて右に巡る. 右遶三匝 (うにょうさんそう) と呼ばれる参拝の礼法がある.

2-6) ル・コルビュジエ, 吉阪隆正訳『建築をめざして』鹿島出版会, 1967, p.146.

　一方で，小さなスケールのロの字形は，住宅に用いられてきました．中庭型住居は，イスラーム都市の密集した都市環境では，周囲と連続しながらも，通風とともに私的な領域をつくり出します．また，砂漠における住居の中庭は，日射から遮蔽された場をつくると同時に，ただ砂の続く世界に人が留まる位置を決定します（図2-4）．中庭を囲むかたちは，過酷な周辺環境のなかで中心を作りだし，人間が自らを定位する装置なのです[2-2].

[螺旋・周回]

　螺旋(らせん)は，純粋で理念的な円形に対して，自然界の中に見られるかたちです．円形が安定しているのに対して，竜巻やコイルばねがそうであるように，螺旋は動きやエネルギーを持ちます．二重螺旋階段をレオナルド・ダ・ヴィンチが創案したというのも，自然科学研究者としての彼の一側面に深い関係があるでしょう．

　建築物では，螺旋の持つこうしたダイナミズムが，周回しながら上昇するかたちとして表現されます．わが国の栄螺堂(さざえどう)やイラク・サマラのミナレット（図2-5）は，人間が空間を登ってゆくプロセスが建築化されたものです．現代建築では，F・L・ライトのグッゲンハイム美術館（図2-6, ☞ p.18 図4-4）やN・フォスターのロンドン市庁舎（図2-7）があります．両者とも，螺旋状のスロープが建物の外形をかたちづくっています．前者では中心はトップライトを持った吹き抜けの空間です．後者は上昇と同時に旋回の中心もずれてゆくダイナミックな構成になっています[2-3].

　また，螺旋は，植物や巻き貝などにも見られることから，成長発展を予期させるかたちでもあります．ル・コルビュジエの無限に成長する美術館は，展示室が巻き貝状に拡張されていくという考え方です（図2-8）．

　また，周回という行為は，中心へのオマージュを，ある種の儀礼性をともなって演出します．ゴシック教会の周歩廊(アンビュラトリー)，イスラーム教の聖地メッカにあるカーバ神殿[2-4]，天台宗の常行堂[2-5]など，祈る行為や巡礼は，周回という空間体験を伴うことがあります．

● 方向性を持ったかたち

[シンメトリー(対称性)と軸線]

　西洋建築において，神殿や教会には，平面的にも立面的にもシンメトリーが用いられてきました．ギリシアの神殿は，メガロンと呼ばれる古代住居の形式を原型にしていると説明されます．加えて神殿や教会でシンメトリーが用いられ続けてきた理由は，それがひとつの最も完全で明晰な秩序を持った構成原理であるため神の存在を指し示すのに相応しいかたちだからでしょう．シンメトリーでは一本の軸線の存在が，それに沿って全ての空間の秩序をかたちづくります．

　これに対して，ル・コルビュジエは，軸線について次のように語ります．

「軸線は人間自身のあるいは最初の表明かも知れない.」[2-6]

図2-4　チュニジアの村落

図2-7　ロンドン市庁舎

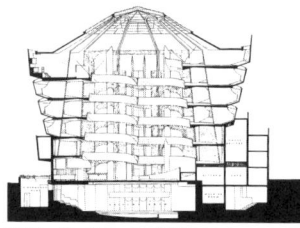

図2-6　グッゲンハイム美術館

図2-5　サマラのミナレット

図2-8　無限に成長する美術館

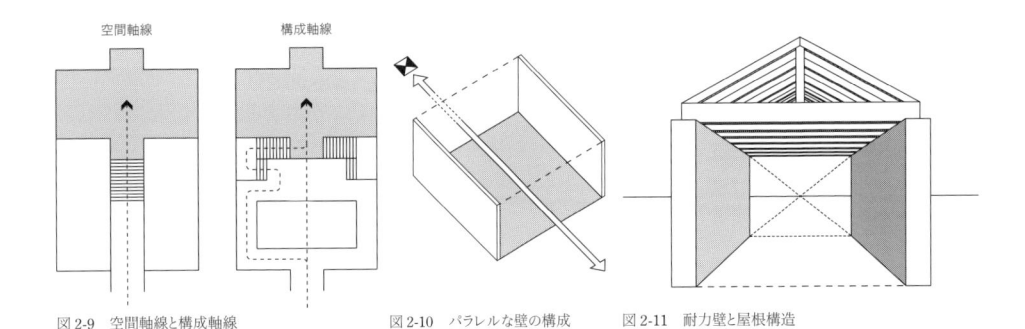

図2-9 空間軸線と構成軸線　　図2-10 パラレルな壁の構成　　図2-11 耐力壁と屋根構造

2-7) 小林克弘『建築構成の手法』彰国社，2000，pp.66-67.

2-8) サイモン・アンウィン，重枝豊監訳・上利益弘訳『建築デザインの戦略と手法』彰国社，2005，pp.142.

近代において，軸線の概念を，神や形式主義から人間中心に捉え直すべきことが唱えられたのです．ル・コルビュジエの言う軸線は，シンメトリーを構成する中心軸とそれに交わる幾多の軸線の19世紀以来の形骸化した扱いに対する批判でした．

小林克弘は，シンメトリーの中心軸を人間の動線との関わりによって，「空間軸線」と「構成軸線」の二つに分類しました（図2-9）．空間軸線は動線と中心軸が重なる場合で，しばしば古典的な堅苦しさにつながるのに対し，構成軸線は，動線が中心軸と異なることによって変化に満ちた空間体験が得られるという考え方です．小林は，構成軸線の一例として，ポール・クレのロダン美術館を挙げています[2-7]．平等院鳳凰堂の前池やキュー・ガーデンのパームハウスの庭側を巡る場合にも，これと似た空間体験があります．

[パラレル]

ここで言うパラレルとは平行に配置された二枚の壁のことです．二枚の壁の間の空間は，壁に守られつつも，外部空間への方向性を示し，ときに焦点をつくります（図2-10）．ヴィンセント・スカーリーは，古代ギリシア人は，建物を遠くの山頂にある聖域に関係づけるために，このパラレルな壁の概念を用いていたと述べています[2-8]．また，パラレルな壁は，耐力壁として最も簡便に屋根を支える構造で，小規模な住宅に頻繁に用いられます．さらに壁と直角に繰り返される屋根構造は，視覚的に内部空間の持つ方向性をより強く示します（図2-11）．同じく，ヴォールト屋根や連続するトップライトもよく用いられます．L・カーンのキンベル美術館（⇨p.33図5-5）や内藤廣の海の博物館などの一連の作品はそのよい例です．

教会や礼拝堂は，祭壇への方向性が重要なため，このかたちが用いられることがあります．カイヤ＆ヘイッキ・シレンのオタニエミ工科大学付属礼拝堂は，内部正面のガラス張りの向こうにある森の中の十字架に向かって，パラレルな壁が内部空間をつくっています（図2-12）．ヴァン・アイクのアーネムの彫刻パビリオンは，観覧者の動線を方向付けるために，平行な壁を用いていますが，挿入された半円形の壁が表裏両側で作りだすアルコーブによって展示空間が絶妙に分節されています（図2-13）．

上の例は，小規模な建築で空間を分け隔てる必要がないため，比較的，パラレルな壁を用いやすい場合です．では，複雑な機能を持つ建築で，空間を分ける必要がある場合では

図2-12 オタニエミ工科大学付属礼拝堂 　　図2-13 アーネムの彫刻パビリオン 　　図2-14 最高裁判所

2-9) サーヴド・スペースとサーヴァント・スペースの説明とその本質的な価値については☞p.125, 8章5節.
また, カーンの「オーダー」とこれらの関係については☞p.74, 5章4節.

どうでしょうか. 岡田新一の最高裁判所(図2-14)は, 国会議事堂と国会図書館を結ぶ軸線上に立ちます. 主な空間は, この軸線に沿うか, 軸線に直交して配置されたパラレルな壁によって形成されています. 巨大な壁は, 一枚一枚が中空になっていて, その中に階段, 昇降機や設備といった機能が収められています. カーンの言うサーヴァント・スペース 2-9 に近い考え方ですが, 岡田はこれを「スペースウォール」と呼んでいます.

[U字形]

U字形は, パラレルな壁にもう一面の壁が加わり, 底を持つかたちです. 底にあたる壁は, 建物の壁のうちで最も重要な壁となります (図2-15). こうしたU字型の底に重要な空間を持つ例に, カイロで最も古いアズハルモスクがあります. U字型の底の壁には, キブラ(=聖地メッカの方向)を示すニッチがあり, これは祈りの焦点となります. この壁の窪みは, ミフラーブという特別な名前を持ちます (図2-16).

逆にU字型の開放端では, パラレルな壁と同じように外部へ向かう方向を示したり, 拡散していく性質があります. U字型の底から建物の中に入ると, 風景が開けるといった場合に非常に有効です. ラグナー・エストベリのストックホルム市庁舎の地上階では, U字型の底に位置する入口から中庭に入ると, その先の開放端が列柱廊になっています (図2-17). 多くの島からなるストックホルムですが, 開放端の列柱廊の向こうには海面が続いています.

このようにU字形は, 底と開放端の両方をもつかたちです. 以下にこの特徴をよく生かしたものを追加して二つ挙げます. エリエル・サーリネンのヘルシンキ中央駅は, U字型の底に中央出入口を持ち, 開放端には幾本もの線路が続いています(図2-18). また, ミケランジェロによるローマのカンピドリオ広場は, U字型の底に市庁舎(セナトリオ)が立ち, 開放端はバチカンのサン・ピエトロ寺院の方向を指しています (図2-19, ⇨ p.155 図5-9).

[L字形]

L字形に囲まれた領域は, その入隅から四角形の対角線方向に沿って外へ向かう方向性を持ちます. そして入隅から離れていくほど

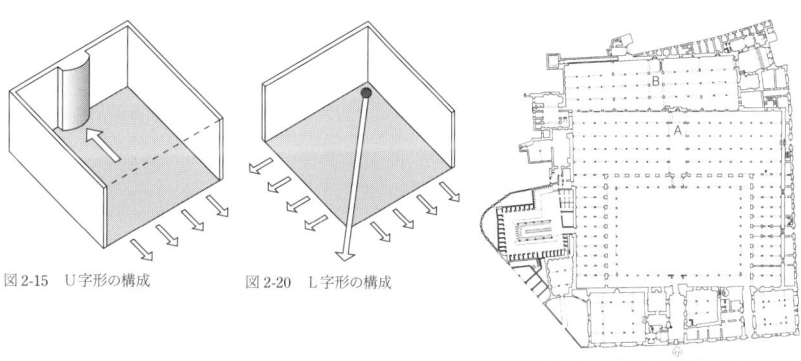

図2-15　U字形の構成

図2-20　L字形の構成

A:古いミフラーブ　B:新しいミフラーブ
図2-16　アズハルモスク

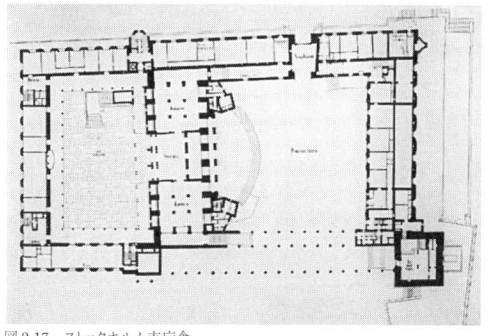

図2-17　ストックホルム市庁舎

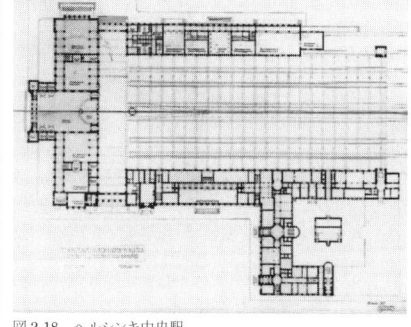

図2-18　ヘルシンキ中央駅

空間の密度は薄まり拡散していく性質があります（p.101 図2-20）．この拡散する性質によって，入隅側の領域は，外部空間，あるいはアトリウムや吹き抜けといったヴォイドとして設計されるのが一般的です．ケヴィン・ローチ＆ジョン・ディンケルーによるフォード財団本部は，この拡散性と方向性の両者を生かして設計されています．囲まれた領域はアトリウム化された庭園になり，前面道路と連続していきます．アトリウムを支える3本の巨大な柱は，階段室を内包しながら対角線方向に引き延ばされて立ち，アプローチの方向性を示しています（図2-21，⇨ p.143 図7-14）．

L字形のボリュームは，L字の内側をその外側から強く遮蔽する役割も果たします．ジェームズ・スターリングのケンブリッジ大学歴史学部は，アプローチ側から見るとL字の出隅側が高い壁となり，この建物で最も重要な吹き抜け内部の図書室を駐車場や道路，キャンパス内の人の流れから守っています（図2-22）．

L字形プランを持つ住戸ユニットは，この遮蔽性を生かして各戸に中庭を確保しつつも，高密度に配置することができます．J・ウッツォンによるキンゴー住宅団地の配置計画は，そうした例です（図2-23）．

L字形プランの，もうひとつの重要な点は，二つの異なる性質の部屋をL字の両翼に分けて割り当てられることです．F・L・ライトのユーソニアンハウスでは，L字形の片翼に居間，もう一方に寝室群が配置されます[2-10]（⇨ p.18 図4-3）．また，ル・コルビュジエの設計したラ・ロッシュ・ジャンヌレ邸（⇨ p.80 図1-3）では，片翼にギャラリー，もう一方に住宅が配置されています[2-11]（図2-24）．

● 求心性と遠心性
[十字形，風車形，放射形]

ここに挙げたかたちは，いずれも求心性と

2-10）ライトのユーソニアン住宅の平面分析については，ウィリアム・ストーラー，岸田省吾監訳『フランク・ロイド・ライト全作品』丸善，2000，p.219,246,258,273 に詳しい．

2-11）ラ・ロッシュ・ジャンヌレ邸の空間構成分析については，次に詳しく説明されている．ジェフリー・ベイカー，中田節子訳『ル・コルビュジエの建築　その形態分析』鹿島出版会，1991，pp.132-153．

図2-19　カンピドリオ広場

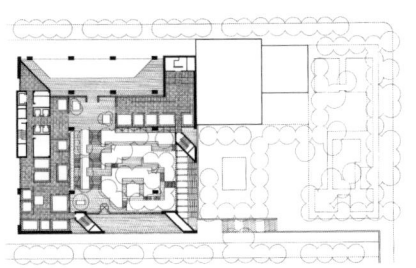

図2-21　フォード財団本部

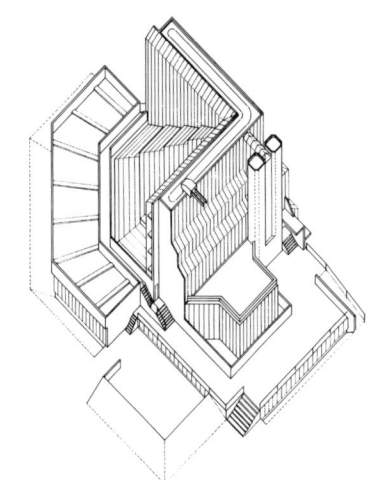

図2-22　ケンブリッジ大学歴史学部

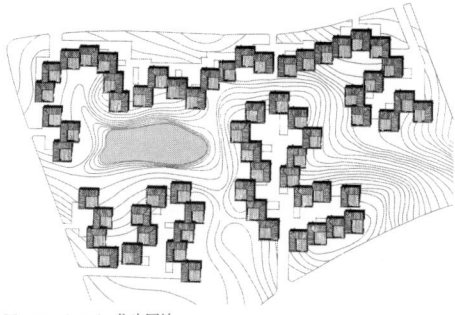

図2-23　キンゴー住宅団地

図2-24　ラ・ロッシュ・ジャンヌレ邸（2階平面）

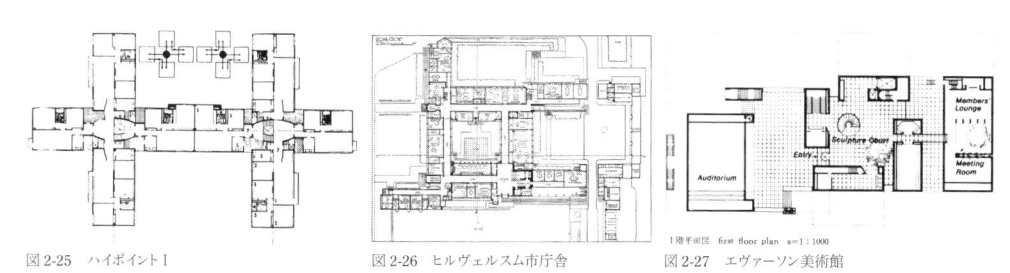

2-12) ミースの1920年代の5つの重要な計画案については☞p.20, 1章4節.

2-13) 正多角形は, 中心部分に監視部門を置く監獄や製造工場などに使われてきた. こうした目的で正多角形を用いた建築空間は, パノプティコン（一望監視施設）と呼ばれる. パノプティコンは, ベンサムによって18世紀末に構想された. 大勢の人々を管理する施設に適しており, フーコーは, 管理者のまなざしを内面化した自己規律的な近代の主体の形成を, これによって説明した.
ミシェル・フーコー, 田村俶訳『監獄の誕生 監視と処罰』新潮社, 1977.

図2-25　ハイポイントI
図2-26　ヒルヴェルスム市庁舎
図2-27　エヴァーソン美術館

遠心性を同時に併せ持ったものです. 中心性と複数の方向性を共存させたかたちと言い換えてもよいでしょう. どちらかと言えば中心に向かって密度を高めていく内向的な手法と言うよりは, こうしたかたちは, より外側へ向かって延びていく外向的な手法です.

十字形では, 4本の翼部は長さや機能的な観点から見て対等な関係におかれる場合が多いようです. 最も完全な十字型プランは, A・パラディオのロトンダに見られ, 翼部は, ドームを中心に完全な四方対称になっています（⇨p.109図4-8）. 集合住宅であるハイポイントIは, バーソルド・ルベトキンの作品ですが, 二つの十字形をつなげたかたちを持ちます. それぞれの十字形の翼部はすべて居室です. 一方で十字の交差部は, 階段室となっています（図2-25）.

十字形の中心部は, 通常, 部屋程度の規模であるのに対し, 風車形では, 中心部がより広い空間として成立します. W・M・デュドックのヒルヴェルスム市庁舎（図2-26）やI・M・ペイのエヴァーソン美術館（図2-27）では, 風車の中心部は中庭になっています. 風車形のもうひとつの大きな特徴は, 翼に沿って回転するダイナミックな動線が導入されることです. ライトのプライスビルでは, 正方形平面に風車形を意図的に30度ずらして重ね合わせることにより, 風車形の持つ動きが強調されています（図2-28）.

風車形の外側は, 部分的にL字型の壁配置になります. ここでは先ほどL字型についての説明の冒頭で述べた45度方向に遠心していく性質が現れます. ミースによるレンガ造のカントリーハウス[2-12]（図2-29）は, この性質を上手く利用して, 複数の風車形を45度方向に連続することによって, 外へ外へと空間が遠心的に延びてゆくダイナミックな平面構成をとっています.

放射形を数学的に表すには, 中心点からの距離と角度による極座標が使われます. この角度と距離が常に一定なら正多角形[2-13]となり静的で求心性がより強くなりますが, そうでなければ動的で遠心性がより強くなります. アールトーの作品には, 外部空間に向かって広がっていくような動的な放射形の平面をもったものが, いくつも見られます.

3　かたちの基本操作

●引き算的と足し算的

以上では, 単体として比較的完結したかたちの持つ意味を述べてきました. 次に, こうしたかたちに加える形態操作として, 完結したかたちを崩したり, 2つのかたちを組み合わせたりする基本的な手法について述べます.

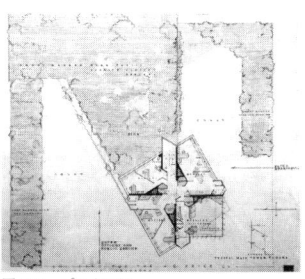

図2-28　プライスビル
図2-29　レンガ造のカントリーハウス 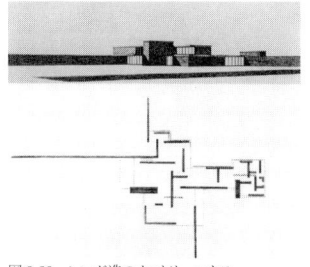
図3-1　引き算的操作の二段階 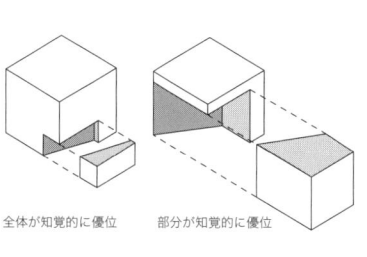

全体が知覚的に優位　　部分が知覚的に優位

7　建築のかたち

図3-2 グワズミイ自邸
図3-3 アイ・タワー 
図3-4 正面のない住宅 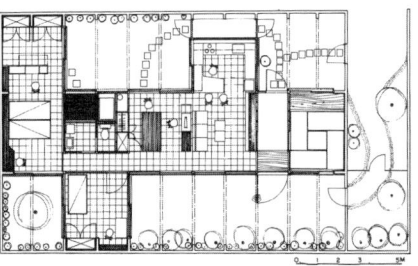

[引き算的]

　ある完結したかたちから，そのボリュームの一部を差し引くことで，そのかたちを変えることができます．引き算的なデザインは，大きく次の二段階に分けて考えられます（図3-1）．

①差し引く度合いが小さければ，元のかたちの輪郭が保たれて，部分に対して全体が知覚的に優位になる．

②差し引く度合いを大きくすれば，元のかたちの性質が大きく変わり，全体に対して部分が知覚的に優位になる．

　グワズミイ自邸は，①の例です．その居間前のテラスは，立方体のボリュームから差し引かれた場所です．しかし，建物全体の輪郭を残すことによって，外部空間を立方体のボリュームの内に引き込んで，建物の表情に奥行きを与えています（図3-2）．ノイトリング・リーダイクのアイ・タワーは，複合ショッピングセンターの集合住宅棟部分で，直方体からの引き算的デザインになっています．差し引く部分に必ず建物の輪郭部分を含むことによって，元の直方体の輪郭が中断されボリュームの引き算が強調されています（図3-3）．スティーブン・ホールのMITシモンズホールも同様です．

　西澤文隆の正面のない住宅は，長方形の敷地の中にいくつかの中庭をとっています．各室の配置が主体的なかたちを構成しているというより，中庭によって差し引かれた部分が建物になっているのです．この建物は，外側から全体のかたちが知覚されることを想定しているのではなく，内部の各室から体験される空間のありかたが第一に考えられています（図3-4）．これは②の例になります．

　建築作品の中には，実は上の両者を絶妙のバランスで成立させたものもあります．S・ホールのベルビュー美術館では，建物全体から立体的にいくつかのボリュームが差し引かれていますが，ここでは残ったそれぞれのボリュームが部分のかたちとして確かな存在感を示しつつ，同時に建物全体の輪郭も想像力の助けを借りて知覚されます（図3-5）．重要なのは，これによって建築の外部空間（差し引かれたヴォイド部分）と残された建築のソリッドなボリュームとが，どちらかが一方に従属するのではなく，場合によっては主役が反転するようなほぼ対等な関係が作り出されている

図3-5　ベルビュー美術館
図3-6　知覚的に優勢な部分 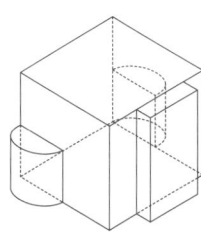
図3-7　100戸の老人用集合住宅 

104

3-1) フランシス・D・K・チン，太田邦夫訳『建築のかたちと空間をデザインする』彰国社，1987，p.40.

ことです．ホールの作品には，しばしば，こうした非常に巧妙なボリュームの操作を見ることができます．

[足し算的]

足し算的なかたちは，あるボリュームに他のかたちを付加することで作られます．足し算的なデザインでは，付加されたり突き出たりしたかたちは非常に目立つため，知覚的には部分が支配的になります（図 3-6）．また，MVRDV の 100 戸の老人用集合住宅のように，足し算的なデザインは，建物が識別可能なユニットの集合であるというイメージを喚起します（図 3-7）．

F・D・K・チンは，簡単なボリュームの足し算として，①離れても働いている張力，②稜線と稜線の接触，③面と面の接触，④ボリュームのかみ合わせ，の 4 つの場合を挙げています[3-1]．①と②は組み合わされるかたちの個々の性質が保たれますが，③と④ではそれらは徐々に判然としなくなってきます．

足し算的なデザインは，引き算的なデザインと上手く二つの概念を併せて用いることで，デザイン的な豊かさをより一層高めることが可能です．先に挙げたグワズミイ自邸も，引き算的なテラスに加えて，足し算的な階段と屋上に飛び出た三角のトップライトが外観上の大きなアクセントになっています．

● 重合と分割

[重合]

二つのかたちを重ね合わせる重合の手法には，大きく次の 3 つのパターンがあります（図 3-8）．

① 中心を共有して重なり，互いのかたちの特性を相殺しながら，新たなかたちに融合する場合（融合）．
② 一方のかたちが，他方のかたちに内包される場合（内包）．
③ 二つのかたちが，互いの特性を保ちながら貫入しあい，一部のボリュームを共有する場合（貫入）．

いずれの場合も重合した部分（②の場合は，内側の図形）が，元のかたちに対して，特殊な意味を持つ場所になるのが，重合の最も重要な基本的性質です．①の例として，ライトのベス・ショローム・シナゴーグがあります．中心を共有する二つの三角形を重合することにより，六角形がつくられ，元の三角形には無かった求心的な空間がつくられています（図 3-9, ⇨ p.142 図 7-8）．これは，同時にユダヤの紋章のイコンにもなっています．

②の例として頻繁に用いられてきたのは，方形の建物の内部に求心的な空間を与えるために円が内包される場合です．内包されたかたちの特殊性を巧みに利用した例に，J・スターリングのシュトゥットガルト現代美術館があります（図 3-10）．カール・フリードリヒ・シ

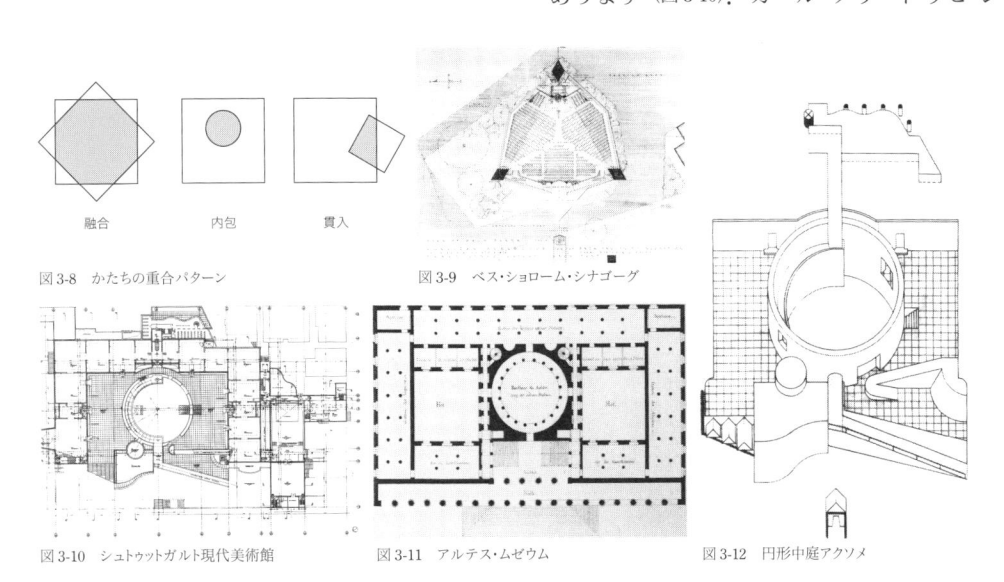

図 3-8　かたちの重合パターン

図 3-9　ベス・ショローム・シナゴーグ

図 3-10　シュトゥットガルト現代美術館

図 3-11　アルテス・ムゼウム

図 3-12　円形中庭アクソメ

図 3-13　諏訪湖博物館 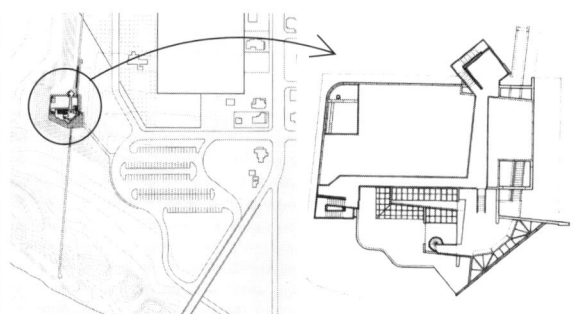　　　　図 3-14　アセニアム

3-2）ラ・ヴィレット公園で重合された各レイヤーについては☞ p.60，4章3節.

ンケルのアルテス・ムゼウムの平面（図3-11）を下敷きにして，長方形平面の内部に円形の中庭が設けられています．二つの異なる図形には，建築が担う機能や動線などに異なる役割が割り当てられています．円形中庭は，美術館内部からは休息の場所ですが，外部からの訪問者が通過できる場所にもなっています．図形上の二つのかたちの重合は，観覧者と通過者が重なって空間を利用する場所として生かされています．さらに，観覧者と通過者は中庭の空間を共有しますが，外部からは館内に入れないように，両者の動線が巧みに分離されていることにも留意したいところです（図3-12）．

③の例としては，伊東豊雄のいくつかの作品があります．Pホテルや諏訪湖博物館では，客室や展示室などのリニアなボリュームに楕円形のエントランスが貫入しています．この楕円形は，外部からは入り口の位置を指し示すと同時に，内部では建物の中心であるエントランスホールの位置を決定します（図3-13）．

周辺コンテクストとの関係から発生するかたちの重合についても触れておきましょう．R・マイヤーのアセニアムは，うねった曲線壁と直線によるボリュームが重合していますが，これは前者が敷地の川側，後者が街区側に面しているためです（図3-14）．また，P・アイゼンマンのカナレジョ・タウンスクエア計画案（図3-15），B・チュミのラ・ヴィレット公園（⇨ p.37 図7-6）は，いずれも近代的なグリッドを敷地の持つ既存のコンテクストなどに重合して，その衝突部分に新たな可能性を発見しようとする試みです[3-2]．

[回転]

回転は，あるかたちをその角度をずらして重合する手法です．元のかたちの性質を保ちながら，ずれることのダイナミズムによって回転中心に対する放射状の方向性や動きがもたらされます．磯崎のなら百年記念ホールでは，楕円を回転させた空間が，元のかたちの外周に沿ったアプローチとホワイエの空間を生み出しています（図3-16）．

また，回転されたかたちは，各々が元の性質を保っているため対等の関係にありますが，回転中心は特殊な場所となります．スターリングによるセントアンドリュース大学学生寮では，回転中心が入り口と管理棟になっています（図3-17）．また，ライトのタリアセン・ウエストでは，雁行する建築ボリュームに沿って，回転された外構が，建物周囲を巡る新たな方向性とリズム感をもたらしています．回転中心は建築化されてはいませんが，庭や建物に通じるアプローチや回廊など複数の外部空間の動線の結節点となっています（図3-18，

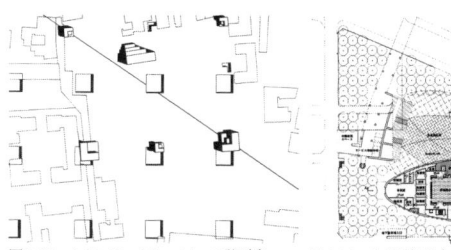

図 3-15　カナレジョ・タウンスクエア計画案 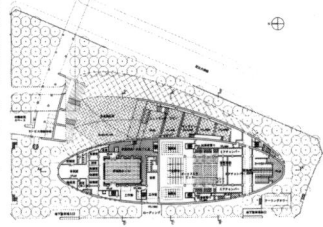　　図 3-16　なら百年記念ホール 　　図 3-17　セントアンドリュース大学学生寮

3-3) 分割する壁の働きについては☞ p.88, 6章5節.

4-1) 本節で示す具体例を概念的に担保する考え方の多くは，本書8章「部分と全体」に多く示されている.

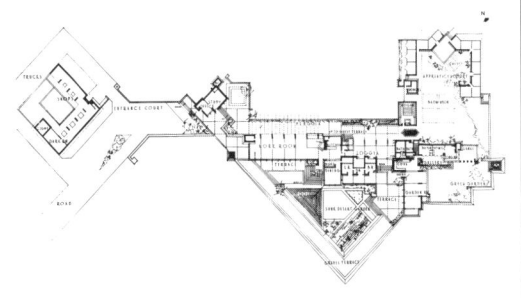

図 3-18　タリアセン・ウエスト

図 3-19　ハウス 7

図 3-20　光の教会

⇨ p.141 図 7-7).

[分割]

　分割は，あるかたちの輪郭を保持しながら，その内側をより小さなかたちに区切り，分節していく手法です．単純なかたちの外形に対して，空間の対比やシークエンスを上手く組み込むことなどによって，豊かな内部をいかに実現できるかが重要になります．分割に使われる建築エレメントの種類を考えれば，様々な空間の分割方法がありますが，ここでは大きく以下の場合に触れたいと思います．
①元のかたちの幾何学的性質に則った分割
②元のかたちと異なる秩序を用いた分割

　①は基本的に分割された各部分が全体を構成するユニットになっています．このため規則正しく分かりやすい構成で，特にラーメン構造と合致しやすいので構造的にも合理的になります．壁による分割だけでなく，床レベルや天井高の変化によってユニット間を緩く分割することもできます．J・ヘイダックによるハウス7（図3-19）は，平面全体を3×3に分割した同じ大きさの9つのユニットから成ります．各ユニットはスケール的な統一感を持ちつつ，各々に性格の違う空間として変化に富んだデザインになっています．

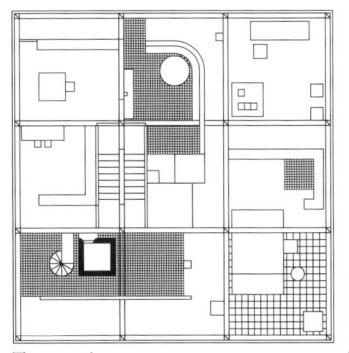

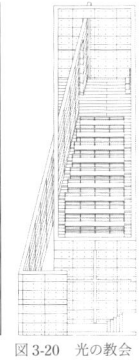

日本の伝統民家の四つ間取りも同様ですが，ハレの場合に襖を取り外せば開放的な空間が得られるように，ユニットによる分割は再び容易に連結できることも重要な性質です．

　②の場合は，元のかたちに対して，少数の異なる秩序を持った建築エレメントを導入することによって，内部空間に特別な場所をもたらす手法です．安藤忠雄の光の教会では，長方形の教会堂に斜めの壁を貫通させて二分割することにより，長方形平面を小さなエントランスホールと礼拝室に分割しています[3-3]（図3-20）．重要なのは，特別な斜めの壁を通過することが，礼拝室に入るある種の空間的儀礼になっていることです．

4　かたちの組織化

　建築の規模が大きくなり，より複雑な機能を収める必要が出てくると，ひとつの建物は，多くのかたちやボリュームを含むことになります．個々のかたちの集合を群と呼びますが，以下ではそうした群造形を構成するためにかたちを組織化した例を紹介します[4-1]．

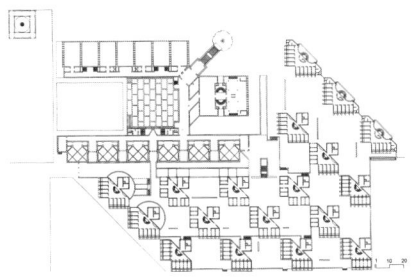

図 4-1　インド経営大学

図 4-2　グランド・ユニオン・ウォークの集合住宅

7 建築のかたち

●規則性を持った群

[反復]

ある完結したかたちを反復することによって，単体のかたちの完結した強さは失われますが，逆に単体のかたちではなしえない安定したリズム感のある景を作り出すことができます．また，かたちとかたちの間の場所や空間を利用することができるようになることも，大きな特長です．

カーンによるインド経営大学は，講義室群と学生寮群が互いに異なるかたちの秩序と配列方向によって対比され反復されながら，集って学ぶ場所のありかたと風景が表現されています（図4-1）．ニコラス・グリムショウによるグランド・ユニオン・ウォークの集合住宅では，エアロフォイル[4-2]で包まれたボリューム（各住戸の寝室）が反復され，その間にできた透明なガラスで覆われた空間が，居間などの開かれた居室としてデザインされています（図4-2）．

[リニア]

リニアなかたちは，これまでに述べてきた中心軸，パラレル，反復と大きくは共通な性質を持ちますが，ここでは特にユニットが隙間無く線状に連続したかたちとして考えます．リニアなかたちは，容易に屈折させたり，湾曲させることができます．これによって地形や敷地条件に対応させたり，時として単調さを招く長すぎるリニアなかたちを，適度なヒューマンスケールに分節することが可能です．アールトーの MIT ベーカーハウスの屈折した平面は，こうした例です（図4-3）．R・マイヤーのコーネル大学寄宿舎計画案もこれに習ったものでしょう．

[グリッド]

直交グリッド，斜行グリッド，放射グリッドの三つに大きく分けられます．

直交グリッドは自然界には希なので，人工的なイメージを喚起します．ミースのイリノイ工科大学キャンパスのマスタープラン[4-3]（図4-4）や磯崎新の群馬県立近代美術館[4-4]（⇨ p.38 タイトル図）は，建築のかたち自体が完全に自立するような純粋な直交グリッドの幾何学を追求した建築です．

また，直交グリッドは，シングルとダブルがありますが，これらは心々寸法と内法寸法に対応します．後者は，モデュラーコーディネーション[4-5]として工業化住宅に用いられ

4-2) エアロフォイルは，飛行機の機体用に用いられる金属板のこと．

4-3) ミースのユニバーサル・スペースにおけるイリノイ工科大学キャンパスのマスタープランの位置づけについては☞ p.21, 1章4節．

4-4) 群馬県立近代美術館は，磯崎新が手法論に依っていた時代の作品．手法論については☞ p.42, 3章3節．

4-5) モデュラーコーディネーションについては，次の文献に詳しい．
高橋研究室編『かたちのデータファイル デザインにおける発想の道具箱』彰国社，1984, p.74．

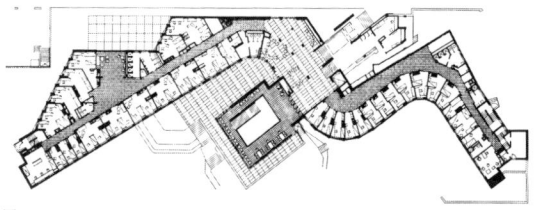

図 4-3　MIT ベーカーハウス

図 4-4　イリノイ工科大配置計画

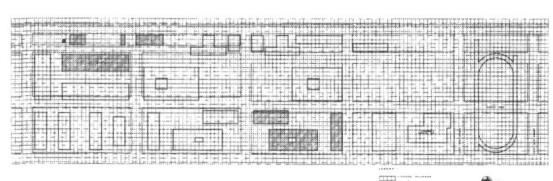

図 4-6　反住器：断面図

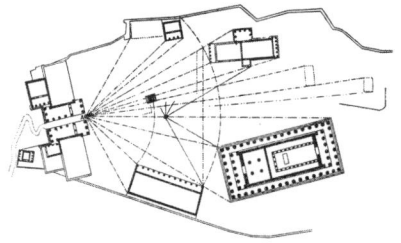

図 4-5　アクロポリスの放射グリッド

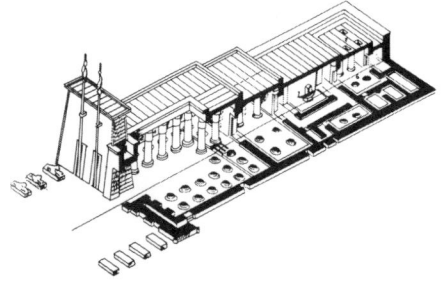

図 4-7　カルナックのコンス神殿

4-6) C・A・ドクシアディス, 長島孝一・大野秀俊訳『古代ギリシアのサイトプランニング』鹿島出版会, 1978, pp.44-45.

4-7) 入れ子構造の概念については☞p.123, 8章4節.

4-8) H・R・ヒッチコック & P・ジョンソン, 武澤秀一訳『インターナショナル・スタイル』鹿島出版会, 1978, p.72.

4-9) ライトによる「有機的建築」が人間尺度を踏まえていることについては☞p.121, 8章3節.

4-10) ウルリヒ・コンラーツ編, 阿部公正訳『世界建築宣言文集』彰国社, 1970, pp.163-164の「フーゴー・ヘーリング：有機的継承としての家（抜粋）」を参照.

てきました.

斜行グリッドの角度は, 60度を基本単位とするのが一般的です. 倍数の120度は鈍角, 180度は直線をつくれるからです. ライトは, 斜行グリッドを多用しましたが, 正六角形に60度を上手く統合しています. 直交グリッドが万能ゆえに拡散的であるのに対して, 斜行グリッドは, むしろ, 求心的な空間をもたらします.

アクロポリスの丘（⇨ p.83 図3-2）の各神殿の配置は, コンスタンティノス・ドクシアディスによれば, プロピライアを中心とした放射グリッド上に位置しています（図4-5）. 放射グリッドでは, 視点場の設定という考え方が導入されていることが最も重要な点になります 4-6.

[入れ子]

入れ子は, 同じかたちをスケールダウンさせて凝縮していくことで, 空間の密度を高めていくと同時に, スケール間の階層性を作りだします 4-7. 毛綱モン太の反住器は, 立方体や正方形の3つのボリュームの入れ子ですが, 各々が環境, 家族, 人間に対応しています（図4-6）. 古代エジプトのカルナックの神殿の多柱室は, 平面上に延ばされた入れ子構造で, 神殿の最奥部の聖所へ向かって柱数とスケールの減少が繰り返され, 空間が凝縮されていきます（図4-7）.

ロトンダでは, 中心のドームの直径を基底として, その外接四角形, さらにその外接円をとることを数度繰り返し, 四方の翼部の平面寸法が決定されています. 理想的な幾何学によって支配された入れ子になっているのです（図4-8）.

● 不規則性とダイナミズム

[非対称性（アシンメトリー）]

近代建築の黎明期には, 建築形態の非対称性が唱えられ, インターナショナル・スタイルを標榜したヒッチコックとP・ジョンソンは, 規格化されるなどして規則正しい構造システムを持つことになった近代建築は新しい秩序を獲得したのであり, もはや古典主義の左右対称性の秩序は必要ないとし,

「アシンメトリーのデザイン図式は実際, 技術的にも美学的にも好ましい」

と主張しました 4-8. これは近代の始まりにおいても依然として古典主義建築の権威主義的立場を取っていたエコール・デ・ボザールに対する批判でもありました.

[有機的]

ライトの建築空間の流動性やフィンランドの自然に根ざしたアールトーのロマンティックな曲線は, 有機的な建築の代表例としてよく知られますが, 空間構成の自由度や感性を基本的な前提としています 4-9.

一方, フーゴー・ヘーリングは, 生体が種々の内臓からなることになぞらえて「器官」（オルガン）4-10 としての建築を唱えました. ガルガウ農場の牛小屋では, 65頭の牛を一人の労働者で世話できるように考えられた仕組みが, そのまま形態を決定しています（図4-9）. つまり, 有機的な建築の形態は, 内部の要求から出発すべきと考えたのです. これは, 20世紀最初の四半世紀に優勢だった機械をメタファーとした機能主義に対してのアンチテーゼでした.

ハンス・シャロウンのベルリン・フィルハー

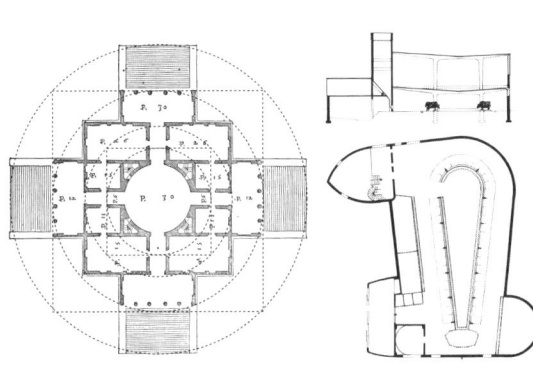

図4-8　ロトンダの入れ子構造

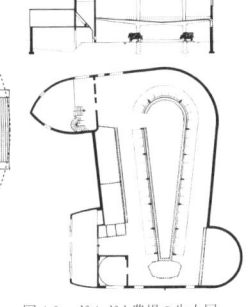

図4-9　ガルガウ農場の牛小屋

図4-10　ベルリン・フィルハーモニー音楽堂

図4-11 ディズニー・コンサートホール

図4-12 タオス・プエブロの住居

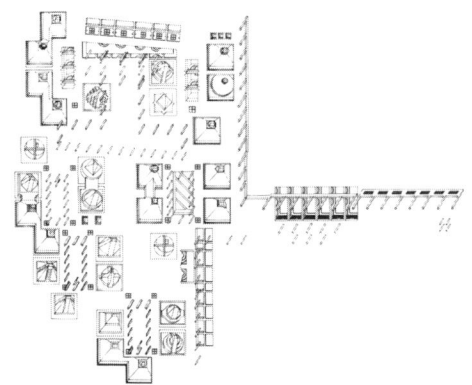

図4-13 那覇市立城西小学校

モニー音楽堂（図4-10）には，こうしたヘーリングの有機的な考えが受け継がれています．いくつかの天幕に吊られたような自由な外観を持ちますが，これはオーケストラを四方から不整形な観客席が見下ろしながら取り巻く平面の実現という内部の要求を第一にしているからです．シャロウンは，オーケストラは渓谷の底，観客席は中腹のぶどう畑，天井は空であると述べます．

ウォルト・ディズニー・コンサートホール（⇨ p.36図7-4）は，ビルバオ・グッゲンハイム美術館と並んで，有機的な形態を用いたF・ゲーリーの代表作です．GPSを用いて外壁の施工を行わなければならないほどの目新しい形態を持ちますが，多くの外壁と外壁の隙間から自然光が流れ込み，演奏ホール内部以外は，ほぼ建物全体で人工照明を必要としないよう建築内部の要求に，細心の注意を払って形態が決定されていることが注目されます（図4-11）．

[クラスター]

クラスターは，互いに近接しているという条件によって房状にかたちが集まったものです．輪郭，大きさ，素材など何かの要素が似通っていればクラスターは成立します．幾何学的なかたちの群よりは，個々のかたちを比較的自由に全体の骨組みに参加させることができます[4-11]．

伝統的な民家や集落がクラスターの典型的な例になります．ニューメキシコ州のタオス・プエブロ[4-12]の住居は，土という共通の素材でできた大小さまざまなボリュームが寄せ集まったものです（図4-12）．こうしたクラスターの考え方が当てはまる伝統的な家並みや町並みは，調和のとれた景観だと言われます．これは予定的調和というよりは，クリストファー・アレグザンダーが指摘するように，近代以前においては，材料と工法の制限により，人々がいかにオリジナリティーを発揮しても周囲と大きく差別化された建物をつくることは困難だったという限界の中の結果的調和であることも，現代に生きる私達は留意すべきです[4-13]．

クラスターは，集まり，自由度，小さなスケールといった性質を備えるため，幼稚園や小学校など子供のための空間に適しています．

屋根のかたちは，クラスターにとって非常に重要です．クラスター全体にとって共通し

4-11）クラスターの多中心的な考え方については ☞ p.125，8章5節．

4-12）タオス・プエブロとは，アメリカ合衆国ニューメキシコ州を中心としたプエブロ・インディアン（定住するインディアン）の集落のひとつ．タオスは，同州北部，サングリ・デ・クリスト山脈西麓にあり，3つの集落から成るが，このうちプエブロ・インディアンが生活するのは，サン・ジェロニモ・デ・タオス．

4-13）アレグザンダーの代表的な論考については ☞ pp.177-178，11章5節．

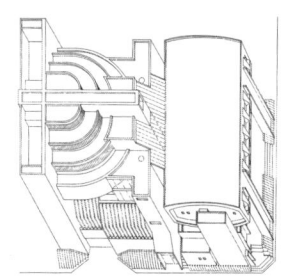

図4-14 大分県医師会館

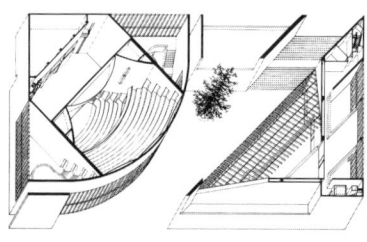

図4-15 ポール・メロン・アートセンター

図4-16 ブラジリアの三権広場

図 4-17　岡山西警察署

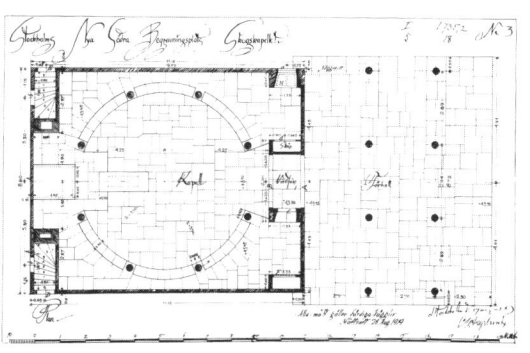

図 4-18　森の礼拝堂

たまとまりをもたらす一方で，個々の屋根が持つ煙突やトップライトは，個々のかたちに中心性と一定の自立性を与えるからです．孤児院としてつくられたヴァン・アイクのアムステルダムの子供の家（⇨ p.31 図 4-3, 4, p.147 図 2-9）や原広司＋アトリエ φ（ファイ）の那覇市立城西小学校（図 4-13）は，そうした例です．後者では，各教室は沖縄の伝統民家をモチーフに屋根の外観が統一されていますが，天井を見上げると各々に異なった楽しいデザインになっています．

● 不規則性の組織化

[バランス]

バランスは部分のかたちが異なりながらも何らかの均衡状態を実現しているものです．次の3つのレベルで考えてみましょう．

① 平面上の形態配置によるバランス
② 立体的な形態配置によるバランス
③ ソリッド（ポジ）とヴォイド（ネガ）によるバランス

①は平面上で，2種類の異なる形態を対置したもので，磯崎の大分県医師会館（図 4-14）やI・M・ペイのポール・メロン・アートセンター（図 4-15）が挙げられます．②は，対比的なボリュームの組み合わせによるもので，オスカー・ニーマイヤーによるブラジリアの三権広場が代表的です．司法，立法，行政を司る国家の各々の最高機関が，異なる形態として対置されています（図 4-16）．①，②は異なるかたちが緊張感を生み出しながら対比されながら共存しているところにその組み合わせの妙があります．③は，ソリッドとヴォイドなボリ

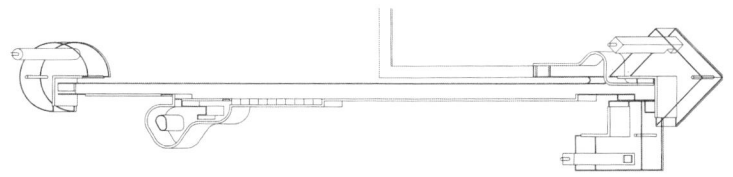

図 4-19　ハウス 15（3/4 シリーズ）

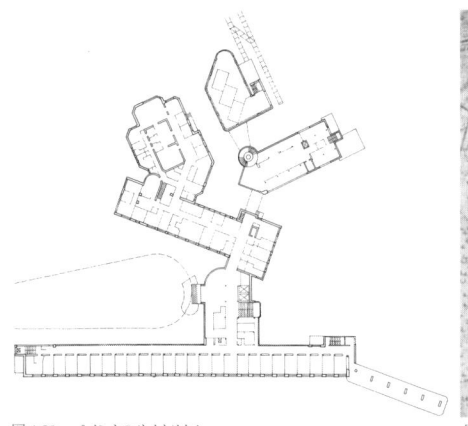

図 4-20　パイミオのサナトリウム

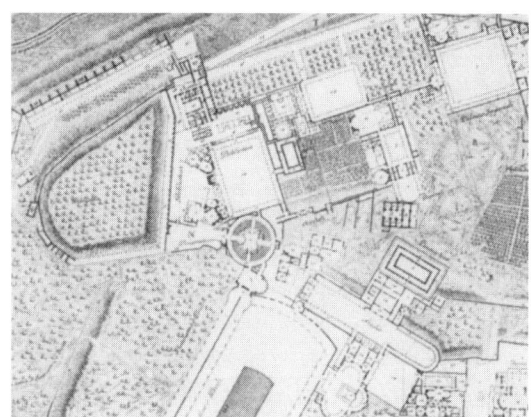

図 4-21　ヴィラ・アドリアーナ

7　建築のかたち

ュームの対置によるバランスです．R・マイヤーの住宅に頻繁に見られる吹き抜けの居間とその他の居室（⇨ p.27 図2-5），磯崎の岡山西警察署（図4-17）やE・G・アスプルンドの森の礼拝堂のエントランスコートと建物部分の関係（図4-18）などが挙げられます（⇨ p.23 図5-7, p.132 図3-3）．

[連結]

連結は，そのままでは分離してしまう個々の異なるかたちを第三のかたちでつなぐものです．特に連結されるかたちと異なるかたちや対比的なかたちを用いると連結が強調されます．線，円，四角による連結の例を順に挙げておきます．

ハウス14（1/2シリーズ），ハウス15（3/4シリーズ）（図4-19）などのヘイダックの住宅では，半円，三角，長方形などの分散したかたちが，線状の空間によって連結されています．結核患者の療養院であるアールトーのパイミオのサナトリウムは，病棟，診察棟，管理棟などが感染予防のために分離され，各々の棟は太陽光線が必要な時間の方向に向きながら，線状の廊下で連結されています（図4-20）．

ヴィラ・アドリアーナでは，円形のヴォイドとしてのテアトロ・マリティーモ（海の劇場）が，周囲の長方形のかたちを角度を変えながら連結しています[4-14]（図4-21）．

香山壽夫は，伝統的なシトー派修道院[4-15]では，礼拝堂と修道院での生活を支える様々な部屋が，方形の中庭によって見事に連結されていると述べます[4-16]（図4-22）．ここでは周囲のソリッドなボリュームが，対比的なヴォイドとしての中庭によって連結されていることが重要です．

[囲み]

囲みは内包する不規則なかたちを組織化する手法として有効です[4-17]．カーンのドミニク派修道院計画案（図4-23）は，食べる，祈る，学ぶなどの人間の基本的な生活行為を，それぞれ対等な価値を持つものと考えた上で，別々のボリュームとして様々な角度で配置し，修道士の個室によって囲んだものです[4-18]．ホールのパラッツォ・デル・シネマは，客席自体も不規則に並び，立体的に組み合わされて空中に浮いた複数の映写ホールを一つの建物に組織化し，構造的に支えるためにホワイエによって囲まれています（図4-24）．

以上は，直線的なかたちにより囲まれた例ですが，ル・コルビュジエのブラジリアのフランス大使館（図4-25）や妹島和世と西沢立衛の金沢21世紀美術館（図4-26，⇨ p.49 図5-9）のように円形によって囲まれる例もあります．

4-14）C・ロウらによる「コラージュ・シティ」の概念におけるヴィラ・アドリアーナの位置づけについては☞ p.177, 11章5節．

4-15）図4-22に示したトロネ修道院については，その光の重要性もよく知られる．☞ pp.132-133, 9章3節．

4-16）香山壽夫『建築意匠講義』東京大学出版会, 1996, pp.51-52.

4-17）香山壽夫は，囲みは多中心の建築を成立させる手法の一つとしている．☞ p.125, 8章5節．

4-18）香山壽夫『建築意匠講義』東京大学出版会, 1996, pp.48-50.

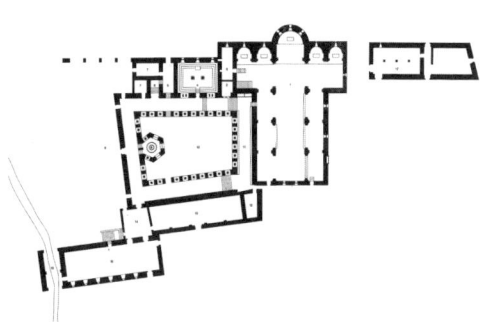

図4-22　トロネ修道院

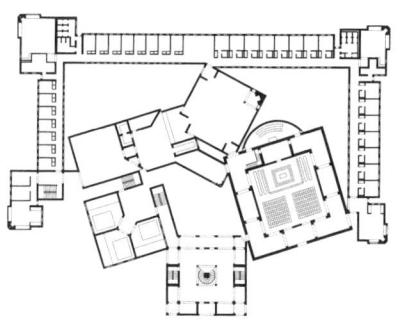

図4-23　ドミニク派修道院計画案

図4-24　パラッツォ・デル・シネマ

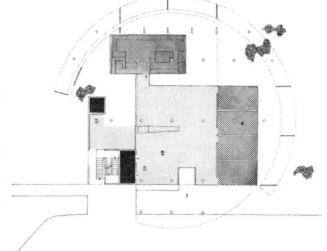

図4-25　ブラジリアのフランス大使館

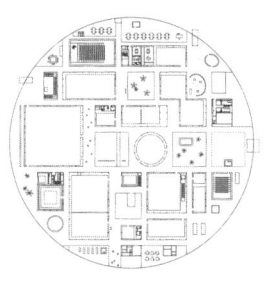

図4-26　金沢21世紀美術館

部分と全体 ……………………………… 第8章
調和, 身体, ミクロコスモス, 部分の集まり方, 分節

タイトル図）MIT レイ＆マリア・ステイタ・センター（フランク・ゲーリー）．

1-1)「形而上学」第5巻ではメロス部分とホロン全体が定義される．①ある量的なものが分割されるところのそれ，量的なものの全体の尺度・単位，②量とは無関係に分割される種類，③それらから全体（形相）が合成されるところのそれら，④それぞれの事物の本質を明らかにする説明様式の要素，の4つ．
アリストテレス，出隆訳『形而上学（上）』岩波書店，1959，pp.204-206．
「有機的な全体・部分の関係」については，カント，篠田秀雄訳『判断力批判（下）』岩波文庫，1964，pp.32-36．

1 部分と全体の概念

本章のテーマは部分と全体です．建築の話を始める前に，まず「部分・全体」という言葉の概念について簡単にふれておきたいと思います．

ギリシアの哲学者アリストテレスは『形而上学』第5巻で「メロス（部分）」について4つの定義を行いました[1-1]．これによると，私たちが一般に考えるような「ある事物が分割された時に生じる"部分"」のほかに，「ある事物を説明する際に必要な"要素"となるものも部分である」と定義されています．

一方，「全体」についての古い定義の中には，5C の神学者プロクロス[1-2]が著書『神学綱要』の中で，①部分に先立つ全体＝「原因」としての全体，②部分からなる全体＝「実体」としての全体，③部分の中にある全体＝「分有」による全体，という3つの区分を提出しています．

建築家の原広司はこれら部分・全体に関する古代哲学理論の歴史的推移を，図1-1に示す3段階に分類しています[1-3]．これによると，①現代では部分に自立性が付与されていて，全体という概念は必ずしも必要でないこと，②「共同存立」という哲学者エドムント・フッサールの概念が示すように「断片化されたものの寄せ集め」（ブリコラージュや位相）が現代の

古代	全体の優位 一なる統一されたものが理想
中世	①全体は部分の総和 ②全体の優位
現代	全体とは適当な要素からつくられた部分集合の集合（部分集合族） 　部分の取り出し方は位相状態（離散位相，順序位相，密着位相）により様々

図 1-1　部分と全体に関する理論の歴史的推移

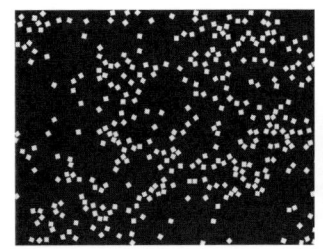

図1-2　エルマン・ドゥ・ヴリエのコラージュ 　　図1-3　小さな部分の表現：リチャーズ生物学研究所

特徴であること，の2点が説明されています（図1-2）．

● 建築における部分と全体

建築における部分・全体の関係概念については，アリストテレスの概念にならって，大きく二つの考え方を挙げておきましょう．

ひとつはアリストテレスの分割，つまり「大きさ」（距離尺度）による部分と全体のヒエラルキーと呼ばれるものです．これは寸法（距離尺度）の小さなものを部分とし，大きなものを全体とする，あるいは，小さな部分が集まって大きな全体になる，というシンプルな考え方によります．建築の世界ではこれにあわせて，部分を細かく描く詳細図（ディテール図）と，それ以外の縮尺の図面（基本図・一般図・配置図・広域図など）を区別することによって，距離尺度のヒエラルキーを図面尺度としても段階化させています．

建築理論家のクリスチャン・ノルベルグ・シュルツは，人間の居住環境を距離尺度によって詳細から広域まで整理し，「建築的空間の諸段階」として「器物・家具・住居・都市・景観・地理学的スケール」の6段階に区分しました[1-4]（☞ pp.77-78, 5章5節，図5-2）．このうち住居スケールについては，香山壽夫がルイス・カーンの「ルーム」のコンセプト（☞ p.76, 5章4節，図4-9）にしたがって，建築単位＝「セル」（独房の意）を部分と据え，セルが集まってできる大きな共同体としての建築物を全体とする，という考え方を示しています[1-5]．ここで紹介されているカーンの3つの言葉

「平面，すなわちそれはルームの共同体で，住み，働きそして学ぶにふさわしいひとつの場所です」

「まず個々の部屋が，どうなりたがっているかを考えよ．そしてそれを一つにするために呼び集めてみよ」

「建築とは，部屋の社会のことだ」

は，自立した小さな部分（ルーム）の個性を殺すことなく全体を組み立てる発想，つまり身体を中心に人間を包み込む小さな空間単位をベースとして，建築全体を形成することの重要性を語ったものです[1-6]（図1-3）．

さて次に，もう一方のアリストテレスの指摘した「説明要素」に倣って，「システム構成」による部分と全体の関係について見ましょう．これは，図1-4に示したように，全体を構成する「各系」を部分と捉える考え方です．この図では建築全体に対して，空間システム，架構システム，囲い込みシステム，動線システムなどの系に分解したものが部分として捉えられています[1-7]．逆に，全体は各システムの重合したもの[1-8]となり，オーバーレイ手法[1-9]など，部分の関係をチェックすることによって全体設計をコントロールするという発想が生まれてきます．

● 全体からの発想と部分からの発想

一般的に建築や都市の設計では，アイデアは全体から発想されるべきでしょうか，あるいは部分から発想されるべきでしょうか．

1-2) プロクロスは「多はすべて，なんらかの仕方で一を分有する（命題1）」という「一と多の問題」を論考した．田中美知太郎編『世界の名著15 プロティノス・ポルピュリオス・プロクロス』中央公論社，1980, pp.494-497.

1-3) 原広司他『新建築学大系23 建築計画』彰国社，1982, pp.322-323.

1-4) ノルベルグ・シュルツ，加藤邦男訳『実存・空間・建築』鹿島出版会，1973, pp.149-192.

1-5) 香山壽夫『建築意匠講義』東京大学出版会，1996, pp.42-47.

1-6) 香山壽夫『ルイス・カーンとはだれか』王国社，2003, pp.114-118.

1-7) F・D・K・チン，太田邦夫訳『建築のかたちと空間をデザインする』彰国社，1987, pp.12-13.

1-8) 重合など重なり合わせについては ☞ pp.105-106, 7章3節.

1-9) 「オーバーレイ手法 Overlay method」：マグハーグらにより開発された計画技法．計画地域の自然条件・土地利用・人口分布・法規制などの条件を地図上に表示しその重ね合わせにより相互間の連係関係を見ることで最適解を求めようとする．

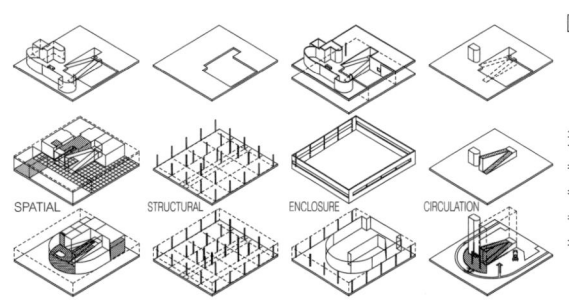

図1-4　部分としての建築の各システム（サヴォワ邸）

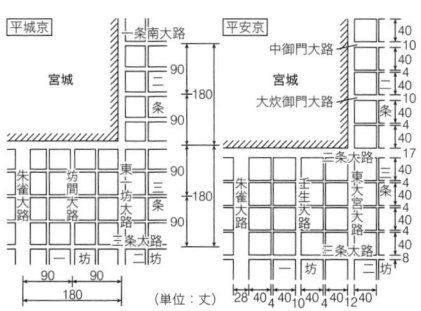

図1-5　平城京と平安京の作られ方の違い

1-10) 太田博太郎『日本の建築―歴史と伝統―』筑摩書房, 1968, pp.58-61.

1-11) 高橋研究室編『かたちのデータファイル』彰国社, 1984, p.52.

1-12) 川崎清ほか『設計とその表現 空間の位相と展開』鹿島出版会, 1990.

1-13) 倉田泰男『建築造型論ノート』鹿島出版会, 2004, p.11.

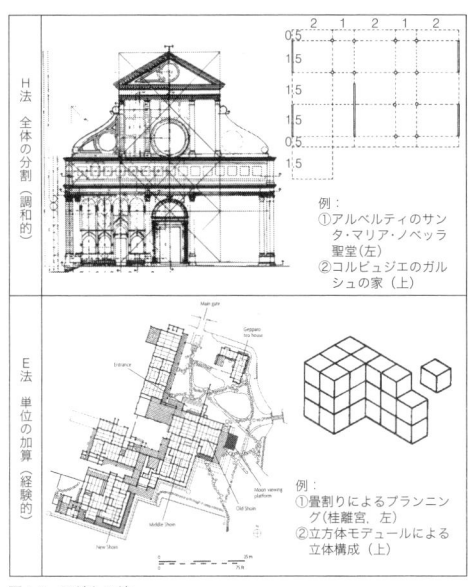

図 1-6　H 法と E 法

まず実例として，太田博太郎が指摘した平城京と平安京の作られ方の違いを見てみましょう．図 1-5 で街区と街路の寸法の違いに注目すると，8C 初の平城京の条坊が全体から発想されているのに対して，平安京では部分から発想されていることが理解できると思います．平城京は「全体の分割」によって作られているのに対して，平安京は単位（街区と街路）の寸法をまず決め，それらを足し合わせていく，つまり「単位の加算」によって形成されているというわけです[1-10]．

以上の二つの設計法は，西欧古典建築において部分・全体を秩序づけるために用いられた方法論ともよく似ています．図 1-6 に示したように，①全体の分割による設計法は「H 法（harmonic）・調和的分割法」，②単位の加算による設計法は「E 法（empirical）・基準単位の加算による経験法」とそれぞれ呼ばれ，対比的な操作概念として頻繁に用いられてきました．基本的な考え方としては，H 法が部分を全体の「分数」に位置づけて秩序を実現しようとするのに対して，E 法は全ての部分を基準単位の「倍数」によって規定するという仕組みになっています[1-11]．

以上の例から予想されるとおり，実際の設計では，部分からの発想と全体からの発想の双方を，場合に応じて使い分けながら作業が進められるのが一般的です．図 1-7 は全体～部分×抽象～具象のマトリクスからなる設計プロセスの概念モデルですが，住宅のように身近な部分からスタートし，全体に向かい，そして最後に部分に戻るなど，状況に応じて扱う対象領域の順序は様々です．これは設計プロセスにおける「エントリーポイント」によるヴァリエーションと呼ばれています[1-12]．

●知覚の立場では「部分」が先立つ

心理学は 20C 以降特に発展した学問ですが，とりわけゲシュタルト心理学は建築にとって興味深い成果を数多く提供しています．その中でも，部分・全体の関係に関する知見として注目すべきなのは，知覚の立場にたった場合，「部分の集積と，その結果としての全体は別物である」という主張です[1-13]．都市や大規模建築といったスケールの大きい建造物の場合，人間が直接知覚できるのは部分だけであって，全体像を一瞬に捉えることは困難であり，さらにいうと，全体像は部分知覚の集積をもとに，人間が内面で組み立て感じ取っていくものと考えることが可能です．

ルドルフ・アルンハイムは，このようなゲ

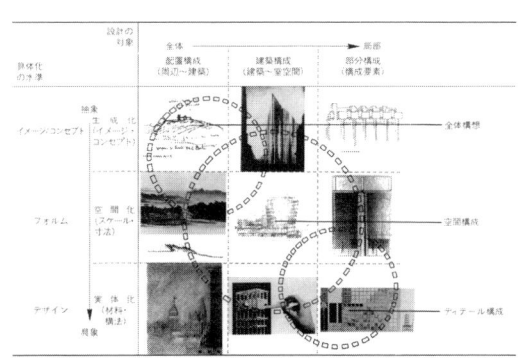

図 1-7a　川崎清の設計プロセス・モデル

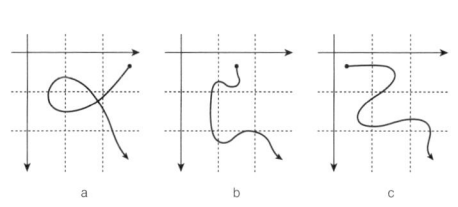

図 1-7b　エントリーポイントの違いのヴァリエーション

図1-8 R・シムネ設計のパリのピカソ美術館

シュタルト心理学の知見に基づいて，建築造形と知覚の問題を考察し，建築においては，①部分から全体を考えること，②全体の大きさの知覚が，分節された部分知覚から段階的に形成されること，の二つの点を説き[1-14]，次のような言葉を残しています．

> 「より近い距離からでもそっくりとらえられるまとまった部分から，かなりの距離をおいてはじめて視野にはいってくる全体としてのイメージを作り上げることは，多年にわたって建築家のよい訓練になっている．・・・われわれがある建物を見るとき，その大きさは，単にそういう大きさの物としてそこにあるのではなく，われわれの目が小さい単位からより大きい部分へ，さらに大きい部分へと移っていって，ついには全体の大きさが，それまでどれだけの大きさを見たかということで知覚的に測定される―いわば手にいれるものだと言っていいのかもしれない．大きさは，かなりの程度，内部的な関係の問題なのである．」

このように，全体のイメージは私たちの意識の中で組み立てられていく側面をもちます．部分から全体へと流れていく知覚のプロセスは，20C初頭の芸術家達が主張した「時空間の概念」[1-15]や日本建築に見られる「空間の継時的な把握」[1-16]とも共通する点が多く，また迷路性のある建築空間の経験，都市における「かいわい空間」[1-17]などの印象体験時にも私たちが日常的に行っていることです（図1-8）．

2 調和とプロポーション

●調和と秩序

西欧古典建築では，部分（個）と全体の関係について考える際に「調和（Harmonia）」という概念が歴史的に重要視されてきました．ギリシア語の「結合・組織」の意で，ちょうど音楽の和音（図2-1）が異なる音の共存的結合であるように，多様の統一のための原理が Harmonia にあるとされました．

特にBC6C南イタリア・クロトンを中心に活動したピュタゴラス学派は，数を事物の本性（アルケー）と捉え，音楽（ムシケ）・天体や宇宙（テオリア）の研究に没頭し，事物の数量的関係からなる「秩序ある世界イメージ」を構想したことで有名です[2-1]．

こうしたピュタゴラス派の数的調和への探究は，古代ギリシア建築における美的形式原理，すなわち幾何学的比例によって建築にも秩序を生み出そうとする傾向，あるいは「美とは比例である」という定義につながっていきます[2-2]．

さらに調和の概念とともに，哲学者ソクラテスやその弟子プラトンによって「秩序（Taxis）」という概念も，「美」との関係でしばしば考察されました．クセノフォンは『家政論』の中で，師ソクラテスの言葉を次のように伝えています．

> 「人間にとって秩序 Taxis ほど有益であり美しいものはない．・・・要するに配置よく置かれたもので美しく見えないようなものは何もない．」

また，プラトンは『ゴルギアス』の中で

> 「秩序 taxis kai kosmos をもって作られた家は有用 khrestos であり，無秩序な家は悪い家である．」

と述べています．このように古代には「有用

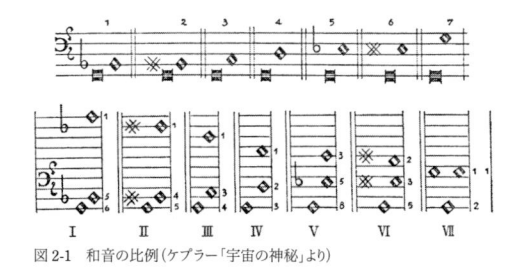

図2-1 和音の比例（ケプラー「宇宙の神秘」より）

1-14) R・アルンハイム，乾正雄訳『建築形態のダイナミズム（上）』鹿島出版会，1980，pp.201-203．

1-15) ☞ pp.160-161，10章8節．

1-16) 井上充夫は，フランス式庭園のように，空間構造を一望のもと瞬間的に把握できることを「幾何学的空間（空間の同時的把握）」といい，これに対して，日本の大規模な書院造（江戸城や二条城など）では，人間が奥に移動するにつれて空間を徐々に経験・理解していくとして，これを「行動的空間（空間の継時的把握）」と呼んだ．
井上充夫『日本建築の空間』鹿島出版会，1969，pp.287-288．

1-17) 「界隈 activity space」：「・・・あたり」という漠然とした領域を示す言葉．「・・・界隈」は都市的に見て，多様でにぎやかで人を惹きつける自然発生的な場所を指すことが多い．

2-1) 村治能就編『哲学用語辞典』東京堂出版，1999，p.285．

2-2) 隈研吾は神なる自然を殺戮しつつ構築するという建築の矛盾を正当化するためにギリシア建築が「比例＝美」という概念を定義したと論じている．隈研吾『新建築入門』筑摩書房，1994，pp.51-52．

2-3) 森田慶一『建築論』東海大学出版, 1978, pp.76.169-170.

2-4) ル・コルビュジエ, 吉阪隆正訳『建築をめざして』鹿島出版会, 1967, pp.25,93-94.

2-5) F・L・ライト, 遠藤楽訳『ライトの住宅』彰国社, 1967, pp.13-30.

2-6)「オーダー Order」: ギリシア・ローマ建築における円柱とエンタブレチュアの比例関係をもととした構成原理. ギリシアにはドリス式, イオニア式, コリント式の3種類あり, ローマ人はこれを継承・変形しながらトスカーナ式, コンポジット式の2種類を加えた.

2-7)「柱割 Inter columniation」: ギリシア, ローマの神殿において, 円柱の直径を単位として柱間の寸法をきめること. ウィトルウィウスの建築書(3.3)には次の5種類に分けられている.
柱半径Mと内法寸法の比=3: 密柱式, 4: 集柱式, 4.5: 正柱式, 6: 隔柱式, 8: 疎柱式.

2-8) 森田慶一訳『ウィトルウィウス建築書』東海大学出版会, 1979, p.12.

2-9)「モドゥルス Modulus」: 古代建築において部材間の比例関係を決める基準単位. ウィトルウィウス『建築書』で用いられた概念で, 円柱の基底部の半径が1モドゥルスとされる.
「エンタブレチュア Entablature」: 柱によって支えられる水平材. 西洋古典建築では, アーキトレーブ, フリーズ, コーニスの3部分よりなる.

2-10) 正面の柱数: 四柱式・八柱式など, 側面の柱数は正面柱数の2倍+1本, 柱の配置形式は前柱式・周翼式など6種類の定式がある. 鈴木博之によると,「ドリス式の六柱式による周翼式の神殿で, 柱割りは正柱式」と記述することによって建物のすべてを定めることが論理的には可能になる. 鈴木博之『建築の七つの力』鹿島出版会, 1984, pp.50-54.

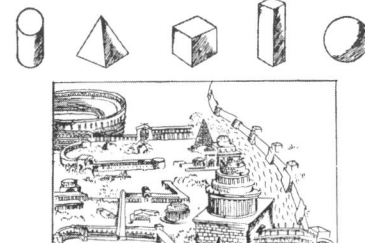

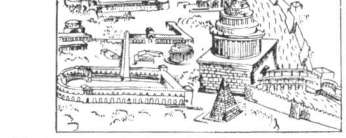

図2-2 ル・コルビュジエの立体スケッチ 　　図2-3 ライト設計の山邑邸の部分

であること」と「美しいこと」が, Taxis の概念によって総合的に考えられていました[2-3].

さて, 以上のような調和や秩序の概念は, 現在の建築にも有効なのでしょうか.

「建築家は, 形を整頓するという彼の精神の純粋な想像によって秩序を実現し, 形を通じて, われわれの感覚に強く訴え, 造形的な感動を起こさしめる. そこに生み出された比例によって, われわれに深い共鳴を目醒ますし, 世界のそれと和しているかと感じられる秩序の韻律を与え, われわれの情や心のさまざまな動きを確定する. その時, われわれは美を感じるのだ.」

「建築には, 構造を強調したり, 要求に応えるほかに目的や意味をもっている. 建築は特に優れた芸術であり, プラトン的偉大さ, 数学的秩序, 感動させる諸関係を通じて, 調和を思索し, 知覚に導くことである. これが建築の目的である.」

このようにル・コルビュジエが『建築をめざして』(図2-2)の中で語った「調和・秩序・美・建築の目的」に関する言葉[2-4], あるいはF・L・ライトが「完一性 (Integral sense)」をキーワードに述べた次の言葉[2-5]の中に自ずから答えがありそうです.

「本質 (Entity) としての完一性が第一に重要なことなのだ. そして, この完一性という意味は, そのどの部分も調和のとれた全体の一部分であるという以外に, その一部分自体としてはなんら重要な価値を持たないという意味なのである.」

このように近代の巨匠の言葉が古代の思想と驚くほど類似していることに, 建築の本質と巨匠の非凡さを見ることができます (図2-3).

● 神殿のシュムメトリア

巨匠の言葉のほかに, 古代の部分・全体の調和と秩序のあり方を伝えてくれる実例のひとつに, ギリシア神殿における「オーダー」[2-6]と「柱割」[2-7]の体系があります. この体系の最古の解説は, ウィトルウィウス建築書第1書第2章に「個々の部分から全体の姿にいたるまでが一定の部分に照応すること=シュムメトリア (Symmetria) の原理」として述べられているものです[2-8]. これは, 柱のモドゥルス(半径)を基準に, 柱礎・柱身・柱頭と柱上のエンタブレチュア[2-9]各部の比例が決定され, さらに「正面の柱数」と「柱の配置形式」を指定することで, 神殿の正面幅・側面幅まで決定することが可能な体系のことを指しています[2-10] (図2-4, ⇨ p.72 図3-6). まさしく柱の太さ

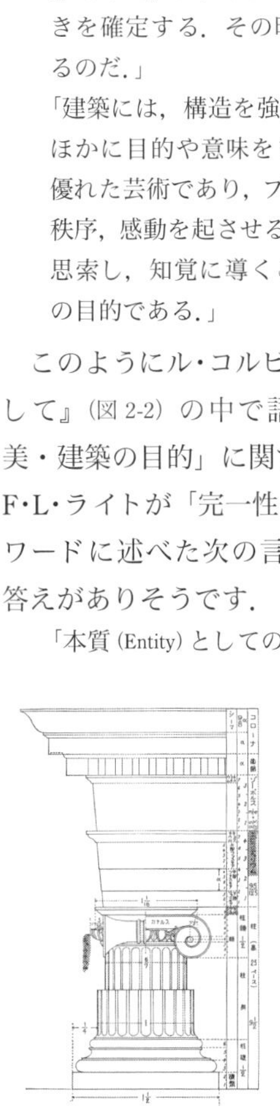

図2-4a 柱のモドゥルス, エンタブレチュア　　図2-4b 柱割り(柱の間隔)　　図2-4c 柱の配置

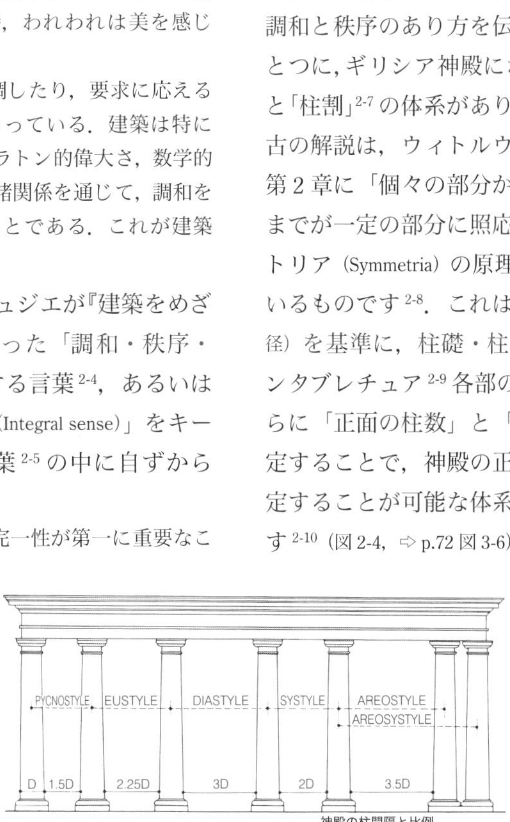

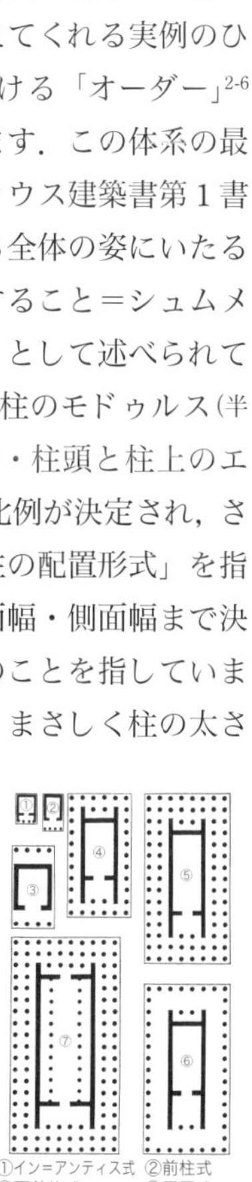

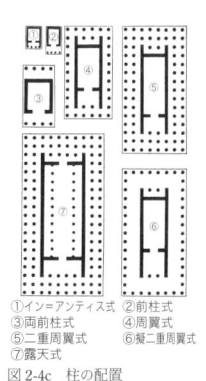

という「部分」が決まると，神殿の「全体」が構成されるという調和関係が体系化されていたのです．

●ルネサンスの円柱学

ギリシア・ローマで生まれたオーダーは，その後15Cルネサンスから18Cに至るまで，当時の建築家たちによって徹底的に研究されました．16Cにはセバスティアーノ・セルリオ，ジャコモ・ヴィニョーラ，A・パラディオ，フィリベール・ドロルムらが理論書をまとめ，1650年には建築家毎のオーダーのばらつきを比較したフレアール著『古代と近代の建築の対比』が完成します（図2-5）．その間にも，

「美しさは，次のような点からもたらされる．すなわち，美しい形式，全体と各部分の対応，各部分相互のあいだの対応，そして，これら各部分と全体との対応から生ずる」

パラディオのこの言葉[2-11]に示されるように，実作を作りつつ建築家の調和を求める情熱は変わらず存在し続けました（図2-6）．

建築家ヴィンチェンツォ・スカモッツィは1615年の著作『一般建築の理念』の中で，オーダーとは，原理的に神によって作られた世界と自然の働きの原理，すなわち「宇宙の機構 Macchina del Mondo」であるとまで讃たたえています[2-12]．こうしたあくなきオーダーの追求という歴史的流れについて，20C建築史家のジョン・サマーソンは，ルネサンスの偉大な業績はローマ建築の模倣ではなく，あらゆる建築の企画に応用が可能な「規範ルール」つまり古代の建築文法を体系化したことにあるとして，

「古典主義建築の目的は，常に各部の調和をはっきり証明できる形で作り上げようとするものであった」

という言葉で総括しています[2-13]．

●アルベルティの数的「均整 Concinnitas」

ルネサンス建築家の中でも，アルベルティは1452年の「建築書」の中で，①美とは固有で内面的なものである，②装飾と建築本体の美は区別される[2-14]（建築書6.2），といったその後の建築理論の先取りともいうべき斬新な主張を行った特筆されるべき存在です．部分・全体の調和についても「Concinnitas：調和的な構成・まとまり，均整」という言葉を使いながら

「建築はすべて輪郭線と構造とで構成されている．・・・輪郭線の働きは・・・建物と建物の部分に，的確な位置，特定の数値（比例），権威に満ちた様子および快い秩序感を前もって決めることである．（建築書1.1）」

「美とは理論的方法を伴った，あらゆる構成部分の均整 Concinnitas であり，劣悪化なしに，それらの部分の何一つ増，減あるいは移動できないほどのものである．（建築書6.2）」

と記しました[2-15]．アルベルティの部分・全体の調和理論は，ピタゴラス・プラトンの数の形而上学に基づきながら，徹底的に数の均整（プロポーション）関係として説明された点に特徴があり[2-16]，具体的には①数 Numerus，②仕上げ面の輪郭 Finitio，および③配置 Collocatio の三原理を用いて解説されました[2-17]（図2-7）．

●立体的なプロポーション

均整（プロポーション）理論は従来，単なる平面的なものでしたが，アルベルティとパラディオの理論書では，部屋の幅・奥行きに加えて，高さの求め方にも考察が及んでいます．アルベルティ建築書では円形神殿の球面天井までの内壁

2-11) パラディオ，桐敷真次郎編『建築四書注解』中央公論美術出版，1986，p.35．

2-12) 井上充夫『建築美論の歩み』鹿島出版会，1991，pp.61-76．

2-13) J・サマーソン，鈴木博之訳『古典主義建築の系譜』中央公論美術出版，1989，pp21,37-47．

2-14) 18Cロージエ神父は，建築と装飾の美を区別し架構を本質と考えることを説いた．マルク・アントワーヌ・ロージエ，三宅理一訳『建築試論』中央公論美術出版，1986，pp.35．

2-15) アルベルティ，相川浩訳『建築論』中央公論美術出版，1982，p.9, 159．

2-16) 森田慶一『建築論』東海大学出版会，1978，p.199．

2-17) ①数 Numerus は自然にしたがった数のルールで，円柱などは動物が決して奇数の足をもたないのと同じように偶数（4, 6, 8, 10）に，開口部は奇数（3, 5, 7, 9）にされるべきであるとする．②仕上げ面の輪郭 Finitio は，線相互間の対応，つまり DWH 長さ・幅・高さの長さ相互の関係性＝比例による数的秩序のことをさしており，音の調和における比例を引用して，2:3, 3:4, 1:2, 1:3, 1:4, 8:9 を認める．③配置 Collocatio は左右対称的な配置をさす．（以上：建築書9.5〜9.7）アルベルティ，相川浩訳『建築論』中央公論美術出版，1982，pp.283-291．

図2-5 C・ペローの5つのオーダー　図2-6 パラディオのバシリカ　図2-7a アルベルティのサンタンドレア教会　図2-7b サン・セバスティアーノ教会立面図

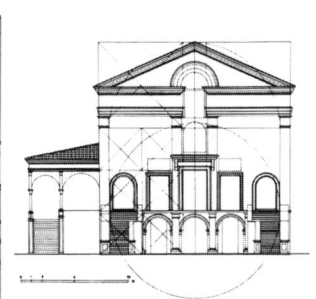

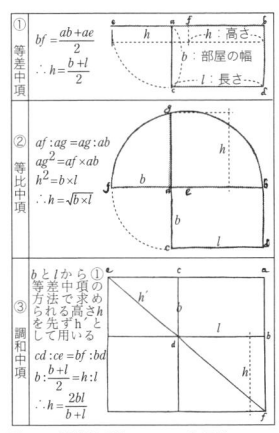

図2-8 『建築四書』の3つの作図法
図2-9 醍醐寺五重塔 
図2-10 鳥居の木割（中川武博士による） 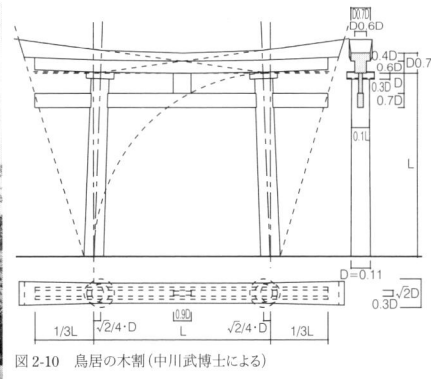

の高さは，平面直径の2/3，3/4，11/14倍が多く用いられてきたことが述べられており[2-18]，さらにパラディオ『建築四書』の「主間に附属する脇部屋の高さに関する章」の中では，部屋の幅b・長さlから高さhを決定する3つの方法が図解されました[2-19]（図2-8）．パラディオの考えでは，正方形平面の部屋の場合，高さは幅・長さと同じこと，つまり立方体の部屋が理想的であるとされています．

このようにルネサンス期の部屋の理想的プロポーションが3次元性をもつようになっていく事実を踏まえて，ルドルフ・ヴィトコーアーはアルベルティやレオナルド・ダ・ヴィンチなどの芸術家にとって，「比例調和の概念は既に空間概念に結びついたものであった」と論じています[2-20]．また鈴木博之『建築の7つの力』では，オーダーの洗練過程を通して最終的には縦横高さのプロポーション =1:2:1のダブルキューブ（立方体を二つ並べたもの）が良いとされるに至った，とされています[2-21]．

●木割と匠明

これまでみたような調和的な部分・全体関係への志向は，中近世の日本建築にも見ることができます（図2-9）．中世末から近世初頭の建築設計技術を体系的に記述した平内政信著『匠明』（1608）には，伝統木造の比例体系が伝えられています．わが国では，建物の規模に応じて柱間[2-22]から柱太さ寸法を決定し，柱太さを基準として各部の材寸法を比例的に割り出していくことを「木割」といい，図2-10は匠明「社記集」の鳥居の実例を示しています．

一般的に比例値は基準寸法の倍数または分数関係で簡明に表現できるよう組織化されており（図2-11）[2-23]，こうした客観的寸法体系の整備・技術の共同化によって，棟梁─上大工─下大工─徒弟という大工集団が，近世には生産性の高い組織へと再編されました．特に近世の「当世法」では柱間が6.5尺に一定し，一般民家や数寄屋の設計では「畳割」[2-24]の手法が発達すると同時に，流通過程の整備も重なって，木材・建具・畳などの建築部材が互換性の高い同一規格で作られるようになりました[2-25]．

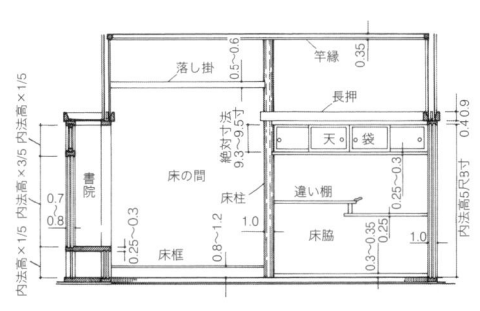

3 身体と人間尺度

●オーダーと身体

ウィトルウィウスはその建築書の中で，先に述べたシュムメトリアの原理を人間の「身体」を例にあげて説明しました．建築書第3書第1章では人体比例が正方形・円といった幾何学形態と関係づけられて論じられます[3-1]．15C末レオナルド・ダ・ヴィンチによって描か

図2-11 書院と床の間の木割（床柱の太さ=1.0）

2-18) アルベルティ，相川浩訳『建築論』中央公論美術出版，1982，pp.213-214．

2-19) 1570年の原書ではコンパス作図による理論化．数式化すると以下のように示される．
①幅と長さの算術平均（等差中項）：$h = (b+l)/2$
②幅と長さの幾何平均（等比中項）：$h = \sqrt{bl}$の平方根
③幅と長さの調和中項：$h = 2bl/b+l$
桐敷真次郎編『パラディオ「建築四書」註解』中央公論美術出版，1986，pp.114-116．

2-20) ルドルフ・ヴィトコーアー，中森義宗訳『ヒューマニズム建築の源流』彰国社，1971，p.57．

2-21) 鈴木博之『建築の七つの力』鹿島出版会，1984，p.55．

2-22) 「柱間 Bay」：柱と柱の間の距離またはその間の空間．

2-23) 詳細は以下を参照．高橋研究室編：かたちのデータファイル，彰国社，1984，p.73．

2-24) 「畳割」：規格化された畳の大きさを基準にして各室の大きさを決定し，柱の位置を決めるもの．柱割と違い，柱の心々距離は一定しないが，建具・床の間や天井などが規格化されるメリットがある．

2-25) 中川武「中世建築の設計技術と部分の自律化」『講座・日本技術の社会史第7巻』日本評論社，1983，pp.82-97．

3-1) 森田慶一訳『ウィトルウィウス建築書』東海大学出版会，1979，pp.69-72．

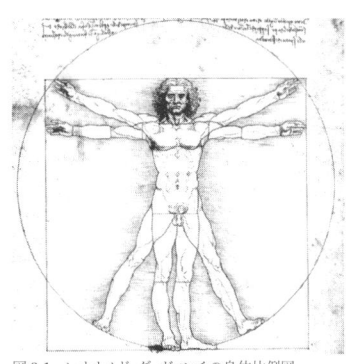

図3-1 レオナルド・ダ・ヴィンチの身体比例図 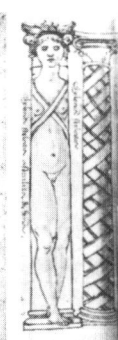　図3-2 ジョルジョによるコリント式オーダーの起源 　図3-3 パエストゥムの神殿

3-2) 森田慶一訳『ウィトルウィス建築書』東海大学出版会, 1979, p.91.
3-3) 隈研吾『新建築入門』筑摩書房, 1994, pp.83-86.
3-4) ジョージ・ハーシー, 白井秀和訳『古典建築の失われた意味』鹿島出版会, 1993, pp.128-129.
3-5) モデュロールについては☞pp.97-98, 7章1節.

れた図3-1はウィトルウィウス説をもとに描かれた図としてあまりにも有名です．

さらにギリシアの3つのオーダー(ドリス, イオニア, コリント)は男女の性差に喩えて説明されることが度々でした．ウィトルウィウスは①ドリス式を「男性」の足と身長のプロポーション(円柱の直径と高さの比が1:6)から形成されたことをのべていますし, ②イオニア式を婦人(同1:8)に, ③コリント式を結婚前の少女(ドリスとイオニアの融合)にそれぞれ喩え, オーダー成立の逸話を印象的に伝えています[3-2]. またルネサンス期の建築家S・セルリオは3つのオーダーを①ドリス式＝男の聖人を祀る教会, ②イオニア式＝女の聖人を祀る教会, ③コリント式＝処女マリアを祀る教会, にふさわしい柱であると説明しました[3-3]. また15C建築家フランチェスコ・ディ・ジョルジオ・マルティーニはウィトルウィウスの逸話をもとに, 図3-2のようにコリント式オーダーを若くして亡くなった少女の棺(籠)としてイメージしました[3-4]. またドリス式オーダーのパエストゥム神殿の円柱(コラム)は, 戦士の巨像コラサスの進軍する様子に喩えられます(図3-3).

こうした「擬人化された柱」に関連して, 美術史家ジョージ・ハーシーは, 西欧古典における様々な身体をかたどった柱(女人像柱(カリアティッド), 男像柱(アトラント), 捕虜像柱(プリズナー)など)とその意味体系について詳しい解説を行っています．これによると, 16C初のフラ・ジョコンドやチェザリアーノによるウィトルウィウス建築書の「注釈書」の中では, 戦争に敗れ懲罰の見せしめとして柱にされた「カリュアエの女人像柱」「ペルシア人兵士のポーチコ」が繰り返し図版化(図3-4)されたように, 身体は, 「歴史上・軍事上の記念碑」や「公衆教育」のための柱モチーフとして何度も政治的に利用されてきました(図3-5).

● 寸法単位のベースとしての身体

日本の寸法体系でも, 身体は重要な基準でした[3-5]. 「尺」という漢字は古代中国の親指と人差し指を拡げて寸法を測る形を形象化したものです(図3-6). その他にも1ヒロ＝両手を水平に伸ばした長さ(指極), 1ツエ＝平均身長(約5尺), 1尺＝足のつま先から踵まで約30cm

図3-4 女人像柱とペルシア人兵士の柱(フラ・ジョコンド) 　図3-5 エレクテイオンの女性像 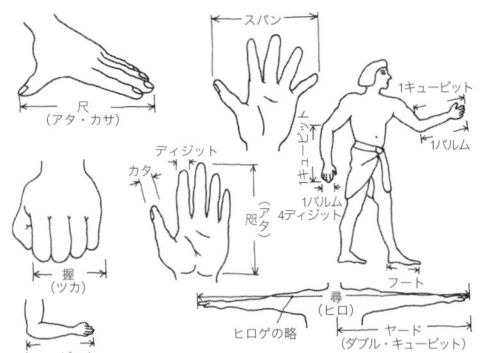　図3-6 身体による寸法

3-6) 岡田光正『空間デザインの原点』理工学社, 1993, p.64.

3-7) F・L・ライト, 遠藤楽訳『ライトの住宅』彰国社, 1967, p.6.

3-8) 岡田光正『空間デザインの原点』理工学社, 1993, pp.96-97：
①逃走距離：敵に遭遇したとき逃げ出す距離
②攻撃距離：逃げられなくなったとき攻撃に転ずる距離
③臨界距離：逃走距離と攻撃距離の間の狭い帯
④個体距離：仲間と適正な間隔を維持しようとする距離
⑤社会距離：その限界を越すと不安になる距離でコミュニケーション可能な限界.

3-9) エドワード・ホール, 日高・佐藤訳『かくれた次元』みすず書房, 1970, pp.145-181.

3-10) ホールは, 人間のなわばり性の物質的延長として可視化されたものを「固定相空間 (Fixed-feature space)」と呼び, 建物は固定相空間の一表現であるとした.

4-1) 種山恭子訳『ティマイオス（プラトン全集 12）』岩波書店, 1975, pp.31-64.
構築者は火・土・水・空気という可視的・可触的なもので宇宙を球のかたちにつくりあげ, 魂で満たした（36E）. 宇宙は天の種族・鳥の種族・水棲族・陸棲動物（火・空気・水・土と対応）で満たされたが, 天の種族（神々）のみが不死であり, 他の死すべき3つは神々が製作した. 但し人間の魂のうち理性の部分のみは不死として, 宇宙の魂と同種のものとして製作された（41A-D）. そののち人間の不死なる魂は身体と結び付けられる.

(1フィートとほぼ同じ)[3-6] など, 身体の部位と寸法規格が対応します.

建築が人間の使うものである以上, 人体尺度はその基本に据えられる側面をもちます. F・L・ライトは 1936 年のエッセイ『有機的建築』の中で[3-7]

「私は以前から, 住まいの中のすべてのもののプロポーションは人体の尺度から決められなくてはならないと考えていた. 人間がくつろぐ場所の尺度は, 人間の尺度以外の何ものでもないはずである.」

と述べるなど, 住宅設計に身体に基づいたスケールを取り入れることの重要性を繰り返し主張した建築家です.

● 身体のまわりにある距離帯

寸法と身体の関わりという点で, 人間が無意識のうちに体のまわりに張り巡らせている「距離帯」についても触れておきたいと思います. 野生動物が「なわばり」を持っていることは周知の事実ですが, 動物心理学者ヘディガーはこれに逃走距離, 攻撃距離, 臨界距離, 個体距離, 社会距離という一定のルールにしたがった5つの距離帯を発見しました[3-8]. これにヒントを得た文化人類学者エドワード・ホールは, 人間にも同じような距離帯が存在することを指摘しています. 彼の観察では, ①ごく親しいもの同士の「密接距離」=45cm以内, ②プライベートな関係の「個体距離」=45〜120cm, ③個人的ではない用件や集会などでの「社会距離」=120〜360cm, ④講演などの公的機会での「公衆距離」=360cm, 以上の4つのレベルが挙げられています[3-9]（図3-7）. これらは, 一般的に「パーソナル・スペース」と呼ばれ, 個体とともに移動するものなので, なわばりとは区別されるのが普通です.

「自己というものの境界は, 体の外まで広がっている・・・人間は測定可能な空間（ディメンジョン）の広がりをもつ一連の目にみえない泡（バブル）に包まれている.」

E・ホールはこの言葉で, 人間の体のまわりに, 本人も気づかない見えない幾つかの境界があることを示唆しています[3-10]. このように, 人間の身体は比例関係や尺度の基準となると同時に, 同心円状に拡がる環状帯の中心としても機能しているのです（⇒ p.158 図 6-1）.

4 ミクロコスモスの思想

● ミクロとマクロ

ここまで, 人間の身体が比例イメージや尺度の源泉として, 建築に深く関わっている点を見てきました. そこで, 視点をひろげて「人間と宇宙」との関わりについての思想を概説しておきます.

『ティマイオス』は宇宙万物の生成に関するプラトンの著作ですが, その中で彼は,「人間」（理性）とは,「魂」を媒介にして, 善なる構築者（デミウルゴス）が製作した「宇宙」と同質的な関係にある, と定義しています[4-1]. この構想によりプラトン宇宙観を継承するネオ・プラトニズム理論では, 天上世界と地上（人間）には連続性が含意されていて, 宇宙がマクロコスモス（大宇宙）ならば, 人間はミク

図 3-7 プライベートな距離関係のパリのカフェ

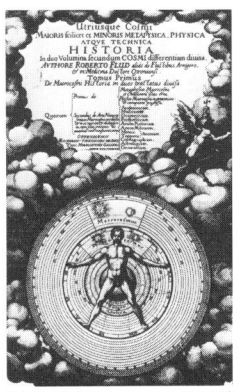

図 4-1 17C ロバート・フラッドの大宇宙と小宇宙の挿絵

図 4-2 チェザリアーノによるミラノ大聖堂の断面比例

ロコスモス（小宇宙）であるという考え方が生まれました[4-2]（図4-1）．またイタリア・ルネサンスでは，「細分割の原理」（すべての実体が有限の全体であり，それは数学的に比例づけられた部分に分割されるという考え方）につながり，チェザリアーノなどによって建築の均衡モデルとして用いられました[4-3]（図4-2）．

● **部分が全体を表す**

プラトニズムが示した「人間にも小さな宇宙（マクロコスモス）が宿っている」といった考え方は，一般的には「大きさ」によって階層化されている全体（宇宙）と部分（人間）のヒエラルキーに対して，媒介物（この場合は魂）を持ち込むことで，意図的に非階層な状況をつくり，象徴表現を可能にする手法のひとつです．こうした「部分が全体と通底している」あるいは「部分は全体を表しうる」といった考え方は「人間－宇宙」関係のほかにも，「建築－宇宙」「住宅－都市」など，歴史上たびたび取り上げられました．

たとえば，アルベルティは彼の建築書で，哲学者の意見を引用するかたちをとりながら

「都市は住宅であり・・・反対に住宅はある種の最小都市である」

という言葉を残しています[4-4]．微積分の父であり，17C モナド論（単子論）の哲学者 G・W・ライプニッツは，

「どの実体も一つの完結した世界のようなもの，神の鏡あるいは全宇宙の鏡のようなものである．いわば，同一の都市でもそれを見る人の位置が異なるに従ってさまざまに表現されるように，おのおのの実体はそれなりに全宇宙を表出する．（形而上学叙説）」

というユニークな説明をしています[4-5]．18C ドイツ・ロマン派の哲学者で「建築は凝固せる音楽である」の言葉で有名な F・W・J・シェリングは

「建築はただ，それが理念の表現，すなわち宇宙と絶対的なるものとの像となる限りにおいてのみ，自由かつ美なる芸術として現れることができる．」

と著書『芸術哲学』の中で述べて，宇宙と建築の象徴関係の重要さを強調しました[4-6]．また現代地理学者イーフー・トゥアンは

「部分とは全体のミニチュアではないし，全体と等しい本質をもつものでもない．だが神話的思考では，部分は全体を象徴し，全体がもつ力をすべてもつことができる．・・・小さいものは大きいものを映しだす．・・・建築的空間（家，神殿，都市）は山や川といった自然の地形にはない明晰さをもつ小宇宙である．」

以上のようにミクロコスモス思想のエッセンスを端的にまとめています[4-7]．このような考え方には，とるに足りない小さな「部分」ですら全体を反映したコスモスとなりえるという，建築家にとっては大変魅力的なイメージが潜んでいるといえるでしょう（図4-3）．

日本でこれとよく似た考え方を用いた例に室町中期以降の「咫尺万里（ししゃくばんり）」「小中見大」の思想[4-8]に基づく，「縮景」の庭園や茶室・茶庭のデザインなどを挙げることができます[4-9]．ここでは限られたスペースの中で，いかに大きさを感じさせる世界をつくることができるか，が問われることになります（図4-4）．

● **一元論と多元論**

以上のような部分と全体を相似的に考える思想は，一神教の西欧では「唯一神」の存在を前提に，宇宙と人間世界を秩序づけて理解しようとする古代哲学を下地に発達したものです．古いものでは BC5C 哲学者アナクサゴラスの「凡てのものは凡てのもののうちにある」[4-10]，3C プロティノスの「流出（Emanationism 発出）論」[4-11]，5C プロクロス神学の「一と多」[4-12]思想などがその例です．このような「神の唯一性」と現実世界の多様性をうまく説明付けるための論理を「一元論 Monisme」といい，

図4-3 宇宙の縮図としてのキーヴァ　　図4-4 縮景としての日本の庭園（竜安寺）

4-2）阿部一『空間の比較文化誌』せりか書房，2000，pp.172-177．

4-3）コルネリス・ファン・デ・フェン，佐々木宏訳『建築の空間』丸善，1981，pp.13-15．

4-4）アルベルティ，相川浩訳『建築論』中央公論美術出版 1982，p.26．

4-5）ライブニッツ，清水富雄他訳『モナドロジー 形而上学叙説』中央公論新社，2005，p.69．

4-6）井上充夫『建築美論の歩み』鹿島出版会，1991，p.120．
「建築は凍れる音楽」は，F・シュレーゲルによる．

4-7）イーフー・トゥアン，山本浩訳『空間の経験』筑摩書房，1993，pp.179-180．

4-8）「咫尺万里ししゃくばんり」：咫尺の短距離に千里の景を縮めて描くこと，宋炳そうへいにより水墨画の原点となった．
「小中見大」：小さな中に大きいものを見るの意，「もし小さな世界の内で生じるならば，大きな世界の内でもまた生じるだろう．(Physica252b26-27)」
利休によって，露地は世俗から隔離するための結界であり「浮き世の外の道」とされた．露地は「幽山深谷」岩の露出する山道を縮減する．『淡交別冊「茶室」』1993，pp.38．

4-9）吉村貞司『日本の空間構造』鹿島出版会，1982，pp.223-224．

4-10）山本光雄訳編『初期ギリシア哲学者断片集』岩波書店，1958，pp.65-66．

4-11）「流出論」：神の一元性と現実の存在物の多様性を説明するための「一者→ヌース（神の知性・英知）→プシュケー（霊魂・精神）→感性的世界」からなる階層論理．高次の英知界から人間の感性界にむけて実在が必然的に産出されると説く．人間は低次の感性界にすみ，英知界から降りてきた個別魂と肉体の結びついたもの．個別霊魂は根源的に一つのもの・非物体的非空間的・永遠なものと考えられている．非物質的なものには「All-things-are-in-all-things Principle 各中全の原理：それぞれの内に全体が含まれている

が，それぞれの独自性が際立っている」という原理（『エネアデス』V8「英知的な美について」第4章＋神学綱要命題103）が適応される．

4-12）田中美知太郎編『世界の名著15 プロティノス・ポルピュリオス・プロクロス』中央公論社，1980，pp.63-76, 449．

4-13）図4-5はロバート・フラッド『ユダヤ神聖哲学』17Cより：超越的源泉からの宇宙の顕現を表す象徴．

4-14）廣松渉ほか編『哲学・思想事典』岩波書店，1998，p.1031．

4-15）「Analogy 相似」：形態機能が似ていても，発生の起源が異なること．昆虫の翅と鳥の翼．「Similar 相似」：数学で一つの図形を一様に拡大または縮小して他の図形に完全に重ね合わせることができるとき両者は互いに相似であるという．

4-16）「フラクタル Fractal」：1975年にB・B・マンデルブロによってfracture（破片，割れ目），fraction（断片，部分）から作られた造語．自然界の不規則構造の中には尺度を変えても不変であるようなさまざまな「相似構造」が認められる．マンデルブロはそれらをフラクタルと名づけて新しい学問分野を創始した．フラクタルによってこれまで定量化不可能と思われていた自然現象が記述可能となった．

4-17）「入れ子」：器物設計システムの一つ．形は同じであるが大きさは異なる数個の器物を重ね合わせ，全ての器が最大の器物に納まるように作られたもの，またそのシステム．

4-18）チャールズ・ジェンクス，工藤国雄訳『複雑系の建築言語』彰国社，2000，pp.60-64, 90-93．

5-1）村治能就編『哲学用語辞典』東京堂出版，1999，pp.28．

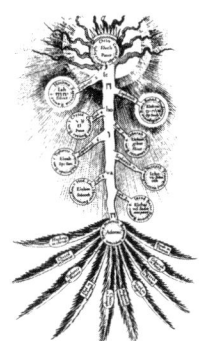

図4-5　さかさまの樹 4-13

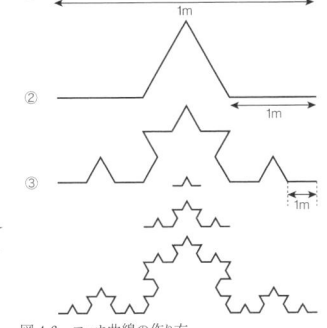

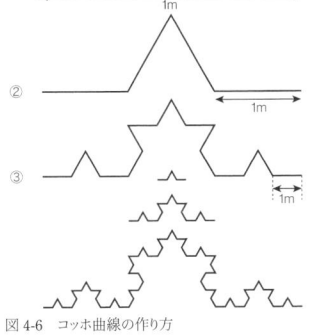

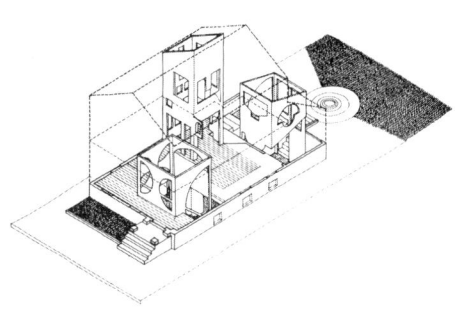

図4-6　コッホ曲線の作り方

図4-7　チャールズ・ムーア自邸

「一なる偉大なものが，万物にその世界を宿す」というのが基本的な構えです（図4-5）．これに対して，異質な要素の同時存在を許容する論理は「多元論 Pluralism」と呼ばれます 4-14．

●現代の自己相似性

現代では，部分と全体の相似関係 4-15 は様々な自然現象の中にも見い出されることが知られています．これを説明づけるのが「フラクタル」4-16 という数学的概念で，図4-6はフラクタルの「部分と部分が相似」かつ「部分が全体とも相似」という自己相似性の特徴を示すものです．こうした性質を空間化・建築化したものに「入れ子構造」4-17 があります（図4-7）．また建築評論家チャールズ・ジェンクスは，D・リベスキンドのユダヤ博物館（図4-8a），ブルース・ガフの住宅，F・ゲーリーのボリュームの扱い（図4-8b）といった現代建築家の複雑な形態操作にフラクタル的傾向を指摘しています 4-18．

5　部分の集まり方

●統合（Unitas）：有機的統一と論理的統一

つぎに，部分の「集まり方」について，統合に関するふたつの概念を検討することからはじめてみましょう．

まず，異質の部分がそれぞれの異質性を保ちながら相互に関連しあって一つの全体をなしている状態を「有機的統一」といい，自然がその代表的なモデルです．これに対して多くの個別的・特殊的なものが一つの概念に包括されるように秩序立てて関連づけられるのが「論理的統一」で，形而上学・神学・百科全書的な科学などがこれを目指します 5-1．ちなみにこの文脈でいうと，20世紀の「機械の美学」は，種々のパーツが全体化して一つの働きをする部分・全体の有機的関係を，「機能（Function）する」という論理的統一概念に重ねたと表現することができるでしょう．

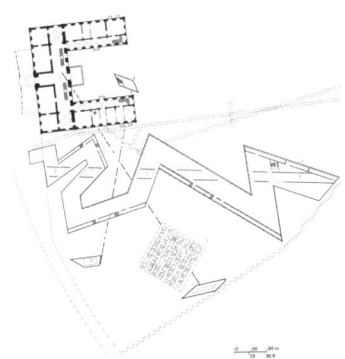

図4-8a　リベスキンドのユダヤ博物館平面図

図4-8b　ヴィトラ・デザイン・ミュージアム

図5-1　ブルネレスキ設計のサント・スピリト教会

図5-2　ベルニーニ設計のサンタンドレア・アル・キリナーレ教会

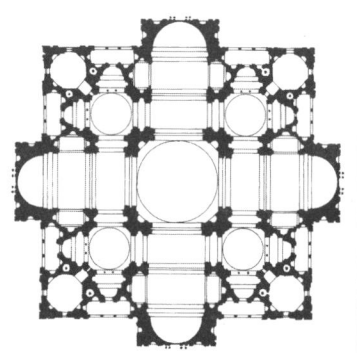

図 5-3　ブラマンテのサン・ピエトロ大聖堂計画案

図 5-4a　エクセター・アカデミー図書館中央ホール

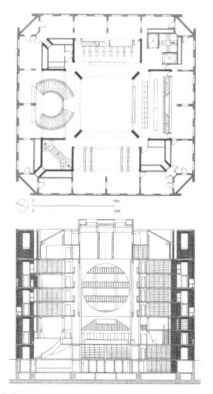

図 5-4b　エクセター・アカデミー図書館平面図・断面図

5-2) H・ヴェルフリン, 梅津忠雄訳『美術史の基礎概念』慶應義塾大学出版会, 2000, pp.271-276.

● ルネサンスとバロックの対比

　美術史家のハインリヒ・ヴェルフリンは 1915 年の著書『美術史の基礎概念』の中でルネサンスとバロックを比較して論じました．この中で，①部分が独立性を保ちながら比例によって統一される「ルネサンス古典建築」に対して（図 5-1），②主要モチーフのために部分が従属モチーフとなるのが「バロック建築」であると説明しています[5-2]（図 5-2）．特にバロックについては建築家ジョヴァンニ・ロレンツォ・ベルニーニを引合いに次のように喩えました．

> 「われわれはベルニーニを一個ずつ逐語的に読むこともできるが，ベルニーニはそのような仕方で読まれることを望むまい．・・・バロックには要所の強調という傾向が常に見られる．」

　バロック建築は部分を分析的に見るのではなく，ポイントを抑えつつ全体を一瞬のうちに捉える必要があるというわけです．

● 単一中心と多中心

　以上の 2 例から，部分の「集まり方」に関する二つの極となる考え方をまとめてみましょう．まず，論理的統一イメージやバロック建築のようにある中心をひとつに設定し，その他を従属した部分とする，「単一中心」の構えがそのひとつです．これに対して，有機的統一やルネサンス建築のように，部分が独立しつつ全体が成立する，あるいは独立した部分一つ一つに中心があるという，いわば「多中心」の構えがもうひとつのものです．この二つは，すでに述べた一元論と多元論の対比関係ともロジカルタイプが似ています．

● 単一中心の建築の例

　単一中心の建築は，平面で見た場合，核となる求心的なスペースの周りに従属するスペースが寄り添う求心構成（図 5-3）をとり，優れた古典建築，とりわけ一神教の宗教建築の多くがこれに該当します．現代建築家のマリオ・ボッタも

> 「可能であるなら私は，建築の複雑な空間の中に，規準となる場所を作り出せるような建築的な印を挿入することが重要だと考える．」

と述べて「核」となる空間の重要性を指摘し

図 5-5a　長軸中心の模式図（P・フランクルより）

図 5-5b　ヘャーホルト設計（1861）のコペンハーゲン大学図書館

図 5-5c　同閲覧室

5-3）マリオ・ボッタ，古谷誠章訳『構想と構築』鹿島出版会，1999，pp.86-87．

5-4）パウル・フランクル，香山壽夫他訳『建築造形原理の展開』鹿島出版会，2005．
図 5-5 のコペンハーゲン大学図書館では中心の廊下状の空間の左右に，セル状の閲覧室が並ぶ．

5-5）松隈洋『ルイス・カーン―構築への意思―』丸善，1998，pp.30-33．

5-6）「クラスター Cluster」：群，集団形態のひとつ，もともと葡萄などの房や房状の花を意味する．ある秩序でまとまった空間単位の一群を指す．

5-7）香山壽夫『建築意匠講義』東京大学出版会，1996，pp.51-62．

5-8）ノルベルグ・シュルツ，加藤邦男訳『実存・空間・建築』鹿島出版会，1973，p.85．

5-9）ノルベルグ・シュルツ，加藤邦男訳『実存・空間・建築』鹿島出版会，1973，pp.160-161．

5-10）「プレグナンス Pregnancy」：視覚心理の用語で「簡素化」を意味する．あるものイメージを的確に伝えるために，そのものの形や色のある部分をいっそう強調したり省略化したりして，造形全体を統一していく操作．よいデザインはこうした原理にしたがうことが多い．彫刻家のブランクーシは「単純化は芸術の目的ではないが，物質の真の意味に近づくと単純化にいたる」と述べた．「プレグナンツの法則」：ゲシュタルト心理学の基本概念の一つで，人の知覚は，対象を全体として最も簡潔で秩序のある，優れた形にまとめる傾向があるとする法則．

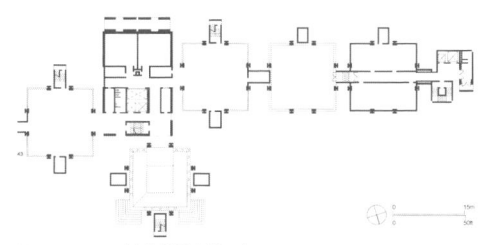

図 5-6 リチャーズ生物学研究所のプラン

図 5-8 ノルベルグ・シュルツのダイアグラム

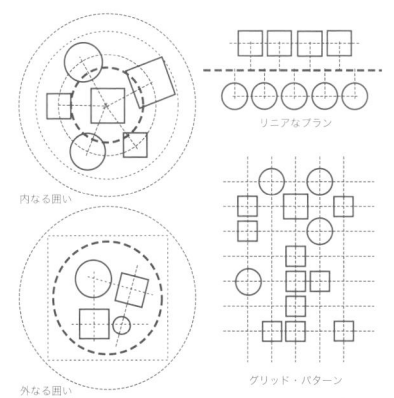

図 5-7 類型のダイアグラム（香山壽夫による分類）

ています5-3．さらに核となる空間の形状によって，一般的な①求心性の中心構成（図 5-4）に加え，②長軸性の中心構成（長軸的な中心空間の両側に従属的な部分を並べていく方法，図 5-5）があります5-4．

このような「中心と周縁」の考え方に関連して，L・カーンはメジャー空間＝「奉仕される空間」（サーヴド・スペース）と，マイナー空間＝「奉仕する空間」（サーヴァント・スペース）の区別を行いました（図 5-6）．但しカーンの言葉

「空間の本質はそれに奉仕するマイナーな空間によって性格づけられる．倉庫，サービス諸室，小室群は，ひとつの空間構造を分割した領域であってはならず，それ自身の構造が与えられなければならない．」

に示されるように，①サーヴァント・スペースにも本質的な価値があること，②サーヴァント・スペースに独自の構造を与える必要があることが，ここでは同時に説かれていることに注意が必要です5-5．

● 多中心の建築の例

一方，多中心の構成は，部分または部分がまとまってできる「クラスター」5-6が相互に関係しあって，全体を構成するものです．香山壽夫は多中心の形態パターンとして，①外なる囲いと内なる囲い，②リニアなプラン，③グリッド・パターンの３つを挙げています5-7（図 5-7）．またノルベルグ・シュルツの描いた多中心構成のダイアグラム（図 5-8）は，多中心構成の場合でも，全体の中でひときわ強い中心が存在する傾向を示したものです5-8．

「建築物というものは，個別的な図として現れるように分散されるか，あるいはクラスター，すなわち房状の群を形成するような密度で配置されなければならない．この『分散した集中化』の原理は，自然を孤立した残りの余白と化することなく，自然を自然として保全する唯一の可能な方向ではないかと思われる．」

ノルベルグ・シュルツはこのように述べて5-9，①建築がある一定の距離をもって分散するか，②一定の群を形成する（凝集する）か，のどちらかをとるべきであると説きました（図 5-9）．

● プレグナンツの法則

群を形成する場合，全体を一見してそれとわかる単純な形態・色彩にまとめるべきである，という考え方が，ゲシュタルト心理学における「プレグナンツの法則」5-10です．具体的な群化・分節を決定する諸要因をゲシュタ

図 5-9 まとまった群をなす集落（南仏リュベロン地方のゴルド） 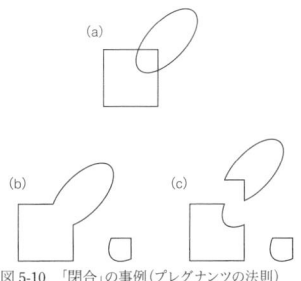　　図 5-10 「閉合」の事例（プレグナンツの法則）

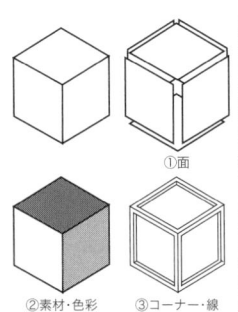

図 6-1 立方体の分節化　①面　②素材・色彩　③コーナー・線

図 6-2a サフディ設計のアビタ67

図 6-2b P・ブロムのブラーク樹状住居

5-11) 松田隆夫『視知覚』培風館，1995，pp.86-89．

6-1) 『建築大辞典』彰国社，1993，p.1491．

6-2) F・D・K・チン，太田邦夫訳『建築のかたちと空間をデザインする』彰国社，1987，p.51．

ルト要因（法則）と呼び，①近接 Proximity，②類同 Similarity，③なめらかな線 Good continuation，④閉合 Closure などが代表的概念として挙げられます[5-11]．図5-10は「閉合＝互いに閉じあって区切られた一つの面を形づくるものはまとまりやすいこと」を示す例ですが，(a) は (b)(c) に比べると，全体のかたちの作られ方がわかりやすくできています．

6　分節化

● 分節 (Articulation)

本章の最後に，「空間や形態レベル」の統合を実現するための重要な概念である「分節」(Articulation)[6-1] について触れたいと思います．

分節とは「建築の個々の要素を明瞭に表現する造形処理のこと」を指します．立方体（単一ボリューム）を例に分節化手法をまとめると，図6-1に示したように，

①面に分解する
②各面の素材・色彩をかえる
③コーナー・線の強調

の3つの方法が挙げられます[6-2]．

● 建築における6つの分節サンプル

これが実際の建築となると，分節手法はより多岐・複雑となりますが，簡単な理解のために以下の6つの事例を挙げます．

[巨大ボリュームのスケール分節]

全体ボリュームを小さなボリュームに分ける分節を指し，単調になりがちな集合住宅のボリュームを房状の小さな居住単位に分解した事例があります（図6-2，⇒ p.41 図2-3）．認知

図 6-3 ミケロッツォのパラッツォ・メディチ

図 6-4 R・ピアノのリュ・ドゥ・モ集合住宅

図 6-5 カーンのキンベル美術館の目地意匠

図 6-6a バウハウス 1F 平面図

図 6-6b チェルニコフの工場計画 (1933)

6-3）高橋研究室編『かたちのデータファイル』彰国社，1984，pp.30-31．

6-4）カーンは部材の接合部を「装飾のはじまり」とよび，違う材料・違う意味をもつ面の明快な分節を重要視した．
香山壽夫『建築意匠講義』東京大学出版会，1996，p.166．

6-5）小林克弘『建築構成の手法』彰国社，2000，p.91．

6-6）ミースの言葉に「柱と梁が支持壁を除去する．これこそ，スキンとボーンの構築物である」がある．
ジークフリート・ギーディオン，太田實訳『空間・時間・建築』丸善，1990，p.673．

6-7）ル・コルビュジエ，井田・芝訳『プレシジョン（上）』鹿島出版会，1984，pp.63-73．

6-8）アウグスト・シュマルゾー，井面信行訳『芸術学の基礎概念』中央公論美術出版，2003，p.106．

しやすい小さな単位で区切りつつ大きなスケールをもつ全体を組み立てる手法が人間に安定したゲシュタルトを与える[6-3]という心理学の主張と一致する分節です．

［表面・ファサードの分節］

巨大で平滑なファサードを水平3層構成にした古典的事例（図6-3）や，ユニット化された部材を用いてファサードを構成したもの（図6-4）などがこの例です．また柱と梁の接合部に目地を入れて，両者をそれぞれ独立した部位としてみせる意匠（図6-5）は，それぞれの建築部位がもつ本質的・根源的意味を尊重するための分節例です[6-4]．

［プログラム別形態への分節］[6-5]

バウハウス・デッサウ校舎（図6-6a，⇨p.16図3-6）やI・レオニドフのレーニン研究所計画，ロシア構成主義のヤコブ・チェルニコフの一連の計画案（図6-6b，⇨p.15図3-3）のように，事務所棟・図書館棟・教室棟など，機能ゾーンごとに形態を割り当てることを指します．

［構造の分節表現］

ミースが，フリードリッヒ街のオフィスビルで「スキンとボーン」[6-6]のコンセプトにより表皮と構造を分離したように，構造を分節して表現の主体とする手法です（図6-7，⇨p.34図6-3）．もっぱら壁式構法に頼っていた西欧建築では，この分節の発見は建築表現の革命的な転換点となりました[6-7]．

［線と面（建築の構成要素エレメント）の分節］

屋根（天井）・壁・床・柱といった建築の構成要素を純粋な「面や線」的要素として造形処理するもので，T・v・ドゥースブルフのメゾン・パティキュリエールやシュレーダー邸，バルセロナ・パビリオンなどの例があります（図6-8，⇨p.20図4-11）．

［明暗による空間の分節］

「線的リズム＝輪郭におけるリズミカルな分節」に対して，美学者アロイス・リーグルが「色彩リズム」と名づけた光と影のリズミカルな交代を指します[6-8]．図6-9では，一室空間の展示室が，明と暗の対比によって小さなスケール単位に分割されています．

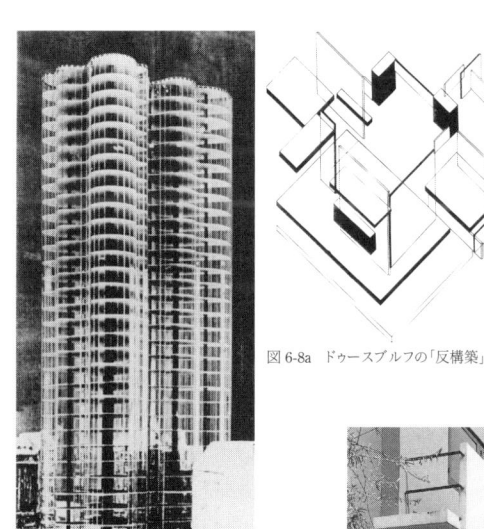

図6-7　ガラスのスカイスクレーパー

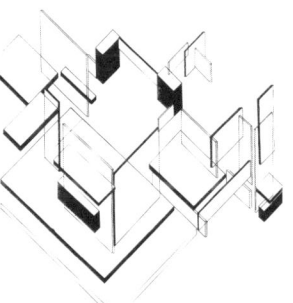

図6-8a　ドゥースブルフの「反構築」

図6-9　C・d・ポルザンパルクのブールデル美術館 　　図6-8b　シュレーダー邸の面による分節

光について — 第9章
影をつくる光，差し込む光，日本の光，光の壁，満たす光

1 建築と光

●ショーペンハウアーの言葉

本章のテーマは建築の光です．冒頭に19C前半の哲学者アルトゥール・ショーペンハウアーの言葉を引用することからはじめましょう．

「およそ光があるということが，美にとっては欠くべからざる条件であり，もっとも美しいものでさえ，光が都合のよい位置にあることによって，さらにその美しさを高めるのである．しかし他のなにを置いてもまず，光の恩恵によってその美しさが高められるのは建築物であって，じつに取るに足らぬ建物でも，光の具合いかんによってはこのうえなく美しい対象にもなるのである」[1-1]

取るに足りない建物ですら「光」によって美しくなる，それほどに光に力があるということがここでは述べられています．

ショーペンハウアーは著書『意思と表象としての世界』[1-2] の中で，建築美について

「重力と剛性の闘いこそ美なる建築の唯一の美的素材であり・・・建築の唯一にして不変のテーマは支持と荷重である」

として，「力学的側面」を第一に挙げました．但しここが重要なポイントですが，もう一つの建築の使命に「光を明確に直観できるようにすること」を挙げ，次の言葉を残しました．

「建築術の作品はまったく特殊な関係を光に対してもっている．蒼天を背にし深々と注ぐ日光を一杯に浴びると，建築物の美は倍化され，月光を浴びると，今度はこれとはまったく別の効果を発揮するであろう．・・・こうしたことはすべて，明るい照明があってこそ建物のすべての部分とその諸関係がほんとうにはっきりと目に見えるようになるというところに，おおかたの根拠があることはもちろんだが・・・

タイトル図）ロンシャンの教会．

1-1）ショーペンハウアー，西尾幹二訳『意思と表象としての世界 II』中央公論新社，2004, p.81, 106.

1-2）ショーペンハウアーは無神論者・厭世主義の哲学者と呼ばれ，苦しみの世界から逃れる唯一の救済手段が芸術であり，とりわけ音楽が人間を最高の境地に導くと説き，哲学者としては珍しく芸術全般について幅広い論述を残した．代表的著作『意思と表象としての世界』は，作曲家ワーグナー，心理学者フロイト，小説家トルストイ，プルースト，ゾラ，詩人リルケ，哲学者ニーチェ，ウィトゲンシュタイン，建築家ベルラーヘなど，後代の芸術家・思想家に多大な影響を与えた．

1-3) ショーペンハウアー, 西尾幹二訳『意思と表象としての世界II』中央公論新社, 2004, pp.110-111.

1-4) S・E・ラスムッセン, 佐々木宏訳『経験としての建築』美術出版社, 1966, pp.184-189.
⇨ p.32 図5-1, 2は弟子の建築家ウッツォンの作品.

1-5) 香山壽夫『建築意匠講義』東京大学出版会, 1996, pp.67-86.

2-1) ル・コルビュジエ, 吉阪隆正訳『建築をめざして』鹿島出版会, 1967, pp.37-38.

2-2)「ボリューム, 量感 Volume」:造形用語. 立体感, 重量感, 容積感などを含む総称. 元来は彫刻の世界などでフラットな感じのものに対し, 厚みを感じさせる効果に対して使われる概念であるが, 建築の分野でもそうした造形的特徴を示す場合がある.（建築大辞典）／立体が占める空間の大きさを体積 Volume という（かたちの事典）

2-3)「マッス Mass」:〈塊・量塊の意〉絵画・建築などで塊として視覚などにうったえかける色・明暗・形などのあるまとまり（日本語大辞典）

2-4)「パルテノンとパンテオンの比較によって, ギリシア建築のもつ構造的・外向的な性格と, ローマ建築の造形的・内向的な性格は鮮やかな対比をみせるが, これはローマのもっとも典型的な建築物であるバジリカの内部列柱がちょうどギリシア神殿外部の反転ともみなされることで一層明瞭になる」
ニコラウス・ペヴスナー他, 鈴木博之監訳『世界建築事典』鹿島出版会, 1983, p.512.

2-5) 井上充夫『建築美論の歩み』鹿島出版会, 1991, p.258.

2-6) ギーディオンの空間変遷3段階説については
☞ p.80, 7章1節.
ジークフリート・ギーディオン, 太田實訳『空間・時間・建築』丸善, 1990, pp.27-28.

2-7) オーダーについては
☞ pp.117-118, 8章2節.

私見では, 建築術には重力や剛性を示す使命があると同時に, 重力や剛性にはっきりと対立した光の本質をも浮き立たせる使命があるからだともいえるのである. すなわち光が建物という大きな, 不透明な, くっきりした輪郭の, さまざまな形をした塊によって遮られ, 妨げられ, 反対されることによって, 光はその本性と特質とをもっとも純粋かつ瞭然と展開し, これを眺める者を大いに楽しませてくれるからである.」[1-3]

このように, ①光によって建築が美しくみえること, ②光の変化によって建築の印象が変わること, そして③建築こそが「光の本質」を顕現させること, の3点が指摘されています.

●光の量ではなく「光の質」が重要

ショーペンハウアーの指摘どおり, 建築は光の状態によって印象を変えていきます. 但し設計では, 空間のスケールや方向性, 素材は確定することができても, 刻々と変わる太陽の動きそのもの, 天候による光の量の変化をコントロールすることができません.

これに対して, デンマークの都市計画理論家S・E・ラスムッセンは, 人間の視覚の環境適応力は驚異的に大きいので, 設計では光の量の変化を無視し,「光の質・光の落とし方」のコントロールこそを重視すべきであると説いています[1-4].

光の落とし方はともかく, では, 光の質をどのようにイメージすればいいのでしょうか. 本章では香山壽夫が整理した「物体に射してくる光・照らす光」と「空間を満たす光」の対位的概念[1-5]を手掛りに,「影をつくる光」「差し込む光」「満たす光」などのキーワードを便宜的に設定して, 以下に光について見てみたいと思います.

2 影をつくる光

●光の下の造形

物体が, 光によってわれわれの眼に見えるものになることは自明の事実です. ル・コルビュジエは『建築をめざして』の中で,

「建築とは, 光の下に集められたボリュームの, 知的で, 正確で, そして壮大な遊びである. 私たちの目は光の下で形を見るようにできている. 明暗によって形が浮かびあがる. 立方体, 円錐, 球, 円筒あるいは角錐といった偉大な初源的な形を, 光はくっきりと浮かび上がらせる. その像は明確で掴みやすい. 曖昧さがない. それゆえに美しい形であり, もっとも美しい形である. 誰でもこのことは一致している, 子供でも, 野蛮人でも, 哲学者でも. これは造形芸術の条件そのものである.」

と述べて[2-1], 光によって照らされたボリューム[2-2]としての建築のあり方に, 造形芸術の根本を見ようとしました. このような物体や量塊[2-3]に光があたり, はっきりとした明暗の面を作る光のことを「影をつくる光」と呼称しておきます.

●ギリシア神殿の柱

影をつくる光の好例は, ギリシア建築にみることができます. とりわけ神殿建築（⇨ p.180 図1-5）は, 内部空間を充実させたローマ建築（内から眺める建築）と比較して, 構築的で外向的（外から眺める建築）と一般的に論じられます[2-4]. 美術史家S・ギーディオンは, ローマ以前のピラミッド（図2-1）やギリシア神殿を「空間を放射する立体としての建築」[2-5]「前・空間的建築」とよび,「内部空間は無視されていた」ことを特徴にあげました[2-6].

ギリシア建築の表現の重点は, オーダー[2-7]が特に重視されたことからも分かるように,「柱列」にありました[2-8]. オーギュスト・ショワジーは『建築史』の中で, ギリシア建築の細部が光と影の対比の効果のために決定さ

図2-1　BC2500頃のピラミッド

図 2-2a　パルテノンの柱のフルーティング　　図 2-2b　溝彫り（アルベルティ建築書）

図 2-3　減光混色のメカニズム

反射の際に白色光から緑が差し引かれて赤と青を反射する．

マゼンダ（紫）

脳が赤と青を足し合わせてマゼンダにする．
赤＋青＝黄　　緑＋青＝水色（シアン）
青＋赤＝紫（マゼンダ）　赤＋緑＋青＝白

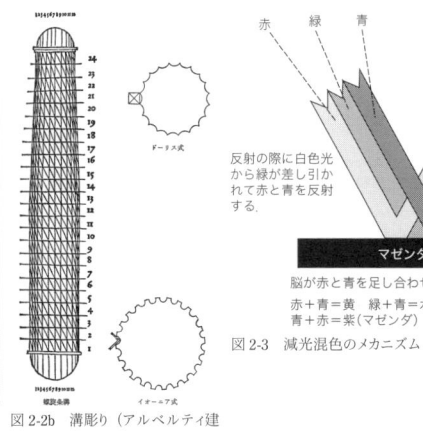

れていることを説いています[2-9]．図 2-2 はパルテノン神殿の柱のフルーティング[2-10]ですが，一本の柱をただの平滑な円柱とするのでなく，柱の表面を縦の条溝によって分節化すること，つまり楕円の刳形によって複数の影の集まり・重なりを与えることで，柱そのものに彫刻的な魅力を与えています．

ギリシア人の建築意匠上の功績のひとつは，このように形態と光の力によって，外なる眼の立場からオブジェクトとして美しいこと，内部空間がなくとも建築として人々に感動を与えうることを示した点にあります．

● 光の鋳物師

19C の英国ロマン主義[2-11]を代表する J・ラスキンは，名もなき工芸職人の手仕事に建築的な価値を認めた芸術批評家です．ラスキンの思想は，19C 後半に W・モリスに受け継がれ，20C の A・ロースやバウハウスにも影響を与えました[2-12]．彼はその著書『建築の七燈』の中で，建築意匠に対する光の重要性について，次のような名文を残しています．

「‥‥而して私は，如何なる建物も，その面に混じて力強くして深い，大きな影の塊を持たずして，真に偉大なりし建築は未だ嘗てなかったことと信ずる．で，若い建築家が第一に習得せねばならぬ習慣の一つは，意匠を影で考えることの習慣，即ち意匠をその哀れな線の骸骨で考えずに，曙光がそを照らし，また黄昏がそを過ぎ去る時，その石が熱くなり，またその隙間が冷え行くであろう時，蜥蜴とかげがその石の上に日向ぼっこし，また鳥がその隙間に巣くうであろう時に，それがある

べきがように想像することの習慣である．彼は自ら冷を感じ熱を感じて意匠すべきである．人々が水なき平地に井を掘るが如くに影を作り，鋳物師が熱せる金属を導くがごとくに明かりを導き行くべきである．彼はこれら明影何れをも自在に取扱い，それらが如何様に当たり，何処で薄れるかを知るように注意すべきである．彼の紙上の線や釣合には何の価値もないのである．彼のなすべきすべては明暗の場所によってなされねばならぬ．」[2-13]

このようにラスキンは，線で造形するのではなく，鍛冶屋が金属を扱うように，建築家は光と影を扱うべきであると説きました．

● 光と色彩

光のもたらす影や色彩の効果について，特に優れた指摘を行った芸術家がレオナルド・ダ・ヴィンチです．レオナルドは

「影は光よりも大きな力をもっている」
「影というものは‥‥それが暗いからと言って決して影のもとになる色彩を消してしまう性質のものではない」[2-14]

このように絵画において，①色彩よりも立体感をもたらす影の方が重要であること，②影は黒と考えがちだが実は色彩を帯びていること，の 2 点を説いています．さらに色彩については，「野原の真ん中に立っている婦人」を喩えて，彼女が身に纏っている白衣の色は空の「青」に染まっているが，草地に近い衣襞の部分は反射光線のために，草の「緑」に染まっている，という説明を行いました．

このように，光と影のみならず「光と色彩」は切り離して考えることはできません．色ガ

2-8）森田慶一『西洋建築入門』東海大学出版会，1971，p.7.

2-9）ル・コルビュジエもギリシアの光をショワジーの本から学んだと言われている．森田慶一は，ル・コルビュジエの影をつくる光に美の原理を求める考え方はギリシアの古典主義的伝統を引き継ぐ面を持っていることを指摘している．
森田慶一『建築論』東海大学出版会，1978，p.98.

2-10）「フルーティング Fluting」：溝彫り．古代建築において，柱身に縦方向に刻まれた溝．ドリス式オーダーでは，溝と溝との間が鋭い角になっているのに対して，イオニア式オーダーでは溝の間に平面がある．またギリシアの楕円形溝彫りに対してローマは円形が主流となる．

2-11）「ロ マ ン 主 義 Romanticizm」：古典主義に対立する芸術上の主義をいい，形式の制約を破り情念を強調することを特徴とする．建築では 18C 末〜19C 前半に見られる一傾向で，中世特にゴシック建築形式を採用することを特徴とする．ピュージンによる国会議事堂が作例（建築大辞典）．

2-12）井上充夫『建築美論の歩み』鹿島出版会，1991，p.142.

2-13）ジョン・ラスキン，高橋訳『建築の七燈』岩波文庫，1930，p.128-129.

2-14）杉浦明平訳『レオナルド・ダ・ヴィンチの手記（上）』1954，岩波書店，pp.248-253.

2-15) デイヴィッド・バーニー，守部信之訳『サイエンス・ヴィジュアル2 光』東京書籍，1993.

2-16) サイモン・アンウィン，重枝・上利訳『建築デザインの戦略と手法 作品分析による実践トレーニング』2005, 彰国社, pp.25-26.

3-1) ゲーテ，木村直司訳『色彩論』筑摩書房，2001, pp.65-68.

3-2) 下村純一『近代の光のイメージをめぐる建築の7章』求龍堂, 1985, p.131.

3-3) 森田慶一『西洋建築入門』東海大学出版会, 1971, p.37.

3-4) ジークフリート・ギーディオン，太田實訳『空間・時間・建築』丸善, 1990, p.18.

3-5) H・フォション，阿部成樹訳『かたちの生命』筑摩書房，2004, p.71.

ラスを通過した光が色を変えるように，光は意匠的な操作によって様々な色に変化します．

図2-3は「色の引き算＝減光混色」という光と色のメカニズムを示したものです[2-15]．たとえば，夏の「木の葉」が我々の眼に「緑」に見えるのは，光の3原色（赤・青・緑）からなる太陽の白い光を受けた木の葉が，赤・青のスペクトルをすべて吸収し，緑のスペクトルだけを反射するからです．

このことからも理解されるように，①建築の素材は跳ね返る光の色を変化させ，②素材に当たる光の色が素材の色の見え方に影響をおよぼす，という2点が「素材と色光」の関係となります[2-16]．図2-4はガエ・アウレンティ設計のオルセー美術館（1986）ですが，自然光・白色電球・黄色電球と，使用する素材の組み合わせによって，空間を満たす光の色が様々にコントロールされています．素材が反射する光のためにあることを教えてくれる好例です．

3　差し込む光

●内部空間に差し込む光

次は闇の中に差し込む光です．18～19Cドイツの文豪J・W・V・ゲーテはオルフェウス賛歌で

「自然！　われわれは彼女によって取り巻かれ，抱かれている．・・・自然は人間を暗い状態の中へ包み込んでおいて，永遠に光を求めるように彼を駆り立てる．」[3-1]

と述べ，闇の中で光を求める人間の本性を指摘しました．また19C哲学者G・W・F・ヘーゲルは，

「闇が光を規定して色彩たらしめ，これによって始めて光そのものに可視性を与えるのであり，したがって闇は光のうちに確かに現に働いている実を示すものである・・・．」[3-2]

とし，光の存在が感じられるためには「闇」の存在が不可欠であることを述べています．この節では闇を切り裂いて内部空間に入ってくる光を「差し込む光」と呼称します（図3-1）．

ローマ建築はアーチ構造によってこれまでにないスケールの内部空間を創造し，「見る人が建築に包まれた建築」[3-3]という新しい空間のジャンルに道を開きました．ではローマ以前の建築はどう捉えられたのでしょうか．ギーディオンは黎明期の建築イメージを

「歴史の黎明期には，人間と宇宙的調和との関係はまだ隔絶されていなかった．このような関係を表現しているものの一つは，果てしない空間の中にボリュームを置くということであった．内部空間は，ほとんど光を受け入れていなかった．それらは大地の母胎としての暗黒を象徴していた．」[3-4]

と述べ，「ボリュームとしての建築－暗闇」の図式を提示しています．一方ローマ建築に対して「内部空間の形成」という見方が指摘されるのは，1901年の美学者A・リーグルの著作がきっかけとされていますが，

「あらゆる芸術の中で建築がもつ唯一の特権とは・・・ひとつの内部世界を築き上げることである．その世界とは，ある幾何学，ある機構，ある光学・・・の法則に基づいて，空間と光とを具備する世界である．」[3-5]

この美学者アンリ・フォションの1943年の言葉に要約されるように，現代の美学理論では内部空間をつくり，そこに光を導くことが建

図2-4　オルセー美術館

図3-1　レヴェレンツ設計のサン・マルコ教会

131

図 3-2 ローマのパンテオン 　図 3-3 アスプルンドの森の礼拝堂 　図 3-4a ロンシャン教会の壁面の仕上げ

図 3-4b 色光をうける面

築の特権的な役割とされています[3-6].

●ドームと天窓

このような「空間と光の世界」を古代に実現した建築，闇の中に差し込む一丈の光を現在の我々に最も端的に示してくれる建築にローマのパンテオン（125）があります．直径約43.8 m（148尺）の円堂平面の上に同直径ドームを乗せたこの建物は，完全に球に外接する内部空間を有し，頂部に穿たれた直径8.92 mの円形天窓[3-7]が内部空間に劇的な光をもたらしています（図 3-2，⇨ p.182 図 1-16）．ラスムッセンはパンテオンの内部世界を，騒々しい外部を排除しつつ「天空世界と直接つながる世界」と評しました[3-8]．磯崎新も，これと同じ感覚を次のように記しています．

「球状の閉ざされたミクロコスモスが，たった一点の光によってマクロコスモスに連続することが可能にさえ感じられてくる」[3-9]

このような，ミクロコスモス（小宇宙）をも暗示する「ドームとオパイオン」という組合せは，西欧では差し込む光の形式的定番として，礼拝堂やホールなどに数多く応用され，スケール・素材・ディテール面で数多くのヴァリエーションが存在しています（図 3-3）．

●光をうける面

建築内部に差し込む光を，視覚的に強調するためには，光を受ける面のクオリティーが重要です．影や色以外に，光の存在を顕在化させる意匠的工夫に，表面の細かい凹凸や陰影を強調する材料使いがあります．図 3-4 はロンシャン教会の光の筒（小礼拝室のトップライト）ですが，ざらざらとした石灰質の仕上げが，内部に忍び込んでくる光のグラデーションを鮮やかに視覚化しています．

「建築の要素は光とかげ，壁体と空間とである．・・・まっすぐな壁がある．広がる床がある．人または光の通る孔，出入り口や窓がある．・・・光と壁，それを大きな面にくりひろげる壁と，水平壁である床と，光のあたる壁をつくるということは，内部の建築的な要素を構成することだ.」[3-10]

このようにル・コルビュジエは「光のあたる面」の重要性をしばしば説きました．

●トロネの厚い壁と強い光

光をうける面・材料のもつ表現力という点で，シトー派のトロネ修道院（1175頃）は建築家を魅了して止むことのない建築です[3-11]（図 3-6，⇨ p.112 図 4-22）．この建物は，屋根を含め重厚な石だけでつくられており，赤味がかっ

3-6）まったく光の入らない「死の空間」に対して「孔あな」を穿つがつ行為に建築の原点を見る構えを，原広司は「はじめに，閉じた空間があった，と私は発想する．この閉じた空間に孔をうがつこと，それが即ち生であり，即ち建築することである．閉じた空間とは，死の空間であって，世界とのいかなる交換もなく，なにものをも媒介しない，」と表現している．
原広司『空間〈機能から様相へ〉』岩波書店, 1987, p.133.

3-7）「オクルス：眼の意」とも呼ばれる．

3-8）S・E・ラスムッセン, 佐々木宏訳『経験としての建築』美術出版社, 1966, p.190.

3-9）磯崎新『空間へ』鹿島出版会, 1995, p.144.

3-10）ル・コルビュジエ, 吉阪隆正訳『建築をめざして』鹿島出版会, 1967, pp.137-144.
図 3-5 は北欧建築家が得意とするレンガを用いた壁．こうした材料の扱いも，ル・コルビュジエの言葉を照らし合わせて見ると，光を受けるための意匠であることが理解できる．

3-11）トロネ修道院はラ・トゥーレット修道院（⇨ p.98 図 2-3）の設計をル・コルビュジエに依頼したクチュリエ神父が，彼に是非見に行くようにすすめた，というエピソードで有名．ル・コルビュジエによるトロネ賛歌にフランソワ・カリの著作の序文に寄せた言葉，「光と影は，建築の真実と静寂と強さとを増幅して伝える拡声器だ．これ以上建築に加えられるものはない」がある．
Lucien Herve, Architecture of Truth -The Cistercien Abbey of Thoronet, Phaidon, 2001.

図 3-5 セルシングの聖トーマス教会のレンガ面 　図 3-6 トロネ修道院 　図 3-7 赤みがかった粗い石 　図 3-8 内部空間の身体感覚

た「粗い石」（図3-7）への還元と徹底的な装飾排除というミニマルかつ厳格な姿勢に貫かれています．そうして出来上がった空間は，純粋に光の体験が主題と言うべきもので，素っ気ない外部とは対照的に，内部空間では光をうけた「石の肌」の存在感が見る者の身体に密着してくるような感覚を与えます（図3-8）．

中世のトロネ修道院建設の様子を描いたF・プイヨンの小説には，修道僧であり現場責任者であったギョームが，石をいかに扱おうとしたかが次のように記されています[3-12]．

> 「石はたいてい大ざっぱに粗削りするだけにしよう．・・・太陽がざらざらした面や裂け目に反射して，きらきらする石が宝石のように見えるだろう．角や接合部が仕上げを受け，削られて，浄らかな稜線を描き・・・精妙な組み合わせの慎ましやかな複雑さによって，基本になる網の目の糸となることだろう．」

またカーンは次の言葉を残しています．

> 「ロマネスクの壁は厚くなければならない．光はその厚みを通り抜ける間に，変質し，密度を増し，目に見える空間のかたちと化すのである．ロマネスクの石工たちが，その開口部に注いだ情熱を細心の注意で見よ．」[3-13]

聖ベネディクゥスの厳しい戒律で知られるシトー派修道僧たちは，自らの手で石を切り出し，石の肌理と細部に注意を払い，差し込む光だけを用いて，厳粛さと静寂さに満ちた名建築を作り出したのでした．

● バロックとキアロスキュロ

差し込む光を効果的に用い，彫刻・絵画を動員しながら，空間効果を過剰に追求した様式にバロック建築があります．磯崎新は

> 「バロックの空間はなによりも外光とのストラグルであった．外光をさまざまに内部の空間にひきこみ，その光のおりなす諸効果が，なかにはいる人間を夢幻の境へひきこむのだ．それは・・・光と影という二つの極の対位法でもあった．・・・空間は・・・光と影の錯綜で満たされはじめる．そのような光の濃度分布が空間そのものとなったのである．」[3-14]

と述べて，バロックにおける光と影の効果が幻影のレベルと空間そのものに昇華した様を評しています．

バロック建築では内部の光の効果を高めるために，明暗のコントラストを強め，必要に応じて，局部を照らす光を導入しました．図3-9はベルニーニの「聖テレサの法悦」ですが，暗い聖堂の中で天使の矢に射抜かれる聖女幻想の様子が，天窓からのスポットライトにより劇的に浮かび上がるように設計されています．また図3-10では，遠近法的構図で並ぶ重なる襞のような複数の面に対して明暗が与えられ，聖堂の奥へと歩いていくに従って，光の体験が「明→暗→明」と継時的に分節されるようになっています．

こうしたバロック建築の光の演出は「キアロスキュロ」（明暗法）という当時の絵画技法と通底するものです．キアロスキュロはイタリア語のキアロ（光あるいは明）とオスキュロ（暗）に由来し，光と影を用いて形に立体感を持たせることを指します[3-15]．16C末の画家カラヴァッジョの明暗法は特に「テネブリズム」（闇の様式）と呼ばれ，17Cヨーロッパ絵画に絶大な影響力を及ぼしました[3-16]（図3-11）．こう

3-12）フェルナン・プイヨン，荒木亨訳『粗い石―ル・トロネ修道院工事監督の日記』2001，形文社，p.55．

3-13）香山壽夫『ルイス・カーンとはだれか』王国社，2003，p.147．

3-14）磯崎新『空間へ』鹿島出版会，1995，pp.143-144．

3-15）キアロスキュロは，ヘレニズム期ギリシア・ローマ芸術家に用いられていた技法が，ルネサンス～バロック期の画家たちによって透視画法と共に再発見された技法．リチャード・モリス，はやしはじめ訳『光の博物誌』白揚社，1980，pp.70-71．

図3-9 聖コロナーロ礼拝堂　　図3-10 フィアツェーンハイリンゲン聖堂　　図3-11 テネブリズムの作品（マンフレーディ）

した時代性の中に，17C バロック建築の光の演出は位置づけられます．

4 日本の光

●陰翳礼讃とバウンス・ライト

日本の伝統建築の光の特徴を理解する上で，軸組[4-1]を主体とする木造構法と，その上に大きく広がる屋根の存在は大きな前提となっています（図4-1）．吉村貞司は木造構法を

「西洋建築は下から積み上げていくのに対して，日本建築はまず高さを形成する．屋根つくりから始める．」[4-2]

と要約し，伊藤ていじは日本建築の特徴を

「長く外側につきでた軒，すなわち庇．その下に空間がある．」[4-3]

と表現しました．谷崎潤一郎は名著『陰翳礼讃』の中で，日本の光と建築空間・道具類との関係について数多くの重要な指摘を行いました．この中に日本建築の屋根に関して次のような一節があります[4-4]．

「西洋の寺院のゴシック建築と云うものは屋根が高く高く尖って，その先が天に冲せんとしているところに美観が存するのだという．これに反して，われわれの国の伽藍では建物の上にまず大きな甍を伏せて，その庇が作り出す深い広い蔭の中へ全体の構造を取り込んでしまう．寺院のみならず，宮殿でも，庶民の住宅でも，外から見て最も目立つものは，ある場合は瓦葺き，ある場合には茅葺きの大きな屋根と，その庇の下にただよう濃い闇である．・・・これは知恩院や本願寺のような宏壮な建築でも，草深い田舎の百姓家でも同様であって・・・少なくも眼でみたところでは，屋根の方が重く，堆く，面積が大きく感じられる．左様にわれわれが住居を営むには，何よりも屋根という傘を拡げて大地に一廓の日かげを落し，その薄暗い陰翳の中に家造りをする．」

このように日本の伝統空間は「傘としての屋根」の下に広がる「蔭・闇・日かげ」の中に展開してきました．図4-2に示すように，「影 Shadow：光をさえぎってできるものの形」と，「陰（蔭，翳）　Shade：さえぎられて光が直接当たらないところ」は言葉の意味が元来異なり[4-5]，谷崎の言葉選びの感性は，日本建築に影がないということではなく，陰のニュアンスの方が重要であるという点を踏まえたものです．多雨モンスーン気候特有の高湿度な空気を通過した日本の光は[4-6]，ギリシア・ローマの地中海的な「強い光」の下での明快な「影」とは対照的に，屋根の下に曖昧な「陰」を生み，その中で日本の意匠（デザイン）は行われてきたのでした．次に内部への光の入り方ですが，

「暗い部屋にすむことを余儀なくされたわれわれの先祖は，いつしか陰翳のうちに美を発見し，やがては美の目的に添うように陰翳を利用するに至った．・・・われわれは・・・太陽の光線の這入りにくい座敷の外側へ，土庇を出したり縁側を附けたりして一層日光を遠のける．そして室内へは，庭からの反射が障子を通してほの明るく忍び込むようにする．われわれの座敷の美の要素は，この間接の鈍い光線に外ならない．・・・見るからにおぼつかなげな外光が，黄昏色の壁の面にとり着いて辛くも餘命を保っている，あの繊細な明るさを楽しむ．」[4-7]

この一節では，①光が「庇（ひさし）や縁側」に反射し，②徐々に照度を落としながら室内の奥に及び，③その繊細な明るさの中で日本の美が

図 4-1a　日本の屋根（東福寺）
図 4-1b　圓城寺観月舞台
図 4-2　影と陰の違い

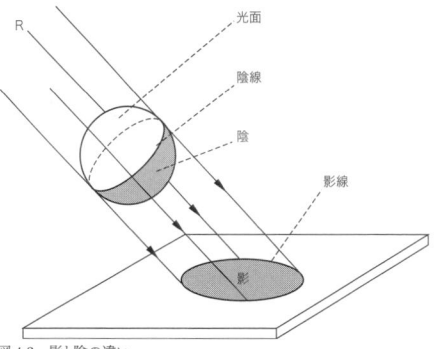

3-16)『名画への旅 11 バロックの闇と光』講談社，1993，p.74.

4-1)「軸組 Framework」：土台，柱，梁，桁，筋交などから構成されている壁体の骨組み．架構の骨組みをいうこともある（建築大辞典）．

4-2) 吉村貞司『日本の空間構造』鹿島出版会，1982，p.76.

4-3) 伊藤ていじ『日本デザイン論』鹿島出版会，1966，p.34.

4-4) 谷崎潤一郎『陰翳礼讃』中公文庫，1975，pp.25-26.

4-5) 日本語大辞典 p.372.

4-6) 宮川英二『風土と建築』彰国社，1979，pp.16-21.

4-7) 谷崎潤一郎『陰翳礼讃』中公文庫，1975，pp.26-27.

4-8) 谷崎潤一郎『陰翳礼賛』中公文庫, 1975, pp.20-23,31-35.

4-9) 谷崎潤一郎『陰翳礼賛』中公文庫, 1975, p.29.

4-10) 磯崎新『空間へ』鹿島出版会, 1995, pp.148-149.
なおカーンは「深く豊かな闇は、ごく小さな一片の光に限りない豊かさを与える。それに対して、あり余りすぎて、貧弱な光は私達の身の回りにあふれている。」と述べて「光」に対する「闇」の重要性に加えて、光の氾濫（闇の欠如）の現状に言及している。
香山壽夫『ルイス・カーンとはだれか』王国社, 2003, p.146.

4-11) 11C半・藤原頼通の東三条殿の寝殿は六間二間の身舎四周に庇、北側に孫庇、身舎の東側二間四方を塗籠とした。南北に長い東対は二間五間に四周庇、南に吹き放しの孫庇、寝殿・対屋のプランから判断すると二～三方からは光がしのび入っていたと考えられる。
『日本建築様式史』美術出版社, 1999, p.51.

4-12)「室礼」: 寝殿造り住宅の母屋や庇に御簾（みす）、障子、几帳、襖（ふすま）など調度を飾り立てるのをいう。平安時代初期（10C）ごろ、この慣習が成立したといわれ、のち室町時代の会所飾りに行われた（建築大辞典）。

4-13) 安原盛彦「日本建築の空間史」『建築概論 建築・環境のデザインを学ぶ』学芸出版社, 2003, p.60.

4-14)「来迎壁」: 仏堂において本尊を安置する須弥壇後方の柱間に設けられた壁。

4-15) 安原盛彦「日本建築の空間史」『建築概論 建築・環境のデザインを学ぶ』学芸出版社, 2003, p.67.

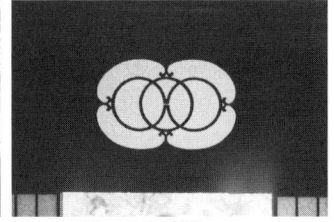

図 4-3a 高山寺石水院 図 4-3b 欄間の意匠（宝泉院） 図 4-4 京都御所清涼殿

培われたことが述べられています．

●光を受ける日本の意匠

日本建築の光が，このように室内に向けて反射する光(バウンス・ライト)であることは伝統意匠の重要な前提となっています．光は内部空間の奥へ向かって室の上下面を反射しながら入っていくので，庇や縁側，池や白砂は光をとりいれる装置となります．軒は雨を防ぐだけではなく，軒下の反射光を受け止め，室内へと光を導くリフレクターの役割をもっており，こうして軒裏・縁側天井・軒周り土間・欄間などは当時の工匠が意匠的創意を集中させる場所となりました（図4-3）．

さらに宗教建築の仏像・仏具や住宅建築の調度類などは，弱く内部に忍び込む光を，最大限に受け止め反射する意図をもってその伝統美を育んできました．『陰翳礼賛』では「金襴・仏像・漆器と金蒔絵・袈裟や能衣装の金銀糸」の黄金が，暗闇の中で鈍く煌く美しさについて魅力的に記されています[4-8]．

　「思うに西洋人の云う東洋の神秘とは，かくの如き暗がりが持つ無気味な静かさを指すのであろう．」[4-9]

日本の美と光がこのように深い闇と共にあることを，谷崎はこのように述べ，磯崎新は日本の建築空間が「闇の中に光が明滅するときに現象する」と定義しています[4-10]．

●日本建築のプランと光

次に日本の伝統建築プランと光の扱いの変遷について概説しましょう．

まず平安期の「寝殿造」（図4-4）では，光は「庭から簀子（外縁）→庇→母屋」へと反射して横から入り[4-11]，室内の光分布は外縁が明るく中央にいくにつれて暗いという状況でした．当時の人々は，外部からの光を「簾・几帳」などの仕切り，すなわち「室礼」[4-12]（図4-5）によって視線と共にコントロールしていました．寝殿造の基本構造そのものは柱と蔀戸のみによるシンプルな構成です．よって平安貴族住宅における光の意匠は，必要に応じて室礼を工夫することにありました[4-13]．

寺院建築（仏堂）では，本尊を礼拝することが主目的であるので正面軸性が強く（図4-6），「来迎壁[4-14]・光背・天蓋」などを設置することで背後・上部からの光を断ち，正面から入る光のみで仏像が暗闇の中に僅かに浮かび上がる演出法をとります（図4-7）．但し「大仏様」の代表作である重源設計の浄土寺浄土堂（1192）は，本尊である阿弥陀三尊像の背面，つまり西側の蔀戸を通して入る西日（逆光）の中に仏像が浮かび上がるのを，東正面から参拝するように設計されています（図4-8）．「西方浄土」の考え方が採光方法に現れた事例です[4-15]．

「書院造」では側面からの光が特徴となりま

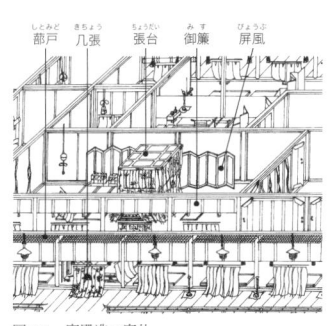

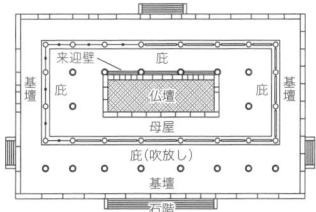

図 4-5 寝殿造の室礼　　図 4-6 唐招提寺金堂（759）平面図　　図 4-7 法隆寺講堂

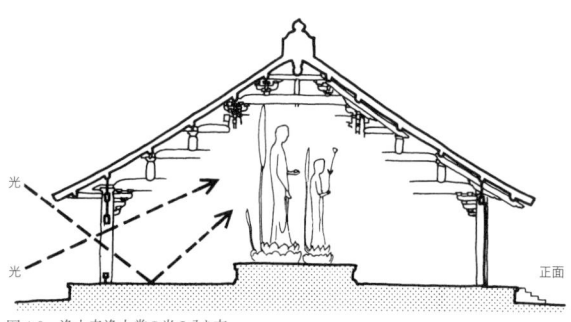

図 4-8　浄土寺浄土堂の光の入り方

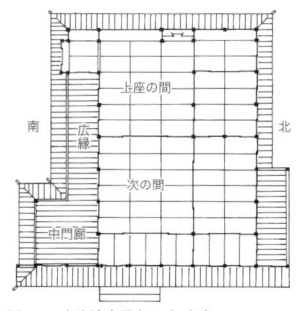

図 4-9　光浄院客殿(1601)平面図

4-16) 書院造では床，書院，棚，帳台構などによって上座は常設化される．

4-17) 安原盛彦『日本建築の空間史』『建築概論 建築・環境のデザインを学ぶ』学芸出版社，2003，pp.61-62．

5-1) 森田慶一『西洋建築入門』東海大学出版会，1971，p.65．

す．近世以前の書院は，図 4-9 のプランに示すように，南側の接客空間と北側の日常空間が襖で仕切られ，接客空間（対面所）は武家の身分関係に対応して東西方向に序列がつけられていました[4-16]．これに対して，光は南から，つまりヒエラルキー軸に対して直角に横から入ってきます．ここに側面からの光，すなわち日本建築の「光に対する左右対称性が崩された姿」をみることができます．

近世の茶室の特徴は，従来の日本建築のように柱間(はしらま)を開口と考えるのではなく，まず壁を設定し，そこに窓を自由に開けるという点にあります．茶室の採光は，壁のさまざまな高さに穿たれた開口部からの「絞り込まれた光」によってなされます（図 4-10）．こうした開口の位置操作によって，室内の明暗・光の濃度分布を意図的にデザインするという手法は，突上(つきあげ)窓（天窓）・連子窓・下地窓など多彩な窓のヴァリエーションとして，茶室一つ一つに設計者の「好み」が表現されるという意匠の個性化に繋がりました[4-17]．

5　光の壁

●モザイクのきらめき

4C 以降の初期キリスト教建築や 6C 半以降のビザンティン教会堂の内部空間の光は，古代ローマ期の「差し込む光」とは異なった質をもっています．当時の光の様子を森田慶一は
「4C 初期バジリカは美しく磨かれた色石の円柱，壁面を覆う色大理石，金色のガラス・テッセラを交えて描かれた光輝くモザイク壁画，貴石をちりばめた金色燦然(さんぜん)たる聖具，これらが光に満ちた雰囲気を醸し出していて・・・信者に神の国の映像を思い起こさせるものであった」[5-1]

として，石・ガラスモザイク・聖器具などの「光沢のあるマテリアル」の輝きに見ています．ビザンティン建築については，建築史家ニコラウス・ペヴスナーがイタリア・ラヴェンナのサンタポッリナーレ・ヌオヴォ教会を例に
「無数のガラスの小片によるモザイク画・・・その美的効果は独特である．・・・ガラスモザイクは光を様々に反射していつも違って見え，

図 4-10　茶室の陰翳

図 5-1　モザイク壁面の例（サンタポッリナーレ・クラッセ教会）

5-2) ニコラウス・ペヴスナー, 小林・山口・竹本訳『ヨーロッパ建築序説』彰国社, 1989, pp.23-26.

5-3) 「ペンデンティヴ・ドーム」：⇨下図.

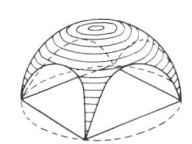

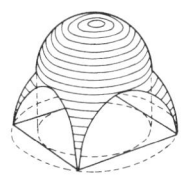

ペンデンティヴ・ドーム

5-4) 森田慶一『建築論』東海大学出版会, 1978, pp.185-187.
20C オーストリアの美術史家ゼードルマイヤーも 1950 年の著書『大聖堂の生成』の中で, ゴシック教会堂はヨハネの黙示録 21 章にでてくる「天上のエルサレム」の像像と喩えた.
前川道郎「ゴシック建築論の森の中に」『ゴシック建築とスコラ学』筑摩書房, 2001, p.193.

5-5) M・ヤンマー, 高橋・大槻訳『空間の概念』1980, 講談社, pp.48-50.

5-6) 「普遍 Universal」: 哲学で一定数の対象に共通である事項(日本語大辞典).「哲学上の普遍論争」: アリストテレスの個物形相論を継承した「普遍は個物の中にある」がトマス・アクィナスの立場, 後にこの流れを汲むアンセルムスやギョームの実念論「普遍は個物に先立って存在する」と, ロスケリヌスやオッカムの唯名論「普遍は個物の後にある」という二つの考え方を生み出し, 最終的には経験論的傾向をもつオッカムが異端宣告をうけた.
村治能就編『哲学用語辞典』東京堂出版, 1999, pp.362-363.

5-7) E・ジルソン他, 服部・藤本訳『アウグスティヌスとトマス・アクィナス』1981, みすず書房, p.240.

図 5-2 サン・ヴィターレ聖堂　　図 5-3 ハギア・ソフィア会堂　　図 5-4 聖アウグスティヌスが霊視した天上の神の国　　図 5-5 サン・ドニ大聖堂

それがなんでできているかを感じさせない. モザイクは壁の表面に張られるのだが, 壁を感じさせない」[5-2]

とモザイク壁面の特質を記しました (図 5-1). 図 5-2 はラヴェンナのサン・ヴィターレ聖堂 (547) ですが, ペンデンティヴ・ドーム[5-3] を載せた八角堂の壁面は, モザイクや大理石によって覆われ, 蝋燭などのわずかな光が反射によって増幅し, 堂内が幻想的な空気に包まれています. 全体の色調が黄金色であることと, なにより黄金モザイクの煌きが, 外部とは異なる非日常的な光の状態を作り出しているのです.

● 神の宮居と光の形而上学

こうした光の増幅効果は, 単に室内を明るくするために行われたのではなく, 堂内を外部と異なる光で満たし, 日常と異なる別世界を作り出そうという意図に支えられていました. 6C ビザンティン帝国ユスティニアウス時代に, ハギア・ソフィア会堂 (537, 図 5-3) について記したプロコピウス著『建物について』,

図 5-6 シャルトル大聖堂のステンドグラス

シレンティアリウス著『聖ソフィア会堂記』には, ①聖堂建設の目的が超越的なシンボルとしての「神の宮居」(図 5-4) の再現にあること, ②光の形而上学＝空間を満たす光輝性・色光が神の本質・建築美の原理となっていること, 以上二つの考え方が示されています[5-4].

このように宗教会堂が「神の宮居」に, 堂内の光が「神の本質」にシンボライズされるという考え方は, 中世の宗教建築の光を理解する上での有効な手掛りです.

「光の神格化は, 新プラトン主義と中世神秘主義の基本的な特徴となった. ・・・光は宇宙の秩序を維持する手段である. その最も純粋な現存性において, 光は創造神である. ・・・空間と光を同一視する諸理論は, 性格上本質的に神学的である.」

物理学者マックス・ヤンマーのこの言葉[5-5] に示されるように, この思想は中世になって①光を宇宙創造の根源とする, ②空間と光は一つである, といった考え方に結実しました.

● 中世ゴシック教会の光

12C ゴシック建築の成立に重要な役割を演じた人物に, 光を普遍論争[5-6] を昇華するものとして捉えた思想面でのトマス・アクィナスと, 建築空間に結実させた構築面でのサン・ドニ修道院長シュジェール (1284, 図 5-5) がいます. アクィナスは『神学大全』の中で神＝光の図式を継承していました[5-7].

光の象徴性に関わる意匠表現は, その後ゴシック教会のステンドグラスによって極致に達します (図 5-6). 森田慶一は,

「教会文書やスコラ文書の中には, 会堂を賛美するに lucidas 明るい, luciler 光り輝く, luminosus 光を発する, clarus 光に満ちたとい

う形容語が頻繁に用いられている．この明るさ，光輝性は会堂内の照度を問題としているのでなく，建築体を構成している材料そのものあるいは装飾から発する色光を問題としているのである．」

と述べ，ゴシック教会の「明るさ」がステンドグラスの色光のことを差していると説明しています[5-8]．ゴシック建築の主題が発光するステンドグラスであるという論説には，①H・ゼードルマイヤーの「ステンドグラス＝みずから光る壁」[5-9]，②H・ヤンツェンの光の壁＝「ディアファーン（レース布のような半透明）な構造」[5-10] などがあります．

6 満たす光

●クラシシズムと理性の光

ルネサンス建築の光は，先に触れたバロック建築の明暗対位法に比べると，「穏やかに満たす光」「平明な光」によって特徴づけられます．パウル・フランクルは『建築史の基礎概念』の中で，ルネサンス建築の「可視形態」が

「光の強弱の差はあるにしてもフィレンツェのサン・ロレンツォ教会堂やサント・スピリト教会堂の場合のように，穏やかなものである．明暗の強いコントラストはなく，暗い所でも常にはっきり物が見えるほどに明るい．」

のに対して，バロック建築では，

「明るい部分と暗い部分との対比が増大し・・・上部の光輝く明るいヴォールト天井と下の方の暗い空間といった垂直の並置関係」

が顕著になる，として[6-1]両者の光の状態の違いを対比的に論じています（図6-1,2）．

このようにルネサンス建築は概して一様な光で満たされる特質を持っていましたが，さらに18C末以降に主流となった新古典主義建築では，窓の反復や天窓の活用によって，内部空間に更に明るい光が求められるようになりました．イタリアの建築家P・ポルトゲジは，こうした変化を大きなガラス面による明晰性と合理性に対する崇拝，つまり「啓蒙された時代[6-2]＝光によって照らされた時代」の文化を鼓舞する流れと説明しています[6-3]．美術史家のヘンリィ・プラマーも同様に，

「18世紀の啓蒙思想から継承されたのは，思考あるいは理性に対して事物を明らかにするような種類の光を重視することであった．可能なかぎり隅々にそして均等に物体を照らすことを目的とした光である．・・・物事をわかりにくくするような影を根絶しようという姿勢こそが好ましいとされ，万物は・・・光の波によって照らしだされていたのである．」

と述べ，この時期の建築に「理性の光」[6-4]の影響を指摘しています[6-5]（図6-3）．

図6-4（⇨p.71 図3-3）は，パリのサント・ジュヌヴィエーヴ聖堂（1790）です．この建物は，建築史家J・サマーソンによってロージエ神父の合理主義思想を忠実に継承した建築と評された[6-6]新古典主義建築の代表作ですが，確かにそれ以前の宗教建築に比べると，光の取り入れ方に独特の工夫がなされており，外部からは想像できないほど明るい内部が実現されています．

5-8）森田慶一『建築論』東海大学出版会，1978，pp.191-192．

5-9）前川道郎「ゴシック建築論の森の中に」『ゴシック建築とスコラ学』筑摩書房，2001，p.192．

5-10）ハンス・ヤンツェン，前川道郎訳『ゴシックの芸術』1999，中央公論美術出版，pp.6-7, 97-101．

6-1）パウル・フランクル，香山壽夫他訳『建築史の基礎概念』鹿島出版会，2005，pp.263-280．

6-2）「啓蒙思想（仏Lumieres，英Enlightenment）」：いっさいの理性の光に照らして見ることで，旧弊を打破し，公正な社会を作ろうとした，主として18Cに展開した知的運動．

6-3）パオロ・ポルトゲジ「光と近代建築」『光の空間』所収，ADA EDITA Tokyo，1994，p.6．

6-4）理性の光：デカルトは，人間に生まれつき具わった真偽判断の能力つまり理性を「自然の光」と象徴的に表現した．デカルト，谷川多佳子訳『方法序説』岩波書店，2001，p.18．

6-5）ヘンリィ・プラマー，渡辺朋子訳『マスターズ・オブ・ライト 20世紀のパイオニアたち』a + u，2003.11，p.31．

6-6）サマーソン，鈴木博之訳『古典主義建築の系譜』中央公論美術出版，1989，p.92．
ロージエの図版は⇨p.71 図3-4．

図6-1　パッツィ家礼拝堂（ブルネレスキ，1472）

図6-2　クアトロ・フォンターネ聖堂（ボッロミーニ，1667）

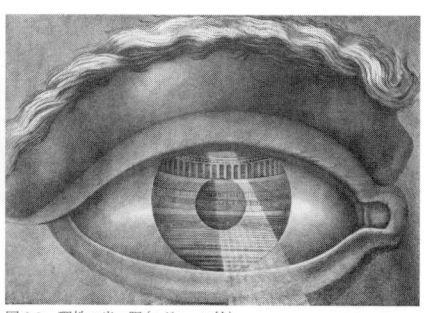

図6-3　理性の光＝眼（ルドゥーの絵）

6-7)「パッサージュ Passage」：フランスにおける建築物の間を突き抜ける天蓋のある幅員の狭い歩行者用通路のこと．

6-8) パオロ・ポルトゲージ「光と近代建築」『光の空間』ADA EDITA Tokyo, 1994, p.8.

6-9)「印象派は視覚において周囲光が重要であることに気づいて，空気をみたし物体から反射されるがままにそれを捕らえようと努めた．・・・印象派については重要なことは，見る側にポイントをおくことから再び，空間へと焦点を移したという点である．」
エドワード・ホール，日高・佐藤訳『かくれた次元』みすず書房，1970, p.127.

6-10)「ガレリア 伊語 Garelia」：屋根をもつ歩行者用空間．

6-11) 三宅理一「Usurpation of the sky」『光の空間』ADA EDITA Tokyo, 1994, p.38.

図 6-4　サント・ジュヌヴィエーヴ聖堂 　　図 6-5　ラファイエット百貨店ホール 　　図 6-6　モネの「サン・ラザール駅」

●明るい都市空間

19C 半ばになると，産業革命がもたらした鉄とガラスによって，温室，鉄道駅，パッサージュ [6-7]（⇨ p.166 図 2-1b），百貨店（図 6-5）といった光に満ちたパブリック空間が大衆社会の下で作られるようになりました．大規模な温室や駅舎は，雨風から守られながらも光が内部空間に差し込む点で，これまでの古典建築とは大きく異なる特徴を有しています．ガラスの屋根からふりそそぎ内部を満たす光は，影のない，柔らかく浮遊感の漂う空間の状態を作り出し，こうした新たな視覚体験は，印象派絵画に代表される新しい芸術運動の格好の題材となっていきました [6-8]．描く対象そのものではなく，空気の中に満ちている目に見えない「光の状態」のみに注目した印象派の作品 [6-9] に，画家モネの「サン・ラザール駅」（図 6-6）などがあります．

パッサージュやガレリア [6-10]（図 6-7）は，街区建築の中の歩行者通路という意味では「建築の中の都市」であり，天井があると同時に空が見え，私的領域でありながら公的領域，外部空間のようで内部空間である，こうした二律背反するものの共存した空間 [6-11] として，この時期の大衆社会に導入されたものです．

●鏡面とライト・ウェル

建築では，採光のために用いられる中庭を「光庭」，天井のある吹抜のスペースを「光井」あるいはライト・ウェルと呼びます．文字通り，光を反射させ，増幅させる装置としての光の井戸です（図 6-8）．

ヴィクトル・オルタによるタッセル邸の待合室（⇨ p.11 図 2-3）は，室内空間における光の増幅効果が「鏡の反射」によって最大限試みられた例です．半透明の色ガラスでできた光天井から差し込んだ光は，壁の大鏡に反射して，部屋全体に行き渡り，鉄で作られた軽やかなアール・ヌーヴォー曲線の柱が，つぎつ

図 6-7　ヴィットリオ・エマヌエーレ 2 世のガレリア（1878） 　　図 6-8　カサ・バトリョの光庭（ガウディ, 1910） 　　図 6-9　オルタ自邸のライト・ウェル（1901）

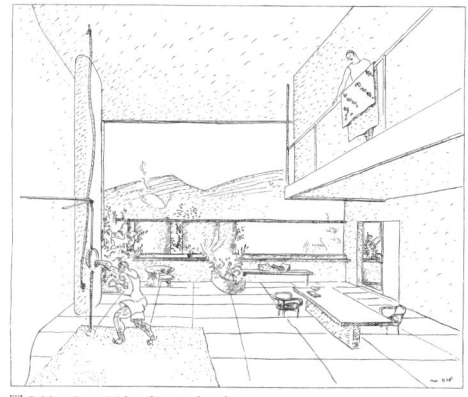

図6-10 ル・コルビュジエのスケッチ

ぎと鏡に反射して増幅して見えるという最大限の視覚的効果が発見されました．この手法は，ライト・ウェル（階段室）の光の扱いとして他の計画にも応用され，手すり・支持柱・照明器具が植物模様を描きながら上下に展開するという独特の空間を生み出しました[6-12]（図6-9）．

● 衛生と透視性

「満たす光」の建築はこうして鉄とガラスという新材料・技術によって華開くこととなりました．この光の満ちた空間に対して，20C近代建築運動では様々な意味が付与されるようになります．まずその一つが「衛生」のイメージです．

当時産業革命によって極度に過密化したヨーロッパの大都市では，衛生状態の改善が求められていました．ル・コルビュジエは著書『輝く都市』の中で，「太陽・空間・緑」「個々の衛生的な生活のための条件」「生きた光」といった言葉を度々用いています[6-13]（図6-10）．近代建築家の社会に対する高い問題意識は，清潔さのシンボルとしての「白」や「建物を新鮮な光や風に晒す」といった理念となって，学校や工場建築・病院・住宅といったビルディング・タイプの設計に反映されました[6-14]．

こうした背景には19C末の光に関する医学的発見も一役買っています．日光の殺菌作用の発見（1870）に続き，1903年にはニールス・フェンセンが結核の紫外線治療でノーベル賞を受賞します．こうした一連の光線療法の発達はその後1930年代まで続き[6-15]，その間にはヨハネス・ダイケル設計のオープンエア・スクール（1930，図6-11）とサナトリウム（1928），R・ノイトラの健康住宅（1929，⇨ p.22 図5-2），A・アールトーのパイミオ・サナトリウム（1933）など光の衛生効果を追及した建築が生まれました．サヴォワ邸（⇨ p.80 図1-4）の満ちた光の空間や

「光は快適な暮らしへのカギである」

といったル・コルビュジエの言葉は，こうした流れの中でも理解することができます．

次に工場建築の「透視性」についてみましょう．19Cまで工場労働者は暗い工場の内部で仕事をしていましたが，W・グロピウス設計のファグス靴工場（1925，図6-12）やファン・ネレ煙草工場（1930，図6-13）では，ガラスのファサードによって建築の構造体や設備のみならず，内部で動き回る労働者たちを満ちた光の中に置くことになりました．三宅理一はこれを「内部の動きを透視させる建築」「視る・視られる関係の建築」と呼んで，1980年前後のポンピドー・センター（⇨ p.34 図6-2）やN・フォスター（⇨ p.99 図2-7）などのハイテック建築の先行例と位置づけています[6-16]．

7　20Cの多様な光

● 水晶のメタファー

1920年前後のドイツでは「ガラスの鎖」グ

6-12) 三宅理一「樹木のアレゴリー」『光の空間』ADA EDITA Tokyo，1994，p.72．

6-13) ル・コルビュジエ，坂倉準三訳『輝く都市』鹿島出版会，1968．

6-14) ポルトゲージは「機能主義の規約にみられる透明性と光とは・・・印象作用，感覚，感情を昂揚することではなく，衛生条件，居住性にもとづいて・・・何ものも神秘のヴェールに覆われたり背後に隠し去られてはならないという道徳律・・・を確認することを目論んでいる．」と述べて，機能主義の理念の下で「光」に託された社会性の側面を指摘している．パオロ・ポルトゲージ「光と近代建築」『光の空間』ADA EDITA Tokyo，1994，p.12．

6-15) ヘンリィ・プラマー，渡辺朋子訳『マスターズ・オブ・ライト 20世紀のパイオニアたち』a + u，2003.11，pp.49-57．

6-16) 三宅理一「透視できる建築」『光の空間』ADA EDITA Tokyo，1994，p.292．

図6-11　オープンエア・スクール　　図6-12　ファグス靴工場　　図6-13　ファン・ネレ煙草工場

7-1) ヘンリィ・プラマー, 渡辺朋子訳『マスターズ・オブ・ライト 20世紀のパイオニアたち』a + u, 2003.11, p.130.

7-2) 三宅理一「透明な質感」『光の空間』ADA EDITA Tokyo, 1994, p.130.

図 7-1 ガラス・パヴィリオン内部　図 7-2 アルプス建築の挿絵　図 7-3 フランクリン街のアパート　図 7-4 ル・ランシーの教会

ループにより，明晰さや透明性に貫かれた「理想的共同体」を求める空想運動がなされました．建築家B・タウトは1914年のドイツ工作連盟展でガラスのパヴィリオン（図7-1, ⇨p.14 図2-13），1919年の『アルプス建築』で光を受けて煌く都市イメージ（図7-2）を提案しました．ここでは社会運動の目指す到達点すなわち共同体の未来イメージが，水晶の如く自ら光輝く建築＝「発光体としての建築」に託されていたのでした．

同じ時期，ミース・ファン・デル・ローエもフリードリヒ街のオフィスビル（1919, ⇨p.20 図4-9），ガラスのスカイスクレーパー（1922, ⇨p.127 図6-7）で，ガラスの建築イメージを構想します．彼は1968年のインタビューで当時を

「さまざまな角度で光が投射するように，ファサードに少しだけ凹凸をつけたのだ．クリスタルのように，カット・クリスタルのようにである．・・・実際にガラスを使って作業をすることによって・・・光と影の効果ではなく，反射する光の揺らめきこそが重要であるということに私は気づいたのだ.」[7-1]

と回想して，水晶イメージとガラスの「反射」に新しい建築の美学を発見したことを証言しています．これまで，光と影の造形が壁の厚みや空間の奥行の中で行われていたのに対して，ミースの「反射する光」で造形する立場は，建築の表皮・表面にデザインを集中させることを意味します．このほとんど厚さのない表皮に確固たる構築性を与えることが，建築家ミースの生涯のテーマでもありました．

● ガラスブロックと光を通す壁

鉄・ガラス同様，ガラスブロックも19C末から20C初頭に登場した材料です．これを建築に持ち込んだ初期作品に，H・ギマール設計のカステル・ベランジェとオーギュスト・ペレ設計のフランクリン街のアパート階段室（1903）があります[7-2]（図7-3）．景色を遮断しながらも光だけを内部に引き入れるガラスブロックが，乳白色の曇りガラスと違う点は，ガラスの透明な質感を持ち，外部の気配を感じさせながら内部の純粋さを損なわないことにあります．

後にペレはル・ランシーの教会（1923, 図7-4）で，プレキャストの採光ユニットを用いて壁体すべてを光に満たすことを試みました．このような単なるガラスとは異なる「光を通す壁」の意匠の試みは，ベイネッケ稀少本図書館の「薄い石」による光の透過（1963, 図7-5）や，現代建築家のファサード表現（図7-6）となって現在に引き継がれています．

● 影のない拡散光

F・L・ライトは1928年のエッセイ『建築のた

図 7-5　SOMのベイネッケ稀少本図書館　図 7-6　リコラ工場・倉庫　図 7-7　タリアセン・ウエスト

141

図7-8 ベス・ショローム・シナゴーグ 　図7-9 ストックホルム市立図書館 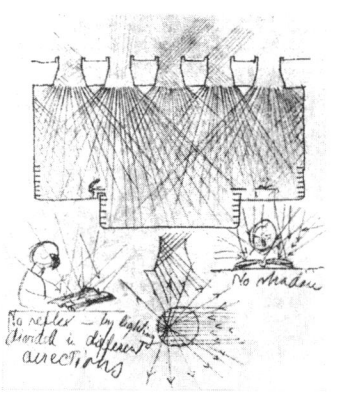　図7-10 アールトーの光のスタディー

7-3) F・L・ライト, 谷川訳『建築について』鹿島出版会, 1980, pp.247-248.

7-4) 三宅理一「影のない光」『光の空間』ADA EDITA Tokyo, 1994, pp.306-307.

7-5) ヘンリィ・プラマー, 渡辺朋子訳『マスターズ・オブ・ライト 20世紀のパイオニアたち』a + u, 2003.11, pp.369-371.

7-6)「アトリウム Atrium」：①古代ローマ都市の住宅における主要広間．4側面の屋根は内側に傾斜し，中央に天窓を開く．床は石で舗装され，中央に雨水をうけるインプルヴィウム（池）を設ける．②初期キリスト教建築で会堂の前面に設けられる前庭．普通は方形で回廊によって囲まれる．パラダイスともいう．③屋根のかかった前庭や中庭のこと．特にガラス屋根などにより十分な自然採光を確保した広場状の空間．④アメリカの誘導地域制や日本の総合設計制度・特定街区の用件となる公開空地のうち建物内部や屋根のかかった広場状空地のこと．屋根つきプラザ，内部公開空地とも呼ばれる（建築大辞典）．

めに：ガラス』の中で次の言葉を残しています．「光は建物そのものの一部となったようだ．・・・昼は虹色にはえ，夜はまぶしく光り輝く不滅の都市を想像してみよ！・・・影は，建築家が伝統的な建築の形態を踏襲しようとする場合の彼の画法であった．しかし現在，発散する光，反射する光，屈折する光で，彼に仕事をさせようでなはいか．影は暫くおき，光をそれ自体のために使おうではないか．」7-3

ライトは1930年代以降，この言葉通りガラスや半透明な工業材料を積極的に用いつつ，「光と影の対比の消去」というテーマを追求しました．インシュレーションと光の透過を両立した天井をもつタリアセン・ウエスト（1938, 図7-7），パイレックス・ガラスのプリズム効果によるジョンソン・ワックス本社，グッゲンハイム美術館の光のホール（⇨ p.18 図4-4, p.99 図2-6），シナイ山の発光体シンボルとしてのベス・ショローム・シナゴーグ（1954, 図7-8, ⇨ p.105 図3-9）などの代表作に，この考え方が表現されています．

北欧の建築家A・アールトーは，ストックホルム市立図書館（図7-9）に上方斜めから差し込む光の効果を発見し7-4，柔らかな光の拡散手法を追求しました．本人がヴィープリ図書館の光（図7-10）を「影のない光」と形容したように，①光の拡散のために曲面を多用し（図7-11, ⇨ p.59 図3-12），②光を受ける白壁・柱の表面に様々なパターンを設え，③照明と天窓を相補的に用いる（図7-12）点が意匠上の特徴です．国民年金会館やアカデミア書店では，「クリスタル・スカイライト」7-5 と呼ばれる巨大な天窓を導入し（図7-13），冬の北欧に影のない明るい内部空間を作り出すことを試みています．

● アトリウム建築

「アトリウム」7-6 という言葉は1980年代以降「ガラス屋根などにより十分な自然採光を確保した広場状の空間」の意味で用いられています．20C後半の代表的アトリウム建築には，フォード財団本部（1968, 図7-14, ⇨ p.102 図2-21）やIBMビルなどが挙げられます．駅舎・パッサージュなどと比べて，アトリウム建築のもつ特徴は，空調システムなど設備技術の急速な発達を背景に，内部空間を人工環境として，外部とは独立して考える点にあります7-7．この点で二重ガラスと空調を用いて内部熱環

図7-11 国民年金会館の図書室（1956） 　図7-12 オタニエミ工科大学講堂（1970） 　図7-13 クリスタル・スカイライト

7-7)『建築 20 世紀 Part2』新建築 66 巻 8 号，1991，p.138．

7-8) ヘンリィ・プラマー，渡辺朋子訳『マスターズ・オブ・ライト 20 世紀のパイオニアたち』a + u, 2003.11, pp.103-107.

7-9) 仏語「光の大砲」の意．

7-10) 三宅理一「形而上学的な光」『光の空間』ADA EDITA Tokyo，1994，p.174.

7-11) パオロ・ポルトゲージ「光と近代建築」『光の空間』ADA EDITA Tokyo，1994，p.16.

7-12) クレスゲ教会の場合，下からの光による床と壁の分節のこと．ヘンリィ・プラマー，渡辺朋子訳『マスターズ・オブ・ライト 20 世紀のパイオニアたち』a + u, 2003.11, p.97.

図 7-14　フォード財団
図 7-15　キャノン・リュミエ  
図 7-16　ライト・スペース・モデュレイタ 
図 7-17　イマトラの教会 

境を制御しようとした O・ヴァーグナー設計のウィーン郵便貯金局 (⇒ p.12 図 2-6) はその優れた先例です．

●動く光＝モバイル・ライト

動く光は，H・プラマーが現代建築に対して指摘した，建築の内部空間の中で光が刻々と動いていく状態を指します 7-8．例えばル・コルビュジエ設計のラ・トゥーレット修道院におけるキャノン・リュミエ 7-9 (図 7-15) や様々な集光装置による内部空間の光の状態は，時間の経過と共にその様相を変えながら，空間の印象を刻々と変化させます．こうした変化が設計者によって意図的に仕組まれていて，中にいる人がその変化を知覚可能な場合，時間を空間的に捉えることが可能です．プラマーは①モホイ・ナジのライト・スペース・モデュレイタ (図 7-16) の影の動き，②一度きりの光の瞬間を演出するよう仕組まれたアールトーのイマトラ教会 (1958，図 7-17)，③現代建築家ユハ・レイヴィスカ，R・マイヤー (図 7-18)，アルヴァロ・シザ，カンポ・バエザなどの建築の内部空間 (白い壁が光と影の映写スクリーンとなり，時と共に影が動く状況) にモバイル・ライトの効果を指摘しました．

●影の復権

19C 新古典主義～現代の「等質な光・満ちた光」の空間に対して，1950 年代以降，影の復権を訴え，再び光と影の二元論的構えで空間を作ろうとした動きがあります 7-10．P・ポルトゲージは 20C 前半に見られる「光の効果の貧困化」に対して，近代建築の巨匠がその回復を試みた例として，ロンシャンの教会，イマトラの教会，MIT クレスゲ礼拝堂，ライトのマディソン・ユニテリアン教会の 4 つをその代表作に取り上げました 7-11．

図 7-19 はエーロ・サーリネン設計の MIT クレスゲ礼拝堂 (1956) です．ここでは暗い内部空間の中で，ベルトイヤの彫刻に落ちる天光と水盤から反射して壁を下から照らし出す光が，この小さな聖堂に圧倒的な品格を与えています．ポルトゲージはこの建物をベルニーニのコルナーロ礼拝堂の現代版と評し，壁・天井・床のエレメントを光によって切り分ける手法をフランチェスコ・ボロミーニにちなんで「光の浸食 Corrosion of light」と称しました 7-12．このように分節された建築要素の隙間から光を取り入れる手法は，日本でも安藤忠雄 (図 7-20) などの建築家が取り入れています．

図 7-18　R・マイヤーのハーグ市庁舎
図 7-19　MIT クレスゲ礼拝堂 
図 7-20　光の浸食 (織田廣喜ミュージアム)

空間について　　　　　　　　　　　　　　　　　　　　　　　　　第10章
宇宙イメージ，座標・地図，絶対空間・均質空間，建築の本質＝空間，心理的空間と物理的空間

1　空間の位置づけ

●空間芸術としての建築

建築にとって空間とはどういう位置づけをもっているのでしょうか．森田慶一は，著書『建築論』の中で，イマヌエル・カントを意識しつつ次のように述べています[1-1]．

「建築を一つの芸術と見た場合，それが超越的に直観される空間というカテゴリーにおいて認識される形象で成立していることは議論の余地がない．」

森田の建築論では，第一に，①建築は「空間芸術」であり，②建築は「形式芸術(フォルム)」であり[1-2]，③建築は「ボリュームを感覚質として成立する芸術」である，以上の3点が命題化されています[1-3]．このように歴史的な建築理論の流れからすれば，絵画が平面を，彫刻が立体を扱うのと同じように，「建築が空間を扱う」ことは一般化されています．こうした考え方は，歴史上19C末に現れ，建築家H・P・ベルラーへの言葉

「われわれの創造の目的は空間の芸術であり，それは建築の本質なのである」(1908)

などに見られるように，20C以降に広く認められるようになりました[1-4]．そうした状況は，建築理論家ジェフリー・キプニスの

「20世紀の多くの建築家，批評家，それに理論家たちが無批判に建築の本質としての空間という考え方を採用し，空間としての建築という定義，さらにはその定義の展開が，そこでは最重要な課題とされました．」

という言葉[1-5]にも要約されています．

●空間の不可捉性

次に空間の性質としての「不可捉性」について確認しておきましょう．美術史家フー

タイトル図）パンテオンのオパイオン．

1-1）森田慶一『建築論』東海大学出版会，1978，p.42．
カントについては本章4節を参照．

1-2）森田の定義では，「形式」とは作品において感覚に直接与えられるもの，すなわち色・音・形などそのもの＝現象的組織であり，これに対して「内容」とは連想作用・象徴作用によって現実の何かの事象・物象を指す場合の事物的な組織をさす．森田慶一『建築論』東海大学出版会，1978，p.49．

1-3）森田慶一『建築論』東海大学出版会，1978，pp.35-45．

1-4）コルネリス・ファン・デ・フェン，佐々木宏訳『建築の空間』丸善，1981，序文．

1-5) 磯崎・浅田編『Anywhere』NTT出版、1994、p.138.

1-6) 上松祐二『建築空間論 その美学的考察』早稲田大学出版部、1997、p.62.

1-7) 「図と地」：ゲシュタルト心理学の基礎概念の一つで、形・存在が認められる「図 Figure」に対して、その背景となる部分を「地 Ground」と呼ぶ。図は注意をひき、浮き上がって見え、背景から独立してまとまって感じとられる部分を言う。ゲシュタルト学派について詳しくは松田隆夫『視知覚』培風館、1995参照。

1-8) 「道」は、万物の根源・宇宙の実体を構成し、万物を動かすものであり、「万物流転」が宇宙の運動原則・道の運動形式でもあるとされる。

1-9) 金谷治『老子』講談社、1997、pp.43,78.

1-10) ☞ p.158、10章6節

1-11) コルネリス・ファン・デ・フェン、佐々木宏訳『建築の空間』丸善、1981、pp.5-8.

1-12) ここで構築法的テクトニクとは線状の木材を組み合わせて作られた軸組性の強いオブジェを、載石法的ステレオトミーとは石や土で作られた塊性・囲繞性の強いオブジェをそれぞれ指していると考えられる。ゼンパーの工芸分類には5つあり、器の喩えはゼンパーの分類との対応では「陶器術セラミック」の方がより的確な側面もあるが、フェンの文脈は囲繞的な空間イメージを示す点にあるためそのまま紹介した。

ゴ・クーンの次の言葉[1-6]

「空間はその本性上不可捉なものであり、壁や事物の間の非在であり、その間の空気ではなく、現実に作用する無である。」

によって簡潔に言い表されているように、空間は基本的には不可捉なもの、つまり直接さわることのできない「非在」です。但しクーンが「空気ではなく、現実には作用する」と表現しているように、空間のもつ不可捉性や非在といった性質は、建築にはなくてはならないものでもあります。建築家は柱や屋根・床・壁など、何らかの物質的な建築要素・具体的な材料・フォルムを用いて、空間を間接的に作り出し、建築を実用的なものとして成立させていますが、この実用性は明らかに空間という眼に見えない非物質的な空洞(ヴォイド)によって担保されています。

物質的な建築要素と空間の関係は、ゲシュタルト理論の「図と地」の概念[1-7]を用いて表現した場合(図1-1、⇨ p.176 図5-3, p.182 図1-16)、空間を「図」とみれば物質的要素はそれを境界づける「地」となり、逆に、壁や天井を「図」とみれば、空間はその間にあるすきま、「地」となります。このように物質的存在としてのモノと空間は、お互いに不即不離の関係にあります。

● 老子の「無」

空間の「何も無い」という状態こそが、実用のために貴重であるという認識は、古代から存在していました。BC6Cの老子『道徳経』の「無」の思想では、「有」が「道」[1-8]の作用であり、常にものを滅亡へと向かわせようとするものであるのに対し、「無」(空洞)とは「道」の本体で、かつ万物の母体となる深遠で霊的なもの、というイメージで捉えられていました[1-9]。道徳経では「戸牖(こゆう)を鑿(うが)ちて以って室をつくる。その無に当たって室の用あり」という有名な喩(たと)え話が、無の効用を次のように分かりやすく説明しています。

「車の輪は、三十本の輻が中央の一つの轂に集まってできている。しかし、轂の中心になにも無い穴があってこそ、車輪としての効用がはたせることになる。粘土をこめ固めて、それで器ものはできている。しかし、器の中心のなにも無いくぼみがあってこそ、器ものとしての効用がはたせることになる。戸口や窓をくりぬいてそれで家はできている。しかし、家の中心のなにも無い空間があってこそ、家としての効用がはたせることになる。」(道徳経11章)

この老子の喩えを、建築理論家のファン・デ・フェンは、19C建築家G・ゼンパーの工芸分類[1-10]と結びつけ、空間(建築)タイプの違いに読み替えました[1-11]。これによると、①車輪の喩えはゼンパーの「構築法的(テクトニク)(木工術)な集合としての空間」(図1-2)に、②器の喩えは「空間を取り囲む載石法的(ステレオトミー)(石工術)なもの」(図1-3)に、③室の喩えは「内側の世界と外側の世界を確立する過渡的な空間」、つまり空間の存在を戸口や窓といった境界によって説明する人類最初の試みに、それぞれ解釈されています[1-12](図1-4)。

2　宇宙 Space のイメージ

● 宇宙と空間

空間の概念が建築の領域に主要テーマとして正式に招聘されるのは19C末のことに過ぎません。それ以前の空間に関する論考は、主

図1-1　ルビンの盃の図と地

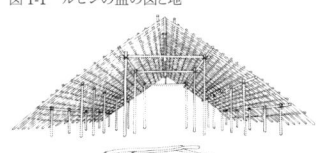

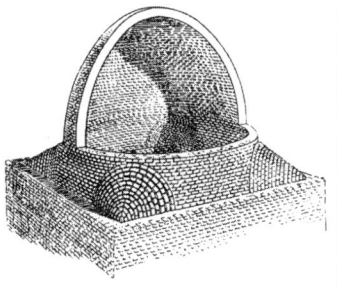

図1-2　木工術(テクトニク)の例：コロンビア原住民住居

図1-3　石工術(ステレオトミー)の例：スクィンチ・ドーム

図1-4　留園の境界としての窓

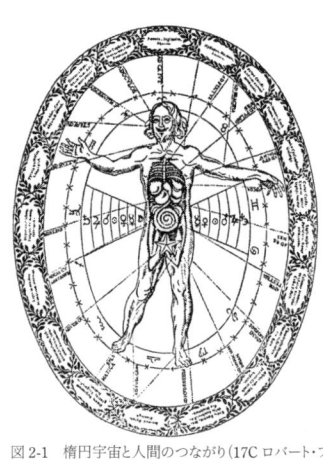

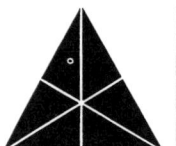

図2-2　プラトンのストイケイア（基本三角形）

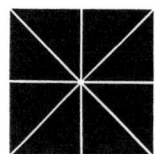

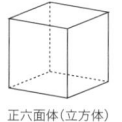

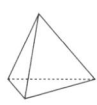

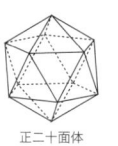

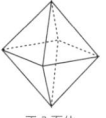

図2-3　プラトンの5つの正多面体

正六面体(立方体)
正四面体(角錐)
正二十面体
正八面体
正十二面体

図2-1　楕円宇宙と人間のつながり(17C ロバート・フラッドによる)

2-1) 岩田靖夫「ケノン・コーラー・トポス」『新岩波講座哲学7「トポス・空間・時間」』岩波書店, 1985, p.9-13.

2-2) 種山恭子訳『ティマイオス, プラトン全集12』岩波書店, 1975, pp.75-84.

2-3) 基本三角形は①直角二等辺三角形と, ②30°,60°,90°からなる直角三角形の二つで, 前者は正方形の8分の1, 後者は正三角形の6分の1である.

として哲学者や天文学者・数学者らによってなされてきました．近代以前の空間論の多くが，万物創生・宇宙創成，世界秩序などに関する人間の構想の中から育まれたものです．

また，ネオ・プラトニズム思想（ヘルメス思想やカバラ思想）には「宇宙－建築－人間」の相似的（アナロガス）な関係が想定されていました（図2-1）．当時の人々が，こうして建築空間と宇宙空間（世界観）をお互い類似するものとして考えていたという視点にたつ場合，「空間」を意味する英語「Space」が，宇宙という意味をもあわせ持っていることは，興味深いことと言えるでしょう．

●プラトンのコーラ

古代哲学の空間概念として，まず引合いに出されるのは，プラトンの「コーラ」です．コーラは「空間」とも「場」とも訳され，著書『ティマイオス』の中では，①万物の造形者・並みなみならぬ原因・知恵・理性としての「デミウルゴス(造物主)」，②あらゆる存在の原型・規定原理としての「イデア」，③存在のために必要な質料（素材）または場・無限定なるものとしての「コーラ」，以上の宇宙万物の生成に関わる3者のうちの一つとして登場します 2-1. このうちコーラについては

「あらゆる生成の，いわば養い親のような受容者」(49)

「そのものは，いつでもありとあらゆるものを受け入れながら，また，そこへ入ってくるどんなものに似た姿をも，どのようにしてもけっして帯びていることはない」(50.b)

また感覚では捉えられず，かつ

「あるものはすべて，どこか一定の場所に一定の空間を占めてあるのでなければならない，地にもなければ，天のどこかにもないようなものは無である」(52.b)

とわれわれに言わしめる当のもの，と説明されます 2-2. さらにコーラはどのような形にも加工することのできる「黄金」(50)のようなものとも説明され，素材的なものであるという点ではアリストテレスの第一質料の概念に先行し，コーラに空間という概念を適応するならば，それは何もない空虚な空間ではなく無定形な質料的素材で充満した空間イメージとして考える必要があります．

●ケプラーの宇宙のコップ

一方プラトンは，万物は形と数を用いて（つまり幾何学に則って）形成されたとも考えていました．この考え方はピタゴラス派の思想を受け継ぐもので，幾何学とは，基本三角形 2-3（ストイケイア，図2-2）を側面とする5つの正多面体（Polyhedoron）：①正4面体（火），②正6面体

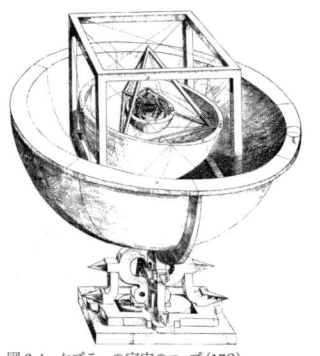

図2-4　ケプラーの宇宙のコップ(17C)

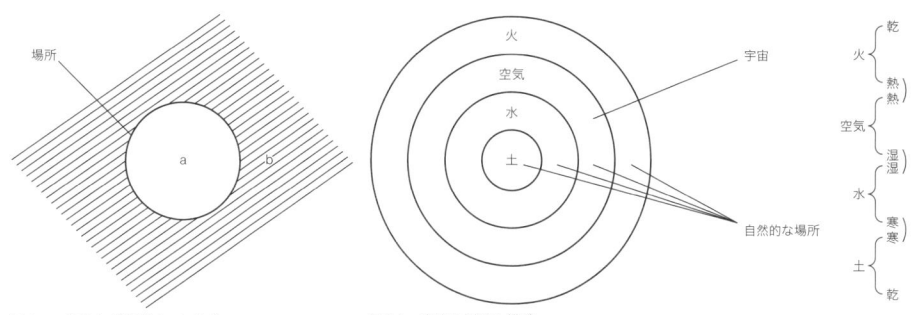

2-4) ①エジプト起源の神聖幾何学を伝えるピタゴラス派から伝承，この多面体は四大元素を構成，痛さの火，転がりやすい水，ふたつの中間である空気（風や水蒸気），じっと動かない土，神秘的な五角形からつくることのできる正12面体は地球を浮かべながら四大元素を閉じ込めておく宇宙の器．天空12宮ゾディアックはここから影響される．高木隆司編『かたちの事典』丸善，2004，pp.692-693.
②ピタゴラスは4,6,12面体のみを知っており，その後BC4Cのテアイテトスによって8,20面体が発見された．「万物は数である」とするピタゴラス派宇宙論は正多面体に重要な意味を与え，なにより優れているのは5つだけであると考えていた．13個の準正多面体はアルキメデスによって発見されアルキメデス立体と呼ばれる．
グレイゼル，保坂・山崎訳『数学史Ⅲ』大竹書店，1997，pp.194-199.

2-5) 6惑星の軌道球面を媒介する正多面体は，内側から正8面体，正20面体，正12面体，正4面体，正6面体の順になる．ヨハネス・ケプラー，大槻・岸本訳『宇宙の神秘』工作舎，1982，pp.132-136,188-192.

2-6) 藤沢令夫訳「アリストテレスの自然学」『世界の名著9「ギリシアの科学」』中央公論社，1972，p.112.

2-7) 岩田靖夫「ケノン・コーラー・トポス」『新岩波講座哲学7「トポス・空間・時間」』岩波書店，1985，pp.20-21.

2-8) 天球は球が回転しているときには，球の部分は場所をかえるが，それと同時に球全体は同じところに留まっているから不動であるとされる．

2-9) 岩田靖夫「ケノン・コーラー・トポス」『新岩波講座哲学7「トポス・空間・時間」』岩波書店，1985, pp.19,22-24.

図2-5 包括する境界としてのトポス   図2-6 宇宙の層的な構造

＝立方体（土），③正8面体（空気），④正12面体（宇宙），⑤正20面体（水）のことを指しました 2-4 （図2-3）．

このプラトン幾何学を用いて，太陽系の惑星軌道を天文観測値と照合したのが，16C末ドイツの天文学者ヨハネス・ケプラーです．図2-4は「宇宙のコップ」と呼ばれるケプラーの構想した宇宙構造を指し示す模型ですが，5つの正多面体を，内接球と外接球を介して同心円状に重ね合わせた場合，この時にできる一定幅をもつ6つの球体面の内部に太陽系惑星の巡回楕円軌道がちょうどおさまることが知られています 2-5．このケプラー惑星軌道理論の確立によって，造物主が幾何学を用いて秩序ある宇宙を設計したというプラトンのイメージは，リアリティーをもって現代の我々に示されているのです．

●アリストテレスのトポス

アリストテレス宇宙論での主要概念は「トポス」（場所）です．場所の定義は著書『自然学』の次の言葉

> 「場所は動かしえないものを意味する．・・・『ある事物を包み囲んでいるものの，その事物に直接する動かされえない境界面』というのが場所の規定であることになる」（212a16-20）

と定義され 2-6，「事物を取り巻いている容器」「固有の場所（イデイオス・トポス）」とも呼ばれています．但し場所の最も重要な性質は「場所の不動性」であり，図2-5の場合，「aの場所とはbの縁であるが，aとbの関係が場所として成立するためには，bは不動でなければならない」が条件となり 2-7，これを最も満足する場所・優れて場所といえるものが「共通の場所（コイノス・トポス）＝全存在者を包括する宇宙の最外周の縁」すなわち天球です 2-8．宇宙は図2-6に示すように層的構造をもち，宇宙の中心が下，天球の円運動の末端が上となり，宇宙を構成する四大元素（火，空気，水，土）はそれぞれが帰属する「本来の場所」をもつとイメージされました 2-9．

●有限で求心的な空間像・場所の現在

アリストテレスの「有限で求心的」な空間イメージ（図2-7）は，有限の世界地図（図2-8）に見られるように中世の世界観の主流となったのち，17C以降はルネ・デカルト，アイザック・ニュートンらによる「無限空間・均質空間」の考え方に凌駕されていきます．しかし現代において有限空間イメージが既に過去の遺物となったかというと決してそうとも言えません．20Cに登場する実存主義による場所の復権・空間シェマ，建築家アルド・ヴァン・アイ

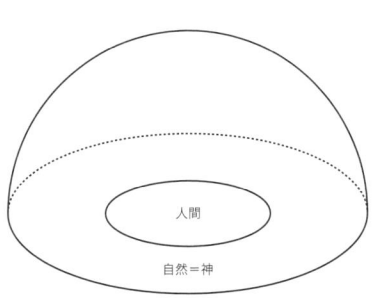

図2-7 宇宙論的「見かた」による世界観（阿部一による）    図2-8 エルサレムを中心とする車輪地図（13C末）    図2-9 子供の家

クの場所概念（☞ pp.76-78, 5章5節, 図2-9）, ルイス・カーンのルーム概念など[2-10]は, 中空の凹面によって有限に境界づけられ, 具体的に知覚・経験される空間として, むしろアリストテレス的有限性を積極的に捉えています[2-11]. 例えば20C実存主義哲学者O・F・ボルノウは著書『人間と空間』の中で

> 「われわれは, コペルニクスの体系の中にいて久しいことをかなりよく知ってはいるが, それでも太陽は・・・不動の大地の彼方の東からのぼるのと同様, 世界空間の無限性についてあらゆることを知っているにも関わらず・・・われわれにとって空間は・・・その本質においては, やはりいつも有限なものであった.」

とし, 人間にとって無限空間よりも有限空間が本質的であると論じると同時に, ①明瞭な中心点と軸座標系があり, ②種々の方向性と場所性によって意味的に不連続かつ分節された空間を「体験されている空間」と呼びました[2-12]. さらに現代地理学者I・トゥアンは1977年の著書『空間の経験』の中で,

> 「開いている空間とは, 何らかの意味がしるされる可能性のある白紙のようなものである. 取り囲まれ人間化されている空間は, 場所である. 空間と比べると, 場所は確立した諸価値の安定した中心である. 人間は, 空間と場所の両方を必要としている. 人間の生活とは, 庇護と冒険のあいだの, また依存と自由のあいだの弁証法的な動きである. 人は, 開いた空間では, 場所に対する意識を強くもつことができるようになる. そして, 庇護された場所で孤独でいるときには, その向こうにある空間の広大さが実在感をもって迫ってくる.」

と述べて, 可能態としての空間（拡がりとしての空間）と, 人間により意味を既に担った場所（アリストテレス的有限空間）を対比的に位置づけ, 人間には両者が必要であると結論づけています[2-13].

3　有限から無限へ

●有限宇宙論の矛盾

13Cトマス・アクィナスなどの中世後期の思想家たちは, プラトン主義が深く浸透した西欧カトリック教会の世界観に, アリストテレス思想を融合しました. キリスト神学では自然を始めとする万物のみならず宇宙も神の被造物とされていたので（図3-1）, 神を差しおいて, 宇宙は完全であっても無限であってもなりません. こうした意味で, 有限性と階層性を特徴とするアリストテレス宇宙論は, 中世キリスト神学には都合のよいものでした.

一方, アリストテレスのトポス理論に対しては, 15C初めにユダヤ正統派神学者クレスカスが行ったユークリッド理論に基づく厳密な考証により, その論理的矛盾が明らかにされました. クレスカスはアリストテレス宇宙論を否定し, ①空間は無限に大きい連続体でなくてはならない, ②空間は不動の空虚でいつでも物質を受容できるもの, という主張を行います[3-1].

●縮減された無限宇宙

キリスト教社会の一元的世界観[3-2]と, こうしたアリストテレス空間の矛盾との間に, 調和をもたらそうとしたのが, 15Cドイツの神秘主義的思想家ニコラウス・クザーヌスです. クザーヌスは, 神の充実した無限性には及ばないが, 空間には神の無限性を限定して映す「縮減された無限性」（欠如的無限とも呼ばれます）が備わっているという論を唱えて, 神の尊厳を保持したままに, 宇宙の無限性に論理的正当性を与えようとしました[3-3].

仮に空間が有限であれば, 中心や周縁という質的差異が空間内部に仮定されるので, 厳密には均質とはなりません. したがって「均質性」は, 元来空間の「無限性」と切り離すことはできない概念です. クザーヌスの主張は縮減された無限には中心も周辺もないとの内容を含んでおり, 空間論の流れの中では無

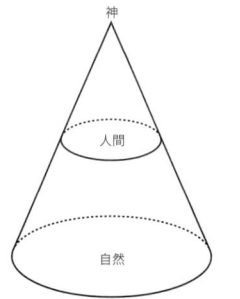

図3-1　一神教的世界観（阿部一による）

2-10) ☞ pp.76-77, 5章4・5節, pp.31-32, 1章5節.

2-11) コルネリス・ファン・デ・フェン, 佐々木宏訳『建築の空間』丸善, 1981, pp.21-22.

2-12) O・F・ボルノウ, 大塚・池川・中村訳『人間と空間』せりか書房, 1978, pp.16-17,285.

2-13) イーフー・トゥアン, 山本浩訳『空間の経験』筑摩書房, 1993, pp.95-101.

3-1) M・ヤンマー, 高橋・大槻訳『空間の概念』1980, 講談社, pp.85-94.

3-2) 神は大地をすべての中心として創造し, 自らの姿に似せて人間を創造し, 大地の主とし, 神が天上に築いた楽園は人間の死後の魂の昇天先とする世界観. 聖書詩篇93には「世界は固く据えられ, 決して揺らぐことはない」という不動性に関する記述もある.
ブライアン・マギー, 中川純男監訳『知の歴史―ヴィジュアル版哲学入門―』BL出版, 1999, p.64.

3-3) ニコラウス・クザーヌス, 岩崎・大出訳『知ある無知』創文社, 1966, pp.121-148.

3-4) 空間認知の発達研究会『空間に生きる』北大路書房, 1995, p.225.

3-5) M・ヤンマー, 高橋・大槻訳『空間の概念』1980, 講談社, pp.98-100.

3-6)「エーテル ether」: 古代ギリシア以来現代物理学まで様々な性質を与えられる微細な物質. 語源のギリシア語の意味は「上部の澄んだ空気や空」. コペルニクス, ガリレオの頃は宇宙空間に充満する物質. 廣松渉ほか編『哲学・思想事典』岩波書店, 1998, p.159.

3-7)「スピリトゥス Spiritus」: ギリシア語のプネウマ, サンスクリット語のアートマンと同様, 元来は気息を意味し, 呼吸・血などと同一視され生命の原理と解される. 廣松渉ほか編『哲学・思想事典』岩波書店, 1998, p.881, 1413.

3-8) 上野俊哉「科学する魔術師たちの宇宙論」『別冊宝島116』宝島社, 1990, pp.229-230.

3-9) ブルーノの神学的宇宙観に基づく宇宙原理として「宇宙は一様でかつ等方性をもつ」がある. 川久保勝夫『トポロジーの発想』講談社, 1995, pp.136-139.

3-10) 空間認知の発達研究会『空間に生きる』北大路書房, 1995, p.228.

3-11) ブライアン・マギー, 中川純男監訳『知の歴史―ヴィジュアル版哲学入門―』BL出版, 1999, p.88.

3-12) 廣松渉ほか編『哲学・思想事典』岩波書店, 1998, p.172.

3-13) デカルト, 谷川多佳子訳『方法序説』岩波書店, 2001, p.51.

図3-2 コペルニクスの宇宙(17Cケラリウスの銅版画)

限性と均質性を融合する革命的なものです 3-4.

● ブルーノの無限・世界の多数性

こうした潮流を引き継いで, 16C末ルネサンス後期に宇宙の無限を主張した哲学者にジョルダノ・ブルーノがいます. この頃, 天文学ではニコラウス・コペルニクスが1543年に太陽中心説を発表し(図3-2), キリスト教的世界観に大きな衝撃を与えていました. コペルニクスとクザーヌスの考え方に影響を受けたブルーノは

「ただ一つの普遍的な空間, ただ一つの果てしない広がりがあるだけであり, われわれはこれを空虚と呼んでさしつかえない. その中には無数の天体が存在している. この空間は無限であるとわれわれは断言する.」

と述べ 3-5, その著書『無限, 宇宙と諸世界について』で, ①宇宙は神の第一の創造物としてその無限性を具現化しており, ②中心も周縁もなく到るところに中心がある, また③無限の空虚には太陽系の如く恒星と惑星からなる世界が多数存在する, さらに④無限宇宙を統治するのは世界霊魂であり, その意思を万物に伝えるエーテル 3-6 的な物質として「スピリトゥス」3-7 がある, と主張します.

ブルーノの神学的宇宙観の面白さは,「宇宙」と「世界」の区別にあります. ブルーノの言う「世界」はコペルニクスの示した太陽系の如く有限でまとまった空間であり,「宇宙」は無限の中にこうした世界を無数に含むものとしてイメージされました 3-8. また任意のいかなる点も中心となりうるという多中心性の主張が, これまでの一元的・閉鎖的な宇宙イメージとは異なり, 地球外生命体の存在をも暗示する相対性をもつものでした 3-9.

● デカルトの延長・解析幾何学

17Cの近代的世界観の確立に決定的役割を果たしたのはデカルトです. 彼は, これまでの「無限なる実体=神」に対峙するものとして,「物質=拡がり(延長 Extension)をもつ存在」,「精神=思惟する存在」の二つを, 有限実体として新たに定義しました. デカルトのいう実体とは「存在するために他の何ものをも要しないように, 存在するもの」, つまり完全に自立した存在のことを意味します. このように神とは別に, 物質と精神を自立したものと捉え, はっきりと区別する構えを「デカルト的二元論」といいます. デカルト的二元論は, 古代からの物体と霊魂の混在といったアニミズム的世界観や, 宗教性をおびた世界観を払拭し, 物体の世界からあらゆる生命や精神の残滓を取り除こうとする論理的態度の基礎をなします 3-10.

「知覚を経由してではなく, 私の精神によって確信するのである. そして, 精神こそが, 知覚では理解できない神や数学を理解できるのであり, 私そのものなのである.」

この言葉 3-11 に代表されるように, 彼の構えは, ①現実世界についての知識は理性を通して得られるのであり, 知覚することで得られた情報はまちがいの原因となる, ②科学的な証明のためには疑う余地のない事実から出発し, その事実から推論を重ねて論理的な結論を導き出さなければならない, といった合理主義思想に結実し, 近代科学技術のもととなる機械論的自然観 3-12 や, 主体(精神)と客体(物質)の二項対立図式として近代に受け継がれていきます.

次に物質に与えられた特性である「延長」(Extension)の概念については『方法序説』の中で 3-13

「わたしは・・・幾何学者の扱う対象を・・・一つの連続した物体としてとらえた. 言い換えれば, 長さと幅と高さまたは深さにおいて無際限に拡がる一つの空間であり, さまざま

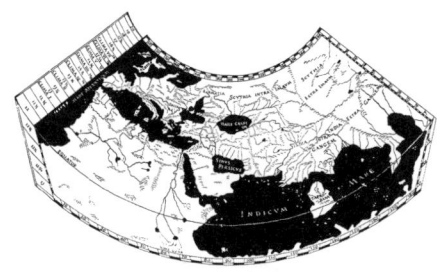

図3-3a　プトレマイオスの世界図(15C写本) 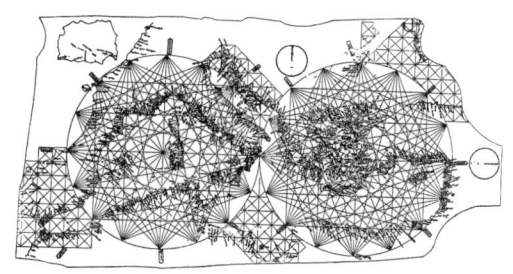　　図3-3b　ポルトラーノ海図(13C末)

な部分に分割でき，その部分は形と大きさをいろいろ変えることができ，あらゆる仕方で動かしたり位置を変えたりできる.」
とし，①幾何学の対象，②長さ・幅・深さにおいて無際限，③分割可能と可変性・可動性，の3つのポイントをあげました.

延長によく似た考え方として，既にアリストテレスはDiastemaとよばれる概念によって，物質は長さと幅と深さの3つをもち，これらによって物質は包まれ限られるものと考えていました[3-14]．もし「延長」の概念が「物質＝3つの次元ディメンジョンをもつ」という指摘だけなら，これまでと大きな差異はありません．ならばデカルトの延長概念の革新的な点とは，一体何だったのでしょうか．

それに答えるためには数学者としてのデカルトがもたらした幾何学上の貢献について知っておく必要があります．古代からこの時期まで，幾何学はもっぱら定規とコンパスによる作図に頼っていました．これに対してデカルトは1637年の著作『幾何学』[3-15]で，「幾何学上の一点はその位置をあらわす数字によって特定できる」という考え方を提出します．彼は代数を幾何学に応用(解析幾何学または座標幾何学と呼ばれます)することによって，線分や曲線を方程式で表すことが可能な画期的体系をはじめて提示したのでした[3-16]．また，無限に追加・反復・分割が可能な数の概念を空間イメージと融合させることで，物体の存在をアリストテレスのように限定性ではなく，無限の拡がりにおいて素直に考えることができたのです．比喩的に要約すると，アリストテレスが有限な形態において空間を理解したのに対して，デカルトは代数字と幾何学の融合の考えから，まず特定の形態と量を超越した

無際限に拡がる空間を設定し，そこから形態を理解するという構えをとったとみれば，二人の違いが理解できるでしょう[3-17]．

●カルテシアン・グリッドと世界地図

座標の考え方は，古代から暦・星図・地図を作る際に，天体位置や地表面上の定点を決定するために度々使用されてきました．2Cアレキサンドリアの天文・地理学者で，天動説で名高いプトレマイオスの正距円錐図法による世界図は，海図としてのポルトラーノ図(図3-3)と並んでルネサンス地図学の基礎をなします[3-18]．またルネサンスの芸術家達も透視図法のために直角方眼ネットを使いました．

これに対して，座標のもつ数学的意義を発見したのは，デカルトと17Cフランス人数学者ピエール・ド・フェルマーです．座標システムそのものはライプニッツやレオンハルト・オイラーなど後の数学者の体系化によるものですが，素となるアイデアをデカルトが提示したことから，直交座標系はデカルト座標(カルテシアン・グリッド)と呼ばれています[3-19]（図3-4）．

また同じ時期に，現在我々が用いているメルカトル図法が陸図と海図を統合する手段として登場し，大航海時代の地理学的発見の成果が地図上に集約されるようになりました．

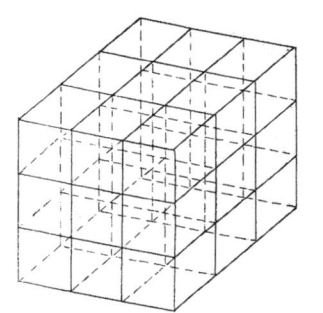

図3-4　座標システム(C・N・シュルツによる挿絵)

3-14) 村治能就編『哲学用語辞典』東京堂出版，1999, p.53.

3-15) 河野伊三郎訳『デカルトの幾何学』白林社，1949.

3-16) ブライアン・マギー，中川純男監訳『知の歴史—ヴィジュアル版哲学入門—』BL出版，1999, p.84.

3-17) のちに20C哲学者ハイデッガーはデカルトを引用し，延長概念によってもたらされた空間が「物体の諸変化(分割・形態化・運動)」をいつでも受け入れることのできる「存在機構そのもの」であると評した．
ハイデッガー，原・渡邊訳『存在と時間(I)』中央公論新社，2003, pp.232-237.

3-18) 海野一隆『地図の文化史』八坂書房，2004, pp.22-58.

3-19) 横座標と縦座標からなる直交座標系は，古代ギリシア数学者アポロニオス(BC260-170頃)著作の16Cラテン語版をもとに，1670年代にライプニッツによって導入され，彼によってCoordinate＝co＋ordinateラテン語起源の「整然とした」の意と呼ばれるようになった．互いに独立した対等なX軸とY軸の2座標の概念はG・クラメル「代数曲線の解析入門1750」で成立．3次元座標は，ベルヌーイ，クレローからオイラー「無限小解析入門1748」でほぼ体系化された．
グレイゼル，保坂・山崎訳『数学史』大竹出版，1997, Iのpp.74-75, IIIのpp.170-184.

このように 17C 半ばの世界観・空間イメージの拡がりは、座標と地図という二つの事柄により確認することができます。

●ニュートンの絶対空間・相対空間

デカルトに引き続き、精神・物質の区別と同じようなインパクトのある空間上の定義を行ったのは 17C 末の科学者ニュートンです。デカルトの延長概念では、空間は精神（主体）からは独立するものの、物質とは混同されていました[3-20]。ニュートンはこれに対して、1687 年の著作『プリンキピア』で、概念は「感覚できる対象」との関係から出てくるので常に偏見がつきまとう懸念があるとして、①数学的な空間つまり個別の事象からは全く切り離された「絶対空間」と、②日常的な空間つまり現象する「相対空間」を区別しました[3-21]。絶対空間はニュートンの「運動の第一法則」（等速直線運動）「力と質量」（質点）といった基本概念を保証するための理想的・自体的な空間であり、仮想的に決められた物理的思考の枠組みです。この無限かつ一様にひろがる不動の空間と、永遠の過去から未来へと一様に流れる「絶対時間」の概念は、20C アルバート・アインシュタインの相対性理論までその支配的地位を揺るがされることはありませんでした[3-22]。

19C 末のフランス人数学者のアンリ・ポアンカレは、こうした空間を説明する際に次のような喩えをしています。

> 「わたしが部屋のなかで椅子にかけている。一つのある物がテーブルのうえに載っている。わたしは一秒間動かない。だれもその物に手を触れない。わたしはその物がその一秒の始まりに占めていた点Aは、一秒の終わりに占める点Bと同じものだ、と言おうとする。とんでもないことである。点Aから点Bまでには、三十キロメートル離れている。というのは、その物は地球の運動につれて引きずられてしまったからである。われわれはごく小さかろうがなかろうが、ある物が空間における絶対的位置を変えたかどうかを知ることはできない。」[3-23]

これはあくまで喩え話であって、仮にこの話を聞いた我々が、頭の中で地球という基準物をイメージした途端に、その頭の中の空間はニュートンの区分では相対空間になってしまいます。つまり絶対空間がどこに存在するのかを問うことは意味をなさず、ポアンカレがいうように「絶対空間を表象することは不可能である」という点には注意が必要です。

4　無限空間の波紋

●空間の恐怖

デカルト、ニュートンによって示された、茫洋と広がる空間イメージは、人間の拠り所のなさ、底知れぬ卑小感を当時の人々にも与えました。ニュートンの同時代人パスカルは、

> 「沈黙している全宇宙を眺めるとき・・・私は恐怖に襲われる・・・空間によって、宇宙は私をつつみ、一つの点のようにのみこむ。考えることによって私が宇宙をのみこむ。」

とその心情を述べています[4-1]。また建築家クロード・ニコラ・ルドゥーは 1804 年の著書『建築』で、「貧しきものの家」（L'abri du pauvre）というドローイング（図4-1）と共に

> 「まさしく、あなた方を驚嘆させるこの広大な宇宙は、貧者の家なのだ。裸にされた富者の家なのだ。貧者は、円屋根の代わりに蒼穹を持ち、神々の集いと通じている。・・・どのような人間であれ、小さな空間しか占有することがないのが、分かるであろう。大きくしたところで無駄なのだし、人間の手によって、宇宙の広大無辺な空虚が一遍に充満することはないのだ。・・・人間は自然に抵抗する者なのでなく、人間は建築芸術によってこそ、自ら必

図4-1　ルドゥーの貧しきものの家（部分、18C 末）

3-20) 空間認知の発達研究会『空間に生きる』北大路書房、1995、p.229。

3-21) 感覚できる測度（座標系）、物体の場所と運動の基準にできるような静止物がある場合、それは相対的空間となる。M・ヤンマー、高橋・大槻訳『空間の概念』講談社、1980、pp.106-112。

3-22) 廣松渉ほか編『哲学・思想事典』岩波書店、1998、p.941。

3-23) ポアンカレ、吉田洋一訳『科学の価値』岩波書店、1977、pp.90-92。

4-1) 空間認知の発達研究会『空間に生きる』北大路書房、1995、p.229。

図4-2　圧倒的マッス(S・F・アシス教会) 　　　図4-3　空虚を満たす装飾志向(アルハンブラの装飾) 　　　図4-4　フェルメールのデルフト(部分)

要とするものを自らの可能性の手に委ねるのである.」
と述べ[4-2], 無限空間の広大さと人間が占有する空間の小ささを対比的に語っています.

また19〜20Cの彫刻家アードルフ・フォン・ヒルデブラント, 美学者H・ヴェルフリンとヴィルヘルム・ヴォーリンガーは, 芸術活動に表れた次の諸現象：①空虚を満たしてくれるマッス崇拝(図4-2), ②平面の充実, ③アリストテレス的有限空間への憧れ, ④広場恐怖症(部屋を古道具で満たす, 庭園を樹木で満たすなど), ⑤壁面の空虚をみたす装飾志向(以上ヴェルフリン, 図4-3), ⑥静的な感情をもたらす抽象の概念(ヴォーリンガー)といった事例を通して, 人間が茫洋・無際限・混沌たる空間に対して抱く心理的な恐怖感を指摘しています[4-3].

●芸術への影響

一方, 芸術表現へのポジティブな影響については, 20C美術史家S・ギーディオンが, この時期に確立された無限の空間概念が, 限りなく広がる無限性の表現, たとえばオランダ風景絵画の大気表現(図4-4)やフランス式庭園の果てしない拡がり(⇨ p.167図2-8)といった印象表現につながった点を指摘しています[4-4]. また建築家エティエンヌ・ルイ・ブレはニュートン記念堂(1784, 図4-5)のプロジェクトに寄せて, 無限の崇高さを讃えました[4-5].

さらにニュートンの二つの空間概念の明晰な理解と区別をしていた人物に, 20Cオランダ建築家のG・T・リートフェルトがいます.

「もしも実用的な目的のために, われわれが無限の空間の一部を人間的な尺度へと, 分離し, 限定し, そして導入するならば, それは実在として生活にもたらされた空間の断片である.・・・一般的な空間というのは, その中にひとつの限定を導入するまでは実在しなかった.」

この言葉[4-6]に示されるように, 彼は無限空間と一般的な空間(相対空間)を区別し, 建築の空間が「無限空間を限定した後にできる」という認識を明快に述べることができました. また無限空間が限定された状態を「空間の断片」と表現しているのですが, このイメージはシュレーダー邸(1924)のデザイン・ヴォキャブラリーと合致した印象を私たちに与えます(図4-6). ここに空間理念と空間形態が関連付けられた非凡な例を見ることができるでしょう.

●均質空間(Universal space)

20C近代建築の表現の背後にある空間像で,

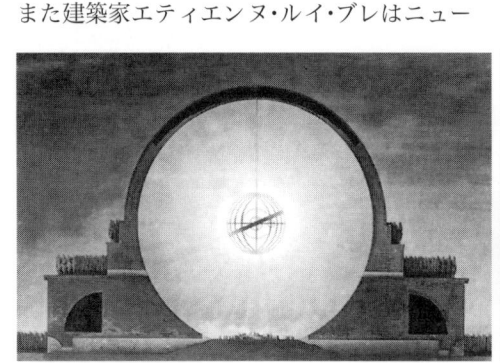

図4-5　ブレのニュートン記念堂 　　　図4-6　リートフェルトのシュレーダー邸

4-2) 白井秀和編著『ルドゥー「建築論」註解I』中央公論美術出版, 1993, pp.78-79.

4-3) コルネリス・ファン・デ・フェン, 佐々木宏訳『建築の空間』丸善, 1981, pp.116-120.

4-4) ギーディオン, 太田實訳『空間・時間・建築』丸善, 1990, pp.150-151.

4-5)「ニュートンの墓において, 私はすべてのイメージの最高に偉大なものを実現しようと追求した, つまり絶大なものである.・・・球体は無限の多面体である・・・.」コルネリス・ファン・デ・フェン, 佐々木宏訳『建築の空間』丸善, 1981, p.67.

4-6) コルネリス・ファン・デ・フェン, 佐々木宏訳『建築の空間』丸善, 1981, p.38.

座標によってのみ物の位置が示される無限で均質な拡がりは、特に「均質空間」(ユニバーサル・スペース)と呼ばれています[4-7]。この概念を表現した建築には、立体格子構造とガラスでできた高層オフィスビル、とりわけミース・ファン・デル・ローエの作品(図4-7)が挙げられることが一般的です。原広司は「均質空間論」の中で、今や世界の諸都市で見られるオフィスビルが、3つの特質：①環境・気候の恒常性，②自由な領域構成，③モデュールによる生産・使用面での合理性、によって具体的に特徴づけられ、「建物を建てる場所を選ばない」という意味(偏在性)と「もともとあった自然のもつ場所の特性を排除する」という「二重の均質性」を有していると論じました[4-8]。また均質空間理念によって作られた建築が、「場所の均質性」以外に、①機能を対象化しないこと、つまり使用法を問わないこと、②具体的なモノにまとわりついている意味を剥離すること[4-9]という特徴をもあわせ持ち、W・グロピウスの提唱した「国際建築」[4-10]を本当の意味で実現したのが、唯一ミースのユニバーサル・スペースであると結論づけています。

●観念としての空間──ロック──

17C後半の哲学者で、デカルト思想を検討・拡張して、延長概念が物質のみならず精神にも適応できるとしたのが経験主義[4-11]哲学者ジョン・ロックです[4-12]。私たちはふつう、空間は身体の外側に意識をはなれて存在し、私たちの意識は、客体としての空間の実在性をなんらかの形で反映していると考えて疑いません。しかしロックによれば空間は我々の中にも存在しています[4-13]。

ロックは名著『人間知性論』の中で、人間は固性(Solidity 触覚で感覚する固さ)がなくとも空間の明晰な観念[4-14]、あるいは全く物体のない「純粋空間」(真空)の観念をもつことができると述べています[4-15]。またロックは、無限空間について、次のようなより詳細な概念規定を行いました。私たちは長さという量の観念を反復(無限に延長する)することで、「空間の無限」という観念を持つことができます。但し心がそうした観念をもつことができたとしても、限界のない空間が現実に存在するかどうかは全く別の問題です。経験主義の構えでは、現実に存在するかもしれない「無限な空間」は、現実として眺めてはじめて認めることのできる空間、に対する観念ですが、空間が無限である以上境界はないのだから、わたしたちは永遠に無限空間を実際に見ることも感じることもできず、つまるところ「無限空間の観念」を持つことはできません。したがってロックに言わせれば

「ある空間、持続、あるいは数について私たちが心にもつ実定観念は、どんなに大きくとも依然として有限である。」

と結論づけられることになります[4-16]。

●頭の中の先験的空間──カント──

デカルトが示した物質的(物理的)空間と精神的(心理的)空間の区別のうち、物理的空間を極めたニュートンに対して、空間を専ら主体・精神の側の問題として論じる流れをつくったのが18C哲学者I・カントです[4-17]。彼は『純粋理性批判』の中で

「空間は、現象に依存する規定ではなくて、現象そのものを可能ならしめる条件であり、外

図4-7 シーグラムビル 　　図4-8 抽象芸術の非対象性(マレーヴィッチ) 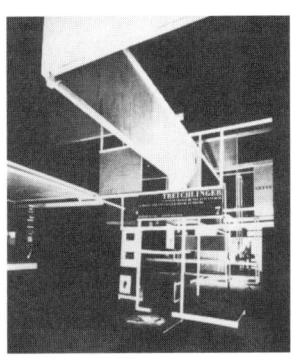　　図4-9 キースラーの「空間の中の都市」

図5-1　デューラーの透視画法論の挿絵 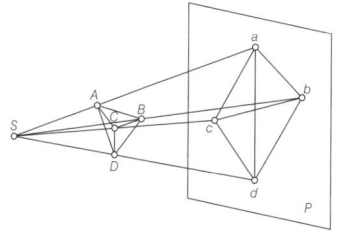　　図5-2　ユークリッド空間での中心射影 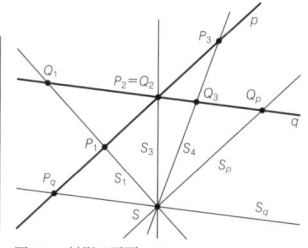　　図5-3　射影の平面モデル

的現象の根底に必然的に存在するアプリオリな表象である.」
と述べています[4-18]. 私たちは, 物体を取り除いた空間を想像することはできても, 物体が空間以外のところに存在したり, 時間のないところで物体が運動していることを思い浮かべることはできません. このように空間と時間は, 我々にとって物事を認識するための基本的な枠組みとなっており, それがなければ何も知覚したり理解したりすることは不可能です[4-19]. カントによって空間は専ら人間の意識の側の問題として論じられ, ①経験的概念ではない, ②アプリオリ（先天的）な必然的表象である, ③一般的概念ではなく純粋直感である, ④与えられた無限量として表象されると定義されます[4-20]. 彼のいう空間は, 比喩的に表現すると, 私たちの頭の中にある, どのようなイメージも直感的に受け入れ, 様々な観念を想起することのできる絶対空間のようなもの, と喩えうるかもしれません. とにかく, こうしたロックやカントの哲学的論考が, その後の空間の探求を, 物理学や数学の対象としての物理的空間と19C後半に誕生する心理的空間（心理学の対象）とに, 大きく二分する契機となりました[4-21].

5　幾何学的空間

●遠近法と無限遠点

遠近法（空間図形の像）については, 13Cにポーランドの建築家ウィテロが, ユークリッド「光学」を再編した著書『遠近法』を著し, 後のアルベルティやレオナルド・ダ・ヴィンチに影響を与えました. 透視画法（パースペクティヴ）が光学からは独立して, 厳格な幾何学により体系化されるのは, ダ・ヴィンチ, デューラー, ラファエロといった芸術家達の活躍するルネサンス期のことです[5-1]（図5-1）.

さて, 遠近法の仕組みですが, ユークリッド空間内での中心射影（図5-2）を行う場合, 1対1の点対応では必ず欠陥が生じてしまいます. 例として図5-3に, 「中心Sから直線pを線qに射影する」簡単な平面モデルを示しましたが, この図をよく見れば分かるように, 点P_qはどこにも射影されませんし, 点Q_pは射影されるべき原像が存在しません. そこで, この欠陥を修正するには, 「無限遠点」（非固有点の集合, 消点）の概念の導入が必要となります[5-2]. この無限遠点のアイデアは, デカルト以前の17C初頭に, イタリア人学者ウバルト・デル・モンテとケプラーによって既に数学的に発見

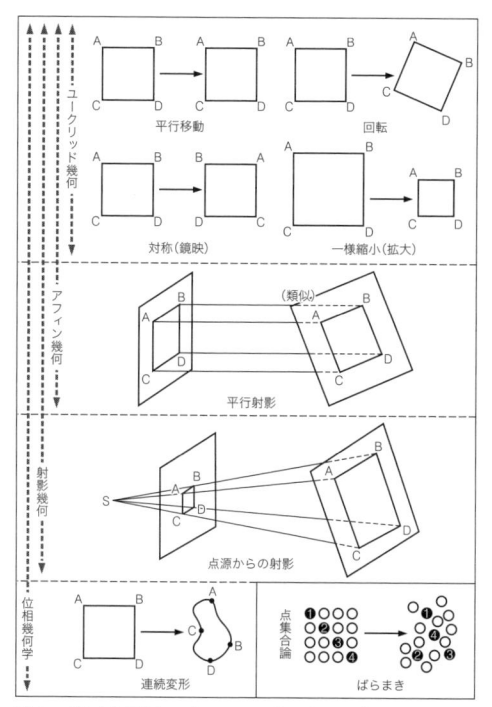

図5-4　様々な幾何学（19C末, エルランゲン・プログラム）

4-17) 空間認知の発達研究会『空間に生きる』北大路書房, 1995, p.230.

4-18) カント, 篠田英雄訳『純粋理性批判』岩波書店, 1961, p.39.

4-19) ブライアン・マギー, 中川純男監訳『知の歴史—ヴィジュアル版哲学入門—』BL出版, 1999, p.135.

4-20) カント, 篠田英雄訳『純粋理性批判』岩波書店, 1961, pp.38-40.

4-21) 空間認知の発達研究会『空間に生きる』北大路書房, 1995, pp.247-248.

5-1) 等測投影（アイソメトリック）に近い方法で描かれた絵画には古いもので4Cのローマ・モザイク管見にある. 軸測投影法（アイソメトリック）については14C以降のフレスコ画やイコン画に初期の例を見ることができる. グレイゼル, 保坂・山崎訳『数学史Ⅲ』大竹出版, 1997, p.295.

5-2) グレイゼル, 保坂・山崎訳『数学史Ⅲ』大竹出版, 1997, pp.298-306.

5-3) ヘレン・ロウズナウ, 西川幸治監訳『理想都市—その建築的展開』鹿島出版会, 1979, p.65.

5-4) 楕円の基本理論の最古はBC3Cギリシアのアポロニオスによる. 高木隆司編『かたちの事典』丸善, 2004, pp.467-470.

5-5) グレイゼル, 保坂・山崎訳『数学史III』大竹出版, 1997, p.299.

図5-5 パルマ・ノヴァ

図5-6 ヴェルサイユの都市と宮殿(17〜18C)

されていたものです．その後，無限遠点をもつ幾何学理論は，17C半ばにフランス人建築家・数学者のデザルグをきっかけに射影幾何学（射影空間の概念）へと発展していきます（図5-4）．このように「無限に近づく」という運動概念は，デカルトやニュートンと同じ頃，空間図形の図像化過程において数学者の間で見出されました．

● **無限概念による新しい幾何学的造形**

次に，バロック期を中心に展開を見せた幾何学的造形に触れます．16Cまで直交座標系（平行座標系）の都市計画・建築や，円形平面の建築が造形原理の主流でしたが，17C以降，新たに①平面解析幾何学の「極座標系」形態をもった都市計画と，②「楕円幾何学」による空間造形が登場します．

極座標系は，17CのV・スカモッツィ設計のパルマ・ノヴァ（図5-5），マンサール＋ル・ノートル設計のヴェルサイユの都市・庭園（図5-6），18Cのカールスルーエ宮殿（図5-7），次項で述べるバロック的都市計画などが代表例です．このうちパルマ・ノヴァは要塞都市でかつウィトルウィウスの都市理論とフィラレーテの理想都市（図5-8）の影響から，城壁で囲まれた有限性をもっていました．これに対して，カールスルーエやヴェルサイユでは，都市の境界を区切る建物・通りは自由に延長可能で，外（田園地帯）に向かって無際限に都市拡張ができるという特徴をもっていました 5-3．

一方，楕円幾何の造形は16C半ばのミケランジェロ設計のカンピドリオ広場（1536頃, 図5-9, ⇨ p.102 図2-19）を皮切りに，17Cになるとベルニーニ設計のサン・ピエトロ大聖堂前面広場（1567, 図5-10），ボロミーニの建築モチーフなどに数多く見られるようになります（図5-11）．この頃，楕円幾何学 5-4 は，ケプラーが「双曲線−放物線　楕円−円」の数学的性質の相互関係に「焦点の無限」概念を発見したことが一つの契機となり，大きな発展を遂げている最中でした 5-5．

17Cはこのように幾何学の時代的発展と，新たな空間造形の創出とが，共時性をもって展開する興味深い時期です．井上充夫は，直交座標や極座標にはそれぞれ形状の記述法に得意不得意があるとしても，結果的に設計者を含めた当時の人々が，ある座標系の空間秩序を好み，実体的造形をおこない，さらにその空間を理解して用いたということは，当時

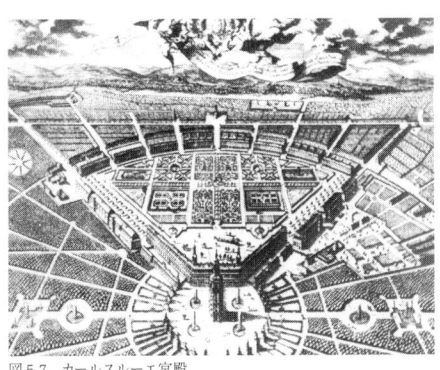

図5-7 カールスルーエ宮殿

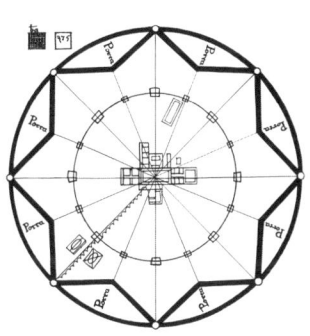

図5-8 フィラレーテの理想都市図

図5-9 ミケランジェロのカンピドリオ広場

図5-10 サン・ピエトロ大聖堂前面広場

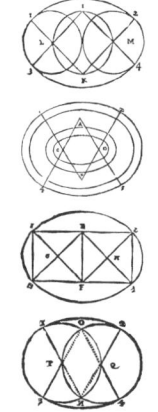

図5-11a セルリオの楕円作図の4つの方法 　図5-11b ボッロミーニのラテラノ教会の楕円窓

5-6) 井上充夫『日本建築の空間』鹿島出版会，1969, pp.229-234.

5-7) 鳴海・田畑・榊原編『都市デザインの手法』学芸出版社，1990, pp.18-21.

5-8) ヘレン・ロウズナウ，西川幸治監訳『理想都市－その建築的展開』鹿島出版会，1979, pp.62-75.

5-9)「空間定位 Spatial orientation」：対象あるいは自己を空間に位置づけて知覚すること．対象の定位に失敗すると「見失った」，自己の定位に失敗すると「迷った」という状態になる．空間定位は自己を基準とする自己中心定位と外界を基準とする客観的定位のふたつに分類されることが多い．単にオリエンテーションともいう．

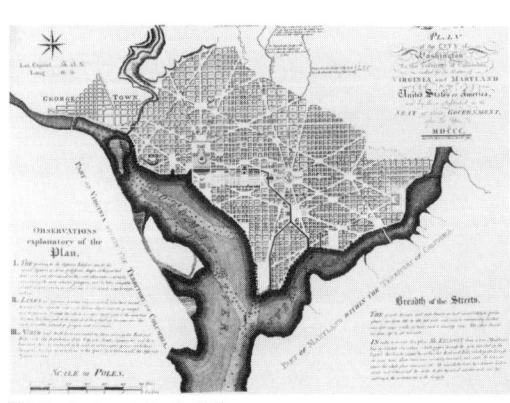

の人々が自然空間そのものを，その座標系で理解しようとしたことを物語っている，と述べています[5-6]．このように幾何学が世界理解の道具であり，都市・建築の秩序形成に反映されたと仮定すると，延長，無限，拡大，遠近法，焦点といった空間に関わる諸概念は，バロック期の建築表現を理解する手掛かりとなります．

● バロック的都市デザインとヴィスタ

「バロック的都市デザイン」と呼ばれる事例には，先述のヴェルサイユ，カールスルーエ，サン・ピエトロ広場の他に，クリストファー・レンのロンドン改造計画をはじめ，ピエール・ランファンのワシントン計画(1792, 図5-12)，バロン・オスマンのパリ計画(1853-69, 図5-13)といった事例があります[5-7]．これらは①壮大な建築に向かって延びる大通りと透視図法的な「見通し Vista」，②都市内の宗教的・社会的な重要地点（焦点）を結ぶ「放射状」の街路配置，③マニエリスム期の城塞計画よりも大規模な軍事広場，④既存都市の部分的改造と特定地区の美化，などを特徴としています[5-8]．

当時の人々はこのような幾何学的空間の特徴を，建物・道路がつくられている地面と同じレベルにたち，建物の間を歩きながら体感しました．しかも，焦点（無限遠点）や軸性をもった街路（座標）との関係から，自分が今どこにいるか，つまりおおよその空間定位（オリエンテーション）[5-9]を可視的・瞬間的に行うことができました．こうして都市モニュメントとそこから放射状に伸びる直線街路によって，遠近法的視環境と幾何学性による明快な都市空間が形成されたのでした（⇒ p.167 図2-5, 6）．

● 視覚の遊び

17Cバロック芸術は一般的に視覚の快楽を求める側面があると言われます．ルネサンスが対象を静的に眺めるのに対して，バロックでは透視図法も額縁の中だけに納まりきらず，鑑賞者も一体化して覆う身体的没入感覚が求められます．こうした意識が建築の外側に向

図5-12 ランファンのワシントン計画

図5-13 オスマンのパリ計画

5-10)『名画への旅 II バロックの闇と光』講談社，1993，pp.128-133．

5-11) ヘレン・ロウズナウ，西川幸治監訳『理想都市—その建築的展開』鹿島出版会，1979，p.51．

図 5-14a　パラッツォ・デル・テ

図 5-14b　「夫婦の間」の天井画

かったことで，空間操作の対象は都市や庭園に拡張されてきたのでした．

　逆に，透視図法が建築の内部空間そのもの，つまり室内装飾に展開された例に「だまし絵」（トロンプ・ルイユ）があります．この錯視を用いた装飾絵画は，マニエリスム期ジュリオ・ロマーノ設計のパラッツォ・デル・テ (1535) 内部のマンテーニャ作「夫婦の間」(15C, 図 5-14) を先例として，16C 中〜18C の北イタリアで隆盛を極めました．そのうち遠近法的効果を用いて眩惑的な建築部位を表現した絵画を特に「クァドゥラトゥーラ」（正方形の意，図 5-15）といいます[5-10]．

　建築家による透視図法を用いた舞台装置として，16C セルリオ設計の 3 つの舞台 (図 5-16) や，パラディオ設計のテアトロ・オリンピコ (1584, 図 5-17) が特に有名ですが[5-11]，クァドゥラトゥーラはこうした当時勃興していた演劇・オペラの舞台技法が，建築の内部空間にも応用されたものです．

6　建築の本質＝空間

●感性の学問

　先述通り，建築の本質が空間であると規定される作業は，19C 末頃に美術史家・彫刻家・美学者らによってなされました．では，なぜ建築家でなく，彼らによってなされたのかという疑問に答えるためには，18C のドイツ哲学・美学における，人間に関する論考プロセスを辿ってみなければなりません．

　デカルト二元論を契機に，人間の精神も探求の対象となったことは既に述べましたが，このうち「『理性』による認識」（上位の認識）については，18C 前半に哲学者ライプニッツと弟子 C・ヴォルフにより論理学として一応の体系化をみていました．もう一方の人間の認識すなわち「『感性』による認識」（下位の認識）に関する学問の体系は，18C 半ばになって哲学者アレクサンデル・バウムガルテンによって「感性認識の学＝美学」としてはじめて

図 5-15　16C ペルッツィのクァドゥラトゥーラ 　　図 5-16　セルリオの舞台装置 　　図 5-17　テアトロ・オリンピコ

提唱されます．

● カントとヘーゲルの美学

こうした美学による「美の自律性」に，最大の論理的根拠を与えたのがカントとヘーゲルです．カントは著書『判断力批判』(1790) の中で，美の認識を特に「美学的判断」(趣味判断) と呼び，美学的判断が，①ただそのものの性質を「快・不快の感情」と連結するだけの判断であること，②利害や物欲といった特定の「関心」を欠き，美に対する関心だけがある状態であること，③概念を欠くこと，④趣味判断は感性的で主観的・個別的判断であるにもかかわらず，一種の共通感，主観的必然性 (普遍的妥当性) をもつこと，以上の特質を述べました[6-1]．一方ヘーゲルは著作『美学講義』(1835-38) で「芸術美は理念の感性的あらわれである」と述べ，芸術作品に表された人間精神・理念の重要性を強調し，芸術を自然以上に高級なものと位置づけます．また芸術の歴史的発展を次の3段階，①低位の建築 (象徴的・古代オリエント芸術)，②中位の彫刻 (古典的ギリシア・ローマ芸術)，③最高位の絵画・音楽・詩 (ロマン的・キリスト教的芸術)，にレベル分けしました[6-2]．このように建築が芸術の中で最も低い地位を与えられた理由は，建築が精神性とは別に材料・功利・目的などの現実的・実用的・社会的ファクターを数多く持つがゆえのことでした．

● ゼンパーの様式論

ヘーゲルのこのような「理念」を主軸におく美の考え方に対抗して，建築家としてむしろ「物質性」を主軸に，芸術を「実践的美学」

図6-1 身体の延長としての空間 (O・シュレンマーの挿絵)

として論じたのがゴットフリート・ゼンパーです．彼は19C半ばの著書『様式論』で，物質こそが人間の創造物共通の出発点であり，理念は機械的な3因子 (原材料，目的，技術) があってはじめて最終的な形態・デザインに到達できると主張します[6-3]．また，「材料」に着目した歴史的通観から，工芸を①織　物，②陶　器 (セラミック)，③木　工 (構築法，テクトニック)，④石　工 (載石法，ステレオトミー)，⑤金属細工 (メタロテクニック)，以上5つのカテゴリーに分類しました[6-4]．また後の『プロレゴメナ』[6-5] (1863) で，「幅・高さ・奥行」という空間の三次元を，「対　称・比　例・方向」(シンメトリー・プロポーション) という形式美学[6-6] の3カテゴリーと一体のものとして定式化し[6-7]，形式美学の「面の原理」を「空間の原理」へ読み替える試みを行いました[6-8]．彼のこうした考え方が発展して，次に紹介するシュマルゾーの概念規定，すなわちこれまで物理学・数学・天文学・神学などの世界で形而上学的概念として扱われていた「空間」概念が，建築固有の本質的性質として召喚される作業へとつながっていくのです[6-9]．

● シュマルゾーの空間と身体

「建築は空間を形成することである」という定義を，誰よりも明確に宣言した美学者がアウグスト・シュマルゾーです．彼は1893年の『建築的創造の本質―ライプツィヒ大学教授就任講演』で，従来の「量塊・構築術・応用芸術としての建築」(マッス・テクトニック) といった諸定義を踏まえつつも

「建築はそのもっとも内的な本質からすれば空間形成作用である．・・・建築は最初から最後まで空間形成者なのである．」
「建築芸術の歴史は空間感情の歴史である」

といった主張を行いました[6-10]．ここでは「空間理念」と「空間形態」は明快に区別され，空間形態は空間理念の表現であり，空間理念は歴史的様式のための決定因子であると位置づけられます[6-11]．

またシュマルゾーは，ゼンパーの考え方を発展させて，「直立した人間の身体を延長したもの＝空間」の理論的図式を提案しました．1914年の論文では，身体には「垂直・水平・奥行き」の3つの軸があり，それぞれは空間

6-1) カント，篠田英雄訳『判断力批判』岩波書店，1964，pp.3-115．

6-2) ヘーゲルはまた，建築の弁証法的発展を①自律的・象徴的建築 (バベル塔やピラミッド)，②古典的・奉仕的建築 (ギリシアとローマ建築)，③ロマン的建築 (ゴシック教会) への流れと位置づけた．
井上充夫『建築美論の歩み』鹿島出版会，1991，pp.115-120．

6-3) コルネリス・ファン・デ・フェン，佐々木宏訳『建築の空間』丸善，1981，pp.88-89．

6-4) 井上充夫『建築美論の歩み』鹿島出版会，1991，pp.161-163．

6-5)『プロレゴメナ』：主著の論点を分かりやすくまとめた小冊子のこと．

6-6)「形式Form」：①事物が存在するときに外から見えるもの，かたち，フォーム．②美術・音楽・文学などで，美的効果をあげるために，諸部分のつりあい・配合を考えること (日本語大辞典)．

6-7) コルネリス・ファン・デ・フェン，佐々木宏訳『建築の空間』丸善，1981，p.91．

6-8) 上松祐二『建築空間論その美学的考察』早稲田大学出版部，1997，p.97．

6-9) コルネリス・ファン・デ・フェン，佐々木宏訳『建築の空間』丸善，1981，序文．

6-10) アウグスト・シュマルゾー，井面信行訳『芸術学の基礎概念』中央公論美術出版，1905，2003，pp.187-190，354-366．

6-11) コルネリス・ファン・デ・フェン，佐々木宏訳『建築の空間』丸善，1981，p.109．

6-12) 井上充夫『建築美論の歩み』鹿島出版会, 1991, pp.253-254.

6-13) アウグスト・シュマルゾー, 井面信行訳『芸術学の基礎概念』中央公論美術出版, 2003, p.360.

6-14) 19～20C 美学における建築と空間の議論は, ゼンパーやシュマルゾーだけではない. その他の論考については, 上松祐二『建築空間論 その美学的考察』早稲田大学出版部, 1997 に詳しい.

6-15) スクルートン, 阿部公正訳『建築美学』丸善, 1985.

7-1) M・ヤンマー, 高橋・大槻訳『空間の概念』講談社, 1980, pp.21-23.

7-2)「空虚を宇宙に送り出すもと」とされる. 山本光雄訳編『初期ギリシア哲学者断片集』岩波書店, 1958, p.23.

7-3) カラーム原子論では, 原子は幾何学的点であり,「位置」(hayyiz) を有するが「空間」(makan) の大きさ」を占めることはなく, 空間的な拡がりを構成するのは単なる位置の集合とイメージされる. 二つの原子は結合して長さをもち, 4つで2次元の拡がりを, 3次元は2次元の積層により, 少なくとも8つの原子からなる, とされる.
M・ヤンマー, 高橋・大槻訳『空間の概念』講談社, 1980, p.75.

7-4) 阿部一『空間の比較文化誌』せりか書房, 2002, p.159.

7-5)「偶有」:ある性質を偶然そなえていること（日本語大事典）.

7-6) 廣松渉ほか編『哲学・思想事典』岩波書店, 1998, p.467.

7-7) M・ヤンマー, 高橋・大槻訳『空間の概念』講談社, 1980, pp.73-77.

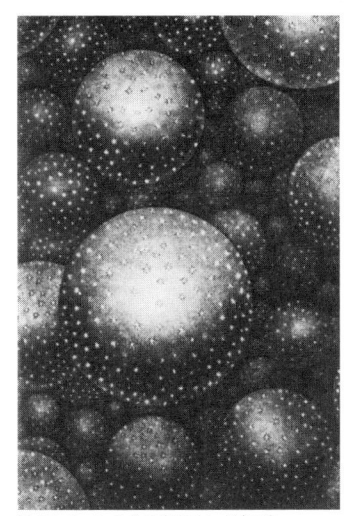

図7-1 トマス・ライトの宇宙イメージ(18C)

のもつ構成原理であるところの3つ, つまり①垂直性:上方への成長・プロポーション・比例性, ②水平性:左右の均等性・シンメトリー・対称性, ③奥行性:歩行運動・リズム, 以上3つと関係づけられました 6-13 (図6-1). また建築空間の知覚には, 視覚のみならず身体感覚が重要であることが強調されます 6-13.

●空間体験は言葉にできない

ヘーゲル美学によって低位の地位に置かれた建築が, 19C の 100 年間を通して, 再び同じ美学によって, 空間という建築固有の価値を与えられるという歴史的プロセスの概略は以上のようなものです 6-14. 但し建築の主要テーマが空間であることが定義されても, 空間体験を論理化することは極めて困難な作業です.

> 「建築の性格は, 最終的には体験によって具現される他はない. この具現という概念こそが周知のごとく分析から逃れてしまうのである.
> （スクルートン『建築美学』）」6-15

という言葉に示されるとおり, 素晴らしい空間体験を, 言葉にすること・分析しつくすことが不可能である点は, 同時期の美学者によって既に明言されています.

7 空虚と非連続な空間概念

●ギリシアとカラームの原子論

ここで再び空間概念に戻って, 求心的空間や無限空間とは別の流れである,「空虚と原子論」思想にふれておきます（図7-1）.

古代ギリシアのピュタゴラス派は, 数の離散性を保証するために「空虚」(kenon) 7-1 と「プネウマ・アペイロン」（無限な気息）7-2 という概念を用いました. BC4-5C レウキッポス, デモクリトスなどの原子論 (Atomism) 者も, 森羅万象の多様性・生成消滅を, アトム（原子）の自己運動として説明する際に, 運動する隙間として,「空虚」(kenon) を空間の同義語として用いました. 原子論は 2C 半ば以降, 中世ヨーロッパ世界からは追放されますが, イスラム世界では 9C 頃のイスラム神学（カラーム）思想の中で存在論の基本に据えられるようになります 7-3.

イスラム世界観の特徴は, キリスト教のように, 世界が最初に神によって一回だけ創造され, その結果として現在の世界があると考える（因果説）のではなく, 神が絶え間ない「創造的介入」によってこの世界を瞬間毎に新しく創造し続けている, と想定する点にあります. 時間についてもこの立場にたち, ある瞬間と一瞬前の状態の間には基本的に断絶があるとされます（時間の離散性）7-4. 空間イメージについても, 原子はある性質をもって偶然そこにあるだけ（「偶有」7-5 といいます）に過ぎず, 偶有と原子はある瞬間に神によって創られ, 次の瞬間には消滅してしまうものです 7-6. この構えに立つ場合, 運動する物体は, ある瞬間に立ち現れては消滅し, その次の瞬間に再度神によって創造され現象することを繰り返すという「非連続性」をもち, 比喩的に表現すると映画のコマやストロボ幻像のような「静止の瞬間」の連なりとしてイメージされることになります 7-7（図7-2）. こうしたカラームの空間イメージを知ると, コルドバ・モスクの多柱空間は, 神の創造的介入の遍在と非連

図7-2 エティエンヌ・ジュール・マレイの動態撮影

図7-3 コルドバ・モスクの多柱空間
図7-4 宇宙の建築家としての神（13C 挿絵）
図8-1 ナジの構成主義的な形態操作

続的で圧倒的な生産力を表現したものと見ることができるでしょう（図7-3）．

●ライプニッツのモナド

こうしたカラームの考え方に影響を受けつつ，18C 初めに世界観に関する独特な思想を残したのが，ニュートンと同時代のドイツ人哲学者ライプニッツです．彼は，物質界の原子とは別に，拡がりを持たない真のアトムを想定して，これを「モナド」[7-8]とよび，エンテレケイア[7-9]（能動的原理），生命の原理，表象の原理を司る形而上学的な点と位置づけます．またモナドを「森羅万象の要素」「宇宙を自分流に映し出している鏡」であるとも説明しました[7-10]．さらに動物精神を「裸のモナド」，その上位に人間の理性的精神（モナド），最上位に神を据え[7-11]，神は「宇宙という機械」の建築者（図7-4）であり[7-12]，世界では全てのものが「予定調和」するよう定められていると説きました[7-13]．この際，空間については，次の言葉
「空間は実体どころかものでさえない．時間と同じように秩序である．・・・空間は同時存在の秩序である．・・・拡がりを至る所に点を撒き散らした連続的事象的空間と考えてはならない．・・・それからまたモナドが事象的空間の中にある点のように動かしあい押しあい触れあうと考えてもいけない．現象がそういう風に見せかけているだけである．」（『レモン宛の解明』1714）[7-14]

のように実体でも物質でもなく，ただ「同時存在の秩序である」と定義されました．

8　20C の空間概念

● 空間は物体の位置関係である

ライプニッツ思想を関係性のみで空間を捉える考え方と仮定すると，これに似た例を20C バウハウスの造形作家ラースロー・モホイ・ナジの著書『材料から建築へ』（1929）に見ることができます[8-1]．

「空間は現実性である．空間は・・・基本的な実体としてのみ把握されなければならない．・・・少なくとも論を展開するための出発点となるような空間の定義は物理学における『空間は物体の位置関係だ』というものである．」

ナジは 20C 初頭にあって，空間に関する数多くの論説・用語の氾濫（インフレーション）に混乱を認め，①知覚的経験によって把握される実在の空間だけを芸術表現の主題にすべきであり，②空間は物体の位置関係である，という概念整理を行いました．また「表面（絵画），量塊（彫刻），空間（建築）」の芸術領域分類[8-2]を行ったほか，①空間は閉鎖的な空間から開放的な空間へと発展する，②建築の内部と外部，上と下は融合し，浸透しあい，境界は流動的になる，③建築は光や反射・時空間のコンセプトへと発展する可能性がある，以上の構想によってバウハウス理論の確立に貢献しました．またナジの理念から導かれた要素的形態構成（図8-1）がミースに与えた影響は多大であったとされます．

● 時空間の概念

バウハウスを含め，20C 前半に現れた芸術運動における空間概念の代表格は「時空間」の考え方です．デ・ステイルの芸術家 T・v・ドゥースブルフは 1919 年の『三つの講義』で
「空間は視覚的な意識に先行する．・・・連続的に変化する空間的秩序は，もしその対象が動いているならば，『時・空間』の秩序がつくり

7-8)「モナド Monade」：真の実在で空間的拡がりをもたない不可分の単純者であり，物的・延長的な原子とは区別される．モナドは相互に独立しており，互いに異なった性質をもち，その作用は自己の内的原理にのみもとづく．意識的ないし無意識的な表象の作用をもち，他を映しあい，予定調和による観念的関係のみをもち，それぞれの視点から宇宙を表出する．モナドは宇宙の生命的活動の原理であり神の創造によってのみ，生じかつ滅びる．廣松渉ほか編『哲学・思想事典』岩波書店，1998，p.1597.

7-9)「エンテレケイア」：アリストテレスの用語で，形相が質料と結びついて自己の実現していくこと，エネルゲイアが目的テロス（形相）向かっての運動であるのに対して，目的を実現した状態を区別してエンテレケイアと呼んだ．（哲学用語辞典）ニュートンは現存の現象の根源的原因として能動的原理 Active principles の考えによって物質粒子の遠隔作用・重力・化学変化・生命現象などを説明した（哲学・思想事典）．

7-10) ライプニッツ，清水・竹田訳『モナドロジー』中央公論新社，2005，pp.3-25, p.229.

7-11) 下村寅太郎『来るべき時代の設計者』『モナドロジー』中央公論新社，2005, p.57.

7-12) ライプニッツ，高野與一訳『単子論』岩波書店，1951, p.286.

7-13) ブライアン・マギー，中川純男監訳『知の歴史－ヴィジュアル版哲学入門－』BL 出版，1999, p.99.

7-14) ライプニッツ，高野與一訳『単子論』岩波書店，1951, pp.186-187.

8-1) L・モホイ・ナジ，宮島久雄訳『材料から建築へ』中央公論美術出版，1992, pp.194-195 コルネリス・ファン・デ・フェン，佐々木宏訳『建築の空間』丸善，1981, pp.39, 278-280.

8-2)「平面＝絵画・量塊＝彫刻・空間＝建築」の区別は1918年ゼルゲルにより提唱された．コルネリス・ファン・デ・フェン，佐々木宏訳『建築の空間』丸善，1981，pp.136-141．

8-3) アインシュタインが光速度不変原理によってニュートンの絶対時間・空間に取って代わる「時空」という4次元連続体を世に問うた（特殊相対性理論）のは1905年．キュビズム立体派の出発点とも呼ばれるピカソの「アヴィニョンの娘たち」が完成するのは1907年，徹底した視点移動による対象解体をピカソとブラックが行ったのは1909〜11年である．

8-4) コルネリス・ファン・デ・フェン，佐々木宏訳『建築の空間』丸善，1981，pp.235-238，262-267．

8-5)「位相空間 Topological space」：位相の定義された集合．集合に適当な構造を与えて極限や連続の概念が定義できるようにした空間（日本語大辞典），グレイゼル，保坂・山崎訳『数学史III』大竹出版，1997，pp. 327,330-341．

8-6) 足立・杉浦・長岡編『リーマン論文集』朝倉書店，2004，pp.295-307．

8-7) ポアンカレ，吉田洋一訳『科学の価値』岩波書店，1977，p.134．

8-8) ポアンカレ，河野伊三郎訳『科学と仮説』岩波書店，1938，pp.78-99．

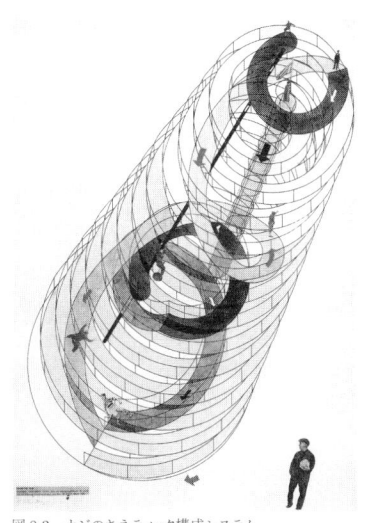

図8-2　ナジのキネティック構成システム

出される．・・・建築の基本は空間である．」

と述べ，空間に時間次元を加えた「時空間」の概念（視点と対象の動的関係を含む空間の捉え方，図8-2）に触れています[8-3]．

また，ロシア至高主義（シュプレマティスム）の芸術家エル・リシツキーは，時空間の真の効果は「動き」によって呼び覚まされるとして，多重露出や映画表現にその可能性を見ています[8-4]（図8-3）．

●リーマンによる幾何学空間の相対化

20C数学者によって発達した空間概念は，距離空間と位相空間（トポロジー）と言われています[8-5]．位相幾何学の創始者の一人であるG・F・B・リーマンは，任意の幾何学をn個の数によって確定される要素と読み替えて，それを「n次元空間」と呼びました．これによると，平面上の円集合は3次元，平面上の双曲線は5次元，普通の空間内の直線は4次元となり，このようにリーマン計量の確立した集合は「リーマン空間」と呼ばれます．リーマン空間にはユークリッド幾何の他に，ロバチェフスキー幾何（鞍形の双曲幾何），楕円幾何（球面表面モデルの狭義のリーマン幾何）の3つがあり（図8-4），ユークリッド空間は決して必然的なものではなく，物事を説明するための一つの仮定にすぎないと規定されました[8-6]．

●ポアンカレの幾何学的空間と表象的空間

リーマンの3つの幾何学空間の相対化をふまえ，数物学者の扱う「幾何学的空間」と，人間が体験する「表象的空間」をはっきり分けて考える必要性を述べたのは，数学者ポアンカレです．彼は20C初頭に

「経験は物理的連続体にほかならぬ表象空間にしか，決して，われわれをして触れさせてくれない．数学的連続体たる幾何学的空間に触れさせるものではないのである．せいぜいのところ，幾何学的空間が表象空間と同じ次元であるようにするためには，幾何学的空間は三次元だ，とする方が便利なことを教えてくれるだけのことである．」

と述べると同時に[8-7]，①非ユークリッド幾何学（双曲幾何と楕円幾何）は天文学的尺度のみで正当化されること，さらに，②仮にさまざまな幾何学を用いて空間を分析的に把握したとしても，視覚空間・触覚空間・運動空間という人間の感覚によって体験される「表象的空間」と「幾何学的空間」との間には決定的な溝があることを明言しました[8-8]．

●メルロ・ポンティの身体からの空間

次は心理学と現象学の空間についてです．心理学は19C末にはじまり，その後20Cのゲ

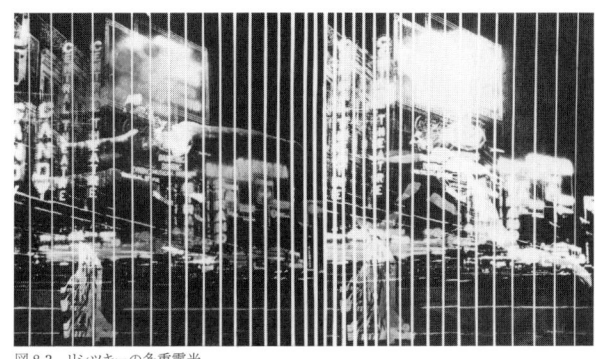

図8-3　リシツキーの多重露光

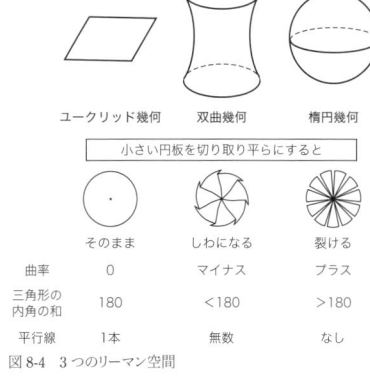

図8-4　3つのリーマン空間

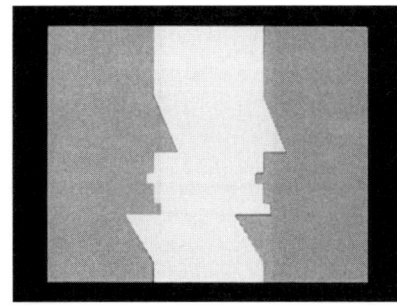

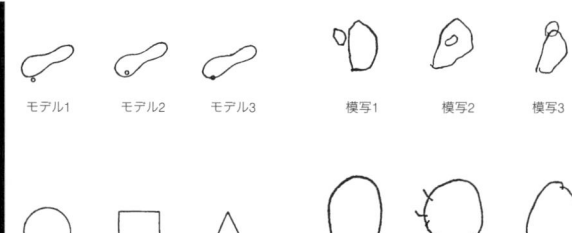

図 8-5　ウォルフの図　　　　　　　　図 8-6　3〜4歳の子供の位相的な図形模写

8-9) 空間認知の発達研究会『空間に生きる』北大路書房, 1995, pp.233-235.

8-10) M・メルロ・ポンティ, 竹内他訳『知覚の現象学 2』みすず書房, 1967, pp.60-72.

8-11) M・メルロ・ポンティ, 滝浦・木田訳『眼と精神』みすず書房, 1966, pp.275,282.

8-12) 空間認知の発達研究会『空間に生きる』北大路書房, 1995, pp.237-239.

8-13) 位相トポロジーについては, 川久保勝夫『トポロジーの発想』講談社, 1995 などを参照.

シュタルト心理学，つまり空間知覚の問題を「主体（内的体制力）と客体（外的体制力）の間のダイナミックな均衡」として扱う学問として発達してきました[8-9]（図 8-5）．一方これと同じ頃，哲学ではフッサール，モーリス・メルロ・ポンティに代表される現象学者が，意識のはたらきの機構から人間の内面にある空間に迫ろうとします．

メルロ・ポンティは 1945 年の著書『知覚の現象学』で，「身体こそが空間を了解する力あるもの」であるとし，「空間的基準」(Niveau spatial)「空間の主体」といった概念で身体の重要性を主張します[8-10]．晩年には

「いったいに，空間は即自的（アン・スワ）である．・・・空間はもはや『屈折科学』が語っているようなもの，つまり私の視覚の第三者的な証人ないし私の視覚を再構成しそれを俯瞰する幾何学者が見るであろうような〈対象間の関係の束〉ではない．それは空間性の零点ないし零度としての〈私〉の所から測られる空間である．私は空間をその外皮に沿ってではなく内側から生きるのであり，そこに包み込まれているのだ．要するに，世界は私のまわりにあるのであって，私の前にあるのではない．」

と述べて，空間が身体の外側に客体としてあるという考えを斥け，「内側から生きる」つまり身体そのものを中心に人間と空間との関わりを捉える構えをとりました[8-11]．

● ピアジェの心理的空間の発達説

フランスの心理学者ジャン・ピアジェは，人間の空間認識の形式を「空間表象」（空間操作）と呼び，空間表象は知覚的空間経験のみから生まれるのでなければ，カントのようにアプリオリなものでもなく，主体が空間内の対象に対して行った行為(Action)を組織化することによって，はじめて形成されると説明しま

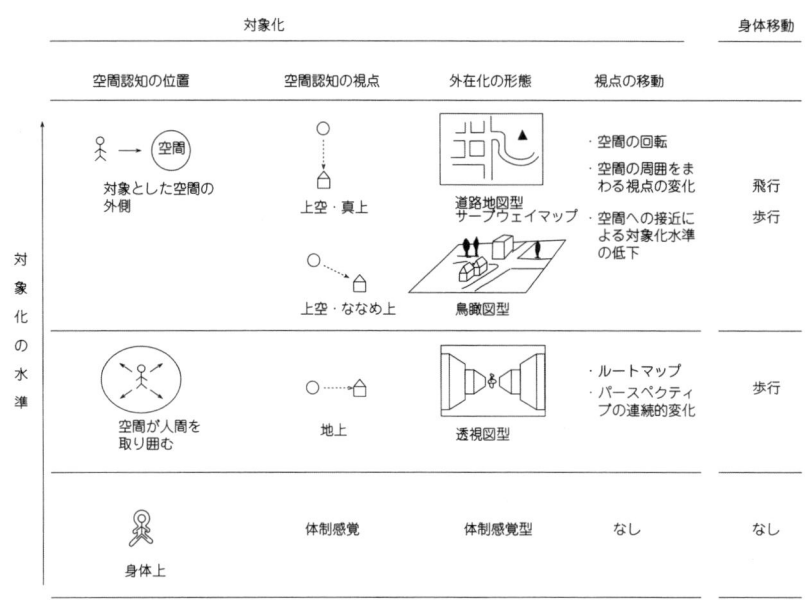

図 8-7　大規模空間表象の空間認知の分類

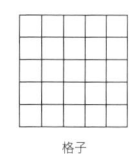

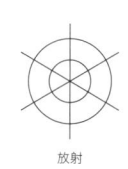

図 8-8　空間秩序の基礎概念

8-14) ☞ p.154, 10章5節.

8-15) 空間認知の発達研究会『空間に生きる』北大路書房, 1995, pp.240.

8-16) J・ピアジェ, 滝沢武久訳『思考の心理学』みすず書房, 1968, pp.102.

8-17)「ハート＆ムーアの参照系理論」：人間の空間内の位置把握が次の3段階で発達するとする説，① Egocentric 自己中心的参照系＝自己身体・行為に位置把握を行うので事後に表象作成できない段階，② Fixed 固定参照系＝空間内の固定した対象から位置把握を行いルートマップ型の表象が現れる段階，③ Coordinated 協応参照系＝複数の固定参照系が統合されて絶対方位の利用が可能となり、サーヴェイマップ型の表象が現れる段階．

8-18)「シーゲル＆ホワイトの認知マッピング発達」：大規模空間の経路探索と表象の発達が以下の順に行われていくとする説，①ランドマーク認知と記憶，②ランドマークの系列としてのルート表象形成，③複数のランドマークのクラスター形成，④複数のルートやランドマークのクラスター同士を関係づけて大規模空間のサーヴェイ・マップ表象形成．

8-19)「アフォーダンス Affordance」：J・J・ギブソンが1979年に提唱した概念で，環境が人間や動物に提供するもの，用意したり備えたりするものを指す。環境そのものの属性であるがあらゆる生物に普遍的に適応できる属性ではない、例として階段は昇ることをアフォードし、ハンマーは握って叩くことをアフォードする。ギブソニアン・アプローチでは大規模空間内での目的地へのナビゲーションも景色・ヴィスタなどの環境からのアフォーダンスによると主張される。この考え方では大規模空間の移動は認知過程でなく知覚過程の問題として捉えられる。空間認知の発達研究会『空間に生きる』北大路書房，1995，pp.246-247.

8-20) 磯崎新『空間へ』鹿島出版会，1995，pp.140-145.

す8-12. 彼は1947年の著書『子供における空間表象』の中で人間の空間表象の変化を，①位相的空間 8-13 (L'espace topologique) ＝ 4 歳位まで，②射影的空間 8-14 (L'espace projectif) ＝ 4 ～ 9，10 歳位まで，③ユークリッド的空間 (L'espace Euclidien) ＝ 7，8 歳以降，以上の3つの発達段階として分類しています 8-15. 図 8-6 は3～4歳前後の子供の位相的な図形認識を示す実験結果を示したものです．このように子供の頭の中の空間の変化が、幾何学の歴史的発展の順序と全く逆になっている点は興味深い事実です。

さらに、ピアジェは1963年の講演の中で
「(空間の感覚運動的) 発達は、最初、多様な異質な空間 (口腔空間, 触覚空間, 視覚空間等) を形成することからはじまります。これらの空間は、それぞれ、自分自身の身体や観点に、中心化していました。次に、子どもの一種のコペルニクス的転回の結果、空間は、最後には、一般的な入れ物を形づくるに至ります。そこには、自分の身体を含むあらゆる対象が入っていて、このように、完全に脱中心化してあるわけです。」

と述べ 8-16, 子供の空間が①初期の身体化・自己中心化された状態から、ある時期に脱中心化され、②容器のような空間に移り変わることを述べています。哲学における空間論考の歴史的推移が、容器としての空間（求心的空間、無限空間）から現象学の身体的空間へ変遷したことと比べると、ちょうど逆の順序となっていることに気付かれると思います。

●心理的空間と物理的空間

心理学の扱う空間表象の研究は20C後半に、①建築学のケビン・リンチ、②ハート＆ムーアの参照系理論 8-17、シーゲル＆ホワイトの認知マッピング発達 8-18 などの大規模空間表象の研究（図 8-7）、③ J・J・ギブソンのアフォーダンス理論 8-19 などの展開をみました．

このように20Cの空間理論は、その二面性すなわち物質（物理的空間）と精神（心理的空間）のうち、特に後者について地理学・哲学・精神分析学などを巻き込みながら、多様な展開を見せてきました．

他方、今後建築が専ら物質世界の空間秩序（図 8-8）のみを考えていくのかというと、決してそれだけではないと予想されます。例えば、磯崎新は物理的空間と心理的空間の対位概念を用いて、

「空間とは人間がそのなかで知覚した時に、はじめてあらわれるものだ・・・そういうイメージの内部に射影されたものとして空間を考えることによって、もうひとつのイメージの外部に実在する空間を捜すことが可能になる．・・・空間を設計するとはまさにこの現象を逆転させて現実化することなのだ．そこでは空間は二重の構造をもっているといって言いもいい．・・・イリュージョンに転化させようとする空間のイメージが、常に先行していたのだ．」

と述べて 8-20, 知覚という行為が「物理的空間から心理的空間へ」のベクトルをもつのに対して、「心理的空間から物理的空間へ」という行為のベクトルが設計となる、という明快な図式によって、空間イメージが設計よりも先行する点を指摘しています。建築家にとって、自己の内面の空間イメージを外部に現実化することが表現であることはひとつの前提ですが、そのためには頭の中の空間イメージ（心理的空間）をまず鍛錬し、吟味する必要があるというわけです。

近・現代の都市 ―――――――――――― 第11章

没場所性，グローバリズム，産業革命，近代化，パリ大改造，田園都市，工業都市，輝ける都市，都市イメージ，都市コンテクスト

1 没場所性とグローバリズム

●「都市とは何か」という問い

都市において，何らかの建築設計や都市計画に関わる際，我々は少なからずその都市の特徴や固有性を問題にすると思います．しかし，「都市とは何か」とか，例えば「パリらしさとは何か」「京都風とは何か」といった問いに必要十分な解を与えることは不可能です[1-1]．なぜなら，都市は，生きた存在であり，不特定多数の人々や物や情報などが集中し，様々な差異を呈し，絶えず新しい関係性を形成している場であるからです．逆に，そうした多様な関係性は都市であることの必要条件と考えられます．

本章で取り上げるのは，都市と人間との具体的な関係性に基づいて，都市の本質や固有性に迫ろうとするいくつかの重要な試みです．それらは，いわば「都市とは何か」という問い自体を問う試みです．換言すれば「問い方」の模索であり，そこから導かれる提案です．

●没場所性

現代の都市的状況については，大きく分けて没場所性とグローバリズムの問題が指摘されています．没場所性（placelessness）については，地理学者エドワード・レルフが著書『場所の現象学』(1999) の中で

「没場所性とは，意義ある場所をなくした環境と，場所のもつ意義を認めない潜在的姿勢の両方を指す．それは《根もと》を断ち，シンボルをむしばみ，多様性を均質性に，経験的秩序を概念的秩序に置き換え，場所の根源的なレベルにまで達する．」

と述べ[1-2]，その特質と表出形態例を

①場所の別世界指向性：ex. 観光客向け景観づ

タイトル図）パリの夕景（ポンピドー・センターから望む）．

1-1）ポール・ヴァレリーは，こうした状況を次のように表現している．
「パリを思考する？……そういうことをし始めると，わたしは迷路にはまってしまう．・・・この《大都会》の感覚的な美と抽象的な性格があまりにもたくさんあって，わたしは思い浮かぶ考えとそれらの可能な組み合わせの虜になってしまう．・・・《パリ》を思考する？そうはいってもどんなふうに《パリ》のことを考えればいいのだろう．わたしたちは簡単な一個の有機体について，・・・どのようにして除々に一個の個体となり，ほかの存在とはくらべものにならない存在となって，その存在にのみ固有の歴史，反応の仕方，共感，反感によって自分のすべての同類から区別されるようになるのかを想像することも，とうて

11 近・現代の都市

くり，ディズニー化・博物館化
② 場所の均質化と標準化：ex. ニュータウンや郊外地区，企業化された商業開発
③ 没様式性，人間的なスケールと秩序の欠如：ex. 巨大都市，文化的な配慮のない建築
④ 場所の破壊：ex. ヒロシマに見られるような戦争破壊，土地の収用と再開発
⑤ 場所のはかなさと不安定性：ex. 都心業務地区のような絶えず更新・再開発される場所

の5つにまとめました[1-3]．

●グローバリズム

グローバリズムについては，レム・コールハースがフランス・ボルドーで開催された『MUTATIONS』展において，「ショッピング」「中国珠江デルタ地帯」「西アフリカのラゴス」「アメリカの諸都市」などのめくるめく映像・事例に織り交ぜながら，まさに没場所性を象徴し，資本主義に席捲された都市の状況を視覚化しています[1-4]．

そこに込められたメッセージは，没場所性を論じる際の規範（クライテリア）すなわち歴史性を基盤とする西洋的都市観念や価値判断そのものを放棄することによって，没場所性といった概念自体がナンセンスなものになるというものです．ここには「明確な図と地」の喪失や景観の画一性などに没場所性をみるノルベルグ・シュルツ[1-5]，レルフらの主張と立脚点を意図的にずらそうとするレトリックが伺えます．

没場所性とグローバリズムに代表される我々をとりまくこうした状況は，とりわけ産業革命以降の近・現代で顕著になってきたものです．以下では，19〜20C近代の都市化や都市イメージ論，都市コンテクスト論を整理しつつ，その過程を復習してみたいと思います．

2 産業革命と近代の都市化

●大都市化と都市計画の誕生

現在，日常的に使われている「大都市」や「都市計画」という用語は，近代の都市化に伴って現れた比較的新しい概念です．

大都市に関し，都市計画研究者のロイド・ロドウィンとケビン・リンチは，

> 「都市は五千年前から存在しているけれどもメトロポリス（大都市）はほんの百年前から出現した新しい現象に過ぎない．」

と記し（1960年当時），都市が個人の支配を凌駕するスケールにまで短期間に膨張した実状を指摘しています[2-1]．

このように都市が巨大化する契機となったのが，18C後半から19C前半にかけてイギリスで展開された産業革命です[2-2]．加えて，資本主義経済の発展により，産業や資本の集中する欧米のいくつかの都市を中心に未曾有の人口集中が起こりました[2-3]．こうした急激な人口や規模の増加速度が，都市環境の許容能力を超え，その都市を構成する社会集団の物的・精神的な変容にも重大な影響を及ぼしたことを明らかにした著作に，歴史人口学者ルイ・シュヴァリエの『労働階級と危険な階級』があります[2-4]．

こうした近代化に伴う都市問題に対応すべく，パリに代表される都市大改造が行われ，田園都市や工業都市といった理想的新都市が模索されました．これらの試みは，20世紀に入り，都市をより一層実践的に制御し創造していこうとする「都市計画」の概念[2-5]へと受け継がれていくこととなります．

● 19C後半のパリ大改造と道路開設

19C後半のパリ大改造計画[2-6]（1853-70）を通じて，中世的で稠密（ちゅうみつ）に入組んだ都市を近代化・整序化[2-7]することを行ったのがナポレオン3世とセーヌ県知事オスマンです．この時期のパリでは，都市内の広大な修道院跡地や私有地をガラス屋根付のパッサージュで分割し，大きな街区を有効利用するための都市再編が（18C末のフランス革命直後から）部分的に進行していました[2-8]（図2-1a,b,c）．

一方，パリ大改造の主目的は，大規模な① 衛生面・治安面の改善，② 都市景観の美化，③ 都市の緑化・公園建設，④ インフラストラクチャー・公共施設整備，⑤ 郊外開発・不動産投機などにありました．これら諸課題を総合的に解決する最も有効な手段が道路開設事業であったと考えられます（図2-2）．

いできないというのに？…《パリ》を思考するだって？ そうしようとすればするほど，逆に《パリ》の方に考えられているような気がするのである．」ポール・ヴァレリー，東宏治・松田浩則編訳，『ヴァレリー・セレクション（下）』平凡社 2005，所収「パリの存在」pp.189-191，195 より．

1-2) エドワード・レルフ 高野岳彦・阿部隆・石山美也子共訳『場所の現象学 没場所性を越えて』ちくま学芸文庫，1999，p.298．

1-3) 前掲書『場所の現象学 没場所性を越えて』pp.246-248．

1-4) Rem Koolhaas, MUTATIONS, Actar, Bordeaux, 2000．この部分訳は，日本展のカタログ『MUTATIONS』TN Probe, vol.9, 2001 に収められている．

1-5) クリスチャン・ノルベルグ＝シュルツ，加藤邦男・田崎祐生共訳『ゲニウス・ロキ 建築の現象学をめざして』住まいの図書館出版局，1994，p.328．

2-1) ロイド・ロドウィン，ケビン・リンチ「都市の世界」，ロイド・ロドウィン編，磯村英一訳『未来の大都市』紀伊國屋書店，1967 所収，p.1．

2-2) 重要な成果として，ワットの蒸気機関（1769），カートライトの力織機（1785），スティヴンソンの蒸気機関車（1814），リヴァプールとマンチェスター間に最初の鉄道開通（1830）などが挙げられる．☞ p.9，1章1節．

2-3) 急激な人口増加：パリの例，1789年：52万4186人，1793年：64万0504人，1795年：55万1347人，1801年：54万7756人，1831年：78万5866人〈86万1436人〉，1856年：117万4346人〈153万8613人〉，1901年：〈271万4068人〉．〈 〉内は，市域統合分を含む数値．ルイ・シュヴァリエ，喜安朗・木下賢一・相良匡俊共訳『労働階級と危険な階級』みすず書房，1993，pp.175-177より．ロンドンの例：1801年：111万4000人，1861年：322万3000人，1911年：725万1000人．ヒュー・クラウト『ロンドン歴史地図』東京書籍，1997，p.88．

図2-1a フィユ・ディユ修道院の敷地

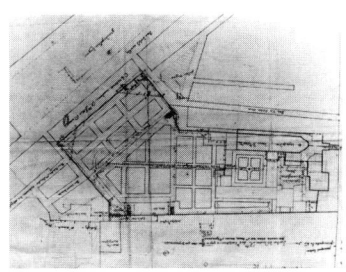

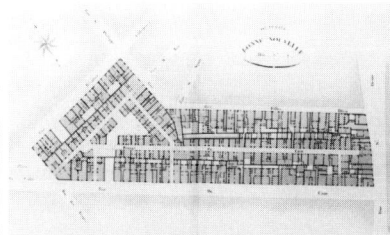

図2-1b フィユ・ディユ修道院の敷地跡地に形成されたパッサージュ・デュ・ケールの地籍図

図2-1c パッサージュ・デュ・ケール

都市史研究者ピエール・ピノンによればオスマンの道路開設事業は，①駅（旧市門に代わるパリの新しい玄関口）と道路網との連結，②既存のリヴォリ通りやシャンゼリゼ大通りを組み込んだ主要東西南北軸「グラン・クロワゼ」の構築，③環状ブルヴァール[2-9]の形成，という3点に特徴づけられます[2-10]（図2-3）．この基本構造の上に，個々の道路計画が必要に応じて挿入されていきました．

●超過収用と地割の大規模化

パリ大改造計画での道路開設事業は，まさに「外科手術」のように既存の街並みを切開するもので，大々的な土地収用が不可欠でした．パリ大改造の特筆点は，計画道路の範囲にかかる用地のみならず，その残地も含めた敷地全体を接収できる「超過収用」が法的に認められたことです[2-11]．その結果，既存の細かな地割は大きな地割つまり十分な広さを持った敷地へと効率的に統合・再編成され，オスマン型建築（図2-4）とそれらが織り成す統一感のある道路景観構成が実現されました．

●オスマン型道路の空間的特徴とその源流

オスマン型道路は，基本的に重要な場所と場所とを一直線に連結する大通り（幅員は約20-30 m）により特徴付けられます．オペラ座とパレ・ロワイヤル広場（ルーヴル宮に隣接）とを結ぶオペラ大通りはその典型的な事例です（図2-5a,b）．

そうしたオスマン型大通りの起点を一つの場所に集中させることで放射状広場として整備された代表例にはエトワール広場（現在のシャルル・ド・ゴール広場，⇨ p.156 図 5-13）があります．その一環に組み込まれたシャンゼリゼ大通りは，ルーヴル宮からコンコルド広場，エトワールの凱旋門，さらに新都心デファンスの新凱旋門までを結ぶパリの主要都市軸を今日形成するに至っています（図2-6）．

こうした透視図的景観を演出するバロック的軸形成[2-12]の先駆は，シクストゥス5世と建築家ドメニコ・フォンタナによるローマの都市計画（1585-90，図2-7）に見られます．また，その最も完成度の高い一つの事例は，庭園設

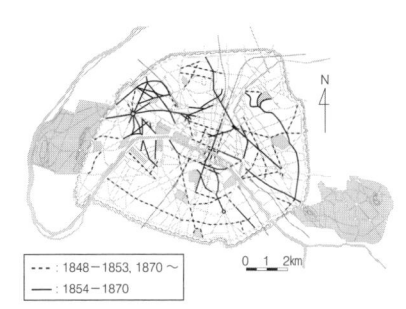

図2-2 パリ大改造道路開設道路図
--- : 1848-1853, 1870～
― : 1854-1870

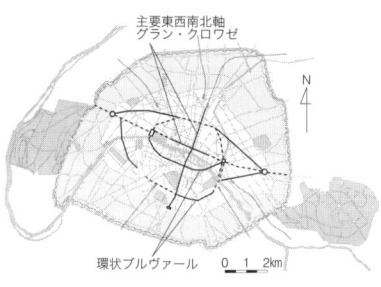

図2-3 パリ大改造道路開設事業の基本構造
主要東西南北軸 グラン・クロワゼ
環状ブルヴァール

図2-4 典型的なオスマン型建築のファサード．セバストポル大通り11番地

2-4) ルイ・シュヴァリエ，喜安朗・木下賢一・相良匡俊共訳『労働階級と危険な階級』みすず書房，1993, pp.157-169 参照．

2-5) 都市計画という言葉は今日，urbanisme（仏），town-planning（英），city planning（米），städtebau（独），などと表現される．その始まりは，イルデフォンソ・セルダの『都市計画原論およびバルセロナの整備拡張へのその原理の適用』（1867）で用いた「urbanizacion」であるとされる．フランソワーズ・ショエ，彦坂裕訳『近代都市－19世紀のプランニング』井上書院，1983, p.7 参照．また，「計画（planning）」という用語を伴った「都市計画」という言葉は，1909年に，「第1回全米都市計画会議」，英国の「住宅・都市計画法」の制定において同じ年に誕生したとされる．新谷洋二・越澤明監修『都市をつくった巨匠たち シティプランナーの横顔』ぎょうせい，2004, p.1, p.6－表1参照．

2-6) パリ大改造計画は，ナポレオン3世の着想により，リヴォリ通りの延長など，オスマン着任（1853）以前から開始されていた．また，オスマン失脚（1870）後の第三共和制でも一部計画は引き継がれ実施に移された．

2-7)「整序化（régularisation）」：オスマン自身が用いた用語．フランソワーズ・ショエ，彦坂裕訳『近代都市－19世紀のプランニング』井上書院，1983, p.10, p.30.

2-8) ガラス屋根におおわれた明るい都市空間については⇨ p.139, 9章6節．また，こうした土地の有効利用のための細街路の都市挿入は京都における辻子（ずし）の発生過程とも類似している．辻子に関しては，高橋康夫『京都中世都市史研究』思文閣，1983, 序章が詳しい．

2-9) ブルヴァールとは，一般に並木を有する大通りのこと．

2-10) Pierre PINON, Paris, biographie d'une capitale, Hazan, 1999, pp.184-190. あわせてピエール・ラヴダン，土居義岳訳『パリの都市計画の歴史』中央公論美術出版社，2002, pp.319-327 参照．

2-11) 吉田克己『フランス住宅法の形成－住宅をめぐる国家・契約・所有権－』東京大学出版会, 1997, pp.151-153 参照.

2-12) ☞ p.156, 10章5節.

2-13) Pierre PINON, *Atlas du Paris Haussmannien*, Parigramme, Paris, 2002, pp.28-29 参照. なお, ピノンは, ロンドンの都市計画のパリ大改造計画への特別な影響はなかったとする立場である.

3-1) 『明日－真の改革にいたる平和的な途』(1898) の改訂版.

3-2) エベニーザー・ハワード (1850-1928) は, 建築, 都市の専門家ではなくロンドン法廷の速記記者であった.

図2-5a オペラ大通りとオペラ座

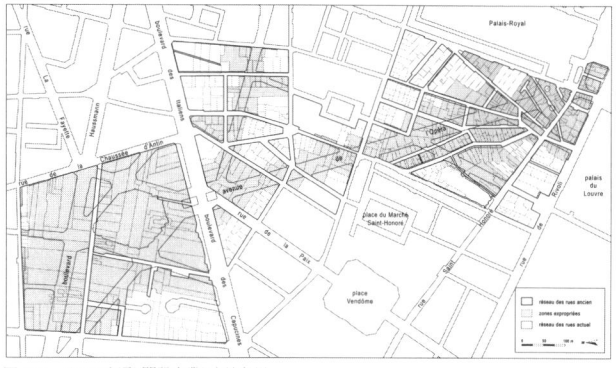

図2-5b オペラ大通り開設事業と土地収用

計家アンドレ・ル・ノートルによるヴェルサイユ宮庭園（1661-65頃, 図2-8, ⇨ p.155 図5-6）です. この壮大なスケール感や透視図的空間構成の強い影響力は, フランス人建築家ピエール・ランファンの計画案（1791）を下敷きとしたワシントンDCの「モール」計画（20C初頭実現, 図2-9, ⇨ p.156 図5-12）にも窺い知ることができます.

また, ナポレオン3世がロンドンに暮らしていた経験を持つことから, クリストファー・レンのロンドン都市計画（1666, 図2-10）やジョン・ナッシュによるリージェント・ストリートおよびリージェント公園建設計画（1812, 図2-11）のピクチャレスク的都市改造がパリ大改造に影響を及ぼしたとする指摘がしばしばなされます 2-13.

3 近代都市計画とユートピア

●田園都市の構想

20C初頭に著書『明日の田園都市』(Garden Cities of To-morrow, 1902)3-1 を通して, 自然と人間が調和可能な都市のあり方を提案したのがイギリス人のエベニーザー・ハワードです 3-2.

図2-6 パリの主要都市軸, シャンゼリゼ大通り

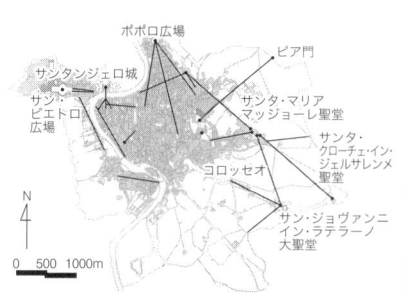

図2-7 シクストゥス5世によるローマ都市計画

図2-8 ヴェルサイユ宮庭園

図2-9 ワシントンDCのモール

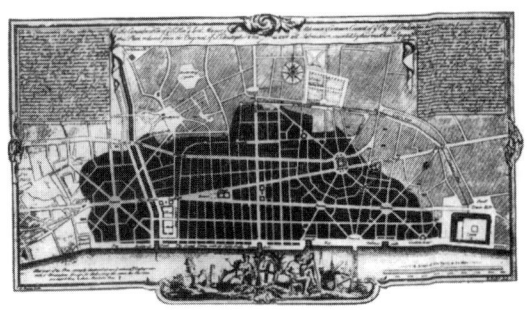

図2-10 レンによるロンドン都市計画

図2-11 ナッシュ設計, リージェント・ストリート

その構想は、「三つの磁石のダイアグラム(No.1)」(図3-1)に明確に示されており、ハワードが目標とするのは、近代工業化に対するアンチテーゼとしての田舎回帰ではなく、「まち」(town)と「農村」(country)双方の利点を融合したいわば「都市＋農村」＝「田園・都市」(garden-city / ies)の建設でした[3-3]。

構想の特徴は、①大都市から離れた郊外の、小規模都市に限定されること、②都市生活全般の機能が完備されていること、③社債を発行して郊外の安い土地を購入し開発するが、土地は分譲せず賃貸用として開発会社が管理し、利益を地域に還元しながら住環境の質を維持すること、以上の3点に要約されます。

また田園都市は都心部と農地から構成されました[3-4]。その空間構成は、「田園都市のダイアグラム(No.2)」(図3-2)が示すように、同心円状に展開され、ブルヴァール(並木のある大通り)で6分割されています。

さらに、機能的配置は、中心部から外周部へ向かって順に①中央公園と公共施設、②商業空間(「クリスタルパレス」と名づけられた屋内モール型商業施設)、③居住地区(学校や教会のある「グランド・アヴェニュー」という緑地帯を含む)、④工場・倉庫、⑤鉄道、⑥農牧地に大きくゾーン分けされています。

● 田園都市構想の実践的側面

ハワードの図式には「ダイアグラムに限定。プランは選定敷地に基づく」という注記が付されています。これは、上述の田園都市の構成があくまで図式上の理念的なものであることを示しています。この点に鑑みて、田園都市構想のユートピア性を指摘できますが、同時にハワードの構想が実践を前提とした実務的な性格も併せ持っていた点に留意が必要です。実際、ハワードは構想実現に向け、「田園都市協会」(1899)や「第一田園都市株式会社」(1903)を創設し、計画に対する理解者と資金を募りました。そうした活動の成果は、レッチワース(1903)、ハムステッド・ガーデン・サバーブ(1907)、ウェルウィン(1920)といったロンドンの郊外住宅地へと結実しました。

また、田園都市構想は、郊外型ニュータウンや衛星都市の形成へと展開されました。日

3-3) エベネザー・ハワード, 長素連訳『明日の田園都市』鹿島出版会, 1968, p.84.
香山壽夫は、「town」の対概念である「country」には「農村」ではなく神が創ったもう一つの大地の意味で「田園」という訳をあてはめ、「Garden City」は「庭園都市」と訳すべきだと主張している。
香山壽夫『都市計画論―私達の都市をいかにデザインするか―』放送大学教育振興会, 2002, p.69.

3-4) 想定された田園都市の規模は、総面積6000エーカー(約2428ha)に3万2千人が住む。その内訳は、都心部(1000エーカー、約405haに3万人居住)と農地(5000エーカー、約2023haに2千人居住)である。ちなみに、東京山手線内側面積は約6000ha、パリの1901年当時の面積は約7000haで総人口約271万人であった。

3-5) トニー・ガルニエ(1869-1948): 1899年ボザールのローマ大賞を8年がかりで受賞し、留学滞在先のローマのヴィラ・メディチにて構想を練り、1901年と1904年にボザールへの研究報告を行ったものがまとめられる。ボザールが期待した研究成果とは程遠く、評価は極めて低かった。なお、「工業都市」出版年には1917年と1918年説がある。
吉田鋼市『トニー・ガルニエ《工業都市》注解』中央公論美術出版, 2004, pp.45-47参照。

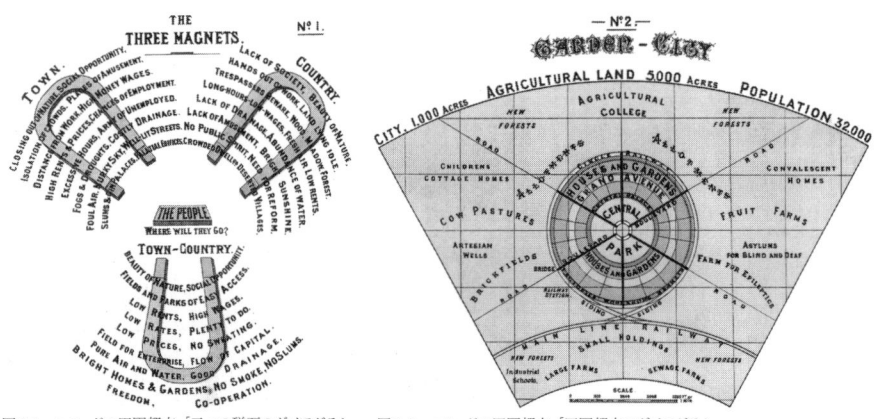

図3-1 ハワードの田園都市,「三つの磁石のダイアグラム」　図3-2 ハワードの田園都市,「田園都市のダイアグラム」

3-6) 前掲書『トニー・ガルニエ《工業都市》注解』，p.6.

3-7) ガルニエの構想した建築は「装飾をはぎとられた古典主義」と称されるように簡潔で合理的な特徴がある．また，オーギュスト・ペレ（1874-1954）と同様に，ガルニエにおいても，ボザール教授ジュリアン・ガデ（1834-1908）の影響が指摘されている．ドーラ・ウィーベンソン，松本篤訳『工業都市の誕生―トニー・ガルニエとユートピア』井上書院，1983，pp.16-17．

3-8) ☞ p.21, 1章5節．

3-9) 吉田鋼市『トニー・ガルニエ《工業都市》注解』中央公論美術出版，2004，pp.50-54．
なお，吉田によれば，ガルニエの構想には，三つの主要構成要素の他に，上下水道等各種都市インフラや墓地，農牧地，自動車・飛行機の試走場など極めて現実的な機能が描かれている．その一方で，教会堂，兵舎，警察署，刑務所，娯楽場（商店，喫茶店，ダンスホールなど）が設けられておらず，これは，無神論者で社会主義者のガルニエが，来るべき平和な社会主義社会に不必要な施設と理想的に考えた結果とされる．

3-10) 300万人の内訳：中心業務地区40万人，周辺都市居住区60万人，周辺の田園都市200万人．

3-11) ル・コルビュジエ，樋口清訳『ユルバニスム』鹿島出版会，1967，p.153．

3-12) ウィリ・ボジガー，オスカル・ストノロフ編，吉阪隆正訳『ル・コルビュジエ＆ピエール・ジャンヌレ全作品集 1910-1929』，A.D.A. EDITA Tokyo，1979，p.30．

3-13) ル・コルビュジエ，樋口清訳『ユルバニスム』鹿島出版会，1967，p.165．
☞ pp.19-20, 1章4節．

3-14) 自動車会社オーナーで，展覧会のスポンサーであったガブリエル・ヴォワザン（1880-1973）の名前をとって「ヴォワザン計画」と名づけられた．

3-15) ル・コルビュジエ，樋口清訳『ユルバニスム』鹿島出版会，1967，p.169 原注1．

図3-3 ガルニエによる工業都市の透視図

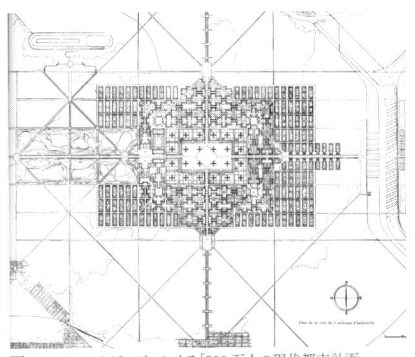

図3-4 ル・コルビュジエによる「300万人の現代都市計画」

本においても，渋沢栄一による「田園都市株式会社」の設立（1918）や東京の田園調布計画（1923）などに，田園都市構想が援用されています．

● 工業都市構想とその影響

近代工業化の流れを合理主義的な都市計画の提案へと発展させたのがフランス人建築家トニー・ガルニエによる「工業都市」計画（出版年：1917もしくは1918）です[3-5]（図3-3）．

ガルニエは，様々なビルディング・タイプを包括する，来るべき都市イメージを，工業を主体とする都市に重ねていました．その前提として，①村や大都市とは異なる中規模都市（人口35,000人），②山岳部と一つの大きな川が横切る平地からなる想像上の地形，③豊富な天然資源に恵まれ，川の急流を生かした水力発電によるエネルギー供給，といった理想的な設計条件が設定され[3-6]，その成果は全164枚の図版において精緻に表現されました．

都市施設（その大部分が鉄筋コンクリート造）[3-7]の配置については，①市街地，②工場地区，③保健衛生地区という三つの主要な要素から構成され，それぞれの地区は路面電車で結ばれています．こうした3地区への分割という発想は，ル・コルビュジエを介して，CIAM[3-8]の第1回ラ・サラ宣言（1928）やアテネ憲章（1943）にうたわれた「居住，労働，レクリエーション」という都市機能分離の考え方に影響を与えました[3-9]．

●「300万人の現代都市」の構成原理

1922年にパリのサロン・ドートンヌ展に発表されたル・コルビュジエの「300万人[3-10]の現代都市計画」（図3-4）は，イデオロギー性が強いものの，単なるプロパガンダではなく，実現への意志を備えた提案でした．この計画におけるル・コルビュジエの目的は，「現代都市計画の基本原理」をつくることであり，「現在の都市化のあらゆる方式の骨組みの構成」を提示することにありました[3-11]．基本原理は次の4つ：①都市の過密緩和，②密度の増加，③交通手段の増加，④植樹帯の増加，に要約され[3-12]，ここでは固有な場所，時間設定の枠組みを超えた普遍性が求められています．

建築に関しては，次の言葉

> 「高層に建てなければならない，の一句に明日の必要性が要約される．超越的幾何学が，すべての設計を命令し，規定し，最も小さい無数の結果まで導かねばならない．現在の都市は，幾何学的でないために死にかけている．高層に建てること，それは，不恰好で無思慮な敷地―今日，あるのはこれだけだ―を規則正しい敷地に代えることだ．その他には，救いはない．」

に示されるように，工業化を通じた建築の標準化と大量生産システムに基づく高層建築の必要性が説かれています[3-13]．

また，高層建築の足元には，ハワードやガルニエに見られた緑化計画を一層大胆に展開した広大な緑地に加え，高速自動車道を含む道路網が提案されました．

●「ヴォワザン計画」への展開

以上の構想が，既存の都市構造や文化をもつ具体的な場所で展開されたのがパリの「ヴォワザン計画」[3-14]（1925，図3-5）です．ル・コルビュジエは，首都パリの中心はオフィスを主体とする高層建築で占められるべきだと考えていました[3-15]．そのイメージは，

「こうして創り出された広大な区画の中央には十字形平面を持つ摩天楼を立ち上げ，地面上に踏み潰されていた細胞を拾い集め，その細胞を地面から遠く離して大気中，光の中に配置した都市，高層都市を創出する」[3-16]

と表現され，従来の中世的な「腐敗した地区」「狭小な道路」を一掃し「緑・太陽・空間」にあふれた新都市が提案されます．ここで採用された十字型の摩天楼は，『エスプリ・ヌーヴォー』誌（1921）で示された「塔状都市」[3-17]案における高層建築を引き継ぐものです．高層建築の導入により，旧市街地の居住密度は4倍に増大し，足元の緑地帯には自動車交通に対応した直線的で明快な道路網が描かれました[3-18]．

● 「ヴォワザン計画」の意義

「ヴォワザン計画」では，既存都市の歴史的建造物や記念碑に対して一定の配慮がなされたものの，それらは元々あった場所から切り離され，広大な緑地の中にパヴィリオンのように再配置されます[3-19]．この点に関しては，場所の歴史性や固有性を無視したユートピア計画であるとの批判は免れないでしょう．

しかし他方で，ル・コルビュジエ自身が，

「《ヴォワザン計画》は，パリ中心部の問題にとって，正確な解決案になるという自負は持っていない．けれどもこの案は議論を現代にふさわしい段階にまで高め，問題を健全な尺度に措定するのに役立つだろう．」

と述べているように，この計画案は，あくまで人間と都市，そして自然との関係性を根幹から問い直すための原則を提示したものです[3-20]．その考え方に立てば，マンフレッド・タフーリが指摘したように，それは一つの範型（プロトタイプ）の研究・提案であり，都市がはらむ様々な問題の所在と原因を浮き彫りにする試みであると評価できます[3-21]．

● 「輝く都市」の理念

ル・コルビュジエによる一連の理想都市計画案は，「合理的敷地割」をテーマとするブリュッセル CIAM 第3回会議（1930）において，「輝く都市」計画理論として主要テーマに取り上げられました（⇒ p.61 図4-3）．

ル・コルビュジエの弟子で建築家の坂倉準三は「輝く都市」を

「今世紀の機械文明がもたらした技術革命による成果を基礎とした建築と都市計画との緊密な関係の上につくり出される新しい三次元の都市計画であって，これによって，ながい間混迷の中に苦しんだ都市，農村の人達，あらゆる人間に《物質的にも精神的にも申し分のない最上の生活条件》を見出さしめようとするものである．」

と位置づけ，その理論の最初の実践例としてマルセイユのユニテ・ダビタシオン（1952，⇒ p.19 図4-6, p.98 図1-13）を挙げています[3-22]．また，「輝く都市」の理念は，一連のアルジェリア都市計画（1930-42, 図3-6）やチャンディガール計画（1959-65）にも反映され，ルシオ・コス

3-16）ル・コルビュジエ，山口知之訳『エスプリ・ヌーヴォー 近代建築名鑑』鹿島出版会，1980, p.197.

3-17）「塔状都市」で展開される摩天楼は，十字型平面をもち，採光重視の鉄とガラスで構成されている．60階建で250mの高さがあり，300m間隔で建設されるという想定．『建築文化』vol.56, 2001年2月号, pp.113-114参照．

3-18）ル・コルビュジエ，山口知之訳『エスプリ・ヌーヴォー 近代建築名鑑』鹿島出版会，1980, pp.198-200.

3-19）ル・コルビュジエ，樋口清訳『ユルバニスム』鹿島出版会，1967, pp.265-268.

3-20）ル・コルビュジエ，山口知之訳『エスプリ・ヌーヴォー 近代建築名鑑』鹿島出版会，1980, p.203.

3-21）マンフレッド・タフーリ，藤井博巳・峰尾雅彦共訳『建築神話の崩壊 資本主義社会の発展と計画の思想』彰国社，1981, pp.151-152.

3-22）ル・コルビュジエ，坂倉準三訳『輝く都市』鹿島出版会，1968, pp.270-271所収の坂倉準三「旧版あとがき」参照．

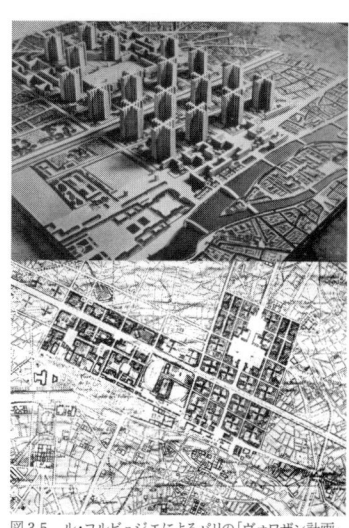

図3-5 ル・コルビュジエによるパリの「ヴォワザン計画」　図3-6 ル・コルビュジエによる「アルジェリア都市計画」

3-23) 以下、『日本の都市空間』彰国社編・刊、1968、pp.9-21を参照。
なお、各段階は、個別独立なものではなく、前段階を含み、消化しながら次段階へと移行していくものと考えられている。
また、この段階分離には、エルンスト・カッシーラによる次の三段階論が敷衍されている：①最も低い層である有機的な空間および時間における身体的衝動にもとづく行動空間②知覚的空間（より高等な動物、あらゆる異なった種類の感覚経験―視覚的・触覚的・聴覚的および運動感覚の要素を含む）③抽象的・シンボル的空間。この最後の段階において、人間だけが発達させた動物との違いがあると考えられている。エルンスト・カッシーラ、宮城音彌訳『人間』（岩波現代叢書）岩波書店、1953、pp.59-61参照。

3-24) カミロ・ジッテ、大石敏雄訳『広場の造形』鹿島出版会、1983。

3-25) ゴードン・カレン、北原理雄訳『都市の景観』鹿島出版会、1975。

3-26) ☞ pp.19-20、1章4節。p.21、1章5節。ル・コルビュジエ、吉阪隆正編訳『アテネ憲章』鹿島出版会、1976、pp.115-116参照。

3-27)「クラスター」については☞ pp.110-111、7章4節。

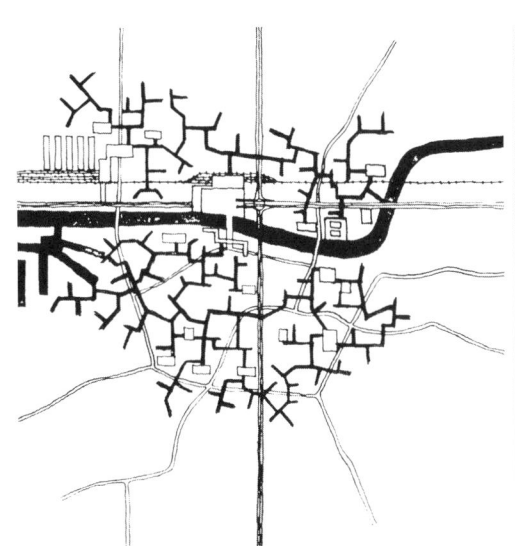

図3-7 スミッソン夫妻による「クラスター・シティ」

図3-8 丹下健三設計、広島平和公園の都市軸

タによるブラジリア計画（☞ p.110 図4-16）などにも強い影響を与えました。

● 都市デザインにおける計画概念の4段階

以上のような都市計画理念の展開を踏まえ、建築家・磯崎新は『日本の都市空間』の中で、都市デザインの計画的方法概念の推移過程を次の4つ：①実体論的段階、②機能論的段階、③構造論的段階、④象徴論的段階に分類しています[3-23]。

まず「実体論的段階」は「都市を物的存在そのものと考え、都市計画はそれを物理的に美しく仕立てあげる手法だとイメージした時期」を指します。事例としては、先に見たオスマンによるパリ大改造計画、ランファンによるワシントンDC計画などが挙げられます。さらに、こうした都市全体計画に加え、ハワードの田園都市計画、カミロ・ジッテの広場分析[3-24]、ゴードン・カレンの「タウンスケープ」分析[3-25]などの「タウン・デザイン派」にその特徴が現れています。

次の「機能論的段階」は「都市の実体から機能を抽出し、定式化した」時期と定義されます。この段階への移行ではCIAMが主要な役割を担いました。すなわち、「アテネ憲章」第77条「都市計画の鍵」として抽出された「四つの機能」（居住・労働・レクリエーション・交通）に基本的枠組みを負う考え方です。しかし、実体を離れたダイアグラム的な都市の機能操作が理念的になされた結果、分解されたそれぞれの機能が単なるパーツとして任意に組み合わされるにすぎなくなり、空間を経験する人間の存在が忘れ去られるという欠点を呈しました[3-26]。

それに対し「構造論的段階」では、都市のパターンを、有機体のアナロジー（人体の構造、植物の幹、枝葉など）で構造的に捉えようとする試みが展開されました。事例としては、スミッソン夫妻の道路パターンを基本とする「クラスター・シティ」[3-27]（図3-7）、都市軸と脊椎動物の生成過程とのアナロジーに基づく丹下健三研究室の「東京計画1960」（☞ p.61 図4-4）などが挙げられます。但し、同じ丹下健三設計の「広島平和公園計画」（1955）の場合、被爆による焼け野原に敷地の形状からすれば不自然ともいえる人工的な軸線が「原爆ドーム」を起点として配された点で、「実体論的段階」

の事例として捉えることができるでしょう（図3-8）．こうした構造論の段階における都市デザインのあり方について，磯崎新は

「パターンとは，構造論の段階における都市空間のイメージなのである．このように考えることによって，空間が実体概念と結びつきながら計画操作の対象となりうるのだ．空間は物理的形態ではなく，それが人間の行為と関係したときに初めて存在するという認識は，必然的にフィジカル・パターンとアクティヴィティ・パターンの対応関係の分析へみちびくであろう．その統合の操作がすなわち都市デザインとなるのである．」

このように述べて，フィジカル・パターンつまり物理的形態としての都市に対して，アクティヴィティ・パターンつまり行動する人間にとっての都市の存在を示唆しています[3-28]．この両者の統合を目的に，①人間のイメージと結びついた視覚構造や②シンボル化されたエレメントといった概念を計画・方法論的に導入した段階が4番目の「象徴論的段階」であり，次節で述べるケペッシュ，リンチ，シールなどの都市イメージに関する試みに繋がっていきます．

4　都市イメージ論

●視覚的経験と「わかりやすさ」(legibility)

現実を把握する上で，視覚が最も優れた手段であるとし，芸術や都市の分析に大きな影響を与えたのが，ハンガリー人の画家ジョルジュ・ケペッシュ[4-1]です．

ケペッシュは，科学技術の進歩によって視覚手段が改良されると共に，新しい視覚的世界が開示され，われわれの世界の見方も変化することを説きました[4-2]．例えば，望遠鏡や顕微鏡を通して視る巨視的，微視的な世界は，肉眼の世界とは全く異なります．従って，そのようにして現れてくる新しい視覚世界を認識するに際しては，「空間の大きさよりも，それが開いているか，閉ざされているか」といった際立った形とその「構造（配置や関連性）」が問題となります[4-3]．ケペッシュは

「特徴のある形態を明らかにすることによって，隠れて存在している多様性を表面に出すことができる．分化する方向にもう一度関心を向けると，必然的に視覚的な輪郭がはっきりと目立ってくるであろう．」

との前提のもと[4-4]，視覚経験の研究を都市分析へと応用していきます．その際，彼が考えたのは，都市環境の象徴的構成体に，「わかりやすさ」という概念を導入することでした．こうした作業は，①都市環境の単位分解（おのおのの個性を捉えて，家屋，道路，広場，近隣街区，街区といった単位に分解する），②分解された単位を明確にしている境界（河川や壁面や間隔や形態や表現の変化）を読み取り，都市構造の諸部分を認識する，③諸部分の関連性を，それらのきずなやつながりという言葉で理解する（交通，鉄道，移動のための自由な指標・調節機能としてのドアや窓，橋，トンネル，長距離にわたる包括的な景観），④関連性における諸部分は，ひとつの共通の構造──象徴形態，都市全体の固有の象徴──として一体的に認識される，以上4つの関連に従って行われました[4-5]．

●パブリック・イメージとイメージアビリティ(imageability)

ケペッシュの提示した都市空間のエレメントとその構造化という視点をさらに進めて，人々の心の中のイメージを手掛かりに都市を記述しようとしたのがケビン・リンチです．1954〜59年にかけてケペッシュの知覚形態研究に協力したリンチは，著書『都市のイメージ』(1960)の中で自身の基本概念をケペッシュに負うと述べています[4-6]．

都市では，多くの人々が様々な活動を行っており，当然ながら，都市に対する人々のイメージは同一ではありません．しかしリンチは，あるグループのメンバー間では，人々に共有されるイメージが認められると考え，都市の住民の大多数が共通に抱く心像を「パブリック・イメージ」と呼びました．「パブリック・イメージ」は，予め与えられた固定的なものではなく，観察者と環境との間での絶え間ない相互作用を通じて形成されるものと考えられています．したがって都市を計画する側に立ち，できるだけ多くの人々に利用される

3-28)『日本の都市空間』彰国社編・刊，1968，p.19．☞ p.163，10章8節．

4-1) ジョルジュ・ケペッシュ (1906-2001)：1930年からベルリンでモホイ・ナジと共同して映画や演劇，グラフィックデザインに取り組みバウハウスの中心的存在となる．1937年には，アメリカ合衆国に亡命し，シカゴでモホイ・ナジが設立した「新バウハウス」に加わり，主導的役割を果たす．その後1967年に，マサチューセッツ工科大学(MIT)で「先端視覚研究センター the Center for Advanced Visual Studies (CAVS)」を設立．1972年までセンター長を務め，デザイン教育の発展に多大な貢献をした．

4-2) Michael Golec, "A Natural History of a Disembodied eye: The Structure of Gyorgy Kepes's Language of Vision". in Design Issues: Vol.18. No.2 Spring, 2002, p.5.

4-3) ジョージ・ケペッシュ，佐波甫・髙見堅志郎共訳『造型と科学の新しい風景』美術出版社，1966，p.169．

4-4) ジョージ・ケペッシュ「都市景観にみられる表現と伝達」，ロイド・ロドウィン編，磯村英一訳『未来の大都市』紀伊國屋書店，1967所収，p.187．

4-5) 前掲論文「都市景観にみられる表現と伝達」p.190．

4-6) ケビン・リンチ 丹下健三・富田玲子 共訳『都市のイメージ』岩波書店 1968 序文 p.iv．

4-7) 前掲書『都市のイメージ』pp.7-9.

4-8) 物理的環境を独立変数として強調するために，イメージのアイデンティティとストラクチャーに関わる物理的特質を求めることに集中するとの断りがなされる．この時点で，都市の中で複雑な振る舞いをするミーニングは一端除外して考えられていく．
前掲書『都市のイメージ』pp.10-11 参照．

4-9) 前掲書『都市のイメージ』p.12.

4-10) 前掲書『都市のイメージ』p.3, 13 参照．

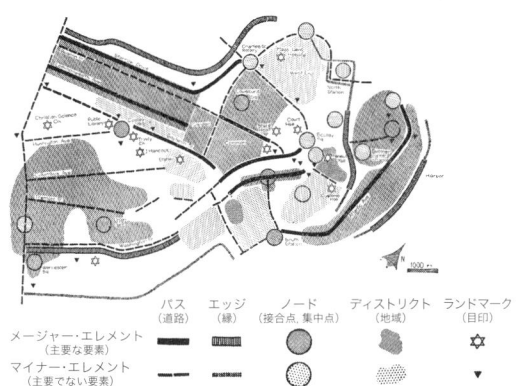

図 4-1a　現地踏査からひき出されたボストンの視覚的形態

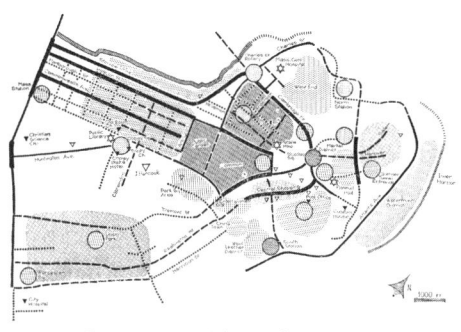

図 4-1b　口頭インタビューからひき出されたボストンのイメージ

環境を設計しようとするとき，「パブリック・イメージ」をいかに把握するかが重要な課題となります[4-7]．著作としての『都市のイメージ』はこの課題に対する明快で体系的な考え方を提示するものです．

リンチは，環境イメージの3成分として，①アイデンティティ：単一性があり他のものから見分けられるようなそのものであること，②ストラクチャー：対象と観察者，対象間の空間のパターンの関係すなわち構造，③ミーニング：対象に対し観察者が抱く意味，以上3つを提示します[4-8]．

こうした前提に基づき，都市の形態の「イメージアビリティ」の具体的な分析が行われていきます．「イメージアビリティ」とは，

「あざやかなアイデンティティと強力なストラクチャーをそなえた非常に有益な環境のイメージを作るのに役立つ色や形や配置などである．」

と定義され，物体に備わる特質としての「わかりやすさ」(legibility)や「見えやすさ」(visibility)と同義だとされます[4-9]．イメージアビリティは都市環境にとって決定的な重要性を持ち，「パブリック・イメージ」を用いて環境形成を行う際の手掛りを与えるものとされ，「イメージアビリティ」の高い都市にはヴェニスやマンハッタンなどが挙げられています[4-10]．

● 都市イメージの5つのエレメント

リンチの都市分析は，①専門調査員による現地踏査（視覚的現実）と，②住民への口頭イ

パス (paths 道路)		観察者が通るあるいは通る可能性のある道筋．人々は移動しながら都市を観察し，そしてパスに沿って他のエレメントを関連付ける．そうしたイメージの支配的なエレメント．
エッジ (edges 縁)		観察者がパスとしては用いない，あるいはパスとみなさない線状のエレメント．2つの局面の間にある境界で，障壁として相互に分断する場合や，透過性をもつ場合など，2つの地域を結びつける継ぎ目となる．パスほど支配的ではないが，漠然とした地域イメージをひとつにまとめる重要な役割を果たす．
ディストリクト (districts 地域)		中程度以上の大きさをもつ都市の部分で，2次元の広がりを持つ．観察者は心の中で「その中」に入るものであり，何か独自の特徴がその内部の各所に共通して見られることで認識されるもの．パスと同様に重要なエレメントであり，多くの観察者がこれに基づいて自分の住む都市を組み立てている．
ノード (nodes 結節点：接合点，集中点)		観察者がその中に入ることができる都市の点．人がそこから出たり入ったりしていく接合点や集中点であり，主要な焦点となる．パスが集合するところ．ディストリクトに極性を与える中心．
ランドマーク (landmarks 目印)		観察者が中に入らないで外部から見る点．建物，看板，商店，山などの物理的なもので，都市内部にある場合もあれば，遠くにあって一定の方位を示す場合もある．ランドマークは，局地的で限られた場所でしかも特定の方向から近づくときしか見えない．アイデンティティやストラクチャーの手がかりとして，市内での行動の慣れとともに，依存度が上がる対象物．

図 4-2　都市イメージの5つのエレメントタイプ

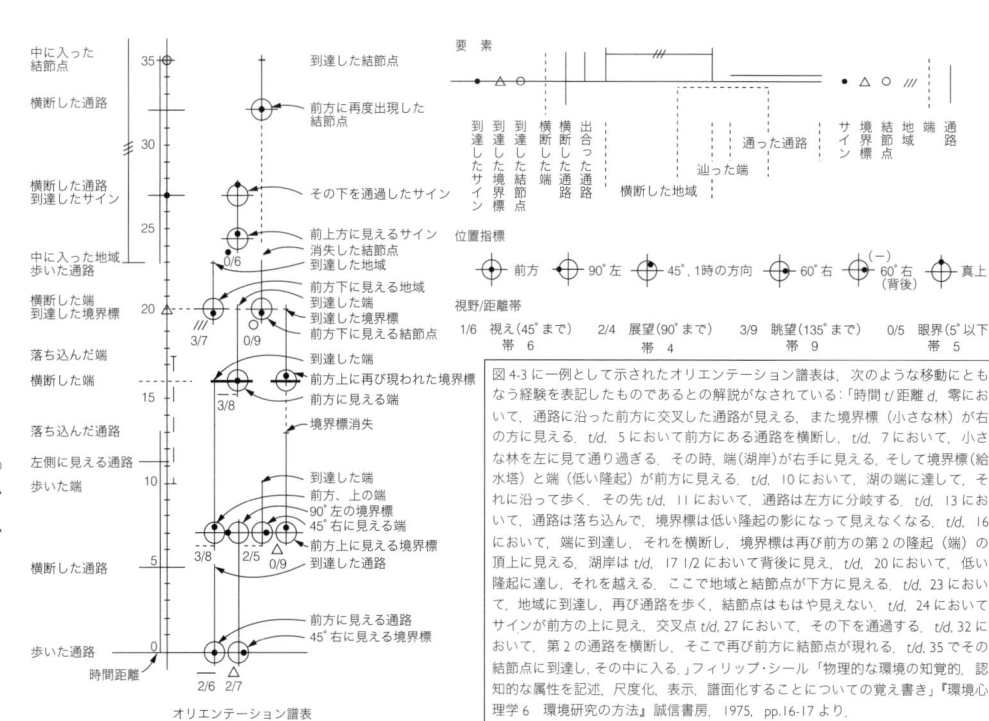

図 4-3 シールによるオリエンテーション譜表の例

ンタビュー（グループ・イメージ）の2通りの方法で実施されました[4-11]．結果として，都市イメージが以下の5つのエレメントタイプに分類され，それぞれメジャー・エレメント（主要な要素），マイナー・エレメント（主要でない要素）に大別され，「イメージ認知マップ」にまとめられています[4-12]（図 4-1a,b, 4-2）．リンチによる都市イメージという視点，エレメントという考え方は，現代の都市分析・景観分析における重要な前提となっています．

● 環境経験とシークエンス

リンチの都市イメージ研究に「移動」という概念を導入し，より詳細な景観（視覚構造）の分析を目指したのが，アメリカ人建築家フィリップ・シールです．リンチが，

「シールは，継起について体験される運動，持続時間，空間形態を示すいっそう精密な表記法を開発した」[4-13]

と評したように，シールの関心は端的に「シークエンス」すなわち視覚が展開される継起の体験と描写にありました．

シールの意図は，「環境建築：エンヴァイロテクチャー ENVIROTECTURE ＝ Environment ＋ Architecture」なる造語[4-14]に集約されています．ここで考察の対象となっている「環境経験」の最も基本的な性格は，時間に沿って空間を移動するときに特徴付けられ，その背景には

「都市がその住民に提供する複雑で無数の視覚的連続の諸関係によって，人びとがたどる連続経路の構造に依存しつつ，意味は伝達されるのだ．」

というケペッシュの考え方[4-15]があります．

こうしてシールは，「固定された空間配置ではなく」むしろ「交通手段に規定された連続映像のパターン」こそが「都市観の基本的な単位」であるとの見方を示しました．また，われわれが今日直面することとなった環境経験の方法と性質に関わる最も意義ある変化は，次の4項目，①移動性（Mobility），②夜行性（Nocturnity），③変化性（Mutability），④多様性（Diversity）であるとされます．

● シークエンスによる都市イメージ分析

実際の環境経験分析において[4-16]，シールもリンチと同様に，物理的環境を対象としました．そして，時間に沿った連続的な体験を扱うことから，記述方法には楽譜や舞踏の表示法にヒントを得た図式的な記号表記[4-17]が採

4-11）事例として次の3つの都市の中心部分について実施された：①ボストン（形態が鮮やかだが位置づけが難しい），②ジャージー・シティー（形態が不明瞭で，イメージアビリティーが低い），③ロサンゼルス（全く異なる尺度を持つ都市で中心部平面が格子状）．また，この分析には，次の2つの方法が導入された：(1)，訓練を受けた1人の観察者が歩きながら行うその地域についての組織的な現地踏査，(2)，住民の中から少数のサンプル被験者（ボストン30人，その他2都市15人）が選ばれ，物理的環境に対する彼ら自身のイメージを呼び起こすための長時間の面接．前掲書『都市のイメージ』p.17-19．

4-12）前掲書『都市のイメージ』p.56-59．

4-13）ケヴィン・リンチ，北原理雄訳『知覚環境の計画』，鹿島出版会，1979，p.157．

4-14）「この言葉は，単に，それが意識的な表現性を有し，建設的であり，公共的な位置にある活動という点で建築に類似することを意味するために選ばれた．そして同時に，それが総合的な経験環境を含み，建物だけに限定されないということで建築とは異なる意味である．」フィリップ・シール〈Towards an ENVIROTECTURE 環境デザインの新しい科学をめざして―その1〉，建築文化，No.307，1972 年 5 月号，p.75．

4-15）ジョルジュ・ケペシュ，〈Expression and Communication in the Cityscape〉1961，よりの引用．フィリップ・シール〈Towards an ENVIROTECTURE 環境デザインの新しい科学をめざして―その1〉，建築文化，No.307，1972 年 5 月号，p.72．

4-16）以下，フィリップ・シール「物理的な環境の知覚的，認知的な属性を記述，尺度化，表示，譜面化することについての覚え書き」，『環境心理学 6 環境研究の方法』誠信書房，1975，第 2 章所収の論文を参照．

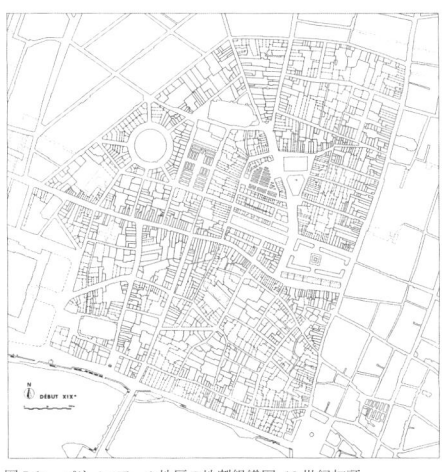

図 5-1a　パリ，レ・アール地区の地割組織図．19世紀初頭　　　図 5-1b　パリ，レ・アール地区の地割組織図．20世紀初頭

4-17) ローレンス・ハルプリン (1916-) も楽譜にヒントを得た，都市イメージ分析を試みている．ハルプリンは，ワークショップを通じて，人々が計画プログラムや環境が持つべき意味内容の確定に自らも参加できるような環境の「集団的創造プロセス」を実践的に追及している．その過程は「テイクパート・プロセス」を呼ばれる．また，活動の基軸として，「RSVP サイクル」と名付けられた次の4つの構成要素からなる循環的なシステムが提案されている：「資源 (RESOURCES)：与えられた環境や与件に相当」「諸面・楽譜 (SCORES)：行動規範となるもの」「機能評価・評価活動 (VALUACTION) = Value ＋ Action：評価とフィードバック」「演奏・性能 (PERFORMANCE)：スコアの実行」．
ローレンス・ハルプリン＋ジム・バーンズ，杉尾伸太郎・杉江邦江 共訳『集団による創造性の開発』牧野出版 1989 pp.31-44．

5-1) 槇文彦はリンチの研究に，イメージ特性の理解に関しての一定の評価を下しつつも，
「都市社会に存在する文化的なコンテクストの中で，それぞれ何を意味しているかを知らなければ，本当の理解に達したとはいえない」と苦言も呈している．槇文彦 他『見えがくれする都市』鹿島出版会（SD 選書）1980 p.21.

5-2)「都市組織」は，tessuto urbano（伊），tissu urbain（仏），urban tissue（米・英）などと表現されている．

5-3) Pierre MERLIN et Françoise CHOAY, Dictionnaire de l'urbanisme et de l'aménagement, Puf, 1988 (2ème édition), pp.792-793.

5-4) Françoise BOUDON, André CHASTEL, Hélène COUZY et Françoise HAMON, Système de l'architecture urbaine. Le quartier des Halles à Paris, CNRS, 1977.

5-5) Françoise BOUDON, "Tissu urbain et architecture: l'analyse parcellaire comme base de l'histoire architecturale", Annales, Economies Société Civilisations, 30e année-No.4, Juillet-Août, 1975, p.773.

用されています（図 4-3）．

分析に際しシールは，被験者の「オリエンテーション」（自己の方向定位）に着目すると共に，リンチの5つのエレメントに加え，第6番目の要素として「サイン」の概念を挙げています．ここでのサインは，交通または位置を示すもので，ディストリクト（地域），ノード（結節点），パス（道路）において際立って見出されるものとされます．シールにおける6要素の特徴は，①「境界標とサイン」：終点として近接可能で，また他の目標に到達するための道案内，②「通路と端」：目標や道案内として使われるが，さらに辿るべき，または横切るべきもの，③「結節点と地域」：目標または道案内として，また，入ったり横切ったりするように用いるもの，以上に整理できます．

このように，シールの研究は，時間の概念を導入することで，人間が視覚イメージとしてどのように環境経験するかという側面と，その知覚対象となる環境そのものがどのような構造であるかという側面の二面を一体的かつダイナミックに記すことを可能にしました．

5　都市のコンテクスト

●都市組織とコンテクスト

前節で取り上げた都市イメージ論の試みには，その基調として，近代都市計画的発想が認められます．つまり，個別の場所を扱いつつも，その分析手法を公式化し，あらゆる場所や都市で応用しようという考え方です[5-1]．それに対し，あくまで個別の都市や場所に固有のコンテクスト（文脈）を読み解いていくための基盤となるのが「都市組織（アーバンティシュー）」[5-2]の概念です．

都市組織の概念は，都市空間を構成する諸要素が有機的に織り重なり，一つの都市という生きた組織体が構成されている，との考え方に基づいています．フランスの都市史・都市論研究者メッランとショエ共編の『都市計画・整備事典』(1988) によれば，都市組織は

「建物の在るところと無いところとを繊維の糸の絡み合った状態に喩えた表現で，一つのまとまりをなす都市的枠組の諸要素の総体である．都市組織は，地形，道路網，地割，建築されたところと空地との関係，スケール，建物の形やスタイルなどに寄与する具体的・物質的な要素の総体とこれらの要素を結びつける関係性によって構成される．」

と定義されます[5-3]．この考え方の重要な特性は，都市をみる構えに，共時性（ある時点での都市形態）と通時性（歴史性・都市形態の発展や変遷の痕跡）の双方の視点を併せ持っていることです．パリのレ・アール地区研究[5-4]を行ったフランソワーズ・ブドンの次の言葉

「地割は人が導入した最も小さな共通因子であり，そこでは，土地の歴史を形作る法的，社会的，経済的要素が再発見され，農業や居住形態の諸経験が受け継がれている．都市組織における地割の歴史的分析は場所と建築，建築と機能との間のつながりを明らかにする手段である」[5-5]

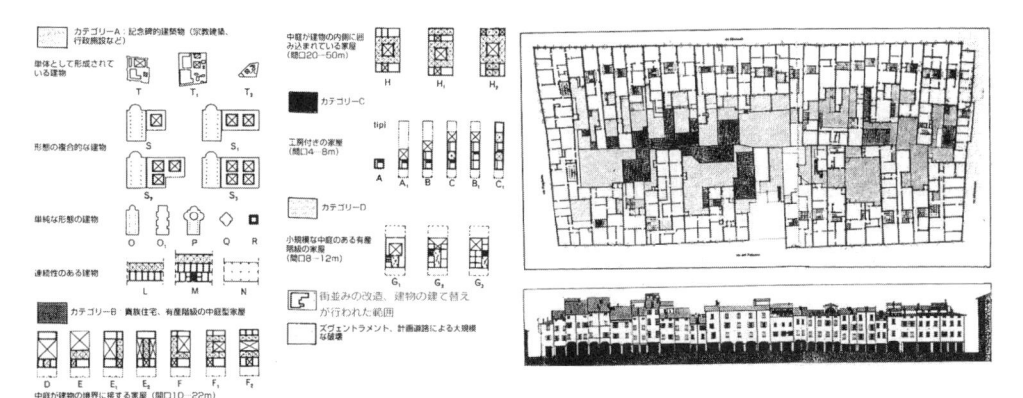

図5-2 建築ティポロジアによるボローニャの分析事例

に示されるように，例えばある都市のある時点での地割は，それまでの歴史的・社会的な諸事情から形成され，その上に立つ建物も地割りに影響を受けつつ歴史的過程の中で形作られたものです．ここでは都市組織の諸要素を現在だけでなく歴史的視点で分析することにより，都市建築の生成メカニズムを解明することが目指されています（図5-1a,b）．

● 都市組織と建築類型／建築ティポロジア

元来，都市組織と建築類型という考え方は，イタリアの都市史研究者サヴェリオ・ムラトーリにより先駆的に展開されたものでした．

ムラトーリは，有機体すなわち各部分が相互関係をもつような総体として都市を捉えるために，①建築，地割，ブロック形態，道，オープン・スペース等が構成する「都市組織」（tessuto urbano）と，②都市の構成単位である建築を分類的に見た「建築類型」（tipo edilizio），この2つの次元を設定しました[5-6]．前者は①土地に刻み込まれた平面的な次元，後者は②その上に展開される立体的な次元に対応し，この両者を複合的な関係性の中で把握することによって，建築の具体的な空間構成が都市の営みの中でどのように生成変化したのかを跡づけることが可能となる，というのがムラトーリ学派の構えです．その点で，建築形態を単独に取り上げ分類する従来の類型学とはその立場が大きく異なります[5-7]（図5-2）．

こうした都市組織と建築類型の考え方，都市のコンテクストに着目が集まった背景には，産業革命以降の近代都市化の中で，歴史的都市を如何に保存・再生していくかという大きな課題がありました．

● 「図と地」，コラージュ・シティ

建築・都市研究の分野に「コンテクスト」という概念をはじめて持ち込んだとされるロバート・ヴェンチューリ[5-8]，ならびに「コンテクスチュアリズム」の研究を推進したコーリン・ロウを中心とするコーネル学派，この両者に共通するのは近代建築批判の姿勢です．

その戦略的な理論は，建築をそれ単独で自律したものとして扱うのではなく，都市的・歴史的コンテクストの中で諸要素との関係性において一体的に見る事でした．

5-6) 陣内秀信『イタリア都市再生の論理』鹿島出版会SD選書147, 1978, pp.55-56.

5-7) この差異に配慮して，類型「学」と学をつけてその対象を狭小化しないよう，また，英語のタイポロジーとのニュアンスの違いを出すために，あえて建築類型／ティポロジアと表記されている．その主導的役割を担ったジャンフランコ・カニッジャの類型の概念を敷衍して陣内は次のように定義する：「自然的条件，社会的条件，経済的条件，技術的条件や高密度に集合する都市社会からの要請にうまく応える合理的な解決を獲得し，どの建物も同じような構成をとって並んでいることがわかる．これを建築類型（tipo edilizio）と呼ぶ．……このような建築類型がどのようにして成立し，他の類型へどのように変化していくかを動的に解析する方法が建築類型学／ティポロジア（tipologia edilizia）である．」陣内秀信『イタリア都市再生の論理』鹿島出版会SD選書147, 1978, pp.38-39.

5-8) プリンストン大学での修士論文「建築の構成におけるコンテクスト」（1950）において初めて「コンテクスト」という言葉が用いられたとされる．秋元馨『現代建築のコンテクスチュアリズム入門』，彰国社，2002, p.14, p.106参照．☞ pp.25-26, 2章2節．

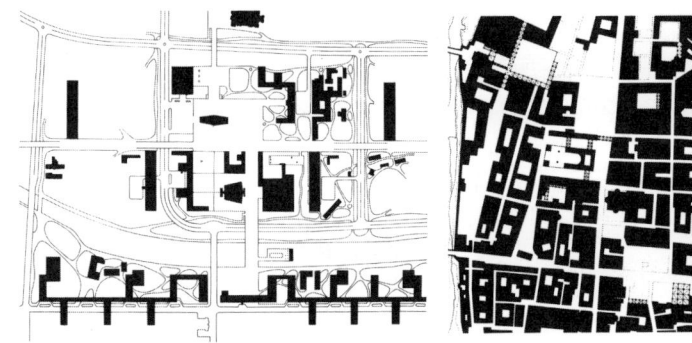

図5-3 「図と地」による都市分析．ル・コルビュジエのサン・ディエ計画（左）とパルマの街区（右）

5-9) 前掲書『現代建築のコンテクスチュアリズム入門』p.124 参照．図と地に関しては☞p.145, 10章1節．

5-10) カミロ・ジッテ 大石敏雄 訳『広場の造形』鹿島出版会（SD選書），1983.

5-11) ロブ・クリエ，黒川雅之，岸和郎 共訳『都市と建築のタイポロジー』a+u，1980年6月臨時増刊号．

5-12) 芦原義信『外部空間の構成 建築から都市へ』彰国社，1962, p.23.

5-13) コーリン・ロウ，フレッド・コッター，渡辺真理訳『コラージュ・シティ』鹿島出版会，1992, pp.144-151.

5-14) 浅田孝「クリストファー・アレグザンダーについて」SD, 第47号，1968, p.6.

5-15)「自然の都市」の例：シエナ，リバプール，京都，マンハッタンなど．「人工の都市」の例：アメリカのレヴィットタウン，チャンディガールなど．
クリストファー・アレグザンダー「都市はツリーではない〈上〉」『デザイン』1967年7月号，p.8.

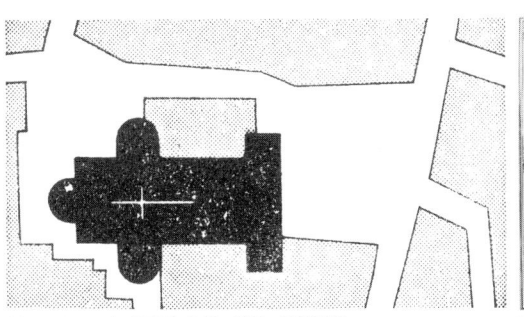

図5-4 ジッテによる「図と地」分析．パドヴァ大聖堂広場

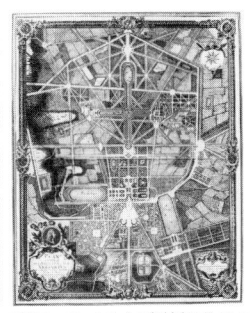

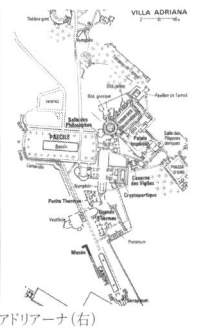

図5-5 ヴェルサイユ宮（左）とヴィラ・アドリアーナ（右）

こうした方法の一つに，ロウとその教え子ウェイン・コパーにより展開された「図と地」による都市図分析[5-9]があります．図5-3は，図と地の視点によって顕在化される都市のあり様が，近代とそれ以前では大きく異なることを示した例です．

このように地図を白黒の図と地に塗り分ける方法（⇨p.145 図1-1）は，1901年のC・ジッテの著書『広場の造形』[5-10]に先例があります．ここでジッテは建築物と広場との構成関係に着目し，囲い込まれた空間の美しさを説きました（図5-4）．また，オーストリアの建築家ロブ・クリエにより1970年代に行われた街路と広場の類型的研究はジッテの手法を徹底的に体系化した例です[5-11]．日本でも，建築家・芦原義信がその著書『外部空間の構成』の中で，イタリアの広場などを対象に「図」と「地」現象の分析を行っています[5-12]．

ロウとフレッド・コッターは，のちにコンテクストによって都市を解読する方法を「コラージュ・シティ」の概念へと展開していきました．図5-5はヴェルサイユ宮の「全体の統一性」とヴィラ・アドリアーナ（⇨p.111 図4-21）の「雑然性，断片の集合性」とを比較したものですが，ロウらは後者の分散的な構成に「コラージュ」の原理を認め，現代都市における多様性への対応可能性を見い出しています[5-13]．

●セミラチスとしての都市

多様性を欠いた都市，画一的な都市のあり方に警鐘をならす言葉として，クリストファー・アレグザンダーの「都市はツリーではない」は，とりわけ革新的な意味合いをもっています．建築家浅田孝はアレグザンダーを評して

「数学の抽象的な思考方法を手だてとして，逆に具体的な人間性をテーマとする環境デザインの問題に新しい角度から光を当てた」

と述べ，これまでの近代都市批判とは切り口の異なる数学的・論理的アプローチで，環境デザインにおける新しい視座を提供した功績を讃えています[5-14]．ここでいう「ツリー」とは，多くの要素が互いに重複することなく，ちょうど一本の幹から枝が分かれ，さらに小枝が分かれていくような単純な関係性のことを指します．これに対比されるのが，互いに重なり合いもつれた網のような複雑な関係である「セミラチス」です（図5-6a,b）．

アレグザンダーは，都市を①長い年月をかけて自然発生的に出来上がってきた「自然の都市」と，②デザイナーやプランナーによって慎重に計画された「人工の都市」に大別し[5-15]，次のように述べました．

「現代のデザイナーの多くは昔の都市にそなわっていて現代の都市概念からは把握できない抽象的な秩序を研究せずに，事象的，具体的なものを求めようとしているようだ．こうしてデザイナーは都市に新しい息吹を加えることはできなかった．なぜなら彼らは単に都市の見かけだけを模倣し，その実体となる背後の

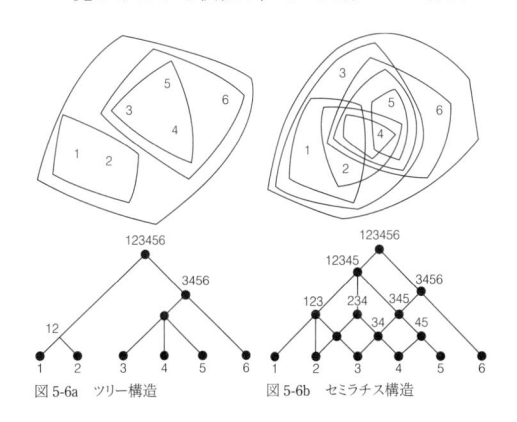

図5-6a ツリー構造　　図5-6b セミラチス構造

本質を見つけることができなかったためである.」5-16

このようにアレグザンダーによれば「人工の都市」には，何か本質的なものが欠けており，この本質を司るのが，彼のいうところの「自然の都市」に備わる「セミラチス構造」です．

この「セミラチス構造」は，上部のユニットを飛び越えて横断的に他の要素と結びつくことが可能であり，それによって，秩序を保ちながらも，重複性，不確定性，多様性を担保します．これに対しツリー構造の「人工の都市」は常に一つ上のユニットの強い拘束を受ける構造です．その結果

「家族ぐるみで交際する以外，自由に他人と友達になることを禁じられているような」

閉塞感の強い都市が構成されていくとアレグザンダーは説きました 5-17．こうした考え方に基づき，ル・コルビュジエのチャンディガール計画や丹下健三の東京計画は批判されることとなりました．

● パターン・ランゲージ

アレグザンダーの学位論文『形の合成に関するノート』では，デザインの合理性が追求され，デザイン問題は「フォーム（形）とコンテクストとの間の適合性の発見」として定義されています 5-18．ここでの「適合性」という言葉は，①都市コンテクストに見られる多様性と，②建築のフォルムに要求される一定の秩序との間を，バランスよく整合させることの重要性を説いたものです．図 5-6b で示したセミラチス構造はいわばツリー構造の重合されたものですが，ツリー構造が批判され，それらの結合したセミラチス構造が目指されるとき，決してでたらめな結合でよい筈はなく，「適切な重なり合い」を如何に形成していくかが問われることとなります．この問いに対する，アレグザンダーによる一つの実践的な提案が「パターン・ランゲージ」です．

アレグザンダーは，「パターン・ランゲージ」を，方法論（メソッド）ではなく，考え方（アイデア）として捉え，一般言語の仕組みにたとえて次のように説明しています 5-19．

図 5-7　アレグザンダー設計，盈進学園東野高等学校

「つまり言語には二つの機能がある．人間の経験を蓄積する機能，もう一つは，その蓄積された経験（単語）を再使用（文法）して，無数の新しい概念（文章）を作り出すという機能である．パターン・ランゲージも，まったく同じように機能する．パターンは単語であり，パターン・ランゲージは文法であり，そして建物は文章である．つまりパターンという環境に関する人間の記憶の集積を，パターン・ランゲージという文法を使って組み合わせていけば無数の新しい環境をデザインすることができるというわけである．」

そして，パターンの合成プロセスに関しては，

「パターン・ランゲージとは，パターンのネットワークである．それはわれわれ自身がもっともよいと思う直観力で構成されていく」

と述べ 5-20，そこに作り手による恣意性が含まれること示唆しています．

パターンは，「1. 自立地域」から「253. 自分を語る小物」まで 253 個が用意され，地域や町などの大パターンから，近隣・個々の建築などの中パターン，施工細部の小パターンへと，一連のつながりと序列をもって列挙されます．アレグザンダーによれば，これらはあくまで一つの仮説にすぎず，参加者・利用者によって改良や追加が期待され，閉ざされることのない生きたシステムとして想定されています．

こうしたパターン・ランゲージは，実作としてのオレゴン大学（1971-72）や盈進学園東野高等学校（1985, 図 5-7）において，実践に移されていきました 5-21．

5-16) 前掲論文「都市はツリーではない〈上〉」, p.9.

5-17) 前掲論文「都市はツリーではない〈上〉」p.12.

5-18) Christopher Alexander, Notes on the synthesis of form, Harvard University Press, 1964, p.73. また, 磯崎新,「クリストファー・アレグザンダー 環境を生成する普遍言語の探求」,『美術手帖』, 1970 年 12 月号, p.116.

5-19) 平田翰那編《無為自然の建築》-クリストファー・アレグザンダーの世界』, a+u, No.51, 1975 年 3 月号所収, p.49 にて訳者の平田により紹介されている.

5-20) 前掲論文「《無為自然の建築》-クリストファー・アレグザンダーの世界」p.52.

5-21) 実施過程に関しては,「〈近代〉との闘争 C. アレギザンダーと盈進学園東野高等学校をめぐって」新建築 1985 年 6 月号 pp.153-186, 日経アーキテクチャー 1985 年 5 月 20 日号 pp.60-68. また, スティーブン・グラボー, 吉田朗, 長塚正美, 辰野智子 共訳『クリストファー・アレグザンダー 建築の新しいパラダイムを求めて』, 工作舎, 1989 が詳しい.

力の流れと表現 ……………………………… 第12章
技術，構造，素材，架構，建築構法，技術者，構造家

タイトル図）ストーンヘンジ．

1-1）砂岩：砂粒と泥，シリカ質が堆積し圧力を受けてできた岩石．柔らかく加工しやすい．

1-2）「アーチ」は「持ち送りアーチ」と区別するために「迫り持ちアーチ」と表記されることがあるが，本書では「アーチ」とのみ表記することとする．

1 積む

●積み木の原理

　イギリスのソールズベリー市郊外にあるストーンヘンジ（タイトル図，⇨ p.66 図1-1）は，巨大な砂岩[1-1]による組積の構造体で，BC1800年頃の建造と言われています．石を置き，その上に別の石を積み上げる構築は，子供の積み木遊びのような，原始的で素朴な建築手法です．しかし良く見ると，ここには積むことから派生した柱と梁の概念を読み取ることもできます．また，人々はどのようにして巨石を遠方から運び込み，積み上げたのでしょう．現代の技術をもってしても容易ではないと思われる建造に，遥かな想像を膨らませずにはいられません．このように一見単純に見える構造体からも，実は様々な考察を導くことができます．建築家に求められる技術に対する感性は，このように，構造体を読み解いていこうとする考察から導かれるものではないでしょうか．

●組積造の開口

　組積造の構造体に開口部を設けようとする場合，その方法は大別して3つあります．一つ目はストーンヘンジにも見られるような，組積から派生する柱・梁による「まぐさ式構造」（図1-1）と呼ばれる方法．二つ目は，積み上げた石を上部に行くにしたがって徐々に水平方向へ持ち出していく「持ち送りアーチ」(corbelled arch, 図1-2)と呼ばれる方法．三つ目に，荷重を部材に伝わる圧縮力のみによって支点へ伝える，一般に「アーチ」[1-2] (true arch, 図1-3)と呼ばれる方法です．また，「持ち送りアーチ」を応用した天井には「持ち送りドーム」が，さらに「アーチ」を応用した天井に

179

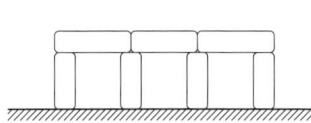

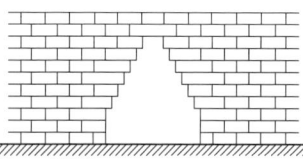

図 1-1　まぐさ式構造　　　　　図 1-2　持ち送りアーチ　　　　　図 1-3　アーチ（キーストン）

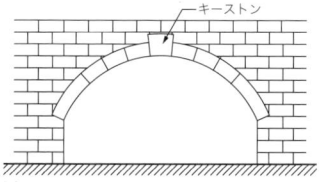

は「ヴォールト」（図1-4）または「迫り持ちドーム」があります．

● まぐさ式構造と持ち送りアーチ

ギリシャのアクロポリスに建つパルテノン（図1-5）は，石の組積の柱と梁からなる，まぐさ式構造の代表的な建築物です．人類史上，最も美しい建築と言われるゆえんには諸説ありますが，その一つに外観を構成する柱と梁のデザインがあります．柱は上に向かうほど細く，円弧を描くように成型されています．梁も一見して水平方向へ真っすぐに架けられているように見えますが，実は中央部分が少し高くなるように，微妙な円弧を描いています．このことが，ギリシャの陽の光に映える大理石の白と相まって，組積造特有の重々しさを取り除き，外観に軽快な美しさをあたえています．

東南アジアの各地に見ることができる，石の組積による寺院建築は，総じてまぐさ式構造，または持ち送りアーチの架構によって構築されています．つまり東南アジアの建築は，アーチの概念を持たずして発展してきたものであると言えます[1-3]．カンボジアのシェムリアップに建つアンコール・ワット（図1-6）では，寺院の回廊や開口部が組積の柱と梁により構成されています．また基壇の上に建つ5本の塔は，全て持ち送りアーチを応用した持ち送りドームによって形成されています．躯体に使用されている砂岩は柔らかく加工しやすい性質を持ちますが，寺院の各所に施されたレリーフや仏像には，砂岩の性質を活かした非常に繊細な彫刻がなされており，クメール美術[1-4]の特徴を今に伝えています．

● アーチ

「アーチ」とは，弧状の架構を構成する部材に沿い，荷重が部材に伝わる軸圧縮力のみによって支点に伝えられるものを言います．支点には上部から伝わる荷重を外側へ押し出そうとする力「スラスト」（thrust, 図1-4）が加わります．そのため，アーチによる架構では，控え壁「バットレス」（buttress, 図1-7）などのスラストを処理するための対策が必要となります．組積アーチの頂部には要石「キーストン」（keystone, 図1-3）と呼ばれる石がはめ込まれますが，これは組積アーチを形成する過程の最後に設置されるもので，圧縮力のみによる弧状の架構を安定させる役割を持ちます．アーチの形状には尖塔アーチ[1-5]やテューダーアーチ[1-6]など，それが構築された時代によって様々な様式を見ることができます．

アーチの技術を発展させ，世界に広めたのはローマ人でした．ローマ時代における組積アーチの形状は，ほとんど例外なく半円状をなしています．この形状には施工方法を単純化し，技術を広く流布させるための意図があったと言われています[1-7]．セゴビアに残るロ

1-3) 千原大五郎『東南アジアのヒンドゥー・仏教建築』鹿島出版会, 1982, pp53-58．なお，ミャンマーの遺構には，本格的なアーチやヴォールトが認められる．また，タイに散見されるアーチやヴォールトは，14世紀以降にミャンマーから導入されたものである．

1-4) クメール美術：クメールはカンボジアの主要民族．9世紀頃からクメールによりヒンドゥー・仏教文化を担うアンコール朝が築かれ，そこに繁栄した彫刻美術．

1-5) 尖塔アーチ：「とがりアーチ」とも言う．スパンの長さに等しい半径を持つ二つの円弧を組み合わせて尖塔形にしたアーチ．『建築大辞典』彰国社, 1993, p.1178.

1-6) テューダーアーチ：尖塔アーチの変形．四つの円弧より成る一種の扁平なとがりアーチ．イギリス後期ゴシックに用いられた．『建築大辞典』彰国社, 1993, p.1135.

1-7) 斉藤公男『空間 構造 物語』彰国社, 2003, p.40.

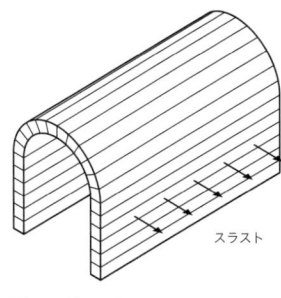

図 1-4　ヴォールト（スラスト）
図 1-5　パルテノン
図 1-6　アンコール・ワット

1-8）身廊：教会建築における中央の細長い部分.

1-9）側廊：教会建築の身廊の両側にある細長い廊下状の部分.

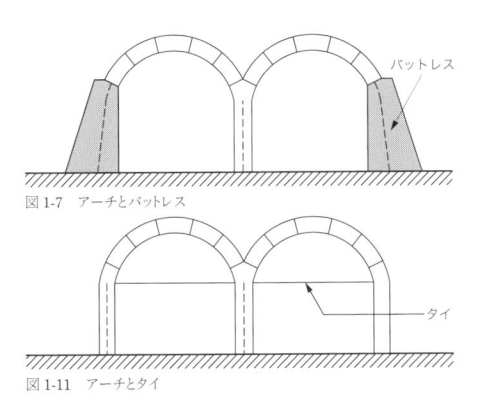

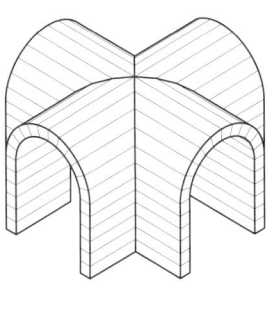

図 1-7　アーチとバットレス

図 1-11　アーチとタイ

図 1-8　セゴビアの水道橋

図 1-9　交差ヴォールト

ーマ時代の水道橋（図1-8）は，ローマの技術が伝播されたことによって構築された架構の，代表的な例と言えるでしょう．

●ヴォールト

アーチを連続してトンネル状に展開することにより構築される，半筒形の曲面天井を総称して「ヴォールト」（vault，図1-4）と呼びます．また，ヴォールトを十字に交差させたものを「交差ヴォールト」（cross vault，図1-9）と呼び，ここでの荷重はその交差線上に伝達されます．また「リブ付きヴォールト」（図1-10）は，このような力の流れを意匠的に表す効果を持つのと同時に，先行して作られたリブをガイドにして，ヴォールトを構築することができる利点を持っています．

ヴォールトに掛かる荷重は，アーチと同じように軸圧縮力によって支点へ伝えられます．支点には荷重が外側へ向かおうとするスラストが発生し，そのための対策が必要となります．尚，アーチの形状を尖塔アーチにすることによって，アーチの傾斜を自由に設定することができるようになり，スラストを加減することも可能となります．

スラストを処理するには，大別して二つの方法があります．一つ目は，アーチの支点間を引っ張り材「タイ」（tie）により結び，スラストを相殺させる方法（図1-11）です．二つ目は，バットレスによって力の流れを地盤に逃がしてやる方法（図1-7）です．バットレスを用いる方法では，アーチが連続して連なる部分において，隣り合う相互のスラストが相殺しあうので，この部分の支点は柱のみで支持することが可能となります．

「フライングバットレス」（flying buttress，図1-12）はゴシック建築の聖堂などに見られる，空中を飛ぶように架けられたアーチ状の架構です．身廊[1-8]におけるヴォールトのスラストは，フライングバットレスを通って，側廊[1-9]外側のバットレスに伝わります．このことから，身廊の外壁はヴォールトのスラストを受ける必要がなくなり，パリのノートルダム大聖堂（図1-13）などに見られるような，ステンドグラスがはめ込まれた大きな開口部を壁面に取ることが可能となります．

図 1-10　イギリス・ソールズベリー大聖堂

図 1-12　フライングバットレス

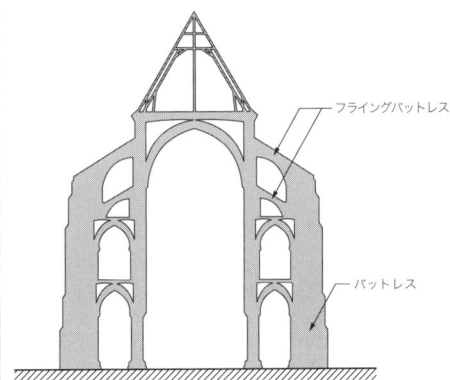

図 1-13　ノートルダム大聖堂

図1-14　ミドルサードの原理

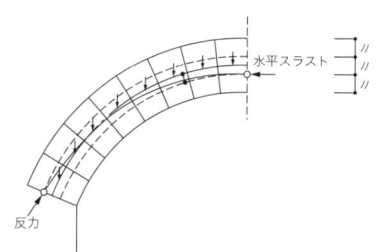

図1-15　サン・ピエトロ大聖堂

ところで，フライングバットレスを伝わる力の流れは，その断面せいの中心部1/3以内の範囲を通って鉛直方向へ徐々に向きを変え，地盤に伝えられます．これは，組積造のアーチにおける力の流れ（圧縮力線）が，構造体の断面せいの1/3以内の範囲に有れば，引っ張り力が生じないという原理を応用したもので，この原理を「ミドルサードの原理」と呼びます[1-10]（図1-14）．

●ドーム

「ドーム」（dome）は，建築物を覆う目的により発展し，アーチと共に古くから用いられてきた構造体です．ドームの頂部から裾部に向かう経線方向に伝わる力の流れは，アーチに類似していると言えますが，緯線方向にも連続した力の流れを持ち，球面をはじめとする様々な形態を構成することが可能です．またドームにおいても，裾部のスラストに対する配慮を必要とします．ヴァチカンのサン・ピエトロ大聖堂（図1-15）では，スラストを原因とする多数のクラック[1-11]がドームの躯体に発生し，改修工事が行われて崩壊を免れた経緯があります[1-12]．

組積による「迫り持ちドーム」の代表的なものには，ローマのパンテオン（図1-16）があります．このドームは，天然セメントと焼成レンガ[1-13]による内径43.4 mのドームで，純粋な組積ドームとしては最も古く，規模も最大です[1-14]．

●土の建築

焼成していない土そのものを用い，それを積むことによって構築した建築は，各地に見ることができます．

「版築（はんちく）」は木板などで型枠を作り，その間に石灰や小石を混ぜた土を少しずつ敷き込みながら，突き固めて壁や基礎を構築する方法です．中国・福建省にある客家の土楼[1-15]（図1-17）に見られる堅牢な版築の外壁は，外敵から身をまもるための実益と共に，建物内部に生活する人々の結束を促す，精神的な象徴でもあります．

「日干しレンガ」はスサ[1-16]を混ぜた土を木枠に詰めて成型し，陽に干して自然乾燥させたレンガです．中国・雲南省麗江周辺に見られる納西族[1-17]の住居（図1-18）では，木造軸組構造の柱間に日干しレンガを積み上げることで壁を構成し，これが木造軸組に作用する耐力壁[1-18]の役割を担うのと同時に，住居内部における断熱効果をも得ています[1-19]．また，アルジェリアやマリといったアフリカ北部の国々では，日干しレンガによる躯体の上から，手やコテで泥を塗り上げた建築（図1-19）を見ることができます．このような建築では，塗り上げられた泥によって表面のレンガ目地が潰され，角の無い，なだらかで特徴的な造形が作り出されています．

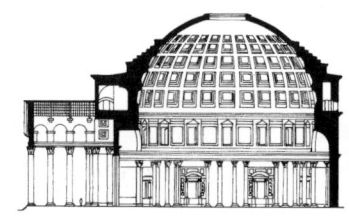

図1-16　パンテオンの断面図

図1-17　客家の土楼

図1-18　納西族の住居

1-10）ミドルサードの原理：『建築大辞典』彰国社，1993，p.1610．

1-11）クラック：物体に荷重が作用したときや乾燥収縮あるいは膨張したときの内部応力による変形量，脱水や湿度変化による体積の変形量などが，物体自身または拘束しているものの許容し得る変形量を越えるときに生ずる小さなひび割れのこと．『建築大辞典』彰国社，1993，p.410．

1-12）川口衞・他『建築構造のしくみ』彰国社，1990，p.71．

1-13）焼成レンガ：焼成して強度と耐水性を持たせたレンガ．

1-14）川口衞・他『建築構造のしくみ』彰国社，1990，p.68．

1-15）客家の土楼：客家は中国北部から南下し，広東省，福建省などに居住する漢族の子孫とされる．一部の客家の住居である土楼には円形と方形があり，その形は占いにより決められている．

1-16）スサ：「つた」とも言う．塗り壁やレンガの補強，ひび割れ防止の目的に用いられる藁や麻，獣毛などの総称．

1-17）納西族：中国雲南省北部や四川省南部に居住する中国少数民族．チベットの影響を受けたトンパ文化を持つ．

1-18）耐力壁：主体構造として鉛直荷重または水平力に抵抗させる目的で造られる壁体で，間仕切り壁と区別される．『建築大辞典』彰国社，1993，p.985．

1-19）この様な住居形式は納西族住居に限らず，中国南部からネパールなどにかけて広く分布する．日干しレンガの代わりに焼成レンガや版築が用いられる場合もある．

1-20）校倉造：「板倉」の一つ．なお「板倉」とは壁体を木材とする倉のことで、柱間に羽目板を落とし込んだ軸組との混構造や、校倉造などの構成を総称する．

2-1）鉄筋コンクリート構造については☞ p.192, 12章2節．

2-2）ピン接合：回転は自由であるが、部材相互の相対的な移動は拘束されている接合状態．一般的な木造の接合部はピン接合と見なされる．

2-3）SE 工 法：「Safety Engineering 工法」の略．木造において無垢材に比較して耐力的に優れた集成材を使用し、接合部を専用の金物で締め固めることで、部材を構造的に一体化させる工法．

2-4）大仏様：「天竺様」とも言うが、インド様式と誤解されるおそれがあるとして、現在では大仏様を一般的に用いる．中国福建省の建築様式と伝統的な和様をもとにして成立したと見なされる仏教建築様式．

図 1-19　マリのメディカル・センター

図 1-20　唐招提寺宝蔵

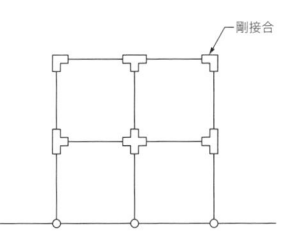

図 2-1　ラーメン構造

●校倉造

「校倉造」（log house）1-20 は横木もしくは校木と呼ばれる木材を、井桁状に積み上げた井楼組による構造体で、木造の原始的な構築方法です．特に木材の豊富な地域に見られ、日本では奈良時代に広く用いられていました．この構造による建築の内部環境は比較的外気に影響されにくく、一定の温度と湿度を保つため、正倉院宝庫や唐招提寺宝蔵（図1-20）などにも用いられています．一方で、木材の使用量が多く、開口部を取りにくいといった難点もあり、現在の都市部における住宅などに用いられることは稀であると言えます．

2　組む

●木の架構

柱と梁を組み合わせることで構成される架構を「軸組方式」（skeleton system）と言います．このような軸組方式のうち、柱と梁が互いに剛接合されているものがラーメン構造（図2-1）です．剛接合とは、柱と梁が完全に一体として形成されているものを言い、厳密には鉄筋コンクリート構造2-1や、溶接によって部材を一体化することのできる鉄骨構造に限られます．

木造軸組方式の場合、通常は柱と梁の接合部がピン接合2-2であるため、ラーメン構造とはならず、水平力に抵抗するための耐力壁や筋違を設ける必要があります．最近ではSE工法2-3と呼ばれる工法などが開発され、純粋なラーメン構造に極めて近い木造軸組構造も可能となりました．しかし、このような工法が開発される以前においても、ラーメン構造に近い効果を持つ木造の架構が、古くから用いられて来ました．「貫」「下屋」「大仏様」「方杖」「筋違」「掘建て柱」（図2-2）などには、木造の架構にラーメン構造に近い効果を持たせるための工夫を見ることができます．

浄土寺浄土堂（図2-3）や東大寺南大門は、僧であり優れた建築技術者でもあった俊乗坊重源によって建設されました．どちらの建築にも共通して大仏様2-4による巧みな架構が渡され、ラーメン構造に近い効果を得ています．また、大仏様の特徴である「挿し肘木」（図2-4）は、構造的な役割のみならず、その仕組みをダイナミックに視覚化させる効果をも合わせ持ち、意匠的にも重要な部材と言うことができます．

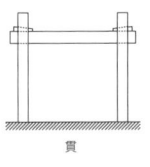

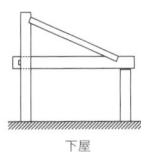

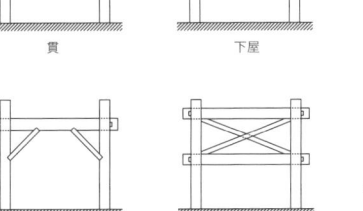

図 2-2　貫・下屋・大仏様・方杖・筋違・掘建て柱

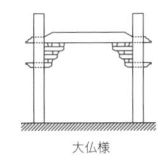

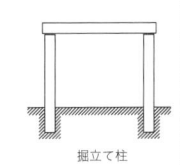

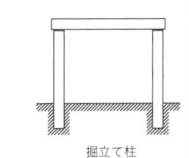

図 2-3　浄土寺浄土堂

図 2-4　東大寺南大門の挿し肘木 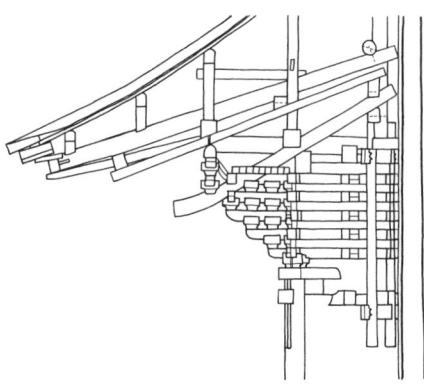　　図 2-5　斗きょう 　　図 2-6　薬師寺の塔

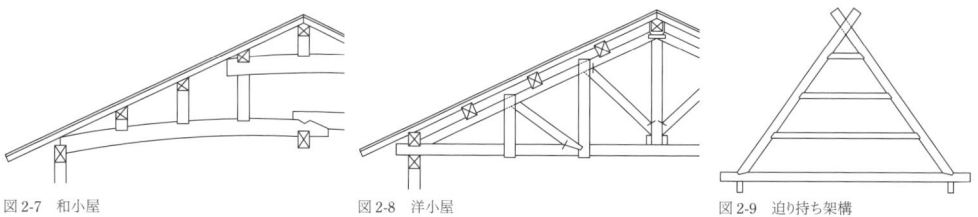

図 2-7　和小屋　　図 2-8　洋小屋 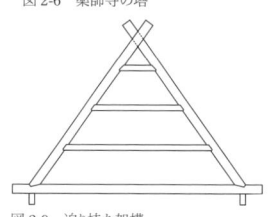　　図 2-9　迫り持ち架構

2-5) 川口衞他『建築構造のしくみ』彰国社, 1990, pp.118-119. なお,「心柱」については ☞ p.90, 6章6節.

2-6) 斉藤公男『空間 構造 物語』彰国社, 2003, pp.62-63.

2-7) トラスについては☞ p.185, 12章2節.

2-8) 曲げモーメント：部材に作用して，それを曲げようとする力．

● 木造のバランス構造

日本建築の特徴の一つは，深い軒の出にあります．これを可能にしているものは「斗」「肘木」「尾垂木」などからなる組物で，特に斗と肘木を合わせて「斗きょう」（図 2-5）と呼びます．法隆寺（⇨ p.89 図 6-1）や薬師寺（図 2-6）などの塔では，これらの組物と塔の上部から伝わる荷重を巧みに利用して，深い軒の出を持つ幾重かの屋根を作り出しています．これらの塔では「心柱」が中心に据えられていますが，これは象徴的な柱であり 2-5，必ずしも構造上の鉛直荷重を担うものではありません．塔の荷重は心柱を囲うように建てられた側柱によって地盤に伝えられます．側柱にのる尾垂木は，側柱を支点に外部の屋根にかかる荷重と，内部の上部からの荷重を天秤のようにバランスさせ，深い軒の出を成立させています．なお，内部における上部からの荷重が期待できない最上階の軒の出は，庇が井桁状に連結して拘束されることから成立していると考えられています 2-6．

● 和小屋と洋小屋

一般に「和小屋」（図 2-7）とは日本の伝統的な小屋組を指し，荷重は棟木や束を通って梁に伝えられますが，この時，梁は主に曲げに対する抵抗を担います．この小屋組は，比較的簡単に施工することができ，部材の使用も少量で済むといった特徴を持ちます．一方「洋小屋」（図 2-8）は，部材の支点にかかる力を軸方向力のみになるように架構した小屋組みを指し，「迫り持ち架構」（図 2-9）はこの原理のもととなる，最もシンプルな小屋組です．

和小屋が用いられる多くの日本建築にあって，白川郷の合掌造（図 2-10）は迫り持ちの小屋組により構成されています．但しこの架構では，洋小屋に見られるような支点に加わる力が軸方向力のみによる完全なトラス 2-7 にはなっておらず，合掌を構成する山形の材と横架材との支点には，曲げモーメント 2-8 が発生します．完全なトラスによる小屋組は，迫り持ち架構に真束や方杖が付加された「真束小屋組」（図 2-11）によって完成されます．ま

図 2-10　白川郷の合掌造

2-9) アンドレア・パラディオ：イタリア後期ルネサンスの建築家．ヴィラ・ロトンダなどの作品がある．

2-10) 3ヒンジ・アーチ：「三鉸式アーチ」とも言う．二つのピン支点で支持され，中間にもう一つのピンを持つ骨組み．この骨組みは静定構造物なので，不動沈下や温度変化に対し順応性がある．『建築大辞典』彰国社，1993，p.650．

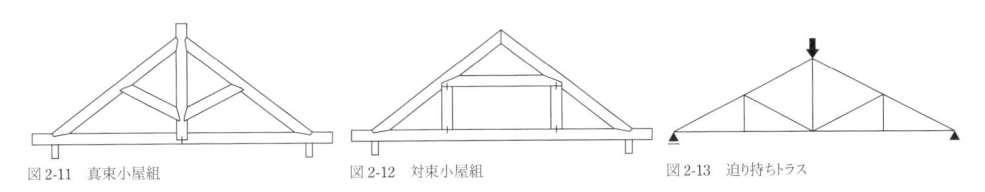

図 2-11 真束小屋組
図 2-12 対束小屋組
図 2-13 迫り持ちトラス

た「対束小屋組」（図 2-12）は真束小屋組を改良したもので，トラスではありませんが，小屋組み内部にまとまった空間を取ることができるため，屋根裏を伝統的に利用してきたヨーロッパ各地において，広く用いられています．

●トラス

「トラス」とは，部材が三角形を構成するように組まれた架構で，支点はピン接合で構成されます．支点にかかる力は，引っ張りと圧縮の軸方向力のみによって伝達されるため，曲げモーメントを受ける部材が変形あるいは破断をしない限り，安定した架構を維持するといった特徴があります．また，主に曲げに抵抗することで成り立つ和小屋の架構と比べ，比較的細い部材によって構成することが可能です．

木造の迫り持ち架構は主に小屋組みに用いられながら発展し，やがて「迫り持ちトラス」（図 2-13）として完成します．これらの迫り持ちトラスには共通して，合掌を構成する山形の部材には圧縮力が，横架材には引っ張り力が生じ，山形の部材と横架材を繋ぐ部材にはトラスの構成形式によってそれぞれ引っ張り力と圧縮力が生じます．

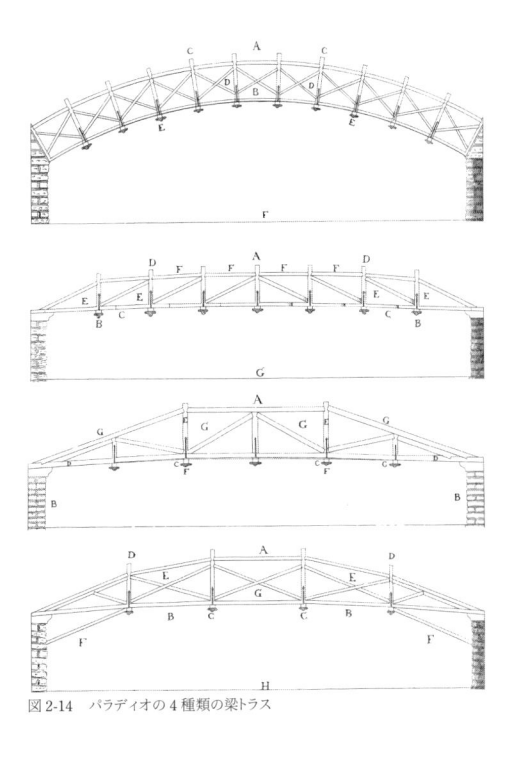

架構全体を一本の梁の様に用いるトラスを「梁トラス」（または平行弦トラス）と言います．梁トラスを論理的に考案したのはイタリアの建築家，アンドレア・パラディオ[2-9]でした．パラディオはその著書『建築四書』（1570）の中で，4種類の梁トラス（図 2-14）を示しています．しかし，実際に梁トラスが広く用いられるようになったのは 19 世紀前半からで，アメリカの西部開発に伴う，橋を建設する需要が高まったことなどから急速に発展しました．アメリカでは 1820 年のタウントラス（図 2-15）や，それに続く 1840 年のハウトラス（図 2-16）が特許を取得します．また，イギリスでは 1850 年のワーレントラス（図 2-17）が特許を取得し，これらを皮切りに以降，梁トラスは世界的に拡がりを見せます．また，トラスを構成する主な材料も木から鉄へと移り変わり，近代建築の礎を築くことになります．

●鉄の架構

それまでの木や石，レンガに代わって，鉄が建築の構造材として使用されるようになったのは 18 世紀後半からです．特にイギリスの産業革命による製鉄技術の発展と，交通手段の発達による橋梁建設の需要により，鉄の架構技術は顕著な展開を見せます．

世界最初の鉄の橋は，イギリスのコールブルックデールにあるアイアン・ブリッジ（図 2-18）です．1777 年から 79 年の期間をかけて建設された鋳鉄によるこの橋は，スパン 30.5 m の 3 ヒンジ・アーチ[2-10]を平行に 5 本並べて構成されています．

アイアン・ブリッジを構造的な視点から見ると，それまでの木造アーチを踏破したもの

図 2-14 パラディオの 4 種類の梁トラス

図2-15　タウントラス

図2-16　ハウトラス

図2-17　ワーレントラス

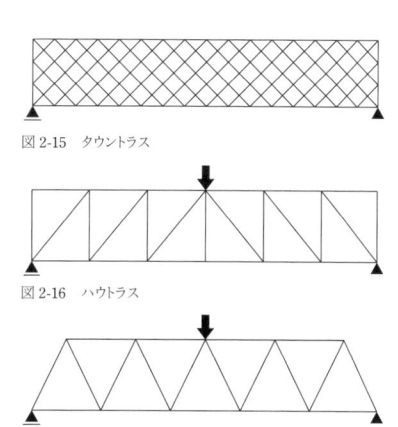

で，必ずしも鉄の特徴を活用した革新的な架構とは言えません．しかし，この橋の重要性は，橋の建設に関連する様々な技術にあります．特にコールブルックデールの製鉄業を立ち上げたアブラハム・ダービー1世[2-11]による，世界初のコークス[2-12]を使用した溶鉱炉の建設（1708）や，エンジニアで発明家でもあったジェームス・ワット[2-13]による蒸気機関の実用化[2-14]（1774）は，鉄の架構を導く重要な技術開発でした．

● 鉄の種類

鉄はその製造方法により幾つかの種類に分類され，それぞれの特徴を持ちます．18世紀後半から，建築の構造材として用いられるようになった鉄は鋳鉄であり，既に述べたようにコールブルックデールのアイアン・ブリッジなどに使用されました．鋳鉄は炭素の含有量が多く，圧縮に強い一方で引っ張りに弱く，レンガや石に似た脆性の性質を示します．しかし鋳造性がよく比較的自由な造形を作り出

すことが可能なことから，現在においても，複雑な形態の加工に利用されることがあります．パリのポンピドー・センター[2-15]（1977, ⇒ p.34 図6-2）に用いられた片持ち梁の部材（図2-19）は，構造を担当したピーター・ライス[2-16]の設計により，鋳鉄を用いて造形されました．

19世紀に入ると鍛鉄（または錬鉄とも言う）が普及するようになります．鍛鉄は炭素や他の不純物の含有量が少なく，鍛錬性に富み錆びにくい性質を持つことから，一般に，鎖や釘に用いられています．鍛鉄が架構に用いられた代表的なものには，G・エッフェル[2-17]によるパリのエッフェル塔（1889, 図2-20）があります．実はエッフェル塔が建設された当時，次に述べる鋼鉄（スチール）が既に建築材料として使用され始めていました．しかしエッフェルは鍛鉄にこだわり，細い小さい材料の組み合わせによる，繊細で装飾的なラチス構成[2-18]を実現させています．

19世紀末になると平炉鋼[2-19]（ジーメンス・マルタン鋼）に代表される鋼鉄（または鋼とも言う）が製造されるようになります．鋼鉄は焼き入れによって硬度を増加させることができ，この様な鋼鉄を「はがね」と呼ぶこともあります．一般に建築に用いられる鋼鉄は，炭素含有量が0.15%から0.28%の軟鋼と呼ばれるもので，安価で品質も安定しています．また，炭素含有量が0.28%以上の鋼鉄を硬鋼と呼び，線路やバネなどに使用されます．鋼鉄は靱性に富み，弾性限度[2-20]を越えてもしばらくは変形が持続し，破断には至りにくいといった性質を持ちます．また，扱いやすく加工もしやす

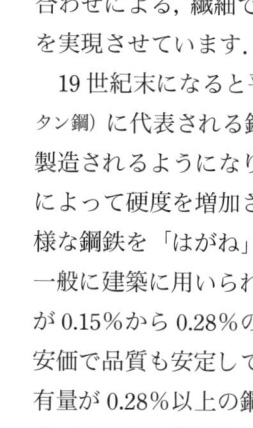

図2-18　アイアン・ブリッジ

図2-19　ポンピドー・センターの片持ち梁部材

図2-20　エッフェル塔

2-11) アブラハム・ダービー1世：コールブルックデール製鉄業の創始者．1世のコークス高炉の発明により，2世がコークス製鉄を企業化し，3世によって鋳鉄橋アイアン・ブリッジが完成する．

2-12) コークス：石炭を乾留することによって得られる炭素質の固体．製鉄に用いられるものの他，ガス発生用や燃料用などがある．

2-13) ジェームス・ワット：英国の技術者・発明家，実用蒸気機関を完成させた．

2-14) 蒸気機関：ワットは1775年にボールトン・ワット商会を開いて蒸気機関の商業的生産を開始する．これにより，金属製錬に使用するフイゴも水車を使用するものから，より強力な蒸気機関を動力にしたものに移行する．

2-15) ポンピドー・センター：レンゾ・ピアノとリチャード・ロジャースらの設計による．フランス政府主催「ボーブル・センター」コンペの一等案，当時のポンピドー大統領の名を冠して今日の名称になる．

2-16) ピーター・ライス：構造家，オヴ・アラップ社のディレクター，シドニー・オペラハウスの構造設計をはじめ，数々の著名建築の構造を設計する．

2-17) ギュスターブ・エッフェル：フランスの鉄骨構造家，エッフェル塔以外にも幾つかの橋梁やニューヨークの「自由の女神」の構造設計が有名．

2-18) ラチス構成：斜め，またはジグザグに構成されたウェブを用いた構造材．なお，「ウェブ」とは架構部材において主に剪断力を受け持つ部材であり，また主に曲げを受け持つ部材を「フランジ」という．

2-19) 平炉鋼：平炉で溶成した鋼，品質調整が自由で鉄くずの再生も可能．

2-20) 弾性限度：荷重によって生じている変形が，荷重を除去したときに完全に元に戻り，永久変形を生じない応力度・歪み度曲線の限界点，またはそのときの応力度．『建築大辞典』彰国社，1993, p.1028.

2-21) ジョーゼフ・パクストン：イギリスの造園家・建築家．鉄とガラスによる建築の開発に尽力した．

2-22) プレファブリケーション：あらかじめ工場などで部材を組み立てておき，現場に搬入して所定の場所に取り付けること．精度や生産性の向上が計れる．

いことから，今日の主要な建築材料として普及しています．しかし一方で，500℃前後の高温では強度が常温の半分程度まで急速に減衰することから，火災時の対策として耐火被覆の処置が必要となります．ミノル・ヤマサキの設計によるニューヨークのワールド・トレード・センター（1974, 図2-21）に対するテロ攻撃では，航空機の突入による衝撃やその荷重には持ちこたえた構造体も，火災による熱によって崩壊しました．

● 建築部材の規格化

J・パクストン[2-21]による水晶宮（クリスタル・パレス，1851, 図2-22）は，第一回ロンドン万国博覧会の展示館として建築され，近代初期における鋳鉄による架構の代表的なものです．延べ面積8万㎡にも及ぶこの建築は，1850年8月の着工からわずか6ヶ月での完成という，驚愕すべき速さで建設されます．この速さを可能にしたものは，建築部材の規格化と，プレファブリケーション[2-22]による生産性の合理化でした．建設に要した部材は柱が約3300本，梁は約2150本であったと言われています．パクストンはこれらの部材生産を，ほぼ同一規格のプレファブリケーションにより敏速化させ，現場では24フィート（約7.3 m）の基準スパンに並べて組み立てるだけの施工を実現させます．水晶宮は万国博覧会終了後の1854年にロンドン郊外のシデナムに移築され，その後1936年に焼失しました．しかしここに用いられた架構は，鉄とガラスによる建築の原形を作り上げただけでなく，建築部材の規格化という，建設の合理性をも導いて今に受け継がれています．

● 橋梁の表現

鉄や鉄筋コンクリートによるアーチの特徴は，引張力を許容できる点にあります．組積によるアーチでは，圧力線がミドルサードの原理にもとづいたアーチ内部にあることが条件で，引張力に対する抵抗が小さく，大スパンの架構や変則的な荷重には向きません．しかし，鉄や鉄筋コンクリートが使用されるようになると，架構に一体的な強度を持たせることができるようになり，引っ張り力に抵抗するアーチが現れます．このことは，圧力線がアーチから逸れるような大スパンの架構や，列車が移動するといった変則的な荷重に対する抵抗を可能とし，主に橋梁の建設に用いられることで，アーチは様々な展開を見ることとなります．特に19世紀後半に建設された幾つかの鉄の橋梁には，当時の技術革新を顕著に見ることができます．

フランス南部にあるガラビの高架橋（図2-23, 1888）は，鉄のアーチによって大スパンを実現した最も初期の事例です．165 mスパンのアーチを誇るこの橋は，エッフェルの設計によるもので，後のエッフェル塔建設に大きな影響を及ぼしたと言われています．アーチ部分には引っ張り力にも一定の強度を持つ鍛鉄が用いられ，柱は主に圧縮力を負担することから鋳鉄が用いられました．また，アーチと柱の横幅は，頂部から脚部に向かって広げられ，横風に抵抗するように構成されています．さ

図2-21　ワールド・トレード・センター

図2-22　水晶宮

図2-23　ガラビの高架橋

図2-24　ロイヤル・アルバート橋

図 2-25 イーズ橋

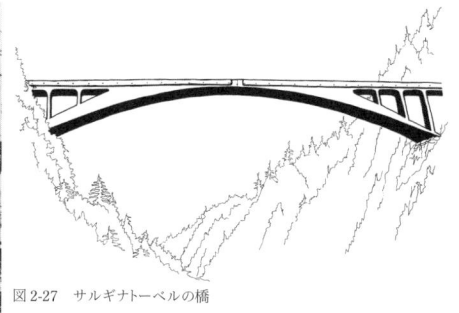

図 2-26 ブルックリン橋

図 2-27 サルギナトーベルの橋

らに，線路を支持する水平な梁トラスは，アーチから視覚的に分離されており，構造上の機能が明確に表現されています．

I・K・ブルネル[2-23]は，イギリスに橋梁や鉄道といった土木工事の発展を導いたエンジニアです．なかでもロイヤル・アルバート橋（1859，図2-24）は，ブルネルの代表的な橋梁と言えるでしょう．この橋梁には，鍛鉄製のチェーンによる吊りケーブルにアーチを組み合わせ，互いの水平力を打ち消しあうサスペンション・アーチが採用されています．

アメリカでは，B・イーズ[2-24]による低いライズのアーチを成功させたイーズ橋（1874，図2-25）や，ローブリング親子[2-25]によるワイヤーロープの吊り構造を採用したブルックリン橋（1883，図2-26）などがあります．これらの橋も，橋梁の発展を見る上で重要なものと言えるでしょう．

鉄筋コンクリートによる橋梁では，3 ヒンジアーチを用いた，ロベール・マイヤール[2-26]によるサルギナトーベルの橋（1930，図2-27）があり，この橋はその後の鉄筋コンクリートのシェル[2-27]による構造形式に，大きな影響を及ぼしました．

● キャンティレバー

19世紀後半に建設された様々な橋梁の中で，ひときわ異彩を放つのが，スコットランドのフォース海峡に架けられたフォース橋（1889，図2-28）です．B・ベイカーとJ・ファウラーの設計によるこの橋は「ゲルバー梁」を採用した架構として知られています．ゲルバー梁とはドイツの構造家，H・ゲルバーにより1866年に特許を取得したキャンティレバー[2-28]方式の架構で，翌年の1867年には，世界初のゲルバー梁によるハッスフルト橋が，ドイツのマイン川に架けられました．ゲルバー梁は大スパンに適しており，また静定の構造体であることから，あるスパンに変形が起きたとしても他のスパンに影響を及ぼしにくいといった特徴があります（図2-29）．ハッスフルト橋の最大スパンは約43 mであったのに対し，フォース橋の最大スパンは約520 m，支持部の高さが約100 mという巨大なものです．建設には当時主流になりつつあった鋼鉄（軟鉄）が採用され，鋳鉄で建設された一部分も，1946年から47年にかけて鋼鉄に改修されま

2-23) I・K・ブルネル：イギリスの土木・造船技術者．他の重要な橋梁の設計に，純粋なチェーンによる吊り橋「クリフトン橋」がある．世界最初の大西洋定期汽船「グレート・ウェスタン号」などの船舶もブルネルの設計により造船された．

2-24) J・B・イーズ：アメリカの建設技術者．潜水作業用の潜水鐘を発明する．橋梁の設計はイーズ橋のみであるが，橋脚工事に空気ケーソン工法を用いたことも特筆に値する．なお，ケーソン工法とは，地盤を深く掘削する場合に障害となる地下水の湧出を各深度の水圧に相当する空気圧で抑えながら鉄筋コンクリート製のケーソンを沈めて橋脚の基礎とする工法．「ニューマティック・ケーソン工法」とも言う．『建築大辞典』彰国社，1993，p.1263．

2-25) ローブリング親子：ドイツ生まれのアメリカの鋼線技術者ジョン・A・ローブリング（父）とワシントン・A・ローブリング（息子）．息子は父の後を継ぎ，親子二代に渡ってブルックリン橋を完成させる．

2-26) ロベール・マイヤール：スイスの構造家．主に鉄筋コンクリートによる構造の可能性を探求した．

2-27) シェルについては☞ pp.193-194．12章3節．

2-28) キャンティレバー：一端が固定支持され，他の端が自由な梁．「片持ち梁」「突き出し梁」とも言う．『建築大辞典』彰国社，1993，p.288．

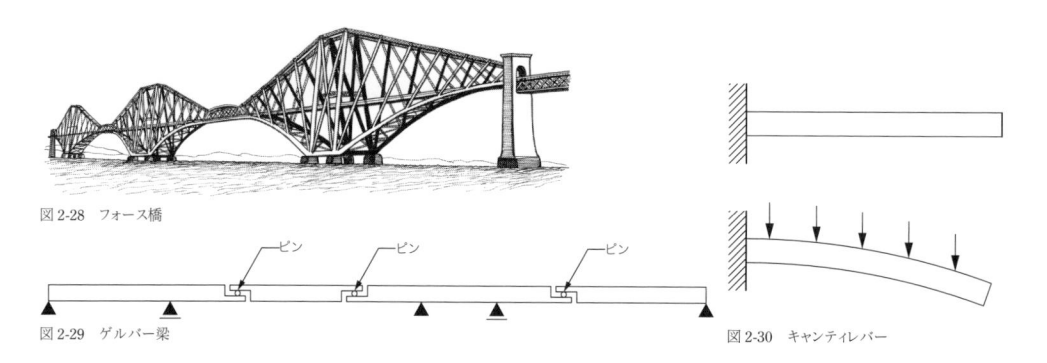

図 2-28 フォース橋

図 2-29 ゲルバー梁

図 2-30 キャンティレバー

2-29) スペース・フレーム：「立体骨組」とも言う．部材の大量生産と組立て方式の単純化に経済効果を期待して作られる骨組み．『建築大辞典』彰国社，1993．p.867．

2-30) エドワルド・トロハ：スペインの構造家．架構のコンセプトを明確に打ち出した構造設計に特徴がある．

2-31) ハイブリッド方式：「混成構造」とも言う．異なる性質を持つ構造形式，または部材を混成して架構に用いる方式．

2-32) 座屈：構造部材が外力を受けたとき，その外力が単純増加していくと，ある点で急にいままでの変形様式を変える現象，『建築大辞典』彰国社，1993．p.628．

2-33) 集中荷重：部材のある点，またはある支点に集中して作用する荷重，あるいはその荷重状態．

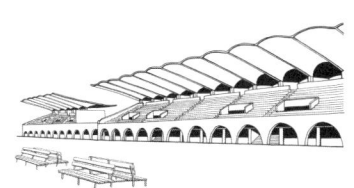

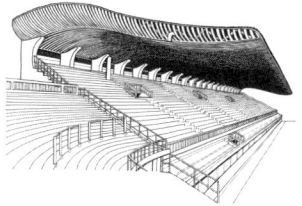

図 2-31　サルスエラ競馬場　　　　図 2-32　ラス・コルツ・フットボールスタジアム　　　　図 2-33　明石海峡大橋

した．3次元的に構成されたダイナミックな架構は，後のスペースフレーム 2-29 建設に影響を与えたとも言われています．

なお，ゲルバー梁は連続梁によるキャンティレバーであることに変わりはありませんが，単体の梁の一方が固定され，もう一方が空中に放たれた梁（図 2-30）を，単純にキャンティレバーと呼ぶことで，ゲルバー梁と区別する慣習があります．

エドワルド・トロハ 2-30 の設計による，マドリードのサルスエラ競馬場（1935，図 2-31）とバルセロナのラス・コルツ・フットボールスタジアム（1943，図 2-32）の屋根架構では，それぞれ異なる構造形式によりキャンティレバーが構成されています．サルスエラ競馬場では，連続する双曲面の屋根が，鉄筋コンクリートのシェルにより形成され，軽快なキャンティレバールーフを実現しています．一方，ラス・コルツ・フットボールスタジアムでは，約 25.3 m ものキャンティレバーを実現するために，コンクリートに比べて重量の軽い鉄骨トラスを梁架構に用い，これを鉄筋コンクリートの客席部分が掴む様に支えるハイブリッド方式 2-31 が採用されました．鉄骨トラスによる屋根架構は，力の流れに沿った緩やかなカーブを描き，流麗なフォルムを形成しています．

● サスペンションの架構

圧縮や曲げに抵抗する力を持たず，引っ張り力のみによって荷重を支える構造体がサスペンション構造です．古くから経験的に用いられて来た原始的な架構で，主に吊り橋に利用されてきました．アーチなどの様に，スパンを大きくしても座屈 2-32 によって崩壊する心配がなく，大きなスパンの架構に適しています．

明石海峡大橋（1998，図 2-33）は全長 3911 m，最大スパンが 1991 m で，吊り橋としては世界最長のスパンを誇ります．一方，サスペンション架構には，横風などによって揺れが発生すると，ちょうど振り子が揺れるように動きがなかなか減衰せず，条件によっては共鳴現象が発生し，揺れを更に増幅させてしまうといった特徴があります．このため，揺れに対する対応が欠かせません．シアトルのタコマ・ナローズ橋（1940）は，横風から発生した揺れが橋全体に共鳴して増幅し，竣工からわずか 4 ヶ月後に崩落しました．

サスペンションを構成するケーブルは，かつては鍛鉄などによるチェーンでしたが，現在では高強度の鋼線やそれを撚ったワイヤーロープが用いられています．これらのケーブルは，荷重の種類によって形を変えます．ケーブルに集中荷重 2-33 が加わる場合，荷重が作用する位置で屈折し，直線的な構成となり

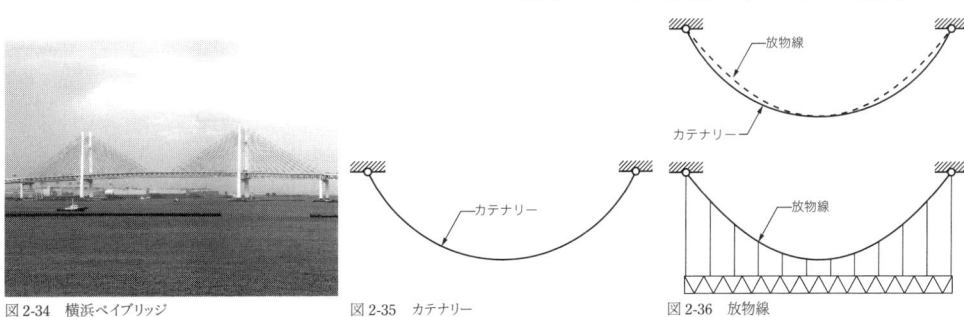

図 2-34　横浜ベイブリッジ　　　図 2-35　カテナリー　　　図 2-36　放物線

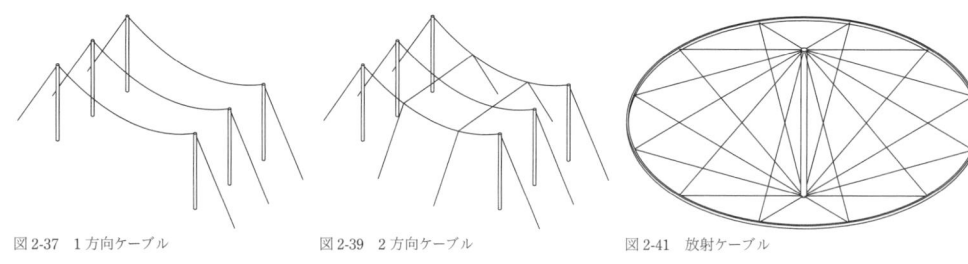

図 2-37　1 方向ケーブル　　　図 2-39　2 方向ケーブル　　　図 2-41　放射ケーブル

図 2-38　ダラス国際空港ターミナルビル 　　図 2-40　国立代々木競技場の第一体育館

ます．この構成を上下逆さまにして応用したのが，横浜ベイブリッジ（1989，図 2-34）などの斜張橋に見られる直線ケーブルです．ケーブルが自重のみによって自然に垂れ下がっている状態では，「カテナリー」（懸垂線，図 2-35）を形成します．この状態のケーブルには軸方向の引っ張り力のみが作用し，ちょうどアーチを上下逆さまにしたものと考えることができます．ケーブル全体に一様な等分布荷重[2-34]が加わる場合には「放物線」（図 2-36）を形成し，橋桁を吊った実際の吊り橋のケーブルはこの形態を示します．

● サスペンションの展開

　サスペンション構造は橋梁の技術として普及し，やがて主に屋根の架構に利用されることで，建築物に応用されるようになります．屋根は面的な拡がりを持つことから，橋梁とは異なる様々な展開を見せることとなります．これらの架構はケーブルを張り巡らせる向きによって，「1 方向ケーブル」「2 方向ケーブル」「放射ケーブル」の 3 種類に分類することができます．

　「1 方向ケーブル」（図 2-37）は，カテナリーを描くケーブルを直角方向に連続して展開させた架構で，サスペンション構造としては最もシンプルな形式です．エーロ・サーリネン[2-35]によるワシントンのダラス国際空港ターミナルビル（1961，図 2-38）では，RC による 1 方向ケーブルの屋根が用いられ，1 枚の大きな翼を思わせるサスペンション天井は，力学的な力の流れを視覚化しています．

　「2 方向ケーブル」（図 2-39）は，互いに交差する 2 方向のケーブルによって面を構成する方法です．一方に架けられた吊りケーブルを，もう一方のケーブルが押さえつけることで，1 方向ケーブルで問題となる風の吹き上げによる力に抵抗することができます．丹下健三の計画により，坪井善勝[2-36]が構造設計を担当した国立代々木競技場の第一体育館（1964，図 2-40）は，2 方向ケーブルのシステムを採用しています．但し中央に渡された 2 本のメインケーブルから外周に向けて架けられたサスペンション架構は，ケーブルではなく，曲げに抵抗できる鉄骨が使用されました．これにより半剛性の性質を持つサスペンション構造が構成され，この体育館特有のシャープな屋根表現を可能としています．

　「放射ケーブル」（図 2-41）は，中央の支点から周囲に向けて放射状にケーブルを張り巡らせる方法です．放射ケーブルには大きく二つの種類があります．一つ目はカテナリーを描くケーブルを，中央の支点から放射状に展開する方法で，この方法は，ちょうどドームを上下逆さまにした形状となります．二つ目は中央の支点から周囲に向けて，上下に二重のケーブルを放射状に渡す方法で，自転車の車

2-34) 等分布荷重：線材であれば単位長さ，床板などの面に対しては単位面積当たり荷重が，材全長もしくは板全面にわたって一様に分布している荷重状態．『建築大辞典』彰国社，1993，pp.1170-1171．

2-35) エーロ・サーリネン：フィンランド生まれのアメリカの建築家．鉄筋コンクリートによる架構に構造的な特徴がある．

2-36) 坪井善勝：構造家．日本におけるシェル構造研究の先駆．丹下健三と協働し，構造設計において日本の近代建築史に大きな成果をもたらした．

2-37) バックステイ：サスペンション構造で主に径間の両側に張ったステイ．「後ろ控え」とも言う．『建築大辞典』彰国社，1993, p.1336.

2-38) リチャード・バックミンスター・フラー：アメリカの構造家・建築家・デザイナー．ダイマクション理論を研究し，住宅や乗り物の設計を行なう．また，1969 年に刊行された著書「宇宙船地球号」において，地球環境のあり方を説いた．

2-39) テンセグリティーの構造システム：テンセグリティーの最初の試みは，彫刻家 K・イオガンソンによる「Study in Balance」に見ることができる．その後，彫刻家 K・スネルソンによってデザイン展開される．斉藤公男『空間構造 物語』彰国社，2003, pp.214-215 尚，フラーは前記とは別に，4D ダイマクション・ハウス（1929）において，引っ張り力と圧縮力を分離した構造システムを考案している．

図 2-42 ロンドン・アイ

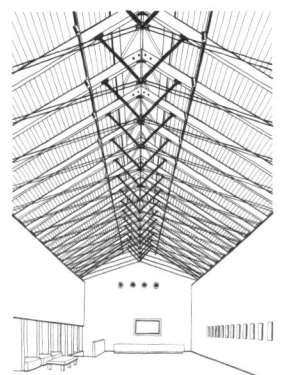

図 2-43 オートポリス・アート・ミュージアム

図 2-44 テンセグリティのオブジェ

輪のシステムに共通します．イギリスのロンドン・アイ（2000, 図 2-42）は，D・マークスと J・バーフィールドの設計による，放射ケーブルにより構成された世界最大の観覧車です．当初はミレニアム・プロジェクトの一環として期限付きで建設が認められましたが，後に恒久的な施設に改められました．この観覧車は，バックステイ[2-37]によってテムズ川に張り出すように設置され，空中に浮く巨大なリングを出現させています．

●張弦梁構造

曲げ剛性を持つ単純梁に，束をはさみ込むことでサスペンションの張力を付加させた合成梁を，張弦梁と言います．張弦梁を用いた架構では，サスペンション・ケーブルの張力を調整することで，上弦の梁材を上側にも下側にも湾曲させることができ，山形の形状やライズの低いアーチに置き換えることもできます．張弦梁の力の流れ方は 19 世紀後半から用いられるようになったサスペンション・アーチに類似していますが，下弦材がケーブルで構成されるため，トラスなどと比較して視覚的に軽やかな架構と言えます．

内藤廣の設計によるオートポリス・アート・ミュージアム（図 2-43, 1991）では，木造の山形上弦梁にサスペンション・ケーブルを組み合わせ，軽やかでシャープな屋根を実現しています．

●テンセグリティ

「テンセグリティ」(tensegrity) は tension（張力）と integrate（統合）の二つの言葉を複合させたもので，リチャード・バックミンスター・フラー[2-38]によって命名され，1962 年に特許申請がなされています．この架構の特徴は，引っ張り力を負担するケーブル（テンション材）により，圧縮材が互いに接触することなく全て空中に支持され，かつ完全に自立する独立した構造体（図 2-44）として成立することです[2-39]．

セドリック・プライスの設計によるロンドン動物園の巨大な鳥カゴ（1961, 図 2-45）は，テンセグリティを実際の建築物に応用した実践例ですが，構成が複雑で施工が困難であることから，一般に多用されている架構とは言えません．但し少量の材料で重量の軽い大きな架構を構成することが可能であり，運搬に軽量化を求められる宇宙開発事業などにおい

図 2-45 ロンドン動物園の鳥カゴ

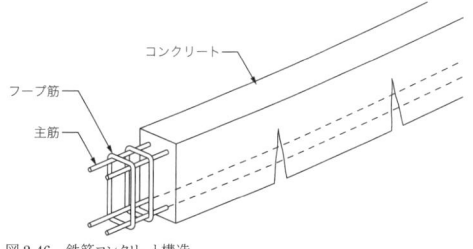

図 2-46 鉄筋コンクリート構造

ては，大きな可能性を持った構造体であると言えます．

●コンクリートの架構

鉄筋コンクリート構造はRC構造（Reinforced Concrete Construction，図2-46）とも呼ばれ，コンクリートの脆性[2-40]を鉄筋の靭性[2-41]で補強した構造体です．コンクリートと鉄筋が一体的に形成されることから，柱と梁の接合部に剛性を必要とするラーメン構造を構成することができます．また，鉄筋コンクリート構造に鉄骨を加えた鉄骨鉄筋コンクリート構造[2-42]や，PC鋼材[2-43]によってプレストレス[2-44]を加えたプレストレスト・コンクリート[2-45]構造は，曲げに対する抵抗を高めた高強度な構造体を構築することが可能で，大スパンの架構に適しています．

鉄筋コンクリートによる壁式構造は，現場打ちコンクリートやプレキャスト・コンクリート[2-46]による壁や床など，平面的な部材で構成される構造体で，施工上の経済効率が良い一方，構造耐力上の理由から一定の条件[2-47]を必要とします．

ロンドンにあるハイポイントⅠ（1935，図2-47，⇨p.103 図2-25）は，バーソルド・ルベトキンの設計により，オヴ・アラップ[2-48]が構造を担当した，壁式鉄筋コンクリート構造のフラット（集合住宅）です．当時，コンクリートの面的構成による建築物は一般的ではなく，このフラットは鉄筋コンクリートによる壁式構造の先駆的な存在と言われています．

●コンクリートスラブ

コンクリートスラブ[2-49]を用いる場合，最も一般的な方法は大梁に組み合わせて形成するものです．しかしこの方法では，梁型が機能上あるいは意匠上の問題になる場合があり，スパンは一般に7〜8mとされています．

フラットスラブ（図2-48）は梁を使用しないスラブ構造で，柱の頂部に円形または方形の支持板を設けてスラブを支えます．梁型が無いことから，梁貫通をすることなくスラブ下に配管を設置することが可能で，配管が多い場合や，階高を低く設定しなければならない場合に適しています．

中空スラブ（図2-49）は，スラブ内部に連続する円筒形のヴォイドを設けたもので，重量を少なく保ちながら床厚を大きくすることができ，比較的大スパンの架構を可能にします．天井面には凹凸が出てこないので，フラットスラブと同様の効果を期待でき，意匠上の理由からも用いられます．

ジョイストスラブ（図2-50）はジョイスト（小梁）とスラブを一体に成型したもので，通常はプレキャストにより制作され，軽量化を計る目的からジョイスト部分にプレストレスが与えられていることもあります．天井に大梁が現れてこないことから，天井の意匠に繊細な構造表現を採り入れることが可能です．

図2-47　ハイポイントⅠ

図2-48　フラットスラブ

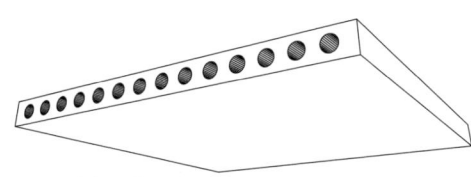

図2-49　中空スラブ

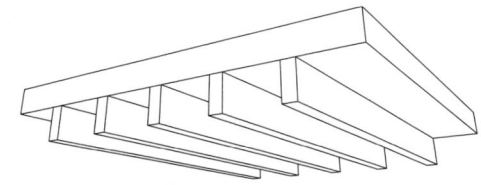

図2-50　ジョイストスラブ

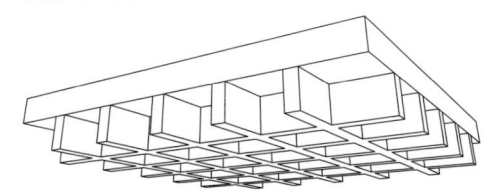

図2-51　グリッドスラブ

2-40）脆性：もろい性質．

2-41）靭性：粘り強い性質．

2-42）鉄骨鉄筋コンクリート構造：「SRC構造」とも言う．鉄骨骨組の周りに鉄筋を配しコンクリートを打ち込んだ構造．『建築大辞典』彰国社，1993，p.1336．

2-43）PC鋼材：コンクリート構造にプレストレスを加えるための鋼材．

2-44）プレストレス：予め部材に与えられる応力．

2-45）プレストレスト・コンクリート：コンクリートの引っ張り応力の生ずる部分にあらかじめ圧縮力を与えておき，コンクリートの見掛け上の引っ張り強度を増加させ，曲げ抵抗が増大するように工夫したもの．『建築大辞典』彰国社，1993，p.1481．

2-46）プレキャスト・コンクリート：予め工場で制作された鉄筋コンクリートの部材．

2-47）建築基準法施行令第3章第6節．

2-48）オヴ・アラップ：デンマークの構造家．ルベトキン＆テクトンとの協働をはじめとし，その活動からRCの面的構成に大きな成果をもたらした．1946年にオヴ・アラップ社を設立し，現在では世界中に展開する構造設計事務所に成長した．

2-49）コンクリートスラブ：コンクリートの床版．

3-1) FRP：Fiber Reinforced Plasticの略．強化プラスチックの総称で，強化繊維としてガラス繊維を用いたものが多い．『建築大辞典』彰国社，1993，p.161.

3-2) ポリカーボネイト：炭酸エステル型の構造を持っている高分子の総称．非常に粘り強い性質で衝撃強さと引っ張り強さのバランスが良い．『建築大辞典』彰国社，1993，p.1553.

3-3) シドニー・オペラハウス：建築躯体の完成は1967年．なお，ウッツォンは内装工事にかかる前にこのプロジェクトを降り，現在のインテリアは当初の設計から大きく変更されている．

図2-52 イエール大学アート・ギャラリー

グリッドスラブ（図2-51，またはワッフルスラブとも言う）は，格子状の小梁とスラブを一体に成型したもので，ジョイストスラブや中空スラブが一方向に力を伝えて成立しているのに対し，グリットスラブは二方向，ないしは三方向に力の流れを持ちます．このことから，スラブ下には方向性を限定しない均質的な空間構成が可能となります．ルイス・カーンの設計によるイエール大学アート・ギャラリー（1953，図2-52）は，三方向グリットスラブを採用した例として挙げることができます．

3 曲げる

●コンクリート構造の展開

鉄筋コンクリート構造の出現によって可能となったことの一つに，剛性を持った自由な曲面をつくり出せるようになったことが挙げられます．

ルベトキンとアラップは，既に述べたハイポイントIに先駆けて，鉄筋コンクリート構造によるロンドン動物園のペンギンプール（1934，図3-1）を手がけています．壁式構造による楕円形の躯体からは，プールに向かってねじれを伴う薄板の斜路が架けられ，軽快な架構を見せると共に，鉄筋コンクリート構造による自由な曲面を具現化しています．

●シェル構造

シェル（shell）とは文字どおり貝殻のことであり，シェル構造は，貝殻のような曲面を描く面材によって成り立っている構造体のことを言います．この意味では，既に述べたヴォールトやドームも，シェル構造の一種と言うことができるでしょう．しかし，躯体に一定の厚さが必要であった組積によるヴォールトやドームに対し，曲げに抵抗することのできる鉄筋コンクリートによるシェル構造では，100mm足らずの厚さで100m近いスパンの架構を構成することもできます．また，鋼材や木材をネット上に組み合わせて曲面を構成することも可能で，部分的にはFRP[3-1]やポリカーボネイト[3-2]が使用されることもあります．さらに，シェル構造は柱や梁といった軸組の必要がなく，薄く軽い架構を構成できることから，飛行機や車の躯体といった，建築以外の様々な用途にも用いられています．

ヨルン・ウッツォン設計のシドニー・オペラハウス[3-3]（1973，図3-2）は，アラップの構造設計によるシェルの屋根が特徴的な建築物です．当初のウッツォンの計画では，屋根の輪郭が自由な曲線によって構成されていたことから，この計画を実施に移す過程において困難を極めました．最終的には屋根を構成する全ての部材に，球から切り出すことのできる同じ曲率を持たせることで実現されました．

●シェル構造の展開

シェル構造は，その架構の形態により，幾つかの種類に分類することができます．

回転面シェルは，ある曲線の一端を軸にし

図3-1 ロンドン動物園のペンギンプール

図3-2 シドニー・オペラハウス

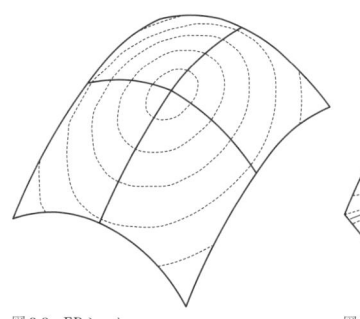

図3-3 EPシェル 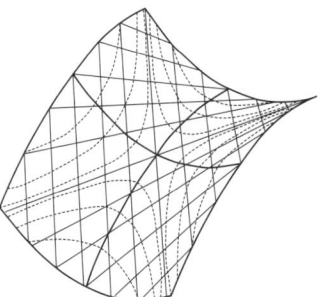   図3-4 HPシェル

3-4) 双曲線：二次曲線の一つで，2 定点からの距離の差が一定である点の軌跡．『建築大辞典』彰国社，1993，p.933．

3-5) フェリックス・キャンデラ：アメリカの構造家・建築家．鞍型シェルを採用した宇宙線研究所（1951）を皮切りに，以降，シェル建築の可能性を追及した．

3-6) ハンツ・イスラー：スイスの構造家．RC シェルを研究し，多くの RC シェル建築を手がけた．

て水平方向へ回転させた時にできる形態で，ドームや球はこの種類に属します．EPシェル（Elliptic Paraboloidal Shell, 図3-3）は楕円放物面シェルとも呼ばれ，凸型の放物線を，直交する別の凸型の放物線にそって移動させた時にできる形態で，曲面を水平に切りとると，切り口が楕円になるのが特徴です．HPシェル（Hyperbolic Paraboloidal Shell, 図3-4）は双曲放物面シェルとも呼ばれ，凸型の放物線を，直交する別の凹型の放物線にそって移動させた時にできる形態で，曲面を水平に切りとると，切り口が双曲線[3-4]になります．またHPシェルは直線の材料によって構成することが可能で，他のシェル架構に比較して施工が容易な架構と言えます．なお，馬の鞍のような形をしたHPシェルを，鞍型シェルと呼ぶこともあります．

フェリックス・キャンデラ[3-5]は，エドワルド・トロハやエーロ・サーリネン（⇒p.87図4-10），またそれに続くハンツ・イスラー[3-6]やJ.ウッツォンらと並んで，RCシェルに発展をもたらした重要な構造家であり建築家です．特にHPシェルの展開は，キャンデラを外して考えることはできません．中でもソチミルコのロスマナンティアレス・レストラン（1957, 図3-5）は4本の鞍型HPシェルを交差させて構成されており，HPシェルの特徴を率直に表現しています．

日本におけるシェル構造の実践は，構造家・坪井善勝によってもたらされたと言えるでしょう．丹下健三と協働した東京カテドラル聖マリア大聖堂（1965, 図3-6）は，8枚のHPシェルからなる架構で，RCシェルの力強い造形と十字に切られたトップライトからの光により，荘厳な内部空間を出現させています．

● 折板構造

薄い一枚の紙も，折ることで強度を持ちます．このことは，折り紙であそんだ経験などから誰しもが知るところでしょう．折板構造は平面板の組み合わせにより，相互の変形を拘束することで成立する架構であり，折り紙の折り目は，折板構造における平面板相互の拘束線と考えることができます．

四国の土佐清水市にある海のギャラリー（1966, 図3-7）は，近代日本の女流建築家を代表する林雅子によって設計されました．RC

図3-5 ロスマナンティアレス・レストラン    図3-6 東京カテドラル聖マリア大聖堂    図3-7 海のギャラリー

3-7) フライ・オットー：ドイツの構造家．吊り屋根などの軽量構造を研究した．

3-8) クランプ：部材と部材を接続する金物．

3-9) 富士グループ館：建築設計／村田豊，構造設計／川口衞．

3-10) チューブ型空気膜構造：エア・インフレーテッド構造の一つ，袋状にした二重膜の間に圧力を加え，シリンダー状にした構造．『建築大辞典』彰国社，1993，p.144．

3-11) エアドーム：エア・サポーテッド構造の一つ，膜材と躯体，地盤などにより構成された空間に，外気圧よりわずかに高い圧力を与えることにより構造形態，安定性を得ている構造．『建築大辞典』彰国社，1993，p.144．

3-12) アメリカ館：建築設計／L・デイヴィス，構造設計／D・ガイガー．

3-13) テフロン膜：米国デュポン社製のポリテトラフルオロエチレンを使用した膜．

3-14) 東京ドーム：建築・構造設計／日建設計，竹中工務店．

3-15) ライフサイクルコスト：資産の取得から，その利用を終えるまでの全期間を通じて必要なすべての費用の合計．「生涯費用」ともいう．『建築大辞典』彰国社，1993，p.1712．

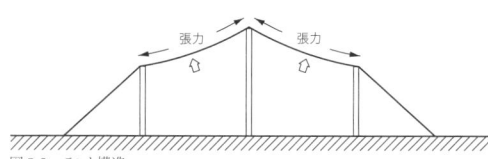

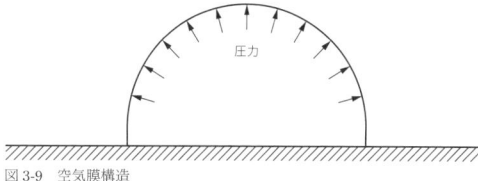

図3-8 テント構造

図3-9 空気膜構造

折板構造による合掌屋根は，連続する三角形の平面板によって構成され，屋根に独特の表情を与えています．

●膜の架構

膜構造を大別すると2種類に分類することができます．一つ目は，ヨットのマストに帆を張るように，柱などに支持した膜をワイヤーロープなどで引っ張り，膜面に張力を持たせるもので，「テント構造」（図3-8）と呼ばれています．二つ目が，空気を用いて膜面に張力を持たせるもので，「空気膜構造」（図3-9）と呼ばれています．

テント構造は住空間のための覆いとして，古くから用いられてきた構造体です．このような架構は軽くて持ち運びも容易なことから，遊牧民の住居などに用いられてきました．

フライ・オットー[3-7]は膜構造の研究を進め，それを具体的に実践した構造家の一人です．ミュンヘンオリンピック競技場（1972，図3-10）は，ギュンター・ベーニッシュらのプロジェクトチームに，オットーが屋根架構に関するコンサルタントとして参加することで実現を導きます．ケーブルネットの巨大なテント構造による架構で，二重に渡されたケーブルネットをアルミニウム製のクランプ[3-8]が拘束し，これが屋根面の変形を阻止しています．

空気膜構造は第2次世界大戦後，アメリカの軍用施設に用いられていましたが，この構造技術を大きく飛躍させた契機は，日本における1970年の大阪・万国博覧会でした．博覧会会場に建設された数々のパビリオン中でも特に，富士グループ館[3-9]（図3-11）では，世界で始めて本格的なチューブ型空気膜構造[3-10]による架構を成功させています．また，エアドーム[3-11]を採用したアメリカ館[3-12]は，今日の屋内型スタジアムに繋がる，最も先駆的な実践例ということができるでしょう．

長らく仮設的に用いられてきた膜構造は，テフロン膜[3-13]の開発で，より恒久的な使用に移行することとなります．東京ドーム[3-14]（図3-12）は日本初の屋内型スタジアムとして1988年にオープンし，テフロン膜のエアドーム方式による空気膜構造によって，施設を覆うドームが形成されています．テフロン膜を用いたエアドームは，外光を透過し，明るさと大きな無柱空間を必要とするスタジアムなどに最適な架構です．しかし一方では，施設を使用していない間にも，膜に張力を与えるための内圧を維持する必要があり，恒久的な建築物への採用にあたっては，エネルギー消費を考慮したライフサイクルコスト[3-15]の検討が必要となります．

図3-10 ミュンヘンオリンピック競技場

図3-11 富士グループ館

図3-12 東京ドーム

持続可能性と建築デザイン ……… 第13章

持続可能性への視座，文化財の保存と活用，リサイクルとリユース，省エネルギーとデザイン，防災から減災のデザインへ

1 持続可能性への視座

　建築は常にその時代の価値観や社会的要請に応えることを求められてきました．現代社会においても建築に対して新たな課題と要請が生じており，環境問題の改善へ向けた持続可能性への配慮もその一つとなっています．

● 環境問題の背景とパラダイム・シフト

［環境問題の顕在化とその背景］

　本節ではまず，あらゆる分野での対応が急務とされている環境問題の背景と，求められているパラダイムの変化について整理を試みます．

　世界で最初に環境問題について警鐘を鳴らしたと言われる文献に，1962年に出版されたレイチェル・カーソン女史による『沈黙の春』[1-1]があります．原題は『生と死の妙薬』で，化学薬品による生態系破壊について多くの例を示した啓発書です．現在この本で指摘された農薬などは既に使用禁止となり，問題の質も大きく変わっていますが，この本による問題提起をきっかけに環境問題が顕在化したという意味で，今も影響力を保っています．環境破壊の問題は，人類史とともに約5万年をかけて進行してきたものですが，人間の意識にのぼるようになった歴史はわずか40年程度なのです．

　これらの啓発を受け，1970年代にアメリカを中心にいわゆるエコロジー運動の哲学的・倫理学的基礎の解明をめざした活動が起こり，その過程で環境倫理学という学問が生まれました．加藤尚武によれば，この環境倫理学の基本的主張は三つあり，①自然の生存権の問題，②世代間倫理の問題，③地球全体主義，と要約されています[1-2]．加藤はこれらの基本

タイトル図）横浜港大さん橋国際客船ターミナルの屋上緑化．

1-1）レイチェル・カーソン，青樹築一訳『沈黙の春』新潮社，1991改版．

1-2）加藤尚武『環境倫理学のすすめ』丸善，1991／第1章で以下の3つに整理されている．
①人間だけでなく，生物の種，生態系，景観などにも生存の権利があるので，勝手にそれを否定してはならない．
②現在世代は，未来世代の生存可能性に対して責任がある．
③地球の生態系は開いた宇宙ではなくて閉じた世界である．

的主張を反論の可能性を踏まえて検証することで，現代を生きる我々には未来に対して責任があることを明示しています．

[成長の限界と人間活動の物理限界]

1972年にはローマ・クラブから『成長の限界』という報告書[1-3]が出版されます．そこでは人口増加や環境破壊がこのまま進行すれば，21世紀半ばには人類の成長は限界に達することが科学的視点から示され，これを回避するためには有限性を前提として，地球規模での人口増加や経済活動を含めた均衡を図る必要性があると論じられました．

一方で，物理法則によっても人間活動の限界は規定されています．エネルギー保存則とエントロピー増大則の2つの法則[1-4]から，物質循環におけるエントロピー発生則が導かれていますが，これによれば，ひとつの系である地球環境の中で人間社会を維持していくために許される活動は，太陽エネルギーによって駆動される自然の循環から，再生可能な資源を得て，自然の浄化能力の範囲内の廃熱・廃物を自然の循環へと返すことだけであり，(図1-1) エントロピーの限界が人間の活動できる限界を規定する[1-5]ことが示されています．

[持続可能性へのパラダイム・シフト]

これら環境論の展開に並行して，酸性雨，オゾンホール，地球温暖化，異常気象等の地球規模の環境変化が顕在化し始めたことを受け，1972年にはストックホルムにおいて，国連として地球環境問題に取り組んだ最初の会議，「国連人間環境会議」が開催されます．その後本格的な議論が開始される中，1981年にレスター・ブラウン[1-6]によって「持続可能な社会」の提唱がなされます．この実現に必要となる「持続可能な開発」(Sustainable Development) という言葉には，様々な解釈がありますが，現在最も一般に引用されているものとして，

「持続可能な開発とは，将来世代のニーズを満たすための可能性を損なうことなく，現世代のニーズに応じた開発を行うこと」[1-7]

を挙げることができます．

1992年にはリオ・デ・ジャネイロで環境と開発に関する国連会議（国連地球サミット）が開催されますが，ここで採択されたリオ宣言の第一原則冒頭にも「人類は，持続可能な開発への関心の中心にある」[1-8]と記されており，これ以降「持続可能な開発」は今日の地球環境問題を考える上で，最も重要なキーワードとなっています．

このように，現世代のみの成長を一義的な目標とする従来の開発から，将来世代の持続可能性を考慮した開発へのパラダイム変換が，あらゆる分野で求められ始めているのです．

● 持続可能な開発と建築デザインの領域

建築分野からも，この観点から環境問題へ取り組むべく，持続可能な建築へ向けた様々な方針が発表されています．

[持続可能な建築へ向けた指針]

持続可能な建築には極めて多岐にわたる概念が含まれています．建築関連の社会的組織が掲げた方針に限って見ても，例えば日本建築学会ではビジョンとして，①自然や地域や都市とつなぐ，②エネルギーを大切にする，③資源を大切にする，④安全と健康，⑤世代をつなぎ，文化をつなぐ，の5項目[1-9]を挙げ，新日本建築家協会（現・日本建築家協会）は設計指針として，①自然（断熱，光，風，緑，水，自然の力を活かす等），②資源・省エネルギー（しくみ，材料，地域環境，副産物の見直し等），③ライフサイ

1-3) ドネラ・H・メドウズ他 著，大来佐武郎監訳『成長の限界 ローマ・クラブ「人類の危機」レポート』ダイヤモンド社，1972．

1-4) ジェレミー・リフキン著，竹内均訳『エントロピーの法則』祥伝社，1990，p.45／①熱力学の第1法則（エネルギー保存の法則）宇宙における物質とエネルギーの総和は一定で，決して創成したり消滅するようなことはない．物質が変化するのは，その形態だけで，本質が変わることはない．②熱力学の第2法則（エントロピー増大の法則）物質とエネルギーは一つの方向のみに，すなわち使用可能なものから使用不可能なものへ，あるいは利用可能なものから利用不可能なものへ，あるいはまた，秩序化されたものから，無秩序化されたものへと変化する．

1-5) 槌田敦他『ごみで斬る─廃棄学と循環型社会からのアプローチ』社会思想社，1992，pp.32-39．

1-6) 「Lester R. Brown」：1934年，アメリカのニュージャージー州に生まれる．1959年，農務省に入省し，国際農業開発局長を務める．1974年に，地球環境問題に取り組むワールドウォッチ研究所を設立．1984年には，年次刊行物『地球白書』を創刊．2001年5月，アースポリシー研究所を創設し，現在は所長を務める．

1-7) 1987年に国連・環境と開発に関する世界委員会より出版された「Brundtland report」（委員長：ノルウェー首相ブルントラント）として知られる報告書，正式タイトル『Our Common Future』より．

1-8) 海外環境協力センター編，国連事務局監修，環境庁・外務省監訳『アジェンダ21 持続可能な開発のための人類の行動計画 '92地球サミット採択文書』1993．

1-9) 日本建築学会編『地球環境建築のすすめ シリーズ地球環境建築 入門編』彰国社，2002．

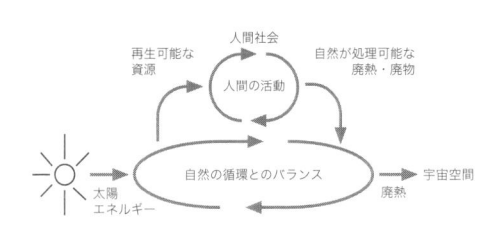

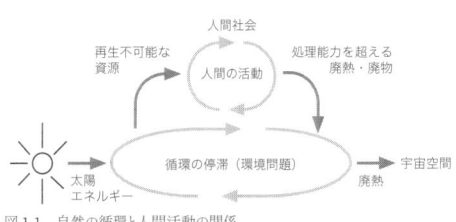

図1-1 自然の循環と人間活動の関係

クル（永く活かす，ライフサイクルの管理等），④人（人に優しい材料，ライフスタイルの提案等），⑤街・コミュニティ（歴史を受け継ぐ，ともにつくる，都市に自然を呼び戻す等）の5項目[1-10]を挙げています．上記以外にも多くの分類方法があるため包括的に語ることはもはや不可能ですが，いずれにも含まれる大枠の指針として，自然との接続，省資源，省エネルギー，長寿命，安全とライフスタイル，歴史や文化の継続，といったキーワードに整理することは可能でしょう．

[持続可能性へ向けたデザイン領域]

上記項目の中から，本章では特に建築意匠の分野と深く関わりを持つと考えられるテーマとして，①歴史と文化の継続へ向けた文化財の維持，②省資源と長寿命を目指した材料と建築の再生，③自然を活かすデザインによる消費エネルギーの低減，④健康・安全を維持するために重要となる災害に対するデザイン，という4つの視点を取り上げ，解説と考察を行うこととします．

2 文化財の保存と活用

●文化的多様性の継承

人類の存続のためには，将来へ向けて多様な選択肢を担保しておくことが不可欠です．生物の多様性と同様，文化的多様性 (cultural diversity)[2-1] を守ることもまた持続性にとって不可欠な要素であり，この意味で，多様な文化を伝える文化財建造物を守ることは，重要な取り組みとなります．

では文化財の保護とは本来どのような内容を持つのでしょうか．日本の文化財保護法[2-2]では，その第一章一条に

「この法律は，文化財を保存し，且つ，その活用を図り，もって国民の文化的向上に資するとともに，世界文化の進歩に貢献することを目的とする．」

と規定されています．ここには保存だけでなく活用を図ることが，文化財保護の目的として明記されています．

しかし一方で，建築を使い続けたまま保存する，すなわち保存しつつ活用することの困難さもまた浮き彫りとなっています．

●文化財建造物の保存と活用

建築家である田原幸夫[2-3] は，保存の対象に手を加えるという意味で「インターヴェンション」という言葉をとりあげ，

「保存には維持保全から再建（復元）までインターヴェンションの多様なレベルがあり，それを現在の我々がどのように選択すべきかが改めて問われている」[2-4]

と指摘しています（図2-1）．

F・L・ライトにより設計された旧山邑邸（図2-2）は，1988年に保存修理が施された後，阪神・淡路大震災で被災しましたが，1998年には再び修理され，現在も国の重要文化財として当初のオリジナリティーを保っています．しかしこうした例の一方で，建築の保存が外観のみを似せた表層デザインのレベルに留まる例（図2-3）も多く見られます．

保存の際には修復も含めて何らかの働きかけを行うことになりますが，歴史的な建築物の保存とは，本来的に

「"他人の作品"に手を加える…最もデリケートな文化的行為」[2-5]

であるとの認識が求められる所作なのです．

[1-10] 新日本建築家協会編『生き続ける建築のデザイン』彰国社，1995．

[2-1] 「生物的多様性が自然にとって必要であるのと同様に，文化的多様性は交流，革新，創造の源として人類に必要なものである．この意味において，文化的多様性は人類共通の遺産であり，現在及び将来の世代のためにその重要性が認識され，主張されるべきである．」（21回ユネスコ総会『文化的多様性に関する世界宣言』2001，第1条 文化的多様性：人類共通の遺産より）

[2-2] 日本の文化財保存の法的制度は，1897年の「古社寺保存法」に始まる．その後，1929年に「国宝保存法」が制定され，保護の対象は寺社仏閣から城郭や民家等まで拡大され，1950年の「文化財保護法」制定に至る．

[2-3] 「田原幸夫」：2003年現在，日本設計・保存プロジェクト総括，日本イコモス国内委員会理事，ドコモモ／ジャパンのボードメンバー，東海大学非常勤講師を務める．

[2-4] 田原幸夫『建築の保存デザイン』学芸出版社，2003，p.36．

[2-5] 田原幸夫『建築の保存デザイン』学芸出版社，2003，p.36．

	アメリカ Fitchによる	イギリス Feildenによる	日本語対訳案
小↑手の加え具合↓大	preservation	prevention of deterioration preservation	保護／保存
	conservation and consolidation	consolidation (or direct conservation)	保存／補強
	reconstitution		組立て／再構築
	adaptive use	restoration rehabilitation	修復／活用
	replication（レプリカ）	reproduction（現存するもののコピー）	復元
	reconstruction	reconstruction	再建

図2-1 多様なインターヴェンションのレベル

図2-2 旧山邑邸・現ヨドコウ迎賓館

2-6) 飯沢耕太郎監修『カラー版世界写真史』美術出版社, 2004, p.130.

2-7) 文化財保護法改正時に導入. 届出制と指導, 助言, 勧告を基本とする緩やかな保護措置を講じ, 所有者による自主的な保護の促進を図るもの. 保存及び活用のための措置が特に必要とされるものが対象とされ, 登録の基準としては, 少なくとも築後 50 年を経過していること等が必要となる.

2-8) 田原幸夫『建築の保存デザイン』学芸出版社, 2003, p.23.

2-9) 「フランスの文化財保護法を補足し, 不動産の修復を促進するための 1962 年 8 月付け法律」: 1959 年にフランス文化相に就任したアンドレ・マルローの発議により制定.

2-10) 中川満「ゆれる'百年自治体'④白川村の市町村合併問題への取り組み」『月刊自治』vol.47, no.546, 2005, p.94.

2-11) イコモス（非政府組織・国際記念物遺跡会議）, 日本イコモス国内委員会訳『記念建築物及び遺跡の保存と修復のための国際憲章（ヴェニス憲章）』1965 年採択, の序文により, オーセンティシティ（真正な価値）の概念が, 国際的に始めて明文化されている.

3-1) 建設廃棄物は, 平成 12 年度において産業廃棄物の排出量の約 2 割, 最終処分量の約 3 割を占め, また不法投棄件数及び不法投棄量の約 6 割を占める（環境省『平成 15 年度版循環型社会白書』2005 より）.

図 2-3　みずほ銀行京都中央支店
図 2-4　公園として保存された鉄工所跡地 
図 2-5　琵琶湖疏水・水路閣 

●近代化遺産の保存と活用

　近年では歴史的な伝統建築だけでなく, 近代産業の遺構に対しても保存が叫ばれつつあります.

　ドイツの写真家ベルント＆ヒラ・ベッヒャーは, 戦前期の建造物や工業プラントを類型学的に提示し, 写真におけるポストモダニズムの先駆的な巨匠と位置づけられましたが[2-6], これらの活動がきっかけとなり, 1980 年代以降に産業建築の美学が見直されはじめ, 文化財の枠組みや, それに向けられる視線に変化が起きています（図 2-4）.

　日本でも 1997 年以降「文化財登録制度」[2-7] が導入され, 文化財の概念は, 産業・交通・土木遺産等の「近代化遺産」（図 2-5）を含むものへと拡大を続けています.

●町並みの保存と活用

　一方で保存の枠組みを, 世界で初めて単体の建築物から群としての建築へと拡大し, 古い建築や都市の保存を都市再生の手段として位置づけた[2-8]のは, 1962 年にフランスで制定された「マルロー法」（街区保護法）[2-9] です（図 2-6）. 日本でも 1975 年には文化財保護法の改正によって「伝統的建造物群」の概念が導入され, 町並みの保存が図られるようになりました.

　1976 年, 日本で初めて重要伝統的建造物群保存地区に指定された地域の一つに, 合掌造の集落（図 2-7）で知られる岐阜県の白川村荻町があります. 険しい白山の山並みに阻まれ, 当初は訪れる人も少なく独特の文化と景観が保たれてきましたが, 1995 年に世界文化遺産に登録され, 2002 年には高速道路が開通すると, 年間 70 万人前後であった観光客数はピーク時には 150 万人以上に達しました. 今では合掌家屋こそ形態は保存されていますが, 観光産業の進出に伴い, これを模倣した観光施設（図 2-8）が増え始めるなど, 「[第二の過疎化] どころか, 新しい意味での [都市化] が始まった」[2-10]と指摘されるほどの質的変容が始まっています.

　町並みの保存に際しては, 特に変化し続ける生活環境を内にはらむ形となるため, オーセンティシティ（真正な価値）[2-11]と観光化・近代化との間に, 保存の概念をいかに位置づけるかが常に問われることとなります.

3　リサイクルとリユース

　前述した文化財保存も建造物を廃棄しないという意味でこれに該当しますが, 材料や建築を再生し, 建設廃棄物を削減することも, 建築デザインの分野が取り組むべき課題となっています.

　建築物は, 人間活動により生産されるものの中でも特に規模が大きく, 廃棄される際に

図 2-6　パリ・マレ街のヴォージュ広場
図 2-7　白川村荻町集落の合掌造家屋群 
図 2-8　合掌造に似せた道の駅・白川郷

図 3-1　桜上水 K 邸　　　　　図 3-2　「ヴォツェック」舞台デザイン

はそれだけ環境へ与える影響も大きいことが指摘されています[3-1]．この課題に応えるためには，リサイクル（再生利用）とリユース（再使用）という 2 つの手法に基づいた，建築材料レベルでの取り組みと，建築全体レベルでの再生への取り組みが重要となります．

● 材料のリサイクルとリユース

　材料のリサイクルとは，正確には一度破砕・溶融するなどして原料化し，再び生産ラインに戻して作りなおす「再生利用」を指し，一方のリユースとは，原型のまま使い継いだり，容器などを生産ラインまで戻して繰り返し使用する「再使用」と定義されます[3-2]．いずれも資源を活用できる回数が増えることになるため，その分だけ廃棄物の減量につながります．

[材料のリサイクルとデザイン]

　リサイクルされた材料を建築に導入する取り組みは，既に一般的に実施されています．
　伊東豊雄によって 2000 年に発表された桜上水 K 邸（図 3-1）は，リサイクルの容易なアルミニウムを，構造を含めて建築の主要材料として使用した[3-3]例です．近年では，様々な廃棄物のコンクリート原料への利用も実用化されている[3-4]ほか，従来はリサイクルが困難とされていた廃木材を原料とした構造材までもが開発されるなど，廃棄物の原料化を通じた材料の再生が進められています．

　しかしながら特にリサイクル（再生利用）の場合は，廃棄物を原料化する際と，再び製品に加工する際に多くのエネルギーを必要とするケースもあり，かえってエントロピーを増大させてしまう可能性がある[3-5]ことにも注意を払う必要があります．

[材料のリユースとデザイン]

　一方の材料のリユース（再使用）も，基本的に人間社会の中だけでの循環であるため，何回か循環した後には廃棄される[3-6]ことになりますが，少なくとも廃棄されるまでの時間を引き延ばす効果[3-7]があります．

　現在でも古材文化の会と呼ばれる組織[3-8]などを介して継続されている，木造建築を解体した際に出る古材を新しい建築に使い継ぐことは，木割[3-9]と呼ばれる標準的な寸法体系を持つ日本の伝統的手法です．

　大量に廃棄されるペットボトルの再使用も試みられています．オペラ「アルバン・ベルグ『ヴォツェック』」のための安藤忠雄による舞台デザイン（図 3-2）では，ペットボトル約 44,000 本で構成された舞台背景[3-10]が，印象的な演出装置となっています．坂茂はペットボトル・ストラクチャーを発表し，これを構造としても利用する[3-11]ことを試みています．

　そこには従来利用されなかった廃棄物を，積極的に意匠に活かすという，新たな視点が提示されていると考えることができます．

● 建築のリユース（コンバージョン）

　建造物そのものを廃棄しないために，その意味や目的を，時代に即して読み替え転用（コ

図 3-3　倉敷アイビースクエア

3-2）リサイクルの例として，紙くずや鉄などの再原料化が，リユースの例には，自転車，家具，衣類やリターナル瓶などの再使用がある．この他にも排出物（エミッション）の減量方針として，リデュース（廃棄物となる要素を減らす）が挙げられ，頭文字をとって 3 R，これにリフューズ（廃棄物を持ち込まない）を加えて 4 R 等と呼ばれる．

3-3）主構造はサッシ枠を兼ねた軸組と，アルミ推進形材による外装デザインを兼ねた耐力壁となる．アルミニウム建築構造協議会によるアルミハウスプロジェクトの一環としてデザインされた（伊東豊雄「アルミの家への期待」『住宅特集』2000 年 4 月号，新建築社，2000，p.53）．

3-4）現在，石炭灰，焼却灰，下水汚泥，鋳物砂，廃タイヤ，高炉スラグ等がセメント原料として利用されている（社団法人セメント協会調べ）．

3-5）逆にエネルギーを必要とせずに再利用できるような材料は，廃棄物ではなく資源と解釈できる．

3-6）藤田祐幸「廃棄物問題の焦点」『ガボロジーとエントロピー』別冊経済セミナー・エントロピー読本 4，1987，pp.209-216．

3-7）八太昭道「ゴミとエントロピー」『ガボロジーとエントロピー』別冊経済セミナー・エントロピー読本 4，1987，p.160．

3-8）古材文化の会（京都府）や，日本民家再生リサイクル協会（東京都）の古材ネットワーク等の NPO，NGO 活動を中心として古材活用が行われている．

3-9）「木割」：我が国の伝統的な建築において，各部の比例と大きさを決定するシステムまたは原理（建築大辞典より）．

3-10）安藤忠雄「ペットボトルの小宇宙」『新建築』2004 年 11 月号，新建築社，2004，p.85．

3-11）インタヴュー：坂茂「素材と構造への挑戦―ペットボトルからポンピドーセンターまで」『新建築』2004 年 4 月号，新建築社，2004，pp.98-101．

3-12) 田原幸夫『建築の保存デザイン』学芸出版社, 2003, p.43.

3-13) なお, 同氏が近隣に設計した1960年竣工の「大分県医師会館」は, 保存運動にもかかわらず99年に取り壊されており, 対照的な結果となっている.

3-14)「パッシブデザイン」: ここでは自然のエネルギーを受動的 (passive) に活用する意味での建築デザインを指す.

3-15) 小玉裕一郎『エコ・ハウジングの勧め』丸善, 1996, p.12. カッコ内のみ筆者補足.

図3-4 現・大分アートプラザ

図3-5 清掃工場を転用したホールの外観

図3-6 ゴミピットを再生したイベントホール

ンバージョン) することは, 意匠を通じて建築や構造物そのもののリユースを可能とする設計行為と位置づけることができます.

[建築のコンバージョン]

倉敷アイビースクエア (図3-3) は, 日本における歴史的建築物 (倉敷紡績工場) を大規模転用 (ホテル等) した先駆的事例3-12として位置づけられています. 一方, 現代建築の転用例としては, 磯崎新の初期の代表作として知られる旧大分県立図書館があります. 1966年に竣工した後30年間利用されましたが, 96年の県立図書館新築移転に伴い, 土地と建物が大分市に譲渡され, 現在は大分アートプラザ (図3-4) として転用され, 市民に開放されています3-13.

[土木インフラのコンバージョン]

前節でも述べたように, 文化財の概念は近代化遺産にも拡大しつつあり, 土木インフラについても建築の場合と同様に, 転用を通じて再使用される例が現れ始めています.

デンマークのフォルブランディンゲン (Forbrandingen, 図3-5) では, 取り壊し予定であった清掃工場が, 閉鎖性と防音性のある大規模な内部空間を備えるという特性を活かして, 現在は音楽イベントホール (図3-6) へと転用されています. 同じくデンマークのシスター

ン・アートミュージアムでは, 元々貯水槽として公園の地下 (図3-7) につくられた漆黒の巨大空間が, 自由な光の演出を可能とする, 湿気をいとわないガラスアートの美術館 (図3-8) として転用されました.

これら人間の生活基盤を支えてきた土木インフラは, 時には迷惑施設として, 普段目にしない場所に建設される, あるいは目立たないように設計されますが, その転用を進めることは, 現在の生活が巨大な都市基盤によって支えられているという事実の開示を通じて, 環境問題へのまなざしを持続させる効果も期待されます.

[脱ブラック・ボックスのデザイン]

パッシブデザイン3-14の研究者である小玉裕一郎は, 省エネルギーのために外界との遮断性を高めることと, 人間の環境に対する意識を持続させることとの間にはジレンマがあり,

「環境が汚染され, ポテンシャルを下げてきたのは, 人間の環境に対する無関心に由来するのだから, 私たちはもっと環境の変化に敏感でなければならず, 環境のスチュワード (管理者) として, 環境とのレスポンシブな関係を維持しなければならないという主張には説得力がある.」3-15

図3-7 簡素なテントが張られる地下への入り口

図3-8 シスターン・アートミュージアムの内観

図3-9 千歳清掃工場・1次案

図 3-10 新梅田シティ機械室のマシン・ズー 　　図 4-1 ケンブリッジ大学・数理科学センター

と述べ，環境と建築とを切り離すのではなく，環境へのまなざしを繋ぎ止める建築デザインの重要性を指摘しています．

近年ではこの考え方をさらに進め，転用以前の段階から，環境問題の実情を共有するためのデザインが模索され始めています．

早川邦彦は，東京都千歳清掃工場を設計するにあたり，その1次案として，通常はブラック・ボックスの中に配置されるプラントを，外部から自由に見ることができるガラス張りとする提案（図3-9）を行っています．そこでは，都市が抱える廃棄物問題が膨大な処理能力を必要とする装置体に依存しているという事実を，意匠を通じて一般に公開することにより，自分たちの活動が環境へ影響を与えている事実を意識する契機を提供することが目指されていました[3-16]．

同様の意図は，原広司が新梅田シティ（梅田スカイビル）地下の機械室をデザインするに当たり，設備プラントに彩色を施し，「マシン・ズー」（図3-10）として一般に公開した[3-17]中にも伺うことができます．

4　省エネルギーとデザイン

持続可能な建築にとって，運用する際の消費エネルギーを少なく抑えることも重要です．エネルギーを必要とする設備機器等のみに頼るのではなく，デザイン上の工夫による自然との接続を通じて，①通風と換気，②断熱と暖房，③日射と採光を，パッシブ（受動的）にコントロールすることは，建築意匠に関わる課題となっています．

● 通風・換気とデザイン

伝統的な都市住居である京町家には，限られた狭小な空間の中に風を呼び込むための工夫が施されていました．町家の奥に設けられる庭は，開口面積の差や日陰による温度差[4-1]によって表通り側との間に気圧差を生み出し，室内に風を導く効果を発揮します[4-2]．

近年では，屋根上に煙突状の高窓（ヒートチムニー）を設置し，上昇気流による吸引力で室内の換気を行う方法も採り入れられています（図4-1）．同様の試みは，レンゾ・ピアノによるジャン・マリー・ティバウ文化センター（図4-2）にも見られ，土地の伝統的民家を象徴したフレームは，同時にパッシブな換気システムとして機能しています．そこでは気流の設計を通じて，象徴性と機能性を備えたデザインが導き出されています．

● 断熱・暖房とデザイン

ユーラシア大陸北方地域の古代の住居においては，屋根に土を乗せて草を生やし，寒さをしのぐ伝統があったと言われています[4-3]．

現代の緑化屋根には，土と植物の断熱・放熱効果によって室内気候を安定させて冷暖房エネルギーを節減するだけでなく，植物からの水分蒸発による都市内気温の低減や緑化を

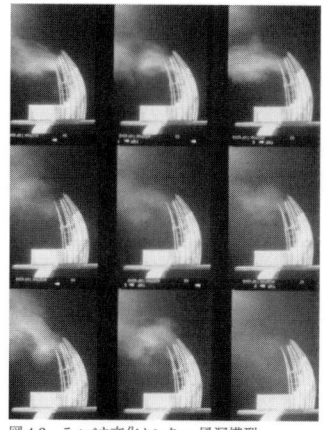

図 4-2　ティバウ文化センター・風洞模型

3-16) 早川邦彦「関係性をデザインする」『建築文化9511』彰国社，1995，p.94．

3-17) 佐々木賢治「機械室のプレゼンテーション」『空中庭園＝連結超高層建築1993』彰国社，1993，p.269．

4-1) 加えて，庭に打ち水を施すことにより，気化熱で温度を下げることも伝統的知恵として知られる．

4-2) 京都新聞社編『京の町家考』京都新聞社，1995，pp.176-177．

4-3) 藤森照信『天下無双の建築学入門』筑摩書房，2001，pp.74-75．

4-4) 武者英二, 吉田尚英編著『屋根のデザイン百科』彰国社, 1999, pp.140-141.

4-5) 国土交通省は, 平成13年度に都市緑地保全法を改正し, 民間における緑化への取り組みを地方公共団体が支援する「緑化施設整備計画認定制度」を創設. 固定資産税が軽減され (課税標準が5年間1/2), 助成制度や融資制度などの活用とあわせ, 都市における緑化の推進が意図されている. 東京都は2001年4月から屋上緑化を条例で義務付けている.

4-6)「OMソーラー」: 1987年に建築家・奥村昭雄により考案されたシステム. 太陽光で暖められた屋根の空気を棟に集め, ファンで床下に送ることで床下蓄熱を行い, 室内暖房に利用するパッシブな暖房装置.

4-7) 簾 (すだれ): 細く削った竹を編んで作られた帳 (とばり) 状の障屏具 (建築大辞典より).

4-8) 宮川英二『風土と建築』彰国社, 1979, p.191.

図4-3 愛知万国博覧会・バイオラング

図4-4 OMソーラーシステム・冬季の空気の流れ

通じて自然と人間との関係を回復するもの[4-4]としての意味を持っています (p.196 タイトル図). 現在は制度的にも推奨されており[4-5], 大規模建築でも採用される一方, 屋根だけでなく垂直壁面の緑化も試みられており (図4-3), 意匠面からも今後の発展が期待されます.

逆に太陽熱を積極的に活用し, 建築の運用エネルギーとする手法も実践されています. OMソーラー[4-6]は, 屋根で熱された空気を冬は暖房, 夏は給湯に利用する先駆的なシステムで, 上昇気流を集めるための勾配屋根と大黒柱のような垂直ダクト (図4-4) が, 一つの意匠上の特徴になっています.

● 日射・採光とデザイン

光は建築にとって重要な意匠的要素である一方, これをコントロールすることで室内環境を最適な明るさ, 日射量に保つことは, 機能的要請の一つとなっています.

簾は, 日本の伝統的な日除けと目隠しのための障屛具ですが[4-7], 茶室を光の意匠空間と捉えた宮川英二は, 茶会における簾の役割について

「茶会の前半は簾で光は弱められ, 乏しい光で掛軸を賞でる. 後半は明るく新鮮に, 壺や花を賞でる. 光はよどみ, あるいは散ずるように, その変化が演出される」[4-8]

と述べており, 簡易な操作により場面に適した光を得る調光装置として位置づけています.

ル・コルビュジエの作品に見られる「ブリーズ・ソレイユ」(brise soleil, 図4-5) は, 土地の太陽高度をもとに寸法と方角が決定されており (図4-6), 日中の強い日差しを選択的に遮るパッシブなフィルターの役割を果たしています. 現代建築の中には, アラブ世界研究所の南側ファサード (図4-7) のように, アラブ模様の可動ダイヤフラム (動作は電動ですが) によって調光を試みた例もあり, この装置は同時に意匠表現にもなっています.

図4-5 繊維協会会館のブリーズ・ソレイユ

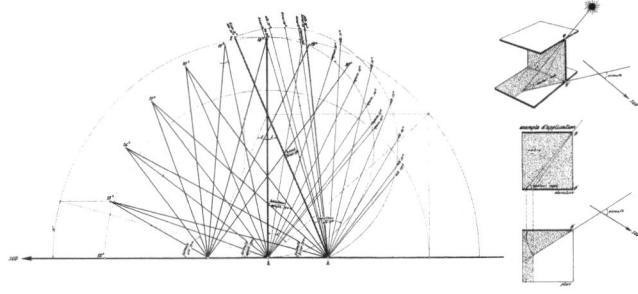

図4-6 ブリーズ・ソレイユの形状スタディ

13 持続可能性と建築デザイン

● エネルギーへのまなざしとデザイン

人の意識へ働きかけるという，意匠表現の果たし得る役割についても少し触れておきたいと思います．

現時点で実用化されているエコカーの多くには，システムの稼働状況や燃費を逐次モニターできる[4-9] コンソールパネル（図4-8）が備えられています．そこには目に見えにくいエネルギーの運用状況をインディケート（表現）する工夫がなされており，ユーザーの操作がどのようにシステムや環境(燃費など)に影響を及ぼすのかを自然に意識できるようになっています．

人が環境に対してレスポンシブであり続けるためには，人と自然との間の回線が開かれていることが重要となります．建築分野においても，その運用エネルギーが及ぼす環境への影響などを，情報や，さらに進めてわかりやすい形態へと変換し，人に伝えていくことができれば，そこもまた意匠の分野が貢献しうるフィールドとなるのではないでしょうか．

5 防災から減災のデザインへ

建築を持続させるという観点からは，人の命を脅かす災害に対しても，「生き残れる」性能を持つことが必要となります．

力による現象に対し，近代技術は力で対抗することを試みてきましたが，災害は常に想定を超える力をもって，逆に大きな脅威となってこれを打ち砕いてきました．力によって克服できた現象は災害とは呼ばれず，それを超える現象となって初めて，災害と呼ばれることになるからです．

近年では，災害を押さえ込もうとする従来の防災の考え方から，災害を不可避のものとして位置づけ，最小限の被害で乗り越えようとする「減災」の考え方が見直され始めています[5-1]．この考え方は伝統的な知恵や文化[5-2]として蓄積されてきたものでもあります．

ここでは，①地震，②火災，③風水害の3つの災害を対象に，歴史的な事例の中に見られる知見や，その考え方を現代に活かすことを目指した，災害を「受け流す」考え方とその事例について紹介し，考察を行います．

● 地震とデザイン

地震は，建築が高さを求める際に常に障害となってきました．1923年の関東大震災では，多くの近代建築が地震動によって倒壊する中，谷中の五重塔を始めとする木塔は，柔らかくなることで振動エネルギーを吸収する構造により無事だったと言われています[5-3]．

このため震災後，強固な構造で揺れに対抗する「剛構造」派と，塔のような「柔構造」派との間で論争が巻き起こります．当時は技術的な制約などから剛構造が主流となり，建築の高さは31 m以下に制限されましたが，その後第二次大戦を経て柔構造の研究が進み，1963年には高さ制限が撤廃されます．日本初の超高層建築と言われる霞ヶ関ビル(147 m)が完成したのはその5年後でした．現在日本で最も高いビルは1993年に竣工した横浜のランドマークタワー（296 m，図5-1）ですが，ここに至る過程で，技術は「耐震」から始まり，地震力を抑制または制御し，そのエネルギーを吸収しようとする「制振」あるいは「免震」という[5-4]，力を受け流す考え方へと発展しています．

4-9) エコカーの多くはエンジンに電気モーターを組み合わせたハイブリッド駆動方式が採用されており，プリウスがエネルギーの流れと燃費をビジュアルモニターを通じて表示する一方，ホンダ・インサイト（2001年モデル）も，モーター（貯金）で走っているのか，エンジン（消費）で走っているのかが一目で分かるメーター表示部を持つ．

5-1) 河田惠昭『防災研究所の課題「減災学」の確立』『DPRI ニューズレター No.36』京都大学防災研究所, 2005, pp.1-2.

5-2) 「安全には絶対的水準というものが存在しない，安全が文化である所以である．」(宮本佳明「『防災』という思想，『安全』という文化」『新建築臨時増刊「node 20世紀の技術と21世紀の建築」』新建築社, 2000, p.106 より)．

5-3) 上田篤編『五重塔はなぜ倒れないか』新潮社, 1996, p.16-17．

5-4) 一般に制振構造とは建物の中にエネルギーを吸収する制震ダンパー等を配置し，建物の振動を低減する形式で，免震構造は地盤と建物との間に免震装置を挿入し，建物に伝わる振動を低減する形式とされる（清水建設免制震研究会著『耐震・免震・制震のわかる本―安震建築をめざして』彰国社, 1999 がわかりやすい）．

図4-7 アラブ世界研究所に差し込む光

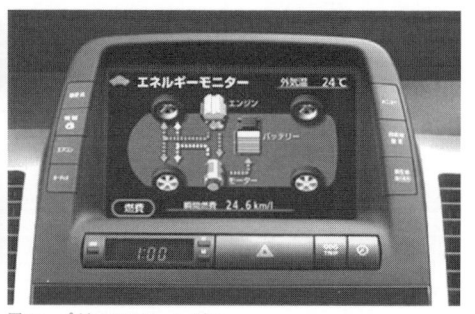

図4-8 プリウスのコンソールパネル

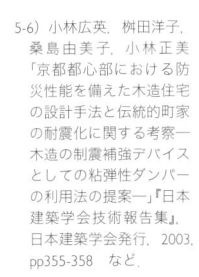

5-5) 木造軸組構法建物の耐震設計マニュアル編集委員会『伝統構法を生かす木造耐震設計マニュアル―限界耐力計算による耐震設計・耐震補強設計法』学芸出版社, 2004, p.6.

5-6) 小林広英, 桝田洋子, 桑島由美子, 小林正美「京都都心部における防災性能を備えた木造住宅の設計手法と伝統的町家の耐震化に関する考察―木造の制震補強デバイスとしての粘弾性ダンパーの利用法の提案―」『日本建築学会技術報告集』, 日本建築学会発行, 2003, pp355-358 など.

5-7) 京都歴史フォーラム編輯『京都歴史フォーラム第10号』京都市歴史資料館, 2003, p.4.

5-8) 1993年に規定された準耐火構造について, 建築基準法告示 62-1901, 1902号により, 集成材の外側の厚み 35mm で 45 分, 45mm で1時間分の燃えしろを考慮すれば, 木構造で準耐火構造が建築できるようになった. 現在では製材についても規定を満たせば建築可能となっている.

5-9) 坂茂『プロジェクツ・イン・プロセス』TOTO出版, 1999, p.45.

図 5-1 横浜ランドマークタワー　　図 5-2 GC 大阪営業所ビル

一方で, 地震に弱いと考えられている木造建築に対しても, 木の特性を活かすことで性能を向上させる試みが進められています.

伝統的な木軸構造による建築は, 柱と梁や貫との間の摩擦力や, 柱等の傾斜復元力によって揺れを吸収する特徴を持ちますが[5-5], この特性を強化する手法の一つとして, 垂直・水平部材が交差する部分にダンパーを組み込み, 揺れの減衰効率を高める方法が試みられています[5-6].

現在の高層ビルや新しい木造建築補強の考え方は, 揺れを吸収し, 逃がすという, 伝統的な工夫に支えられているのです.

● 火災とデザイン

伝統的な日本建築や都市が世界に誇る特質の一つに, 木を最大限に活用していることが挙げられますが, 問題は非常に燃えやすく, 火災に弱い点にあると言えます.

以下では大規模災害につながる火災を最小限に留めるための, ①火災被害を最小限にする建築, ②燃えても消せる環境づくり, という2つのアプローチについて考察します.

[火災被害を最小限にする建築の試み]

火災対策としては, 建物の不燃化が一般的ですが, 被害によるロスを最小限にするという考え方もあります.

近世以前の京都は, 木造家屋が密集する大火に極めて脆弱な都市構造を持っていたため, 度重なる火災を経験するにつれ復興にかかるコストに窮するようになり, 「仮屋建て」と呼ばれる建築がつくられた時期がありました. これは少ない工費で早く量産するために, 規格に合わせた入手しやすい材料を使用して, 手間と材料の経済性を追求した復興建築と考えられています[5-7].

一方で, 構造的なロスを見込んだ「燃えしろ設計」[5-8]と呼ばれる考え方もあります. 木造大断面構造で利用されることが一般的ですが, 坂茂による GC 大阪営業所ビル (図 5-2) では, 集成材を鉄骨構造に対する耐火被覆として利用しており[5-9], ビル構造への新しい表現が試みられています.

これらの対極にあった, いわば燃やさないための伝統建築様式が, 土蔵などに見られる「塗屋造」です. 太田博太郎によれば, 近世以

図 5-3 春日権現験記絵に描かれた焼け残った土蔵

205

図 5-4　水路と軒先に吊された防火用バケツ　　図 5-5　水路に設けられた溜まりとポケットパーク

前の江戸では蔵の建築に対して触書が出されており、周囲に防火用水を備え、他の建物よりも離して延焼を防ぐことや、倉庫間の距離をも離すこと、ついには屋根まで土を塗った土蔵（図5-3）とすることが推奨されるに至ったとしています5-10)。

現在の建築基準法や都市計画法においても、伝統的な木造建築様式は火災への脆弱性の故に既存不適格とされる傾向にあります。しかし長谷見雄二らの研究により、既存の京町家の実態に即した外壁、軒裏、開口部の防火改修指針が示されており5-11)、既存の伝統建築であっても、きちんと手を入れることで土塗壁などの防火性能を最大限に発揮させることが可能になるなど、伝統的な建築が持つ本来的な性能も見直され始めています。

[燃えても消すことのできる都市環境づくり]

一方で、地震火災などの大規模な複合災害対策としては、河川や水路、池や海、井戸水や雨水貯留など、災害時にも断水しない地域に既存の自然水利等を再生し、公設消防による消火活動だけでなく、災害時に現場に残された地域市民が、自主的に行える初期消火を重視した安全な環境を整備すること5-12)も重要なテーマとなります。

岐阜県の郡上八幡には、周囲の吉田川などから取水される、島谷用水を始めとする5つの伝統的な用水路（図5-4）が流れています。現在も堰などの繊細な水マネージメント技術によってコントロールされており、要所には水路から分岐した防火水槽や水路上の貯水槽が設けられ、実際に幾度もの火災をこの水で防いできました。水路沿いの小公園（図5-5）や洗い場は、平常時からコミュニティ活動の維持に貢献する地域拠点としても機能しています。

これは木造の町並みを火災から守り、豊かな水のある美しく安全なまちづくりを実践した、一つの伝統的かつ先進的な事例と位置づけることができます。

5-10) 太田博太郎『日本の建築』筑摩書房, 1968, pp.203-205.

5-11) 長谷見雄二（代表）関西木造住文化研究会『既存京町家の防火改修指針の作成』平成16年度京都市防災対策調査助成研究, 2004, など.

5-12) 京都市『京都市防災水利構想』2002, ほか地球環境学研究会著「12章：木造文化を守り水環境を再生する環境防災水利－地球環境学と防災まちづくり」『地球環境学のすすめ』丸善, 2004, pp.182-198 など.

図 5-6　桂川西河畔に面した桂垣　　図 5-7　桂離宮・高床式の書院

5-13)「ハザードマップ」：災害発生予測地図．津波災害や火山災害、風水害などの災害時において、各種の危険情報，避難経路，避難施設など災害時に必要となる情報を地図上に示したもの（国土交通省より）．

5-14) 大熊孝『洪水と治水の河川史』平凡社，1988, pp.90-93.

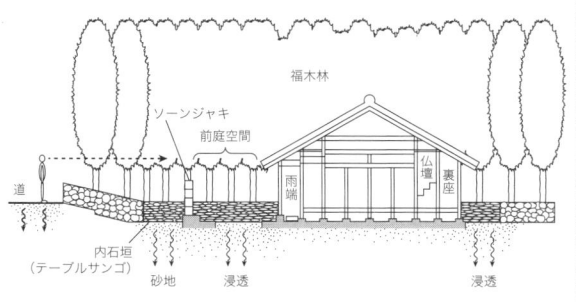

図 5-8 渡名喜島・民家の敷地断面図

図 5-9 福木による屋敷周りの防風林

● 風水害とデザイン

温帯モンスーン気候に属し，水に恵まれる日本は，一方で長い風水害の歴史を背負ってきました．

[水害対策とデザイン]

近年までの河川整備は，暴れる川を護岸で固め，溢れる水を押さえ込む方向で進められてきました．しかしながら，平成 14 年 11 月に国土審議会により，国土をめぐる諸情勢を常時収集・分析する「国土のモニタリング」の必要性が提言されると，多くの自治体でこれまで非公開とされてきた「洪水のハザードマップ」[5-13] が公表され始めます．この現象は，公共による大規模な防災事業にも限界があることを，行政自身が認め始めた結果と捉えることもできます．

世界的にその意匠が高く評価されている桂離宮は，常に隣接する桂川の氾濫という危険にさらされてきました．土手沿いの境域に笹垣が設けられていますが，これは密植させた竹をそのまま利用し，一定の高さで編んだ生垣であり，「桂垣」（図 5-6）と呼ばれる離宮独特の形式となっています．あえて隙間を持たせることで，桂川の氾濫時には土砂を濾し取りつつ，水をゆっくりと染み出させることで流勢が抑えられるように工夫されていると言われています[5-14]．中の書院建築も高床式（図 5-7）になっており，床の高さについても桂川の洪水を計算して設定されたものと考えられています．

これらの工夫によって，1641 年に桂離宮が再興されて以来，水害に対して近代的な土木技術を持たなかった時代も含めて，書院は一度も洪水による倒壊や床上浸水を受けていません．

[風害対策とデザイン]

水害と同様，日本にとって比較的身近な災害として，台風に代表される風害を挙げることができます．

台風の発生地域に近く，毎年のように暴風被害を受けてきた沖縄には，伝統的な集落形態の中に風に対抗するための工夫を見ることができます．渡名喜島の伝統的な住居は，風で飛ばないよう重い瓦を漆喰で固定した低い屋根を持ちますが，敷地の周囲にも低い石垣を巡らせ，さらには敷地そのものを掘り下げることで，石垣の高さに建物の軒高を少しでも近づける努力がなされています（図5-8）．これらは，強い横風を直接的に受ける面積を極力小さくすることで，風の力をやり過ごすための工夫と考えることができます．併せて敷地の周囲に植えられている「福木」の防風林（図5-9）も，力を完全に食い止めるのではなく，前述した桂垣と同様に，弱めるという考え方に基づく対策として位置づけることができます．

以上で見てきたように，災害に対する完全な防御ではなく，被害を許容しつつも最小限に抑えるためのデザインは，伝統的な知恵として共有・蓄積されることを通じて，美しい風景と文化を形成してきました．この減災という考え方は，建築と自然環境との融和という観点からも重要なキーワードとなっています．

問題集 questions

第1章　近代の建築

① 産業革命により農業から（イ：　　）を中心とした社会構造へと変化し，新たな職を求める人々が集積したことから（ロ：　　）化が進展した．

② 近代への移行に伴い（イ：　　），（ロ：　　），（ハ：　　）などの新しい建築課題（「用」）があらわれ，また材料や技術においても（ニ：　　）や（ホ：　　）に関する素材と構造面「強」での研究が進んだ．

③ 様式を中心に捉えられてきた建築の「美」については，『建築試論』を著した（イ：　　）や『建築教程の概要』を著した（ロ：　　）などにより，様式を超えた建築の普遍的な原理を追及する論考が示された．

④ W・モリスらによる（イ：　　）は，（ロ：　　）による大量生産を否定し，手工芸の重要性を主張した．また，彼らの作品によって生活全体を総合的に芸術化するという意図は，ロビー邸を設計した（ハ：　　）をはじめ，様々な建築家に影響を与えた．

⑤ アール・ヌーヴォーの代表的な建築家とその作品を一つあげなさい．

⑥ ヴァーグナーが『近代建築』で示した「必要様式」の3つの要点は，（イ：　　）を正確に把握する，（ロ：　　）を適切に選択する，簡潔で経済的な（ハ：　　）である．

⑦ 建築家（イ：　　）は，論文『（ロ：　　）』において，「文化の発展とは，実用品から装飾品を排除することと同義である」と述べた．

⑧ 「形態は（イ：　　）に従う」と述べた建築家（ロ：　　）は，頂部・胴部・基壇からなる三層構成を，胴部を繰り返す（ハ：　　）建築の雛形を提示した．

⑨ ロシアにおいては，旧来の社会からの変革を，建築のデザインとしても示そうした．この運動は（イ：　　）主義と呼ばれるもので，その代表的な建築家として（ロ：　　）を設計したタトリン，レーニン研究所計画案を設計した（ハ：　　）がいる．

⑩ デ・ステイルは，近代の「様式」として，（イ：　　），（ロ：　　），（ハ：　　）の3原色と（ニ：　　）と（ホ：　　）という幾何学からなる造形を主張した．その造形は，リートフェルトの家具（ヘ：　　）や住宅（ト：　　）にみることができる．

⑪ 『国際建築』を著した建築家（イ：　　）が校長を務めた（ロ：　　）の校舎は，（ハ：　　），（ニ：　　），（ホ：　　）という「インターナショナル・スタイル」の3つの原理をみたすものとされている．

⑫ ロビー邸や落水荘を設計した建築家（イ：　　）の作品には，（ロ：　　）空間と（ハ：　　）空間相互の流動性（「フローイング・スペース」）を認めることができる．

⑬ 「住宅は住むための機械である」と述べた建築家（イ：　　）は，ドミノ・システムや（ロ：　　）などの計画案により近代住宅の原型を示そうとした．1926年には「近代建築の5原則」として，（ハ：　　），（ニ：　　），（ホ：　　），（ヘ：　　），（ト：　　）を提唱し，ポワシーに建てられた（チ：　　）によって，「5原則」を十全に展開した．

⑭ 前述⑬の建築家は，1920年代から30年代にかけて白い立体という表現を用いたが，戦後には，コンクリートの彫塑性や素材感を強調した（イ：　　）の教会や（ロ：　　）の修道院をつくりだした．

⑮ 1910年代後半から20年代前半にかけて，ガラスの（イ：　　）をはじめ，煉瓦造のカントリーハウス案などを提示した建築家（ロ：　　）は，より少ないことがより豊かであるという意の（ハ：　　）の考え方を徹底させ，後にユニバーサル・スペースの意の（ニ：　　）を創出した．

第2章　現代の建築

① 現代建築の理論の一般的な特徴3つを述べなさい．

② 現代建築の理論において重要視される概念を3つあげなさい．

③ 『建築の多様性と対立性』を著した建築家（イ：　　）は，ミースの主張「レス・イズ・モア」に対し，「（ロ：　　）」と主張した．

④ 現代建築における歴史主義は，建築家（イ：　　）の作品母の家や建築家（ロ：　　）の作品シーランチ・コンドミニアムなどにみられるように，建築における歴史，特に様式やその言語を重視するとともに，様式や言語に変換を加えることによる現代性を獲得しようとした．

⑤ 建築におけるタイプの定義を3つあげなさい．

⑥ 『建築教程の概要』を著した（イ：　　）は，様々な建築を，様式ではなく，平面・断面構成などを（ロ：　　），つまりダイアグラム的に把握できることを示した．

⑦ ガララテーゼの集合住宅を設計した建築家（イ：　　）は，彼の建築のコンセプトとして，「（ロ：　　）的都市」を示した．これは，都市での体験の記憶を，建築の設計に援用しようとするものである．

⑧ 合理主義は，歴史主義同様，建築の歴史への敬意に基づくものである．歴史主義が様式を重視したのに対し，合理主義は様式ではなく（　　）に歴史性をみいだした点に違いがあるといえる．

⑨ 器用仕事の意の文化人類学の用語「（　　）」は，ありあわせの道具や材料で身の回りの環境を作りだしていくもので，これは，西洋の近代社会における目標達成のための計画に対する批判ともなるものである．

⑩ 構造主義の建築家（イ：　　）の作品セントラール・ベヘーアや建築家（ロ：　　）の作品子供の家には，一人，数人，そして全体といったグループのヒエラルキーに応じた空間が（ハ：　　）として設計され，それらが組み合わされて全体が作り上げられている特徴がある．

⑪ 建築理論家（イ：　　）が著した『批判的地域主義に向けて』において示した，現代建築における重要な概念は，（ロ：　　），（ハ：　　），コンテクスト，気候，（ニ：　　），（ホ：　　），そして触覚性である．

⑫ 「批判的地域主義」の例証される作品に，建築家（イ：　　）のバウスベアーの教会や建築家（ロ：　　）のセイナツァロ村役場がある．

⑬ 1960年代に展開された，シェル構造などの架構形式の採用により新しい建築形態をつくりだそうとする（イ：　　）．その代表的な作品として，建築家（ロ：　　）のTWAターミナルがある．

⑭ 機械のイメージを建築表現に援用していく（イ：　　）の建築の代表的なものとして，建築家（ロ：　　）によるポンピドー・センターや建築家（ハ：　　）による香港上海銀行がある．

⑮ 脱構築の建築家展に出展した建築家3名とそれぞれの代表的な作品を1つ上げなさい．

第3章　戦後日本の建築

① 前川國男は，1950年代に近代建築の発展段階を3段階に整理したが，その3段階のおおよその年代と内容を簡潔に答えなさい．また第3段階を日本において克服するために前川が提唱した考え方をカタカナで何というか．

② 1950年代に近代建築を造形的な表現で乗り越えるために起きた伝統論争の中で，中心的な建築家であった丹下健三は，その核心を一文で「（　　）」と述べた．

③ 伝統論争の中で，日本の造形文化は縄文と弥生の葛藤であるという独自の立場を取った建築家は（　　）である．

④ 1960年に結成されたメタボリズムと呼ばれる建築運動の意味を，日本語に直して簡潔に説明しなさい．また，この運動に参加した4人の建築家の名前を挙げなさい．

⑤ 磯崎新は，大分県立図書館を設計した際に，時間とともに変化する建築のあり方を想定した．この考え方をカタカナで述べなさい．

⑥ 磯崎新が自ら「建築の修辞性」と呼んだ徹底した形態操作によって，設計した代表的な作品を2つ挙げなさい．

⑦ 原広司が唱えた有孔体理論は，近代建築が陥りがちな最初に全体パターンを与えるという方法を避けるために，（イ：　　）と（ロ：　　）という考え方を前提とした．

⑧ 原広司は，均質空間論の中で近代的な空間と近代建築のあり方を，（　　）という表現で示した．

⑨ 坂本一成，伊東豊雄，藤井博巳，安藤忠雄といった建築家による1970年代の住宅作品に見られる共通の特徴は（イ：　　）性と（ロ：　　）性である．

⑩ 1970年代前半に盛んに行われたデザインサーヴェイで中心的な役割を担った代表的な人物に，建築史家（イ：　　）と建築家（ロ：　　）の二人が挙げられる．

⑪ 1980年代には，工業製品に囲まれた日本の都市環境を肯定して設計を行った代表的な建築家が二人いる．それぞれの建築家の名前，キーワードとそのキーワードを体現した作品を挙げなさい．

⑫ 原広司が『機能から様相へ』の中で示した，近代建築から漏れ落ちてきたが，ヴァナキュラー建築や集落に見られる重要な特性を4つ挙げなさい．

⑬ ライトコンストラクションの「ライト」に込められた2つの意味は（イ：　　）と（ロ：　　）である．

⑭ 日本における建築のプログラム論は，集合住宅において有効に機能したと考えられているが，山本理顕による保田窪第1団地では，山本が70年代に提唱した（　　）の概念を適用して空間が構成されている．

⑮ 金沢21世紀美術館が，従来の建築計画学的な視点で建てられた美術館建築と異なる点を2点挙げなさい．

第4章　建築表記の射程

① 建築におけるドローイングの意味について，クックはどのように言及しているか，簡潔に述べなさい．

② 本書に示した吉村の軽井沢の山荘Aにおける図面からは，どのような意図を読み取ることが可能であるか，簡潔に述べなさい．

③ コールハース／OMAの（　　）では，実質的な領域（マッス）と，空きの領域（ヴォイド）を反転させることで，実験的な建築設計を試みている．

④ （　　）は，実際に人の目に見える立体的な空間要素を，それに近いかたちで平面上に表記し，そのリアリティーを疑似的に確認するのに適した図法である．

⑤ マンハッタン・トランスクリプツと題された一連のドローイングにおいて，都市における出来事と，それに関連する人の動きや時間経過などを表記してみせた建築家は誰であるか答えなさい．

⑥ ドローイングにおける建築物のスケール感や空間の広がりは，（　　）や人を表記することで，より実感しやすいものとなる．

⑦ テラーニのカサ・デル・ファッショの立面図には，およそ（　　）の比率を示すラインが描き込まれており，建築フォルムが幾何学的な比率によって構成されていることを強調している．

⑧ （　　）は，立体の構成要素をエレメントに分節して表記することができ，建築構成の立体性を図式として表現するのに適した図法である．

⑨ 「すべてのものは建築である」として，航空母艦を建築に見立て陸地にコラージュした建築家を答えなさい．

⑩ 人間が介在することのできない建築の絶対性を追及し，ダンテの『神曲』をモティーフにしてドローイングに表記した建築家は誰であるか答えなさい．

⑪ ザ・ダックと題されたドローイングにおいて，建築の目的を建築自体のデザインにおいてシンボライズしようとした建築家は誰であるか答えなさい．

⑫ 電球から発せられた光がランプ・シェードに反射して拡散していく様子を，ベクトル図を用いて表記したPHランプのデザイナーは誰であるか答えなさい．

⑬ アンビルトの概念を「建てられない」ならびに「建てられざる」という二つの言葉を用いて，簡潔に述べなさい．

⑭ クックら6人により結成され，アンビルトの代表的な活動組織に成長したグループ名は何であるか答えなさい．

⑮ プログラミングされた建築社会の確立を，ファン・パレスのドローイングにおいて示した建築家は誰であるか答えなさい．

第5章　建築の原点

① 人類学者ルロワ・グーランらの統計的研究によれば，原始時代には，人々は，洞窟よりも圧倒的に（イ：　　）で生活していたと考えられている．洞窟は，すまいとしては限定的利用にとどまり，むしろ，象徴的壁画が描かれ宗教的儀式が執り行われる「（ロ：　　）なる場所」として重要であったことが指摘されている．

② 宗教学者エリアーデは聖なるものの顕現を「ヒエロファニー」とよび，その時，体験される空間は物理的・数学的な均質空間ではなく，そこには，（イ：　　）と（ロ：　　）といった空間における意味的「断絶」が顕れると考えた．

③ ローマ創建時の黄泉の口といわれるムンドゥス，メキシコのテオティワカン遺跡の「死者の大通り」，浄土世界を体現する厳島神社の配置などは，いずれも宇宙論的・コスモロジー的な（　　）としての軸性をもつ．

④ 歴史家フュステル・ド・クーランジュはラテン語で「city」と「urban」の語源である（イ：　　）と（ロ：　　）は古代人にとっては同意語ではなかったと述べ，都市創建の宗教的儀礼は（ロ：　　）に関わることであると記している．

⑤建築史家ジョセフ・リクワートは，ローマ創建儀礼において反復される（イ：　　　）と（ロ：　　　）が「概念モデル」を構成し，それが人々のまちの理念（例えば，グリッド状の整然とした都市平面計画など）を生起させるとの考えを示している．

⑥ローマ創建における重要な儀礼行為として，円形の穴付近の祭壇に聖火を灯してつくる世界の中心を（イ：　　　）と呼び，牛に青銅の犂を引かせて溝を掘り境界としての壁を描いたものを（ロ：　　　）と呼ぶ．

⑦古代ローマの建築家（イ：　　　）の著書『建築十書』（第二書，第一章）には，人類が，原始の小屋から次第に煉瓦，石なども用いた立派な家の建設へと進歩し，多様な技術や広範な思考力も身につけ，不定，不確かな判断から正確な（ロ：　　　）の理論にまで達したことが記されている．この理論は，ギリシア建築の重要な原理のひとつで，ギリシア古典の規範となる神殿の構成も定める．

⑧マルク・アントワーヌ・ロージエ神父が『建築試論（第二版）』において示した原始の小屋の3つの基本要素を答えなさい．

⑨フランスの建築理論家（　　　）は，建築の設計原理は経済性・簡潔性・効用性に基づくとして，ロージエらの原始の小屋を原型とする理論に反論した．

⑩建築家ルイス・カーンは，「建築の元初」をパルテノン神殿よりもアルカイック期の（　　　）神殿に見出した．

⑪ルイス・カーンは，「オーダー」に「構造」と「機能」という概念を持ち込み，（イ：　　　）と（ロ：　　　）の分離という設備スペースのあり方を構想しリチャーズ医学研究棟などの作品で展開した．

⑫ルイス・カーンのファースト・ユニタリアン教会の設計の際に展開された「フォーム—リアライゼーション・ドローイング」では，中央に聖域（「？」で示される）がおかれ，その周りに（　　　）と呼ばれる回廊が配されている．

⑬ルイス・カーンによる「ルーム」のスケッチの中で特に重要な建築的構成要素は（　　　）であり，これは「沈黙と光」のスケッチにおいて（両者の閾に位置する「ルーム」の中でさらに），「ルーム」の内と外を繋ぐ閾の役割を果たす．

⑭人間が自らを定位するために把握すべき実存的空間の諸関係として，建築理論家ノルベルグ・シュルツの挙げた3つのポイントを挙げなさい．

⑮ノルベルグ・シュルツは，ゲニウス・ロキと人間との双方向的な関係を，（　　　）という言葉でとらえ，場所と人間，双方の同時的な働きかけによってゲニウス・ロキが顕現すると考えている．

第6章　建築の要素

①『建築の多様性と対立性』という著書の中で，建築家（　　　）は「建築をつくること＝内外を区別すること」あるいは「建築は内部と外部の葛藤と和解を空間に記したもの」と説いた．

②建築史家ジークフリート・ギーディオンは著作『空間・時間・建築』の中で，内部空間の形成が（　　　）期の建築で行われたと定義した．

③壁の解体，内外相互貫入が可能な構法として，ル・コルビュジエは1914年に（　　　）システムを提案した．

④建築史家の伊藤ていじは，縁側を含む軒下空間を「（イ：　　　）の空間，あるいはつなぎの空間」と呼称し，このスペースが庭と建築の両方に属していることを説明した．同様に，領域をつなぎかつ切り分ける伝統的境界として（ロ：　　　）を挙げている．

⑤19世紀の建築理論家であるA・シュマルゾーは，空間の構成要素を「空間を閉ざす要素＝（イ：　　　）」，「空間を開く要素＝（ロ：　　　）」，「空間を分ける要素＝（ハ：　　　）」の3つに分類した．（　）内に入る具体的な建築構成要素の名称をそれぞれ1つ挙げなさい．

⑥太田博太郎は著書『日本の建築』の中で，床の起源となったイス・寝台の機能として，「地面の（イ：　　　）から逃れる機能」と「貴族がその（ロ：　　　）を奴隷に対して示す」2つの働きをもつとした．

⑦伝統的な社寺建築を，屋根と床に還元して解釈したスケッチを描いた，デンマークの建築家の名を挙げなさい．

⑧太田博太郎は日本の伝統的な屋根形状について，仏教建築では入母屋や（イ：　　　）が重要な建築に，（ロ：　　　）が門その他の建築に用いられるが，仏教伝来以前の古墳時代には（ロ：　　　）が立派な屋根とされ，神社建築に継承されていることを指摘した．

⑨ローマやバロック建築において，外部と異なる内部空間を作るために作り出された，壁の外周面と内周面の間の残存部分の名称を挙げなさい．

⑩R.アルンハイムは（イ：　　　）面が（ロ：　　　）面に比べて人間の形態知覚に影響を及ぼしやすいことを説明した．（　）内に，垂直または水平の語を当てはめなさい．

⑪中心をなし，さらに神をシンボライズするという柱の役割は（イ：　　　）に顕著に現れている．また（イ：　　　）としての柱を保護する囲いが常設・建築化されたものに「伊勢神宮の（ロ：　　　）」や「出雲大社の岩根御柱（いわねのみはしら）」がある．

⑫次の例に象徴的に示される柱の形態について，「列柱，囲柱，多柱室」の中から最も適切な語を当てはめなさい．カルナック神殿やコルドバ・モスク＝（イ：　　　），パルミラや長谷寺＝（ロ：　　　），ジュラシュのフォーラムやアルハンブラ宮殿＝（ハ：　　　）

⑬R.アルンハイムが著書『建築形態のダイナミズム』の中で，柱の動的効果を決定づけるものとして挙げている2つの決定因子を簡潔に挙げなさい．

⑭聖なる領域への戸口や閾の例として，ロマネスクやゴシック聖堂の（イ：　　　），神社の（ロ：　　　），茶室の路地の中門や（ハ：　　　）を挙げることができる．

⑮風景を額縁効果により，二次元的な絵として切りとる窓を「（イ：　　　）・ウインドウ」と呼び，読書や食事・作業のための机や座席が設けられた窓辺のことを「（ロ：　　　）・シート」と呼ぶ．

第7章　建築のかたち

①建築の平面や立面の比例を構成するのに，ルート矩形を用いた例を挙げなさい．

②黄金比を線分の分割方法で説明し，その図形的性質について黄金矩形を用いて述べなさい．

③ル・コルビュジエが，シュタイン邸で用いたトラセ・レギュラトゥールの基本的な考え方をふたつ述べなさい．

④ル・コルビュジェの提唱したモデュロールは，黄金比と（イ：　　　）を統合したものだが，両者は（ロ：　　　）数列によって関連づけられている．

⑤小林克弘は空間軸線と構成軸線の2種類について述べるが，両者の違いについて，空間と動線の関係から述べなさい．

⑥岡田新一の提唱した（　　　）は，中空の壁の中に設備や動線を収めるシステムである．また，このシステムを用いて設計された建築物を述べな

さい．
⑦ウッツォンのキンゴー住宅団地について，そのL字型の住宅配置によって得られる計画上の利点について，ふたつ述べなさい．
⑧ミッシェル・フーコーは，監獄などの一望監視施設に用いられる正多角形のシステムを（　　）と呼んだ．
⑨引き算的なボリュームを，全体と部分についての視点から，二段階に分けて述べなさい．
⑩二つのかたちが重なる重なり方について，3つのパターンを例を挙げて説明しなさい．
⑪平面配置に用いられるグリッドの種類を述べ，具体的な建物や配置計画の例を挙げなさい．
⑫近代建築史上で，「アシンメトリーのデザインは，実際，技術的にも美学的にも望ましい」と述べたのは，（イ：　　）と（ロ：　　）である．
⑬パラディオのロトンダは，円形と正方形の入れ子状の構成になっているが，これをダイアグラム的な図を用いて説明しなさい．
⑭クラスター型の配置計画が，子どもを対象とした施設に適している理由を述べなさい．
⑮ブラジリアの三権広場が，異なる立体ボリュームが並立するバランスによって成立していることに込められた意味を簡潔に説明しなさい．

第8章　部分と全体

①カーンは「平面とは（　　）の共同体である」と述べた．
②アルンハイムは，ゲシュタルト心理学の立場にたって建築造形と知覚の問題を考察し，部分と全体に関して2つのポイントを指摘している．これらを簡潔に述べなさい．
③ギリシア語の「結合・組織」の意で，西洋古典建築における個と全体の調和関係を示す言葉をアルファベットで答えなさい．
④ローマ時代のウィトルウィウスは，人体のアナロジーから建物における比例の重要性を説いた．では彼の思想において「比例」を表す言葉をカタカナで何というか答えなさい．
⑤17C 著『一般建築の理念』の中で建築家（　　）は，オーダーとは神によって作られた世界と自然の働きの原理，すなわち「宇宙の機構 Macchina del Mondo」であると説いた．
⑥「Concinnitas 調和的な構成・まとまり，均整」を数的調和にもとめた15Cイタリア建築家は誰か．
⑦日本の伝統木造で，柱間から柱太さを決定し，柱太さを基準として各部の材寸を決定することを（　　）と呼ぶ．
⑧ウィトルウィウスやセルリオなどによって古典建築のオーダーは擬人的アナロジーとして表現された．では「8頭身」「婦人」や「女の聖人」に喩えられた古典オーダーの名称を答えなさい．
⑨文化人類学者E・ホールは，人間のもつ距離帯を4つ定義した．このうち約 45〜120cm のプライベートな関係を（　　）という．
⑩プラトニズム宇宙論では天上世界と人間には連続性があり，宇宙はマクロコスモス，人間は（イ：　　）と捉えられた．こうした全体と部分の連続的な考え方は，（ロ：　　）の原理として，イタリア・ルネサンスにおいてチェザリアーノなどによって建築の均衡モデルとして用いられた．
⑪「建築は凝固せる音楽である」で有名な19Cドイツ・ロマン派の哲学者（　　）は，「建築はただ，それが理念の表現，すなわち宇宙と絶対的なるものとの像となる限りにおいてのみ，自由かつ美なる芸術として現れることができる．」と述べた．
⑫神の唯一性と現実世界の多様性を説明づけるための論理で，「一なる偉大なるものが，万物にその世界を宿す」という構えをとる思想を（　　）という
⑬異質の部分がそれぞれの異質性を保ちながら相互に関連しあって一つの全体をなしている状態を（　　）といい，自然がその代表的なモデルとされる．
⑭ヴェルフリンは『美術史の基礎概念』で，部分が独立性を持ちながら比例によって統一される古典建築（ルネサンス）と，主要モチーフのために部分が従属モチーフとなる（　　）建築を対比的に論じた．
⑮建築において「個々の要素を明瞭に表現する造形処理」のことを（　　）という．

第9章　光について

①19C 前半の哲学者で無神論・厭世主義者と呼ばれ，建築における光の効果を明言した哲学者の名前を答えなさい．
②デンマークの都市計画家ラスムッセンは，人間は視覚適応力に優れているので，建築においては，光の量が問題ではなく，（　　）・光の落とし方が重要であると述べている．
③ギリシア神殿の柱に見られる装飾で，アルベルティやA・ショワジーが光と影の細部として賞賛した溝彫りの名称をカタカナで答えなさい．
④建築の意匠を「影で考える」習慣をつけなければならない，と説いた19C 英国ロマン主義の美術批評家は誰か．
⑤「減光混色」のメカニズムによると，ある物体が「緑」に見える時，その物体は太陽光の3原色のうち（イ：　　）と（ロ：　　）のスペクトルを吸収し，緑のスペクトルだけを反射している．
⑥「闇が光を規定して色彩たらしめ，これによって始めて光そのものに可視性を与える・・・」と述べて，光の存在が感じられるためには「闇」の存在が不可欠であることを指摘した19C 哲学者は誰か．
⑦イタリア語の「光あるいは明」と「暗」に由来し，光と影を用いて形に立体感を持たせることをカタカナで何というか．
⑧谷崎潤一郎は『陰翳礼讃』の中で，日本建築に差し込む光が「反射する光=（　　）」であることを指摘した．
⑨壁のさまざまな高さに穿たれた開口部から，「絞り込まれた光」を取り入れることによって，室内の明暗・光の濃度分布を意図的にデザインした近世日本の建築種を答えなさい．
⑩初期キリスト建築やビザンティン建築で，教会堂の内部の光を際ださせるために用いられた壁面の材料に（　　），大理石，スタッコなどがある．
⑪中世では宗教会堂が（　　）に，堂内の光が「神の本質」として扱われる傾向があった．
⑫鉄とガラスによって19C 後半に新たに生み出された光あふれる都市空間の代表的なものに，温室，鉄道駅，（　　），百貨店などがある．
⑬鏡の反射とアールヌーヴォー装飾を用いてライトウェル（光井戸）をデザインしたブリュッセルの建築家はだれか．
⑭1920年前後ブルーノ・タウトら「ドイツの鎖」とよばれるグループによって，クリスタルすなわち（　　）のイメージは理想的共同体の象徴として用いられた．
⑮外部空間とは独立した人工環境として，ガラス屋根などにより十分な自然採光を確保した広場状の内部空間を何と呼ぶか．

第10章　空間について

① 1908年に「われわれの創造の目的は空間の芸術であり，それは建築の本質なのである」と述べたオランダの建築家は誰か．

② 「無」に万物の有用性をみた中国の思想家の名前を答えなさい．

③ 1860年代にドイツの建築家ゼンパーが『様式論』で提唱した工芸に関する分類概念のうち，載石術（石工術）と訳されるものをステレオトミーと呼ぶ．では，構築術あるいは木工術のことを何と呼ぶか．

④ プラトン立体を用いて宇宙の楕円軌道を考えた人物の名を答えなさい．

⑤ アリストテレス宇宙論での主要概念はカタカナで（イ：　）と呼ばれる．また，優れて場所といえるものが「共通の場所＝全存在者を包括する宇宙の最外周の縁」すなわち（ロ：　）とされる．

⑥ 15C 神学者ニコラウス・クザーヌスは（　）という概念によって，宇宙の無限性と均質性への道をひらいた．

⑦ 17C デカルトは，幾何学に数を用いた座標の考え方を導入し，（　）という概念によって18Cになって体系化されることになる三次元座標の基礎を作った．

⑧ ニュートンはわれわれが感覚として捉えることのできる「相対空間」のほかに，等速直線運動や質点という物理体系を確立するために（　）の概念を提示した．

⑨ デカルトやニュートンによって示された，人間とは無関係にのっぺりと広がる空間イメージに対して，フランス幻想建築家（イ：　）は19C初「どのような人間であれ，小さな空間しか占有することがない」と説いた．また20C オランダ建築家（ロ：　）は「無限で感覚できない空間に対して，建築の役割は空間を限定することだ」と宣言した．

⑩ 20C 近代建築の表現の背後にある空間像で，座標によってのみ物の位置が示される無限で均質な拡がりについては，特に（　）と呼ばれている．

⑪ 人間は，「Solidity 固性（触覚で感じる固さ）のない空間の明晰な観念をえることができる」，「全く物体のない純粋空間（真空）の観念をもつこともできる」と主張したイギリスの哲学者は誰か．

⑫ 身体の延長としての空間を定義し，「建築はそのもっとも内的な本質からすれば空間形成作用である」と説いたドイツの美学者の名前を答えなさい．

⑬ 1714年に「空間は実体どころかものでさえない．時間と同じように秩序である．・・・空間は同時存在の秩序である．」と記したモナドロジーの哲学者は誰か．

⑭ バウハウスなど20C前半に現れた芸術運動における空間概念の代表格は（　）の考え方である．

⑮ 「空間は・・・空間性の零点ないし零度としての〈私〉の所から測られる空間である．」と述べた20Cフランス哲学者の名前を答えなさい．

第11章　近・現代の都市

① 近代都市化の主要因として，18世紀後半から19世紀前半にかけてイギリスで展開された（イ：　）と，それにともなう機械化・工業化が招いた都市への急激な（ロ：　）が挙げられる．

② 近代化にともなう都市問題に対応するため，ナポレオン3世とセーヌ県知事バロン・オスマンは，中世的な稠密都市空間の「整序化」を目指し都市大改造に取り組んだ．その大改造の主目的を5つ挙げなさい．

③ パリ大改造における大規模な道路開設事業では，大々的な（　）が不可欠となり，超過収用の法的整備が行われた．

④ パリのオスマン型開設道路は，ある場所と場所を一直線上に結び，透視図的景観を形成するといった（イ：　）的空間構成に特徴がある．また，この空間構成の先駆的事例として，シクストゥス5世による（ロ：　）の都市計画(1585-90)が挙げられる．

⑤ 近代工業化が進む中で人間と自然との調和を目指して，1902年にエベニーザー・ハワードは（イ：　）構想を発表した．その構想は，ロンドンの（ロ：　）へ結実し，日本でも東京の（ハ：　）計画(1923)などに影響を及ぼした．

⑥ フランス人建築家トニー・ガルニエは（イ：　）構想を発表(1917-18)した．その中の（ロ：　），工業地区，保健衛生地区という3機能によるゾーニング分けの発想は，アテネ憲章(1943)などにうたわれた居住・労働・レクリエーションといった都市機能を分離する考え方に影響を及ぼしたとされる．

⑦ ル・コルビュジエは，サロン・ドートンヌ展(1922)に（イ：　）を発表した．その4つの基本原理は，「都市の過密緩和」，「密度の増加」「交通手段の増加」「（ロ：　）の増加」である．

⑧ サロン・ドートンヌ展(1922)に発表したユートピア的構想を，パリという具体的な都市において展開したのが（イ：　）(1925)である．その中でル・コルビュジエは，パリの中心部は，主に（ロ：　）で構成される高層建築で占められるべきだと考えた．

⑨ 建築家・磯崎新が『日本の都市空間』の中で述べた，都市デザインの計画的方法概念の推移過程の4段階を簡潔に答えなさい．

⑩ ハンガリー人画家ジョルジュ・ケペッシュは，都市イメージ分析に視覚経験の研究を応用し，（　）という概念を導入した．

⑪ フランク・ロイド・ライトにも師事したアメリカ人建築家・都市計画研究者のケビン・リンチは，環境イメージが（イ：　）（ロ：　）（ハ：　）の三つの成分からなると考え，そのうち(イ)(ロ)に着目して，都市形態のわかりやすさの概念である（ニ：　）の具体的分析を行った．その際，都市イメージを，5つのエレメントタイプ，（ホ：　），（ヘ：　），（ト：　），（チ：　），（リ：　）に分類して分析を行い，イメージ認知マップにまとめた．

⑫ アメリカ人建築家フィリップ・シールは，都市イメージ分析に「移動」という概念を導入し，視覚展開の継起である（イ：　）に基づいた体験描写を試みた．またその際，リンチの都市イメージの5エレメントタイプに（ロ：　）を加えた．

⑬ イタリアの都市史研究者サヴェリオ・ムラトーリは，地割，道，ブロック・形態などが構成する平面的な次元の（イ：　）と，建築を分類的に見た（ロ：　）の2つの次元を設定し，両者の関係性を分析する研究を行った．

⑭ アメリカ・コーネル学派のコーリン・ロウとウェイン・コパーは，都市地図を白黒の（イ：　）に塗り分けて比較を行い，建築を都市コンテクストとして読む研究を行った．その考え方はロウとフレッド・コッターによる（ロ：　）の概念に展開された．

⑮ ウィーン出身の建築家・建築計画研究者のクリストファー・アレグザンダーは，人工的な都市を（イ：　）構造，自然発生的な都市を（ロ：　）構造として捉え，「都市は（ハ：　）ではない」という言葉を残した．また253のパターン（単語）を提示し，（ニ：　）と名づけられた文法に

従って，それらを組み立て文章（建築）にするという提案を示した．

第12章　力の流れと表現

① 組積造の構造体に開口部を設けようとする場合，その方法の一つには，ストーンヘンジに見られるような組積から派生する柱・梁による（　　）がある．

② アンコール・ワットの塔に代表される，東南アジアに分布する仏塔の多くは，（　　）を応用した持ち送りドームによって構築されている．

③ アーチとは弧状の架構を構成する部材に沿い，荷重が（　　）のみによって支点に伝えられるものを言う．

④ 組積造のアーチにおける力の流れが，構造体の断面せいの 1/3 以内の範囲に有れば，引っ張り力が生じないとする原理を（　　）と言う．

⑤ 木板などで型枠を作り，その間に石灰や小石を混ぜた土を少しずつ敷き込みながら，突き固めて壁や基礎を構築する方法を（　　）と言う．

⑥ 柱と梁を組み合わせることで構成された軸組方式の架構のうち，柱と梁が互いに剛接合されているものを（　　）と言う．

⑦ 日本建築の特徴の一つである深い軒の出を可能にしているものは「斗」「肘木」「尾垂木」などからなる組物で，特に斗と肘木を合わせて（　　）と呼ぶ．

⑧ 各部材が三角形を構成するように組まれ，支点はピン接合で結合され，支点にかかる力は引っ張りと圧縮の軸方向力のみによって伝達される架構を（　　）と言う．

⑨ 鋼鉄は靱性に富み，（　　）を越えても変形が持続して破断には至りにくい一方，500℃ 前後の高温では強度が常温の半分程度まで急速に減衰するといった性質を持つ．

⑩ 組積によるアーチとは異なり，鉄や鉄筋コンクリートによるアーチの特徴は，（　　）を許容できる点にある．

⑪ 圧縮と曲げに抵抗する力を持たず，引っ張り力のみによって荷重を支える構造体を（　　）と言う．

⑫ ケーブルにより，圧縮材が互いに接触することなく全て空中に支持され，且つ完全に自立する独立した構造体を（　　）と呼び，フラーによって命名された．

⑬ 主にルベトキンとの協働から RC の面的構成に大きな成果をもたらし，現在では世界中に展開する，自身の名を冠した構造設計事務所を設立した構造家は誰であるか答えなさい．

⑭ 貝殻のような曲面を描く面材によって成り立っている構造体のことを（　　）と言い，この意味においてヴォールトやドームも，その一種と言うことができる．

⑮ 主に丹下健三と協働し，東京カテドラル聖マリア大聖堂などの，日本におけるシェル構造の実践をもたらした構造家は誰であるか答えなさい．

第13章　持続可能性と建築デザイン

① 最初に環境問題について警鐘を鳴らしたとされる文献は，（イ：　　）年に出版された，レイチェル・カーソン女史による著書，和書名『（ロ：　　）』である．

② 「エントロピー発生則」により，人間社会を維持するために許される活動は，（イ：　　）エネルギーによって駆動される自然の循環から，再生可能な資源を得，自然の（ロ：　　）能力の範囲内の廃熱・廃物を自然循環へ返すことだけであると規定される．

③ 持続可能な開発（サスティナブル・デベロップメント）について，現在最も一般的に引用される解釈は，「（イ：　　）のニーズを満たすための可能性を損なうことなく，（ロ：　　）のニーズに応じた開発を行うこと」（Our Common Future より）である．

④ 日本の文化財保護法，第一章一条には「この法律は，文化財を（イ：　　）し，且つその（ロ：　　）を図り，もって国民の文化的向上に資するとともに，世界文化の進歩に貢献することを目的とする」と書かれている．

⑤ 田原幸夫は著書『建築の保存デザイン』の中で，歴史的な建築物の保存とは「"（イ：　　）の作品"に手を加える…最もデリケートな（ロ：　　）的行為」であると指摘している．

⑥ 日本において，産業・交通・土木遺産等を含む「近代化遺産」の保存を法的に可能としたのは，（イ：　　）年の（ロ：　　）制度である．

⑦ 保存の枠組みを，世界で初めて単体から群としての建築へと拡大したのは，（イ：　　）年にフランスで制定された「（ロ：　　）法（街区保護法）」である．

⑧ 次の事例に対して，「リサイクル，リユース，コンバージョン」の中からそれぞれ最も関連の深い語を当てはめなさい．イ：倉敷アイビースクエア，ロ：アルミニウムの再資源化，ハ：古材文化の会

⑨ 小玉裕一郎は著書『エコ・ハウジングの勧め』の中で，「環境が汚染され，ポテンシャルを下げてきたのは，人間の環境に対する（イ：　　）に由来するのだから，私たちはもっと環境の変化に敏感でなくてはならず…環境との（ロ：　　）関係を維持しなければならない…」ことを指摘している．

⑩ 現代の緑化屋根には，土と植物の（イ：　　）・放熱効果により冷暖房エネルギーを節減するだけでなく，植物からの（ロ：　　）による都市内気温の低減や，緑化を通じて自然と人間との関係を回復するものとしての意味を持つ．

⑪ ル・コルビュジエの作品に見られる，土地の（イ：　　）をもとに寸法と方角が決定される「日除け」を（ロ：　　）と呼ぶ．

⑫ 地震対策として挙げられる次の事例に対して，「耐震，制振，免震」の中からそれぞれ最も関連の深い語を当てはめなさい．イ：地盤から建物に伝わる揺れを低減する，ロ：構造そのもので揺れに対抗する，ハ：装置により建物内で振動エネルギーを吸収する

⑬ 火災対策には，木材の燃え残りを想定して構造部材の断面計画を行う（イ：　　）設計，伝統的な耐火構造として位置づけられる（ロ：　　）造，郡上八幡等の地域に見られる「燃えても消すことのできる都市環境づくり」などを挙げることができる．

⑭ 桂離宮に見られる生け垣である（イ：　　）は，桂川の氾濫時には土砂を濾し取りつつ流勢を抑える働きをし，中の書院建築も床を（ロ：　　）式とすることで，洪水被害を最小限に抑える工夫がなされている．

⑮ 渡名喜島など，沖縄地方に見られる伝統的な防風対策には，低い（イ：　　）葺きの屋根と，敷地の周囲に低く巡らされた（ロ：　　），防風林として植えられた（ハ：　　）などがある．

（講義テキストとしての本書の性格上，解答については本文を読んで各位作成していただければ幸いです）

索引 index

●あ

- アーキグラム 35, 57, 62
- アーチ 179, 180, 187
  - 3ヒンジ・アーチ 56, 185
  - 持ち送りアーチ 179
- アーツ・アンド・クラフツ 11, 16
- アーバンティシュー 都市組織 175
- アーバンデザイン 40, 44
- アールトー, アルヴァー 23, 32, 52, 62, 140, 142, 143
- アール・ヌーヴォー 11, 139
- アイゼンマン, ピーター 25, 27, 36
- アインシュタイン, アルバート 151
- アウト, ヤコブ・ヨハネス・ピーター 15
- アクソノメトリック 56
- アスプルンド, エリック・グンナー 23
- 校倉造 log house 183
- アップルトンの原理 94
- アトリウム 102, 142
- アフォーダンス 163
- アラップ, オヴ 34, 192, 193
- アリストテレス 113, 147, 150
- アリニマン alignement 66
- アルベルティ, レオン・バッティスタ 82, 93, 118, 122, 154
- アルンハイム, ルドルフ 79, 88, 91, 115
- アレグザンダー, クリストファー 35, 110, 177
- あれもこれも Both-And 26
- 安藤忠雄 32, 143, 200
- アンビュラトリー ambulatory, 周歩廊 75, 99
- アンビルト unbuilt 60

●い

- イームズ夫妻 23
- 閾 44, 49, 69, 76, 92
- 磯崎新 34, 42, 46, 132, 133, 135, 163, 171
- イタリア合理主義 23
- 一元論 Monisme 122
- 伊藤ていじ 45, 81, 85, 89, 134
- 伊東豊雄 44, 47, 106, 200
- イメージの描写 イメージ 56, 116, 172
- 入れ子 43, 75, 109, 123
- 陰翳礼賛 134
- インターナショナル・スタイル 13, 22, 109
- インダストリアル・ヴァナキュラー 46
- インテリジェント・ビル 34
- E法(単位加算法)とH法(調和的分割法) 115

●う

- ヴァーグナー, オットー 12
- ヴァナキュラー 土着 24, 45
- ヴァン・アイク, アルド 22, 30, 87, 111, 147
- ヴァン・デ・ヴェルデ, アンリ 14, 17
- ヴィープリ公共図書館 60, 142
- ウィーン郵便貯金局 12, 143
- ヴィオレ・ル・デュク, E・E 10
- ヴィトコーアー, ルドルフ 119
- ウィトルウィウス 69, 97, 117, 119
- ウインドウ・シート 94
- ヴェルサイユ ヴェルサイユ宮庭園 155, 167
- ヴェルフリン, ハインリヒ 124, 152
- ヴェンチューリ, ロバート 25, 35, 59, 79, 81, 87, 176
- ウォーキング・シティ 35, 61
- ヴォールト vault 42, 71, 80, 181
- 内と外 内部と外部, 内外の 18, 19, 52, 79
- 宇宙のコップ 147
- 美しきもののみ機能的である 39
- ウッズ, レベウス 64
- ウッツォン, ヨルン 32, 85, 102, 193

●え

- 衛生 140, 165
- AAスクール 61, 63
- エコロジー 196
- SE工法 183
- エッフェル, ギュスターブ 10, 186, 187
- エリアーデ, ミルチャ 67, 68, 92
- 遠近法 空間図形の像 133, 154, 156
- エンタシス 92
- 円柱 円柱学 71, 118
- 延長 拡がり, Extension 149, 156

●お

- 黄金分割 黄金比 23, 55, 96
- 大分県立図書館 42, 201
- OMソーラー 203
- オーセンティシティ 真正な価値 199
- 太田博太郎 83, 86, 115, 205
- オーダー 柱割り 30, 71, 90, 117, 118, 120, 129
- 大文字の建築 46
- オットー, フライ 195
- オリエンテーション 定位, 定位作用, orientation, 空間定位 69, 77, 156, 175
- オルタ, ヴィクトル 11, 139

●か

- カーン, ルイス 25, 33, 73, 94, 112, 114, 133, 147, 193
- 開口部 92, 179
- 回転 106
- かいわい空間 116
- ガウディ, アントニオ 12
- か・かた・かたち 41
- 輝く都市 20, 61, 140
- 陰翳, 翳, Shade 134
- 囲み 囲い 112, 125
- カサ・デル・ファッショ 23, 55, 98
- かたち
  - L字形 101
  - 円形 98
  - 十字形 103
  - 風車形 103
  - 放射形 103
  - 丸 91
  - U字形 101
  - ロの字形 98
- カテナリー 懸垂線 190
- カトルメールの建築の3類型 72
- 神=光の図式 137
- カラーム イスラム神学 159
- ガラスのスカイスクレーパー 20, 141
- 仮屋建て 205
- ガルシュの家 27, 80, 97
- カルド(南北軸)とデクマーヌス(東西軸) 67, 69
- 完全性 Integral sense 117
- 環境イメージの3成分 173
- 環境時代 環境問題 47, 196
- カント, イマヌエル 153, 158
- カンピドリオ広場 83, 101, 155

●き

- キアロスキュロ 明暗法 133
- キーストン 180
- ギーディオン, ジークフリート 31, 79, 129, 152, 131
  - —の空間の3分類 79
- 機械 14, 47, 61
  - —のイメージ 34
  - —モデル 機械化 19, 21, 38
  - —論的自然観 149
- 幾何学 16, 28, 119, 146, 150, 155
- 幾何学的空間と表象的空間 161
- 規格 規格化 14, 21, 23, 119, 187
- 菊竹清訓 41
- 基壇・台座 83
- 記念性 モニュメント性 33, 88
- 記念碑 記念柱 66, 92, 95, 120
- 機能 機能主義 17, 19, 25, 37, 74
- ギマール, エクトール 11, 141
- キャンティレバー 188
- キャンデラ, フレックス 194
- 求心構成 124
- 求心性と遠心性 102
- キュビスム 15
- 境界 66, 69, 82, 145, 174
- 極座標 103
- 切妻 86
- 木割 119, 200
- 均質空間 ユニバーサル・スペース 20, 21, 31, 32, 43, 147, 153
- 近代化遺産 199
- 近代建築・国際博覧会 22
- 近代建築の5原則 19
- キンベル美術館 33, 126

●く

- 空間
  - —の構成要素 82
  - —の相互貫入 22
  - —の使い方 30, 49
  - —の本質 (nature of space) －オーダー (order) －デザイン (design) 73

―の流動性 フローイング・スペース… 18, 21, 109, 160
　―は同時存在の秩序である……………………………… 160
　―理念と―形態…………………………………………… 158
　―を放射する立体としての建築………………………… 129
クザーヌス, ニコラウス……………………………………… 148
クック, ピーター……………………………… 35, 51, 57, 61, 62
グッゲンハイム美術館……………………………… 18, 99, 142
隈研吾………………………………………………………… 45, 49
クラスター………………………………………………… 110, 125
クリスタル・スカイライト……………………………………… 142
グリッド 格子…………………………… 20, 23, 69, 108, 125
グローバリズム……………………………………………… 165
グロピウス, ワルター……………………………………… 14, 140

● け

形態は機能に従う…………………………………………… 13
ケース・スタディ・ハウス……………………………………… 22
ゲーリー, フランク…………………………………… 36, 110, 123
ゲシュタルト心理学……………………… 115, 125, 145, 162
結界…………………………………………………………… 82
ゲニウス・ロキ………………………………………………… 77
ケプラー, ヨハネス…………………………………… 147, 155
ケペッシュ, ジョルジュ……………………………………… 172
ゲルバー梁………………………………………………… 188
間 長さ………………………………………………………… 81
原型 モデル…………………………… 10, 42, 70, 72, 85, 99
減光混色…………………………………………………… 131
減災………………………………………………………… 204
原始性………………………………………………………… 40
原始の小屋……………………………………………… 69, 71
原子論 原子論者, Atomism…………………………… 159
現代建築における五つのイズム…………………………… 25
建築家 アルケー archē＋テクトン tectōn すなわち建築家 architectōn………………………………………………… 70
建築家なしの建築……………………………………… 24, 45
建築芸術の歴史は空間感情の歴史である……………… 158
建築的プロムナード………………………………………… 19
建築の解体…………………………………………… 34, 42
建築は凝固せる音楽である……………………………… 122
建築表記…………………………………………… 50, 64
建築類型 tipo edilizio…………………………………… 176
建築をめざして………………………… 19, 117, 129, 132

● こ

工業都市…………………………………………………… 169
交差ヴォールト……………………………………………… 181
構造 ストラクチャー……………… 29, 30, 34, 48, 74, 127, 172
高層建築……………………………………………… 13, 20, 169
構造主義…………………………………………………… 29
構造表現主義……………………………………………… 33
構築性………………………………………………… 129, 141
香山壽夫…………………………… 74, 112, 114, 125, 129
合理主義……………………………… 13, 28, 70, 138, 169
コーラ……………………………………………………… 146
コールハース, レム………………… 25, 37, 48, 53, 63, 85, 165
国際建築…………………………………………… 16, 153
ゴシック建築………………………………… 70, 137, 181
子供の家…………………………………………… 31, 111
コペルニクス, ニコラウス…………………………………… 149
コラージュ…………………………… 28, 35, 50, 57, 177

ブリコラージュ……………………………………… 29, 113
コンテクスト………………………………… 32, 175, 176

● さ

サーヴァント・スペース………………… 33, 74, 101, 125
サーリネン, エーロ………………………… 34, 87, 143, 190
サーリネン, エリエル………………………… 12, 13, 101
材料と技術………………………………………………… 10
サヴォワ邸………………………………………… 19, 80, 140
サスティナビリティ 持続可能性……………… 34, 196, 197
サスペンション………………………………………… 189, 190
座標………………………………………………………… 150
サマーソン, ジョン……………………………………… 118, 138
サリヴァン, ヘンリー・ルイス……………………………… 13
サンテリア, アントニオ……………………………………… 15
サント・ジュヌヴィエーヴ聖堂………………………… 70, 138
サン・ピエトロ大聖堂………………………………… 155, 182

● し

CIAM 近代建築国際会議……………… 14, 20, 21, 169, 171
シークエンス……………………………………………… 173
シール, フィリップ………………………………………… 173
シェマ……………………………………………………… 147
シェリング, F・W・J………………………………………… 122
シェル構造………………………………………… 188, 193
　EP シェル 楕円放物面シェル…………………… 194
　HP シェル 双曲放物線面シェル………………… 194
ジェンクス, チャールズ…………………………………… 123
シカゴ派…………………………………………………… 13
時間概念 うつろひ観…………………………………… 82
色彩……………………………………………… 27, 88, 130
敷地環境…………………………………………………… 51
軸 軸性, 軸線………………… 67, 69, 99, 135, 156, 166
時空間 空間性・時間性………………… 21, 116, 160, 174
軸組 軸組方式……………………………… 81, 89, 134, 183
システム構成…………………………………………… 114
自然と人為………………………………………………… 71
支柱………………………………………………………… 91
実存主義………………………………………………… 147
実存的空間………………………………………………… 76
　―の諸要素……………………………………………… 77
室礼……………………………………………………… 135
シトー派……………………………………………… 112, 132
篠原一男…………………………………………… 40, 44
　―の３つの原空間 プライマリ・スペース…………… 40
シャロウン, ハンス……………………………………… 109
住居に都市を埋蔵する…………………………………… 43
集合……………………………………………………… 30
重合 重ね合わせ, オーバーレイ……………… 36, 105, 114
柔構造…………………………………………………… 204
修辞性…………………………………………………… 42
住宅は住むための機械である…………………………… 19
集落………………………………… 31, 47, 82, 110, 199
縮景……………………………………………………… 122
手工芸…………………………………………………… 11
シュジェール…………………………………………… 137
主体(精神)と客体(物質)………………………………… 149
主題の不在……………………………………………… 42, 46
シュプレマティスム 絶対主義, 至高主義……… 15, 63, 161
手法 マニエラ…………………………………………… 42

シュマルゾー, アウグスト…………………… 31, 82, 158
　―の３つの空間のもつ構成原理……………………… 159
シュムメトリア Symmetria…………………………… 70, 117
シュレーダー邸………………………… 16, 96, 127, 152
純粋空間………………………………………………… 153
純粋経験………………………………………………… 78
書院造………………………………………… 39, 84, 136
省エネルギー………………………………… 197, 202
象徴 象徴性…………………… 26, 33, 40, 66, 82, 86, 122, 184, 202
焦点……………………………………………………… 156
浄土寺浄土堂……………………………………… 135, 183
匠明……………………………………………………… 119
縄文的なるもの…………………………………………… 40
ショーペンハウアー, アルトゥール……………………… 128
触覚 触覚性………………………………………… 23, 32
ジョンソン, フィリップ…………………………… 22, 25, 26, 109
白井晟一………………………………………………… 40
人工地盤………………………………………………… 85
新古典主義建築………………………………………… 138
身体…………… 32, 47, 114, 119, 120, 133, 158, 162, 163
人体寸法 人体尺度……………………………… 97, 121
身体的空間……………………………………………… 163
寝殿造…………………………………… 39, 84, 91, 135
シンドラー, ルドルフ……………………………………… 22
心御柱 心柱…………………………………… 90, 184
シンボル………………………………………………… 67
シンメトリー 対称・比例・方向という形式美学の３カテゴリー……………………………………… 21, 99, 158
神話……………………………………………………… 68

● す

スーパーグラフィック…………………………………… 27
スーパー・スタジオ……………………………………… 35
スカモッツィ, ヴィンチェンツォ…………………… 118, 155
スカルパ, カルロ…………………………………… 33, 56
スキンとボーン………………………………………… 127
スターリング, ジェームス……………………………… 25
ステレオトミー 石工術, 載石法……………… 145, 158
ステンドグラス…………………………………… 137, 181
ストーンヘンジ…………………………………… 66, 179
図と地……………………………………………… 145, 177
ストックホルム市立図書館…………………… 23, 142
スペースフレーム…………………………………… 41, 189
すべてのものは建築である……………………… 35, 57
住吉の長屋………………………………………… 44, 52
スラスト………………………………………………… 180
スラブ…………………………………………………… 192

● せ

清家清………………………………………………… 39, 53
生体アナロジー……………………………………… 41
成長の限界…………………………………………… 197
聖なる場所 聖域……………… 66, 67, 75, 93, 100
　聖性…………………………………………… 83, 90
世界の中心…………………………………………… 90
妹島和世……………………………………………… 47
絶対空間 相対空間………………………………… 151
折板構造……………………………………………… 194
迫り持ち架構………………………………………… 184
セルリオ, セバスティアーノ…………… 118, 120, 157

215

ゼンパー, ゴットフリート……………… 10, 145, 158
　―の5つのカテゴリー……………………… 158
　―の様式論の3因子(原材料, 目的, 技術)… 158

● そ

創建儀礼……………………………………… 68
装飾の排除…………………………………… 12
象設計集団…………………………………… 45
速度の美……………………………………… 14
ソリッドとヴォイド………………………… 111

● た

ダーデン, ダグラス………………………… 64
体験されている空間…………………… 77, 148
タイプ………………………………………… 28
大仏様……………………………………… 183
ダイアグラム……………… 10, 28, 50, 54, 125, 168
タウト, ブルーノ…………………………… 14, 141
　アルプス建築…………………………… 141
高松伸………………………………………… 58
高床 高床住居………………… 40, 83, 84, 207
多元論 Pluralism………………………… 123
足し算 単位の加算…………………… 105, 115
畳割………………………………………… 119
多柱室 多柱空間…………………… 91, 109, 160
多中心……………………………… 124, 125, 149
脱構築主義……………………… 15, 25, 35, 48
竪穴住居………………………………… 40, 85
タトリン, ウラジミール…………………… 15
谷崎潤一郎………………………………… 134
だまし絵…………………………………… 157
多様性 多元的, 多数性…… 24, 26, 122, 149, 178, 198
タリアセン・ウェスト…………………… 142
単一中心…………………………………… 124
丹下健三…………………… 34, 39, 171, 190, 194
タンパン…………………………………… 93

● ち

チームX……………………………………… 22
チェザリアーノ……………………… 120, 122
チェンバース, ウィリアムズ…………… 72, 85
秩序 Taxis………………… 19, 46, 88, 99, 116, 178
茶室………………………………………… 136
中間領域 中間的な領域………………… 75, 82
抽象 抽象の概念………………… 15, 21, 152
抽象化…………………………………… 28, 44
抽象芸術…………………………………… 15
抽象性……………………………… 16, 21, 25
中心性 中心, 中心性…… 66, 67, 90, 98, 99, 111, 148
中世モデル………………………………… 11
柱列………………………………………… 129
チュミ, バーナード…………………… 25, 36, 54
張弦梁……………………………………… 191
長軸性……………………………………… 125
調和 Harmonia…………………… 116, 118
沈黙と光…………………………………… 76

● つ

通風・換気………………………………… 202

● て

帝冠様式…………………………………… 39
ディズニー化……………………………… 165
ディテール…………………………… 55, 114
デカルト…………………………………… 149
　―座標(カルテシアン・グリッド)…… 150
　―二元論……………………… 78, 149, 157
テクトニック 構築術, 木工術… 32, 33, 145, 158
テクニカル・アプローチ………………… 38
デコレイテッド・シェド 装飾された小屋… 26
デザイン・サーヴェイ……………… 28, 45
デ・ステイル…………………………… 15, 16
デミウルゴス……………………… 121, 146
　―の建築者…………………………… 160
デュラン, ジャン・ニコラ・ルイ…… 10, 28, 71
テラーニ, ジョセッペ………………… 23, 58
デリダ, ジャック…………………… 28, 35
田園都市………………………………… 167, 171
テンセグリティ tensegrity……………… 191
点, 線, 面, ボリューム…… 16, 37, 60, 95, 127
伝統的建造物群………………………… 199
伝統論争………………………………… 39
転用 コンバージョン…………………… 200

● と

ドイツ工作連盟………………… 14, 17, 141
トゥアン, イーフー……………… 122, 148
ドゥースブルフ, テオ・ファン……… 15, 161
東京計画1960……………………… 40, 61, 171
洞窟……………………………………… 65
統合 Unitas…………………………… 123
透視図法 透視図的景観……………… 31, 166
透視性 透明性………………………… 27, 140
統辞論的な形式………………………… 33
ドーム dome…………………………… 132, 182
トオリニワとミセ……………………… 93
独立壁…………………………………… 88
都市イメージの5つのエレメント……… 173
都市化……………………………… 9, 165, 199
都市からの撤退 都市住宅……………… 44
都市計画………………………………… 165
　―の主要な四つの機能…………… 20, 171
都市デザインの4段階………………… 171
都市とアンビルト……………………… 61
都市(キヴィタス civitas)と都会(ウルブス urbs)… 68
都市はツリーではない………………… 177
トポス…………………………………… 147
ドミノ………………………………… 19, 80
トラス…………………………………… 185
トラセ・レギュラトゥール…………… 97
鳥居………………………………… 82, 93
ドルメン………………………………… 66
トロハ, エドワルド…………………… 189

● な

内向性…………………………………… 44
内部空間 内部空間の形成……… 79, 129, 131
中庭 中庭型住居…………… 99, 102, 104, 106
双倉…………………………………………… 86

● に

日射・採光……………………………… 203
日本の建築空間…………… 39, 40, 45, 81, 89, 135
ニュートン, アイザック……………… 151
ニュー・ブルータリズム………………… 22
ニューヨーク近代美術館………………… 24
ニューヨーク・ホワイト………………… 27

● ぬ

塗屋造…………………………………… 205

● ね

ネオ・プラトニズム思想……………… 121, 146
ネオ・モダン……………………………… 25

● の

ノイトラ, リチャード……………… 22, 92, 140
軒 軒下, 軒の出……………… 81, 135, 184
野屋根…………………………………… 87
ノルベルグ・シュルツ, クリスチャン
　…………………… 66, 77, 78, 114, 125, 165

● は

ハーシー, ジョージ…………………… 120
パースペクティヴ 透視画法………… 53, 154
パーソナル・スペース………………… 121
バーナム, ダニエル・ハドソン……… 13
ハイテック…………………………… 34, 63
ハイブリッド……………………… 25, 26, 189
バウハウス バウハウス・デッサウ…… 16, 127
バウムガルテン, アレクサンデル……… 157
パエストゥム…………………………… 73, 120
パクストン, ジョセフ………………… 10, 187
場所…………… 32, 46, 76, 77, 78, 147, 148, 165
柱……………………………… 31, 48, 89, 90
　柱立………………………………………… 81
　柱と梁の概念…………………………… 179
　柱梁………………………………………… 40
　柱間…………………………………… 119, 136
パターン・ランゲージ………………… 178
パッサージュ……………………… 139, 165
パッシブデザイン……………………… 201
バットレス……………………………… 181
ハディド, ザハ………………… 25, 35, 63
母の家……………………………………… 26
ハプニング………………………… 37, 54
パブリック(外)―セミパブリック(共同スペース)―
　プライベート(住戸)………………… 48
パブリック・イメージ………………… 172
バラガン, ルイス………………… 32, 88
パラディオ, アンドレア…… 26, 118, 119, 157, 185
原広司…………………… 32, 43, 46, 113, 153, 202
パラレル………………………………… 100
バランス………………………………… 111
パリ大改造計画……………… 156, 165, 171
バルセロナ・パヴィリオン…………… 21, 48
パルテノン神殿…………………… 73, 130, 180
バロック バロック建築…… 124, 133, 155, 156, 166
ハワード, エベニーザー……………… 167

216

反射	139, 141
反射性住居	43
版築	182
パンテオン	96, 132, 182
バンハム, レイナー	22
反復	107

●ひ

ピアジェ, ジャン	77, 162
ピアノ, レンゾ	34, 55, 202
ヒエラルキー	84, 86, 91
ヒエロファニー Hierophanie	67
美学	158
光	32
影をつくる光	129
差し込む光	131
反射する光	135
—の形而上学	137
満たす光	138
モバイルライト(動く光)	143
光と影 光と闇	20, 129, 142, 143
光は快適な暮らしへのカギである	140
引き算的なデザイン	104
ビギニングス beginnings, 元初	73
ピクチャー・ウインドウ	94
ビザンティン教会堂	136
非対称性	109
美とは比例である	116
批判的地域主義 リージョナリズム(地域主義)	32, 45
日干しレンガ	182
ひもろぎ	82
ピュタゴラス学派	116
ピュリスム	19
表現主義	17
表層 表層の自立	12, 59, 198
ビルディング・タイプ	10, 48, 140, 169
ヒルデブラント, アードルフ・フォン	152
ピラネージ, ジョバンニ・バッティスタ	61
広島平和公園計画	39, 171

●ふ

φ螺旋	97
ファンスワース邸	21
フィボナッチ数列	98
フォーム	74, 75
フォスター, ノーマン	34, 99, 140
フォリー	37, 59
フォルム(形式)芸術	144
物理的空間と心理的空間	153, 163
物質と精神	149
部分	43, 71
—の「集まり方」	123, 124
—の集積とその結果としての全体は別物である	115
フラー, リチャード・バックミンスター	34, 191
プライス, セドリック	35, 61, 62, 191
プラグ・イン・シティ	35, 61
フラクタル	123
プラトン	116, 121, 146
—の5つの正多面体	146

一立体 立方体	15, 33, 42
フランクル, パウル	138
フランス国立図書館	37, 53
フランス式庭園	152
フランチェスコ・ディ・ジョルジオ・マルティーニ	120
フランプトン, ケネス	25, 32
ブリーズ・ソレイユ brise soleil	98, 203
フリードリッヒ街のオフィスビル	20, 127, 141
ブルーノ, ジョルダノ	149
ブルネル, I・K	188
ブレ, エティエンヌ・ルイ	152
プレーリー・ハウス	18
プレグナンツの法則	125
プレファブリケーション	11, 187
プログラム ディスプログラミング	37, 48, 49, 127
プロセス 設計プロセス	31, 50
設計プロセスの概念モデル	115
プロセス・プランニング	42
プロポーション	17, 91, 96
分割	88, 107, 115
文化の発展とは、実用品から装飾品を排除することと同義である	12
分節	34, 37, 56, 107, 126
分離派	12, 38

●へ

平城京と平安京	115
ヘイダック, ジョン	27, 107, 112
ペヴスナー, ニコラウス	136
ヘーガー, フリッツ	17
ヘーゲル, G・W・F	131, 158
ベーシック・ストラクチャー 基本構造	89
ベス・ショローム・シナゴーグ	105, 142
ヘルツベルハー, ヘルマン	30
ベルニーニ, ジョヴァンニ・ロレンツォ	124, 133, 155
ベルラーヘ, ヘンドリクス・P	18, 144
ペレ, オーギュスト	141
変形	59
ペンデンティヴ・ドーム	137

●ほ

ポアンカレ, アンリ	151, 161
方向性	66, 69, 90, 100, 148
放物線	190
ホール, エドワード	121
北欧経験主義	23
ポシエ	87
ポスト構造主義	30, 35
ポストモダン ポストモダニズム	24, 45, 199
保存と活用	198
ボッタ, マリオ	96, 124
没場所性	164
ポップ・アート	62
ホドロジー的空間	77
ホライン, ハンス	35, 57
ボリューム	17, 22, 37, 53, 80, 95, 104, 105, 110, 126, 129, 131, 144
ポルティコ	93
ポルトゲージ, パオロ	25, 138, 143
ボルノウ, オットー・フリードリッヒ	77, 92, 148

ボロミーニ, フランチェスコ	143, 155
ポンピドー・センター	34, 140, 186

●ま

マイヤー, リチャード	27, 96, 106, 143
マイヤール, ロベール	188
前川國男の近代建築3段階	38
膜構造	195
まぐさ式構造	179
マッキントッシュ, チャールズ・レニー	12, 53
マッスとヴォイド 空洞	53, 145
間戸	93
窓	76, 93
—のヴァリエーション	136
マニエリスム	42
マルロー法	199

●み

ミース・ファン・デル・ローエ	16, 20, 26, 55, 141, 153
ミクロコスモス	121, 132
ミドルサードの原理	182
宮脇檀	45, 54
未来派	14

●む

ムーア, チャールズ	26
無限	150, 156
無限空間	147, 151, 152
無限性	148
ムテージウス, ヘルマン	14
無の思想	145
ムンドゥス mundus	67, 69

●め

メゾン・パティキュリエール	16, 127
メタボリズム 新陳代謝	41, 46, 61, 85
メルロ・ポンティ, モーリス	162
メロス 部分	113
メンデルゾーン, エーリヒ	17
メンヒル 直立長石	66

●も

燃えしろ設計	205
木造 木軸構造	134, 183, 204
モドゥルス 半径	117
モデュラーコーディネーション	108
モデュロール	20, 55, 97
モホイ・ナジ, ラースロー	16, 143, 160
—の表面(絵画), 量塊(彫刻), 空間(建築)の芸術領域分類	160
モリス, ウィリアム	11, 130
森田慶一	136, 144
森の礼拝堂	23, 112, 132
門 porta	69, 92
都市の門	92

●や

屋並み スカイライン	86
屋根	37, 48, 85, 100, 110, 134, 202
山本理顕	44, 48, 86

闇……………………………………………………131, 135

●ゆ

有機体のアナロジー……………………………… 171
有機的建築………………………………………18, 109
　　器官(オルガン)としての建築………………… 109
有機的統一………………………………………… 123
有限空間…………………………………………… 152
　　有限で求心的な空間イメージ………………… 147
有孔体理論………………………………………… 43
床……………………………………………………37, 82
ユニット 建築単位, 空間単位
　　……………30, 31, 34, 43, 49, 61, 76, 102, 107, 108, 114, 127
ユニテ・ダビタシオン………………………20, 98, 170
斎庭………………………………………………… 83

●よ

様式………………………………………………10, 28, 46
様相………………………………………………… 46
吉村順三…………………………………………… 39, 51
依代………………………………………………… 90

●ら

ラーメン構造……………………………………19, 107, 183
ライト・ウェル…………………………………… 139
ライト・コンストラクション…………………… 25, 47
ライト, フランク・ロイド………17, 85, 109, 121, 142, 198
ライフサイクル…………………………………… 197
ライプニッツ, G・W………………………122, 157, 160
ラ・ヴィレット公園………………………36, 60, 106
ラウムプラン……………………………………… 13
ラ・サラ宣言……………………………………… 21, 169
ラスキン, ジョン………………………………… 11, 130
ラスムッセン, S・E……………………………… 129, 132
螺旋………………………………………………… 99
ラ・トゥーレットの修道院………………20, 98, 132, 143
ランドスケープ…………………………………… 47

●り

リーグル, アイロス……………………………… 127, 131
リートフェルト, ヘリット・トマス…………… 16, 152
リーマン空間……………………………………… 161
リクワート, ジョーゼフ………………… 67, 69, 71, 72
リサイクル(再生利用)とリユース(再使用)……… 200
リシツキー, エル………………………………… 15, 161
リチャードソン, ヘンリー・ホブソン………… 13
リップス, テオドール…………………………… 90
リニア………………………………………………108, 125
リベスキンド, ダニエル……………………… 36, 58, 123
領域 領域性……………………………30, 66, 82, 86, 88, 90
緑化 緑地……………………………………… 47, 165, 202
リンチ, ケビン……………………………… 163, 165, 172

●る

ルート矩形………………………………………… 96
ルーム……………………………………………… 76, 114
ル・コルビュジエ
　　……………19, 43, 94, 97, 99, 117, 129, 169, 178, 203
　　―の都市計画 輝く都市………………… 169, 170
　　―の4つの平面計画形式…………………… 80

ルドゥー, クロード・ニコラ…………………… 151
ルネサンス………………………………69, 118, 124, 138, 156

●れ

レイヤー…………………………………………… 37, 60
レヴィ・ストロース, クロード………………… 29
レオナルド・ダ・ヴィンチ………60, 99, 119, 130, 154
レオニドフ, イヴァーン・イリーチ………… 15, 57, 127
歴史主義…………………………………………… 25, 28
レス・イズ・ボア………………………………… 26
レス・イズ・モア………………………………… 21
列柱廊………………………………………………91, 95, 101
レッド・アンド・ブルー・チェアー…………… 16
レンガ造のカントリーハウス…………………… 20, 103
連結………………………………………………… 112
連想 連想性……………………………………… 26, 29

●ろ

ロウ, コーリン…………………………………… 27, 176
ロージエ, マルク・アントワーヌ………… 10, 70, 138
ロース, アドルフ………………………………… 12, 130
ロシア構成主義…………………………………… 15
ロジャース, リチャード………………………… 34, 63
ロック, ジョン…………………………………… 153
ロッシ, アルド…………………………………… 28, 77
ロトンダ…………………………………………… 103, 109
ロビー邸…………………………………………… 18
ロマン主義………………………………………… 130
ロマンチック・ナショナリズム………………… 12
ロンシャンの教会……………………… 20, 43, 51, 132, 143
ロンドン・アヴァンギャルド…………………… 62
ロンドン改造計画………………………………… 156, 167

●わ

ワールド・トレード・センター………………… 187
和小屋と洋小屋…………………………………… 184
ワシントン計画…………………………………… 156, 167
われわれの創造の目的は空間の芸術であり，それ
　　は建築の本質なのである………………… 144

図版出典 credits

● 1章

タイトル図 下村純一
1-1 Jan Gympel, *The Story of Architecture*, Konemann, 1996, p.76
2-1 Kenneth Frampton, *Modern Architecture, a critical history*, Thames and Hudson, 1985, p.44
2-2 Jan Gympel, *The Story of Architecture*, Konemann, 1996, p.82
2-3 平尾和洋
2-4 William Curtis, *Modern Architecture*, Phaidon, 1987, p.27
2-5 Paco Asensio ed., *Chaeles Rennie Mackintosh*, teNeues, 2002, p.26
2-6 Paco Asensio ed., *Otto Wagner*, teNeues, 2002, p.68
2-7 August Sarnitz, *Adolf Loos*, Taschen, 2003, p.44
2-8 August Sarnitz, *Adolf Loos*, Taschen, 2003, p.73
2-9 末包伸吾
2-10 Albert Bush-Brown, *Louis Sullivan*, George Braizer, Inc., 1960, p.80
2-11 末包伸吾
2-12 David Handlin, *American Architecture*, Thames and Hudson, 1985, p.199
2-13 Frank Whitford, *Bauhaus*, Thames and Hudson, 1984, p.25
2-14 Frank Whitford, *Bauhaus*, Thames and Hudson, 1984, p.35
3-1 Paco Asensio ed., *Antonio Sant'Elia*, teNeues, 2003, p.71
3-2 Christina Lodder, *Russian Constructivism*, Yale University Press, p.63
3-3 Selim O. Khan-Magomedov, *Pioneers of Soviet Architecture*, Rizzoli, 1987, p.221
3-4 Carsten-Peter Warncke, *De Stijl*, Taschen, 1991, p.11
3-5 Carsten-Peter Warncke, *De Stijl*, Taschen, 1991, p.165
3-6 Frank Whitford, *Bauhaus*, Thames and Hudson, 1984, p.161
3-7 Jan Gympel, *The Story of Architecture*, Konemann, 1996, p.87
3-8 神戸大学工学部末包研究室
3-9 Jan Gympel, *The Story of Architecture*, Konemann, 1996, p.86
4-1 末包伸吾
4-2 M. Whiffen and F. Koeper, *American Architecture*, The MIT Press, 1983, p.366
4-3 David Handlin, *American Architecture*, Thames and Hudson, 1985, p.229
4-4 平尾和洋
4-5 *Le Corbusier: Architect of the Century, Exhibition catalogue*, Arts council of Great Britain, 1987, p.26
4-6 *Le Corbusier: Architect of the Century, Exhibition catalogue*, Arts council of Great Britain, 1987, p.10
4-7, 4-8 神戸大学工学部末包研究室
4-9 Hasan-Uddin Khan, *International Style*, Taschen, 1998, p.39
4-10 Terence Riley and Barry Bergdool, *Mies in Berlin*, The Museum of Modern Art, NY, 2001, p.195
4-11 Hasan-Uddin Khan, *International Style*, Taschen, 1998, p.86
4-12 Richard Weston, *Modernism*, Phaidon, 1996, p.211
4-13 末包伸吾
5-1 James Steels, *R. M. Schindler*, Taschen, 2005, p.20
5-2 Kenneth Frampton and David Larkin ed., *American Masterworks*, Rizzoli, 1995, p.48
5-3, 5-4 末包伸吾
5-5 藤木庸介
5-6, 5-7 末包伸吾
5-8 Anatxu Zabalbeascoa, *Houses of the Century*, GG, 1998, p.85
5-9 末包伸吾

● 2章

タイトル図 松本裕
1-1 Philip Johnson and Mark Wigley, *Deconstructivist Architecture*, The Museum of Modern Art, New York, 1988, 表紙
1-2 Terence Riley, *The Light construction*, The Museum of Modern Art, New York, 1995
1-3 Terence Riley, *The Un-Private House*, The Museum of Modern Art, New York, 1999
2-1 Peter Gossel and Gabriele Leuthauser, *Architecture in the twentieth century*, Taschen GmbH, 2001, p.273
2-2 Kenneth Frampton and David Larkin ed., *American Masterworks*, Rizzoli, 1995, p.128
2-3 Peter Gossel and Gabriele Leuthauser, *Arhiteture in the twentieth century*, Taschen GmbH, 2001, p.270
2-4 Karen V. Wheeler, et. Al. ed., *Michael Graves Buildings and Projects 1966-1981*, Rizzoli, 1982, p.195
2-5 Anatxu Zabalbeascoa, *Houses of the century*, Gingko press, 1998, p.126
2-6 Kenneth Frampton and David Larkin ed., *American Masterworks*, Rizzoli, 1995, p.191
3-1 *Architectural Theory*, Phaidon, 2003, p.335
3-2 K. Micheal Hays ed., *Oppositions reader*, Princeton Architectural Press, 1998, p.163
3-3 神戸大学末包研究室
3-4 Heinrich Klotz, *The History of Postmodern Architecture*, The MIT Press, 1988, p.267
4-1 Herman Herzberger, *Lessons for students in Architecture*, 010 pub., 1991, p.48
4-2 Herman Herzberger, *Lessons for students in Architecture*, 010 pub., 1991, p.23
4-3 Vincent Ligtelijn ed., *Alvo van Eyck Works*, Birkhauser, 1999, p.91
4-4 Vincent Ligtelijn ed., *Alvo van Eyck Works*, Birkhauser, 1999, p.108
5-1 ～ 5-5 末包伸吾
5-6, 5-7 神戸大学末包研究室
6-1 M. Whiffen and F. Koeper, *American Architecture*, The MIT Press, 1983, p.380
6-2 神戸大学末包研究室
6-3 末包伸吾
7-1 Heinrich Klotz, *The History of Postmodern Architecture*, The MIT Press, 1988, p.286
7-2 Philip Johnson and Mark Wigley, *Deconstructivist Architecture*, The Museum of Modern Art, New York, 1988, p.78
7-3 神戸大学末包研究室
7-4 末包伸吾
7-5 Peter Eisenman, *Barefoot on White-hot Walls*, Hatje Cantz, 2004, p.135
7-6 Philip Johnson and Mark Wigley, *Deconstructivist Architecture*, The Museum of Modern Art, New York, 1988, p.93
7-7 OMA, Pem Kolhaas and Bruce Mau, *S, M, L, XL*, 010 Publisher, 1995, p.652
7-8 神戸大学末包研究室

● 3章

タイトル図 平尾和洋
1-1 山本直彦
1-2 新建築写真部
1-3 野村彰作画
1-4 ～ 1-6 山本直彦
1-7 北山めぐみ
1-8 山本直彦
1-9 下村純一（協力：TOTO）
1-10 新建築写真部
2-1 山本直彦
2-2 松本裕
2-3 ～ 2-5 山本直彦
3-1 平尾和洋
3-2, 3-3 山本直彦
3-4 原広司『住居に都市を埋蔵する』住まいの図書館出版局, 1990, p.205
3-5 下村純一（協力：TOTO）
3-6 ～ 3-8 山本直彦
3-9 新建築写真部
3-10 ～ 3-13 野村彰作画
3-14 村田譲
3-15 平尾和洋
4-1 ～ 4-4 山本直彦
4-5 平尾和洋
4-6 ～ 5-2 山本直彦
5-3 末包伸吾
5-4 山本直彦
5-5 末包伸吾
5-6 ～ 5-9 山本直彦
5-10 末包伸吾

● 4章

タイトル図 吉村順三『吉村順三作品集 1941-1978』新建築社, 1978, p.32
2-1 *Le Corbusier, Œuvre complète Volume6 1952-57*, Les Editions d'Architecture Zurich, p.20
2-2 *THE LINE*, Museum of Finnish Architecture, 1993, p.93
2-3 *THE LINE*, Museum of Finnish Architecture, 1993, p.118
2-4 安藤忠雄建築研究所提供
2-5 *EL CROQUIS 53*, EL CROQUIS EDITIORIAL, 1992, p.73
2-6 *EL CROQUIS 53*, EL CROQUIS EDITIORIAL, 1992, p.72
2-7 *EL CROQUIS 53*, EL CROQUIS EDITIORIAL, 1992, p.76
2-8 Chaflotte & Peter Fiell, *Charles Rennie Mackintosh*, Benedikt Taschen Verlag GmbH, 1995, p.87
2-9 宮脇檀建築研究室『宮脇檀の住宅』丸善株式会社, 1996, p.34
2-10 BERNARD TSCHUMI, *THE MANHATTAN TRANSCRIPTS*, ACADEMY EDITIONS, 1981, p.17
2-11 Yehude E.Safran, *mies van der rohe*, editorial Gustavo Gill, SA, 2001, p.70
2-12 Peter Buchana, *RENZO PIANO BUILDING WORKSHOP Volume 1*, Phaidon Press Limited, 1993, p.25
2-13 Bruno Zevi, *Giuseppe Terragni*, Triangle Architectural Publishing, 1989, p.75
2-14 Peter Buchana, *RENZO PIANO BUILDING WORKSHOP Volume 1*, Phaidon Press Limited, 1993, p.120
2-15 Bianca Albertini and Sandro Bagnoli, *CARLO SCARPA ARCHITECTURE IN DETAILS*, Editoriale Jaca Book spa, Milan, 1988, p.97

2-16 *GA ARCHITECT 11 STEVEN HOLL*, A. D. A. EDITA Tokyo Co.,Ltd., 1993, p.62

2-17 *EL CROQUIS 67*, EL CROQUIS EDITIORIAL, 1994, p.94

3-1 *EL CROQUIS 30+49 50*, EL CROQUIS EDITIORIAL, 1999, p.328

3-2 『ハンス・ホライン展』セゾン美術館, 1990, 図版 7

3-3 *A GUIDE TO ARCHIGRAM 1961-74*, ACADEMY EDITIONS, 1994, p.374

3-4 ANDOREI GOZAK & ANDOREI LEONIDOV, *IVAN LEONIDOV*, ACADEMY EDITIONS, 1988, p.110

3-5 高松伸建築設計事務所提供

3-6 Thomas L. Schumacher, *THE DANTEUM*, Triangle Architectural Publishing, 1980, p.52

3-7 *DANIEL LIBESKIND COUNTERSIGN*, RIZZOLI INTERNATIONAL PUBLICATIONS. INC, 1992, p.21

3-8 *AA Files No. 20*, The Architectural Association, 1990, p.100

3-9 *Architectural THEORY*, TASCHEN GmbH, 2003, p.800

3-10 *Architectural THEORY*, TASCHEN GmbH, 2003, p.808

3-11 Target Litho, *OSAKA FOLLIES*, The Architectural Association, 1991, p.36-37

3-12 Richard Weston, *Alvar Aalto*, Phaidon Press Limited, 1995, p.67

3-13 *LIGHT YEARS AHEAD THE STORY OF THE PH LAMP*, Louis Poulsen, 1994, p.95

4-1 *LEONARDO DA VINCI Engineer and Architect*, The Montreal Museum of Fine Arts, 1987, p.1

4-2 Luigi Ficacci, *PIRANESI The Complete Etchings*, Benedikt Taschen Verlag GmbH, 2000, p.61

4-3 Le Corbusier, *Œuvre complète Volume2 1929-34*, Les Editions d'Architecture Zurich, p.155

4-4 丹下健三・藤森照信『丹下健三』新建築社, 2002, p.363

4-5 SD 編集部編『現代の建築家 菊竹清訓』鹿島出版会, 1981, p.31

4-6 CEDRIC PRICE, *CEDRIC PRICE WORKS II*, The Architectural Association, 1984, p.58

4-7 *A GUIDE TO ARCHIGRAM 1961-74*, ACADEMY EDITIONS, 1994, pp.116-117

4-8 *A GUIDE TO ARCHIGRAM 1961-74*, ACADEMY EDITIONS, 1994, p.249

4-9 *A GUIDE TO ARCHIGRAM 1961-74*, ACADEMY EDITIONS, 1994, pp.132-133

4-10 『a + u1989 年 12 月臨時増刊号, ピーター・クック 1961-1989』新建築社, 1989, p.99

4-11 Cees de Jong, Erik Mattie, *Architectural Competitions 1950-Today*, Benedikt Taschen Verlag GmbH, 1994, p.86

4-12 Cees de Jong, Erik Mattie, *Architectural Competitions 1950-Today*, Benedikt Taschen Verlag GmbH, 1994, p.202

4-13 *MACDONALD and SALTER Building Projects 1982-1986*, The Architectural Association

4-14 DOUGLAS DARDEN, *CONDEMNED BUILDING*, PRINCETON ARCHITECTURAL PRESS, 1993, p.149

4-15 『a + u1991 年 8 月臨時増刊号, レベウス・ウッズ：テラ・ノヴァ 1988-1991』新建築社, 1991, p.72

4-16 『SD 9304』鹿島出版会, 1993, p.49

● 5 章

タイトル図 松本裕

1-1 フレッド・ホイル, 荒井喬訳『ストーンヘンジ 天文学と考古学』みすず書房, 1983, p.iV.「ストーンヘンジの公式平面図」

1-2 ～ 2-1a 松本裕

2-1b 松本裕, 佐藤浩作図（Marian Moffet, Michael Fazio, Lawrence Wodehouse, *A World History of Architecture*, Laurence King, London, 2003, p.284 より）

2-2 松本裕

2-3 クリスチャン・ノルベルグ＝シュルツ, 前川道郎・前田忠直共訳『建築の世界 意味と場所』鹿島出版会, 1991, p.33

3-1 <Walter Hermann Ryff, Vitruvius Teutsch, Nümberg 1548, fol.62>, in Julien Jachmann, *Dir Architekturbücher des Walter Hermann Ryff, Vitruvrezeption im Kontext mathematischer Wissenschaften*, ibidem, Stuttgart, 2006, p.154

3-2 ClaudePerrault (corrigés et traduits en 1684), *Les dix livres d'architecture de Vitruve*, Pierre Mardaga, p.33

3-3 松本裕

3-4 Joseph Rykwert, *Adams Haus im Paradies. Die Urhütte von der Antike bis Le Corbusier*, Gebr. Mann Verlag, Berlin, 2005, p.47

3-5 松本裕, 佐藤浩作図（マルク＝アントワーヌ・ロージエ, 三宅理一訳『建築試論』中央公論美術出版, 1986, p.47, p.248 より）

3-6 松本裕, 佐藤浩 作成

3-7 日本建築学会編『西洋建築史図集』（三訂版）, 彰国社, 1988, p.20

4-1 日本建築学会編『西洋建築史図集』（三訂版）, 彰国社, 1988, p.12

4-2 Edited with Commentary by Anne Griswold Tyng, *Louis Kahn to Anne Tyng. The Rome Letters 1953-1954*, Rizzoli, New York, 1997, p.74

4-3 松本裕

4-4 Alexandra Tyng, *Beginnings. Louis I. Kahn's philosophy of architecture*, A Wiley-Interscience publication, New York, 1984, p.30

4-5 *Louis I. Kahn. Architecte*, Centre Nationale de documentation pédagogique, Paris, 1992, vue-6

4-6 Heinz Ronner, Sharad Jhaveri, *Louis I. Kahn, Complete work 1935-1974*, Birkhäuser, Basel ; Boston, 1987, p.118

4-7a 松本裕

4-7b Heinz Ronner, Sharad Jhaveri, *Louis I. Kahn, Complete work 1935-1974*, Birkhäuser, Basel ; Boston, 1987, p.167

4-8 Alexandra Tyng, *Beginnings. Louis I. Kahn's philosophy of architecture*, A Wiley-Interscience publication, New York, 1984, p.179

4-9 Alexandra Tyng, *Beginnings. Louis I. Kahn's philosophy of architecture*, A Wiley-Interscience publication, New York, 1984, p.131

5-1 Christian Norberg-Schulz, *Existence, space and architecture*, Praeger, New York, 1971, p.21

5-2 Edward Relph, *Place and placelessness*, Pion, London, 1976, p.21

● 6 章

タイトル図 平尾和洋

1-1 Willy et al., *Le Corbusier Œuvre complète Volume.1*, Artemis Zurich, 1964, p.23

1-2 Willy et al., *Le Corbusier Œuvre complète Volume.1*, Artemis Zurich, 1964, p.189

1-3 ～ 2-1 平尾和洋

2-2 大窪健之

2-3 ～ 3-2 平尾和洋

3-3 大窪健之

3-4 平尾和洋

3-5 Dal co.f et al, *Frank O. Gehry*, Electa, 2003, p.483

3-6 平尾和洋

3-7 日本建築学会編『日本建築史図集 新訂版』彰国社, 2002, p.73

3-8, 3-9 平尾和洋

3-10 Weston. R, *Key Buildings of the Twentieth Century*, W. W. Norton & Company, 2004, p.81

3-11 大窪健之

3-12 Rem Koolhaas, *Delirious New York: A Retroactive Manifesto for Manhattan*, Monacelli Pr., 1994, p.83

4-1 *Jørn Utzon*, Verlag Anton Pustet, 1999, p.26

4-2 日本建築学会編『日本建築史図集 新訂版』彰国社, 2002, p.2

4-3 *Architectural Theory*, Tachen, 2003, p.447

4-4 平尾和洋

4-5 大窪健之作図（山本理顕『システムズ・ストラクチュアのディテール』彰国社, 2001, pp.18-21 より）

4-6 大窪健之

4-7 平尾和洋

4-8 平尾和洋

4-9 日本建築学会編『日本建築史図集 新訂版』彰国社, 2002, p.69

4-10 平尾和洋

5-1 ロバート・ヴェンチューリ, 伊藤公文訳『建築の多様性と対立性』鹿児出版会, 1982, p.140

5-2 ～ 5-5 平尾和洋

5-6 Luis Barragan et al., *Barragan: The Complete Works*, Princeton Architectural press, 2003, p.172

5-7 山本直彦

5-8 平尾和洋

6-1 日本建築学会編『日本建築史図集 新訂版』彰国社, 2002, p.12

6-2, 6-3 平尾和洋

6-4 Kunsthistorisches Museum Wien

6-5 平尾和洋作図（F. D. K. チン, 太田邦夫訳『建築のかたちと空間をデザインする』彰国社, 1987 より）

6-6 平尾和洋

6-7 Moffet. M et al., *A World History of Architecture*, Laurence King Publishing, 2003, p.8

6-8 平尾和洋

6-9 Dominique Lyon et al., *Le Corbusier vivant*, Telleri, 1999, p.104

7-1 平尾和洋

7-2 大窪健之

7-3 平尾和洋

7-4 大窪健之

7-5a, b 平尾和洋

7-6 Slesin. S et al., *JAPANESE STYLE*, Clarrkson N. Potter, 1987, p.73

7-7 ～ 7-11 平尾和洋

● 7 章

タイトル図 下村純一

1-1 山本直彦作図（F. D. K. チン, 太田邦夫訳『建築のかたちと空間をデザインする』彰国社, 1987, p.17 より）

1-2 平尾和洋

1-3 山本直彦

1-4, 1-5 山本直彦作成

1-6 山本直彦作 図（*Richard Meier Architect*, Rizzoli, 1984, p.68 より加筆）

1-7 山本直彦作図（柳亮『黄金分割 ピラミッドからル・コルビュジエまで』美術出版社, 1995, pp.60-61 より加筆）

1-8, 1-9 山本直彦作成

1-10 Le corbusier, *Le Modulor, Architecture d'aujourd'hui*, p.26

1-11 W. Boesiger et O. Stonorov, *Le corbusier: Œuvre complète Volume1: 1910-1929*, Les Éditions d'Architecture, 1964, p.144

1-12 W. Boesiger, *Le corbusier: Œuvre complète Volume 4:1938-1946*, Les Éditions d'Architecture, 1964, p.171

1-13 Le corbusier, *Le modulor*, Architecture d'aujourd'hui, p.135
2-1 Francis D. K. Ching, *Architecure Form, space, and order*, van nostrand reinhold, 1996, 2nd edition, 1996, p.41
2-2 Peter Eisenman, *Giuseppe Terragni*, Monacelli Press, 2003, p.35
2-3 W. Boesiger, *Le Corbusier: Œuvre complète Volume 7: 1957-1965*, Les Éditions d'Architecture, 1965, p.35
2-4 Paul Oliver, *Dwellings*, University of Texas Press, 1987, p.63
2-5 Henri Stierlin, *Islam*, Taschen, 1996, p.131
2-6 Niel Levine, *The Architecture of Frank Lloyd Wright*, Princeton University Press, 1996, p.345
2-7 山本直彦
2-8 W. Boesiger, *Le Corbusier: Œuvre complète Volume 4: 1938-1946*, Éditions d'Architecture, 1946, p.17
2-9 〜 2-11 山本直彦作成
2-12 山本直彦
2-13 Vincent Ligtelijn, *Aldo van Eyck: Works*, Birkhäuser, 1999, p.135
2-14, 2-15 山本直彦
2-16 山本直彦作図（Henri Stierlin, *Islam*, Taschen, 1996, p.153 より加筆）
2-17 Marian C. Donnelly, *Architectuire in the Scandinavian countries*, MIT Press, 1992, p.287
2-18 Marja-Riitta Norri, *Finland*, Prestel, 2000, p.161
2-19 Christian Norberg-Schulz, *Meaning in Western Architecture*, Rizzoli, 1980, p.140
2-20 山本直彦作成
2-21 Henri Stierlin, *Encyclopedia of World Architecture*, Evergreen, 1994, p.466
2-22 James Stirling, *James Stirling: Buildings and Projects 1950-1974*, Thames and Hudson, 1996, p.84
2-23 Richard Weston, *UTZON*, Bloendal, 2002, p.89
2-24 W. Boesiger et O. Stonorov, *Le corbusier: Œuvre complète Volume 1: 1910-1929*, Les Éditions d'Architecture, 1964, p.64
2-25 William J. R. Curtis, *Modern Architecture Since 1900*, Phaidon, 1996, 3rd Edition, p.332
2-26 Paul Groenendijk & Piet Vollaard, *Gids voor moderne architectuur*, Uitgeverij 010, p.108
2-27 SD編集部編『現代の建築家 I.M.ペイ』鹿島出版会, 1983, p.141
2-28 David G. De Long, *Frank Lloyd Wright and the living city*, Vitra Design Museum, 1998, p.274
2-29 William J. R. Curtis, *Modern Architecture Since 1900*, Phaidon, 1996, 3rd Edition, p.191
3-1 山本直彦作成
3-2 Brad Collins, Gwathmey Siegel, *Building and Projects 1965-2000*, Universe, 2000, p.17
3-3 山本直彦
3-4 『新建築 1961年1月号』新建築社, p.84
3-5 末包伸吾
3-6 山本直彦作成
3-7 山本直彦
3-8 山本直彦作成
3-9 David G. De Long, *Frank Lloyd Wright and the living city*, Vitra Design Museum, 1998, p.110
3-10 Peter Arnell and Ted Bickford, *James Stirling: buildings and projects*, Rizzoli, 1984, p.255
3-11 Michael Snodin, *Karl Friedrich Schinkel: a universal man*, Yale Univesity Press, 1991, p.127
3-12 Peter Arnell and Ted Bickford, *James Stirling: buildings and projects*, Rizzoli, 1984, p.253
3-13 山本直彦
3-14 *Richard Meier Architect*, Rizzoli, 1984, p.191（配置図）, p.195（屋根伏図）
3-15 Stephen Dobney, *Eisenman Architects: selected and current works*, Images Pub. Group, 1995, p.51
3-16 『新建築 1993年8月号別冊 奈良、そしてトリエンナーレ 1992』新建築社, p.127
3-17 James Stirling, *James Stirling: Buildings and Projects 1950-1974*, Thames and Hudson, 1996, p.96
3-18 Neil Levine, *The Architecture of Frank Lloyd Wright*, Princeton University Press, 1996, p.266
3-19 野村彰作画
3-20 *Tadao Ando 1983-2000*, El Croquis, 2000, p.128
4-1 Klaus-Peter Gast, *Louis I. Kahn: The Idea of Order*, Birkhäuser, 1998, p.181
4-2 山本直彦
4-3 Peter Reed, *Alvar Aalto Between Humanism and Materialism*, MoMA, 1998, p.214
4-4 Werner Blaser, *Mies van der Rohe: IITCampus*, Birkhäuser, 2002, p.20
4-5 C.A.Doxiadis, *Architecture in Transition*, Hutchinson, 1963, p.138
4-6 『建築 20世紀 Part2』新建築社, 1991, p.168
4-7 Hyman Trachtenberg, *Architecture: From Prehistory to Post-Modernism*, Harry N. Abraham, Inc., 1986, p.63
4-8 山本直彦作図（Andrea Palladio, *The Four Books on Architecture*, The MIT Press, 1997, p.95 より加筆）
4-9 Peter Blundell Jones, *Hugo Haring: the organic versus the geometric*, Axel Menges, 1999, p.60
4-10 〜 4-12 山本直彦
4-13 『新建築 1987年11月号』新建築社, p.193
4-14 『新建築 1972年4月号』新建築社, p.191
4-15 SD編集部編『現代の建築家 I.M.ペイ』鹿島出版会, 1983, p.118
4-16 David Underwood, *Oscar Niemeyer and the Architecture of Brazil*, Rizzoli, 1994, p.128
4-17 山本直彦
4-18 Claes Caldenby & Olof Hultin, Asplund, Ginko Press, 1997, p.67
4-19 『a＋u 1975年5月号』新建築社, p.116
4-20 Richard Weston, *Alvar Aalto*, Phaidon, 1995, p.49
4-21 Benedetta Adembri, *Hadrian's Villa*, Electa, 2000, p.54
4-22 Lucien Herve, *Architecture of Truth - The Cistercien Abbey of Thoronet*, Phaidon, 2001, p.144
4-23 McCarter, R., *Louis I. Kahn*, Phaidon, 2005, p.290
4-24 Steven Holl, *Interwining*, Princeton Architectural Press, 1996, p.141
4-25 W. Boesiger, *Le Corbusier: Œuvre complète 1957-1965*, Éditions d'Architecture, 1965, p.18
4-26 青木淳, 後藤治, 田中禎彦, 西和夫, 西沢大良『新建築 2005年11月臨時増刊 日本の建築空間』新建築社, p.388

● 8 章

タイトル図 平尾和洋
1-1 平尾和洋作図（原広司他『新建築学大系 23 建築計画』彰国社, 1982, pp.322-323 より）
1-2 Rotzler., *Konstruktive Konzepte*, ABC Verlag Zurich, 1977, p.234
1-3 平尾和洋
1-4 今井慎二作図, F. D. K. チン, 太田邦夫訳『建築のかたちと空間をデザインする』彰国社, 1987, pp.12-13 より作成
1-5 太田博太郎『日本の建築―歴史と伝統―』筑摩書房, 1968, p.59 より作成
1-6 高橋研究室編『かたちのデータファイル』彰国社, 1984, p.52 より作成
1-7a 川崎清ほか『設計とその表現 空間の位相と展開』鹿島出版会, 1990, p.31
1-7b 川崎清ほか『設計とその表現 空間の位相と展開』鹿島出版会, 1990, p.32 より作成
1-8 平尾和洋
2-1 ヨハネス・ケプラー, 大槻・岸本訳『宇宙の神秘』工作舎, 1982, p.158
2-2 *Le Corbusier Œuvre complète Volume.1*, Artemis Zurich, 1964, p.33
2-3 平尾和洋
2-4a 森田慶一訳『ウィトルウィウス建築書』東海大学出版会, 1979, p.83
2-4b 高橋研究室編『かたちのデータファイル』彰国社, 1984, p.72
2-4c 森田慶一訳『ウィトルウィウス建築書』東海大学出版会, 1979, p.73
2-5 *Architectural Theory*, Tachen, 2003, p.255
2-6, 2-7a 平尾和洋
2-7b 高橋研究室編『かたちのデータファイル』彰国社, 1984, p.63
2-8 桐敷真次郎編『パラディオ「建築四書」註解』中央公論美術出版, 1986, p.115 より作成
2-9 平尾和洋
2-10 平尾和洋作図（中川武「中世建築の設計技術と部分の自律性」『講座・日本技術の社会史第7巻』日本評論社, 1983 より）
2-11 岡田光正『空間デザインの原点』理工学社, 1993, p.71
3-1 Moffet. M et al, *A World History of Architecture*, Laurence King Publishing, 2003, p.296
3-2 ジョージ・ハーシー, 白井秀和訳『古典建築の失われた意味』鹿島出版会, 1993, p.128
3-3 Moffet. M et al., *A World History of Architecture*, Laurence King Publishing, 2003, p.50
3-4 ジョージ・ハーシー, 白井秀和訳『古典建築の失われた意味』鹿島出版会, 1993, p.157
3-5 平尾和洋
3-6 岡田光正他『建築計画1』鹿島出版会, 1987, p.75
3-7 平尾和洋
4-1 ウォレン・ケントン, 矢島文夫訳『イメージの博物誌 1. 占星術』平凡社, 1977, p.123
4-2 コルネリス・ファン・デ・フェン, 佐々木宏訳『建築の空間』丸善, 1981, p.12
4-3, 4-4 平尾和洋
4-5 ロジャー・クック, 植島啓司訳『イメージの博物誌 15. 生命の樹』平凡社, 1982, p.82
4-6 高木隆司編『かたちの事典』丸善, 2004, p.680
4-7 『チャールズ・W・ムーア作品集』a＋u, 1978.5, p.306
4-8a Weston. R, *Key Buildings of the Twentieth Century*, W. W. Norton & Company, 2004, p.219
4-8b, 5-2 平尾和洋
5-3 西田雅嗣・矢ヶ崎善太郎編『図説 建築の歴史―西洋・日本・近代』学芸出版社, 2003, p.48
5-4a 平尾和洋
5-4b McCarter. R, *Louis I Kahn*, Phaidon, 2005, p.307
5-5a パウル・フランクル, 香山壽夫他訳『建築史の基礎概念』鹿島出版会, 2005, p.67
5-5b, 5-5c 平尾和洋
5-6 McCarter.R, *Louis I Kahn*, Phaidon, 2005, p.116
5-7 平尾和洋作図（香山壽夫『建築意匠講義』東京大学出版会, 1996, pp.56-61 より）
5-8 ノルベルグ・シュルツ, 加藤邦男訳『実存・空間・建築』鹿島出版会, 1973, p.85
5-9 平尾和洋
5-10 松田隆夫『視知覚』培風館, 1995, p.88 より作成
6-1 平尾和洋作図（F. D. K. チン, 太田邦夫訳『建築のかたちと空間をデザインする』彰国社, 1987 より）
6-2a Gossel. P, *Architecture in the twentieth century*, Taschen, 2001, p.265
6-2b 〜 6-5 平尾和洋
6-6a Weston. R, *Key Buildings of the Twentieth Century*, W. W. Norton & Company, 2004, p.219
6-6b *Russian Constructivism & Iakov Chernikhov*, Archi-

	tectural Design Vol.59, 1989, p.64
6-7	Carter. P, *Mies van der Rohe at Work*, Phaidon, 1999, p.81
6-8a	*DE STIJL et l'architecture en France*, Pierre Mardaga eduteur, 1985, p.151
6-8b, 6-9	平尾和洋

● 9 章

タイトル図　平尾和洋

2-1	ジョン・M・ルンドクィスト, 山下博司訳『イメージの博物誌 29. 神殿』平凡社, 1994, p.38
2-2a	平尾和洋
2-2b	アルベルティ, 相川浩訳『建築論』中央公論美術出版, 1982, p.212
2-3	平尾和洋作図（デイヴィッド・バーニー, 守信之訳『サイエンス・ヴィジュアル 2 光』東京書籍, 1993 より）
2-4 ～ 3-8	平尾和洋
3-9	Borsi. F, *Bernini architetto*, Electa, 1980, p.168
3-10	Moffet. M et al., *A World History of Architecture*, Laurence King Publishing, 2003, p.380
3-11	『名画への旅 11 バロックの闇と光』講談社, 1993, p.75
4-1a, b	平尾和洋
4-2	平尾和洋作図（辻ほか編『建築設計製図演習 1. 設計基礎編』鹿島出版会, 1998, p.13 より）
4-3a ～ 4-4	平尾和洋
4-5	西田雅嗣・矢ヶ崎善太郎編『図説 建築の歴史－西洋・日本・近代』学芸出版社, 2003, p.85 より作成
4-6	安原盛彦「日本建築の空間史」『建築概論 建築・環境のデザインを学ぶ』学芸出版社, 2003, p.63 より作成
4-7	平尾和洋
4-8	岡田光正『空間デザインの原点』理工学社, 1993, p.87
4-9	安原盛彦「日本建築の空間史」『建築概論 建築・環境のデザインを学ぶ』学芸出版社, 2003, p.62 より作成
4-10	日本建築学会編『日本建築史図集』彰国社, 1980, p.80
5-1, 5-2	平尾和洋
脚注 5-3 の図	日本建築学会編『西洋建築史図集』彰国社, 1953, p.28
5-3	Moffet. M et al., *A World History of Architecture*, Laurence King Publishing, 2003, p.151
5-4	ジョン・M・ルンドクィスト, 山下博司訳『イメージの博物誌 29. 神殿』平凡社, 1994, p.72
5-5 ～ 6-2	平尾和洋
6-3	C. N. Ledoux, *Architecture*, Princeton Architectural Press, 1983, p.72
6-4, 6-5	平尾和洋
6-6	『カラー版西洋美術史』美術出版社, 1990, p.146
6-7 ～ 6-9	平尾和洋
6-10	*Le Corbusier œuvre complète Volume.1*, Artemis Zurich, 1964, p.182
6-11	山本直彦
6-12	Nerdinger.W, *Walter Gropius Opera completa*, Electa, 1989, p.54
6-13	山本直彦
7-1	Whitford. F, *Bauhaus*, thames & hudson, 1984, p.24
7-2	*Architectural Theory*, Tachen, 2003, p.693
7-3 ～ 7-5	平尾和洋
7-6	Gossel. P, *Architecture in the twentieth century*, Taschen, 2001, p.388
7-7 ～ 7-9	平尾和洋
7-10	*Alver Aalto Band I 1922-1962*, Artemis, 1963, p.49
7-11 ～ 7-15	平尾和洋
7-16	*bauhaus utopien*, Edition Cantz, 1988, p.130
7-17	Jetsonen. J, *Sacral Space - Modern finnsh churches*,

	Building Imformation Ltd, 2003, p.44
7-18 ～ 7-20	平尾和洋

● 10 章

タイトル図　平尾和洋

1-1	日本建築学会編『建築・都市計画のための空間学事典』井上書院, 1996, p.10
1-2	Guidoni. E., *Architecture Primitive*, Gallimard, 1994, p.50
1-3	日本建築学会編『西洋建築史図集』彰国社, 1953, p.28
1-4	平尾和洋
2-1	ウォレン・ケントン, 矢島文夫訳『イメージの博物誌 1. 占星術』平凡社, 1977, p.112
2-2	高木隆司編『かたちの事典』丸善, 2004, p.693
2-3	『世界の名著 9 ギリシアの科学「ユークリッド原論」』中央公論社, 1972, p.377 より作成
2-4	ヨハネス・ケプラー, 大槻・岸本訳『宇宙の神秘』工作舎, 1982, p.47
2-5	岩田靖夫「ケノン・コーラー・トポス」『新岩波講座哲学 7「トポス・空間・時間」』岩波書店, 1985, p.20 より作成
2-6	岩田靖夫「ケノン・コーラー・トポス」『新岩波講座哲学 7「トポス・空間・時間」』岩波書店, 1985, p.24 より作成
2-7	阿部一『空間の比較文化誌』せりか書房, 2000, p.73 より作成
2-8	海野一隆『地図の文化史』八坂書房, 2004, p.42
2-9	*Aldo van Eyck Works*, Birkhauser, 1999, p.105
3-1	阿部一『空間の比較文化誌』せりか書房, 2000, p.122 より作成
3-2	ウォレン・ケントン, 矢島文夫訳『イメージの博物誌 1. 占星術』平凡社, 1977, p.92
3-3a	海野一隆『地図の文化史』八坂書房, 2004, p.23
3-3b	海野一隆『地図の文化史』八坂書房, 2004, p.43
3-4	Christian Norberg Schulz, *Architecture: Presence, Language, Place*, Skila editore, 2000, p.66
4-1	C.N.Ledoux, *Architecture*, Princeton Architectural Press 1983, p.151
4-2, 4-3	平尾和洋
4-4	Cabanne. P, *VERMEER*, Edition Terrail, 2004, p.106
4-5	Gossel. P, *Architecture in the twentieth century*, Taschen, 2001, p.13
4-6, 4-7	平尾和洋
4-8	*Malevitch*, Flammarion, 1990, p.104
4-9	*DE STIJL et l'architecture en France*, Pierre Mardaga eduteur, 1985, p.66
5-1, 5-2	グレイゼル, 保坂・山崎訳『数学史Ⅲ』1997, 大竹出版, p.296 より作成
5-3	グレイゼル, 保坂・山崎訳『数学史Ⅲ』1997, 大竹出版, p.297 より作成
5-4	平尾和洋作図（グレイゼル, 保坂・山崎訳『数学史Ⅲ』1997, 大竹出版, p.310 より）
5-5	都市史図集編集委員会編『都市史図集』彰国社, 1999, p.100
5-6	Moffet. M et al., *A World History of Architecture*, Laurence King Publishing, 2003, p.386
5-7	Chiristian Norberg Schulz, *Architecture: Presence, Language, Place*, Skila editore, 2000, p.224
5-8	ヘレン・ロウズナウ, 西川幸治監訳『理想都市―その建築的展開』鹿島出版会, 1979, p.40
5-9, 5-10	平尾和洋
5-11a	Borsi. F, *Bernini architetto*, Electa, 1980, p.102
5-11b	Portoghesi. P, *Francesco Borromini*, Electa, 1967
5-12	鳴海・田畑・榊原編『都市デザインの手法』学芸出版社, 1990, p.19
5-13	レオナルド・ベネーヴォロ, 佐野・林訳『図説・都市の世界史 4』相模書房, 1983, p.81
5-14a	平尾和洋

5-14b	エットーレ・カメザスカ, 塚本博訳『マンテーニャ』SCALA / 東京書籍, 1993, p.39
5-15	Jestaz. B, *La Renaissance de l'architecture*, Gallimard, 1995, p.128
5-16	ヘレン・ロウズナウ, 西川幸治監訳『理想都市―その建築的展開』鹿島出版会, 1979, p.52-53
5-17	平尾和洋
6-1	*bauhaus utopien*, Edition Cantz, 1988, p.314
7-1	デイヴィド・マクラガン, 松村一男訳『イメージの博物誌 20. 天地創造』平凡社, 1992, p.67
7-2	飯沢耕太郎監修『カラー版世界写真史』美術出版社, 2004, p.47
7-3	平尾和洋
7-4	デイヴィド・マクラガン, 松村一男訳『イメージの博物誌 20. 天地創造』平凡社, 1992, p.38
8-1	*bauhaus utopien*, Edition Cantz, 1988, p.207
8-2	*bauhaus utopien*, Edition Cantz, 1988, p.320
8-3	*EL LISSITZKY*, Municipal Van Abbemuseum, 1990, p.178
8-4	平尾和洋作図（川久保勝夫『トポロジーの発想』講談社, 1995, p.151 より）
8-5	松田隆夫『視知覚』培風館, 1995, p.99
8-6	空間認知の発達研究会『空間に生きる』北大路書房, 1995, p.240
8-7	空間認知の発達研究会『空間に生きる』北大路書房, 1995, p.132
8-8	日本建築学会編『建築・都市計画のための空間学事典』井上書院, 1996, p.176 より作成

● 11 章

タイトル図　松本裕

2-1a	Archives Nationales. N III SEINE 562
2-1b	Vasserot et Bellanger / Archives Nationales. F31-82
2-1c	松本裕
2-2	松本裕・佐藤浩作図（Pierre PINON, *Atlas du Paris Haussmannien*, Parigramme, Paris, 2002, p.180 より）
2-3	松本裕・佐藤浩作図（Pierre PINON, *Atlas du Paris Haussmannien*, Parigramme, Paris, 2002, p.39 より）
2-4	César DALY, *L'Architecture privée au XIXme siècle sous Napoléon III*, Morel et Cⁱᵉ, Paris, 1864
2-5a	松本裕
2-5b	Pierre PINON, *Atlas du Paris Haussmannien*, Parigramme, Paris, 2002, p.151
2-6	松本裕
2-7	松本裕・佐藤浩作図（Leonardo Benevolo, Histoire de la ville, Parenthèses, Marseille, 1983, p.296, Fig-862 より）
2-8, 2-9	松本裕
2-10	Philippe Panerai, Jean Castex, Jean-Charles Depaule, *Formes urbaines de l'îlot à la barre*, Parenthèses, Marseille, 1997, p.157, Fig-54-b
2-11	松本裕
3-1	Ebenezer Howard, *To - Morrow. A peaceful path to real reform*, (original edition with commentary by Peter Hall, Dennis Hardy, Colin Ward), Routledge, London, 2003, p.24
3-2	Ebenezer Howard, *To - Morrow. A peaceful path to real reform*, (original edition with commentary by Peter Hall, Dennis Hardy, Colin Ward), Routledge, London, 2003, p.30
3-3	Tony Garnier, *Une cité industrielle*, Auguste Vincent, Paris, 1918, p.164
3-4	W. Boesiger et O. Stonorov, *Le Corbusier et Pierre Jeanneret. Œuvre complète 1910-1929*, Les Editions d'Architecture (Artemis), Zurich, 1964, p.39
3-5	（上）, *Le Corbusier*, Centre Nationale de documentation pédagogique, Paris, 1987, vue-7.（下）W. Boesiger et O. Stonorov, *Le Corbusier et Pierre Jeanneret. Œuvre complète 1910-1929*, Les Editions d'Archite-

	cture (Artemis), Zurich, 1964, p.111
3-6	*Le Corbusier*, Centre Nationale de documentation pédagogique, Paris, 1987, vue-16
3-7	アリソン＆ピーター・スミッソン, 大江新訳『スミッソンの都市論』彰国社, 1979, p.51
3-8	松本裕
4-1a	ケヴィン・リンチ, 丹下健三・富田玲子 共訳『都市のイメージ』岩波書店, 1968, p.22
4-1b	ケヴィン・リンチ, 丹下健三・富田玲子 共訳『都市のイメージ』岩波書店, 1968, p.188
4-2	ケヴィン・リンチ, 丹下健三・富田玲子 共訳『都市のイメージ』岩波書店, 1968, pp.55-59
4-3	フィリップ・シール「物理的な環境の知覚的、認知的な属性を記述、尺度化、表示、譜面化することについての覚え書き」『環境心理学6 環境研究の方法』誠信書房, 1975, 所収, pp.16-17 より
5-1a	Françoise BOUDON, André CHASTEL, Hélène COUZY et Françoise HAMON, *Système de l'architecture urbaine. Le quartier des Halles à Paris*, CNRS, 1977. II. Atlas, Dessins de Jean Blécon, Pl. 15
5-1b	Françoise BOUDON, André CHASTEL, Hélène COUZY et Françoise HAMON, *Système de l'architecture urbaine. Le quartier des Halles à Paris*, CNRS, 1977. II. Atlas, Dessins de Jean Blécon, Pl. 16
5-2	秋元馨『現代建築のコンテクスチュアリズム入門』, 彰国社, 2002, p.160, 図 13, 14
5-3	Colin Rowe, Fred Koetter, Traduit de l'américan par Kenneth Hylton, *Collage City*, infolio, 2002, p.95
5-4	Camillo Sitte, traduction de Daniel Wieczorek, *L'art de bâtir les villes. L'urbanisme selon ses findements artistiques*, Seuil, 1996, p.56, Fig. 33
5-5	Colin Rowe, Fred Koetter, Traduit de l'américan par Kenneth Hylton, *Collage City*, infolio, 2002, p.125, p.127
5-6a, b	クリストファー・アレグザンダー「都市はツリーではない〈上〉」『デザイン』1967年7月号, p.10
5-7	東野高等学校ホームページ (http://www.higasino.ed.jp/index.html) より

● 12 章

タイトル図	藤木庸介
1-1	山田細香作図
1-2	山田細香作図(川口衛他『建築構造のしくみ』彰国社, 1990, p.48 より)
1-3	山田細香作図(川口衛他『建築構造のしくみ』彰国社, 1990, p.48 より)
1-4	山田細香作図
1-5	平尾和洋
1-6	藤木庸介
1-7	山田細香作図
1-8	藤木庸介
1-9	山田細香作図
1-10	藤木庸介
1-11, 1-12	山田細香作図
1-13	平尾和洋
1-14	山田細香作図(『建築大辞典』彰国社, 1993, p.1610 より)
1-15	藤木庸介
1-16	日本建築学会編『西洋建築史図集 三訂版』彰国社, 1994, p.20
1-17	黄汉民『福建土楼』三联本店, 2003, p.141
1-18	藤木庸介
1-19	William J. R. Curtis, *modern architecture since 1900*, Phaidon Press Limited, 1982, p.580
1-20	藤木庸介
2-1	山田細香作図
2-2	山田細香作図(川口衛他『建築構造のしくみ』彰国社, 1990, p.40 より)
2-3, 2-4	藤木庸介
2-5	日本建築学会『日本建築史図集・新訂版』彰国社, 1980, p.50 より作成
2-6	藤木庸介
2-7	山田細香作図(『建築大辞典』彰国社, 1993, p.1790 より)
2-8	山田細香作図(『建築大辞典』彰国社, 1993, p.1693 より)
2-9	山田細香作図
2-10	山村高淑
2-11, 2-12	山田細香作図, 川口衛他『建築構造のしくみ』彰国社, 1990, p.28 より作成
2-13	山田細香作図
2-14	ANDREA PALLADIO, *THE FOUR BOOKS OF ARCHITECTURE*, Dover Publications Inc., New York, 1965, pp.66-68
2-15 〜 2-17	山田細香作図
2-18	野村彰作画
2-19	Peter Buchana, *RENZO PIANO BUILDING WORKSHOP Volume 1*, Phaidon Press Limited, 1993, p.55
2-20	平尾和洋
2-21	William J. R. Curtis, *modern architecture since 1900*, Phaidon Press Limited, 1982, p.598
2-22	William J. R. Curtis, *modern architecture since 1900*, Phaidon Press Limited, 1982, p.36
2-23	William J. R. Curtis, *modern architecture since 1900*, Phaidon Press Limited, 1982, p.74
2-24, 2-25	野村彰作画
2-26	William J. R. Curtis, *modern architecture since 1900*, Phaidon Press Limited, 1982, p.75
2-27, 2-28	野村彰作画
2-29	山田細香作図(川口衛他『建築構造のしくみ』彰国社, 1990, p.12 より)
2-30	山田細香作図(川口衛他『建築構造のしくみ』彰国社, 1990, p.12 より)
2-31, 2-32	野村彰作画
2-33, 2-34	藤木庸介
2-35	山田細香作図(川口衛他『建築構造のしくみ』彰国社, 1990, p.96 より)
2-36	山田細香作図(川口衛他『建築構造のしくみ』彰国社, 1990, p.97 より)
2-37	山田細香作図
2-38	Pierluigi Serraino, *ERRO SAARINEN*, TASCHEN GmbH, 2005, P.84
2-39	山田細香作図
2-40	藤木庸介
2-41	山田細香作図
2-42	藤木庸介
2-43	野村彰作画
2-44	原田順三作画
2-45	藤木庸介
2-46	山田細香作図(本多友常他『建築概論』学芸出版社, 2003, p.38 より)
2-47	藤木庸介
2-48 〜 2-51	山田細香作図
2-52	野村彰作画
3-1	藤木庸介
3-2	Dennis Sharp, *20th Century Architecture A visual history*, Land Humphries London, 1991, p.314
3-3, 3-4	山田細香作図 (川口衛他『建築構造のしくみ』彰国社, 1990, p.75 より)
3-5	Dennis Sharp, *20th Century Architecture A visual history*, Land Humphries London, 1991, p.220
3-6, 3-7	藤木庸介
3-8, 3-9	山田細香作図
3-10	松本裕
3-11	Dennis Sharp, *20th Century Architecture A visual history*, Land Humphries London, 1991, p.300
3-12	藤木庸介

● 13 章

タイトル図	大窪健之
1-1	大窪健之
2-1	田原幸夫『建築の保存デザイン』学芸出版社, 2003, p.38
2-2, 2-3	大窪健之
2-4	Niall Kirkwood, *Manufactured Sites: Rethinking the Post-Industrial Landscape*, Spon Pr., 2001, p.153
2-5 〜 2-8	大窪健之
3-1, 3-2	新建築写真部
3-3	山本直彦
3-4	末包伸吾
3-5 〜 3-8	大窪健之
3-9	早川邦彦『建築文化 9511』彰国社, 1995, p.94
3-10, 4-1	大窪健之
4-2	Peter Buchanan, *complete works vol.4, Renzo Piano Building Workshop*, Phaidon Press, 2000, p.96
4-3	大窪健之
4-4	OM ソーラー協会『太陽と, OM』2005 より作成
4-5	小林広英
4-6	Le Corbusier, *Œuvre complète Volume 8, 1965-69*, Architecture Artemis Zurich, 1970, p.74
4-7	Hubert Tonka, *Institut Du Monde Arabe*, Champ Vallon, 1988, p.53
4-8	トヨタ自動車『プリウス・カタログ』2006
5-1, 5-2	大窪健之
5-3	『春日権現霊験記』前田氏実, 永井幾麻, 東京国立博物館蔵
5-4 〜 5-6	大窪健之
5-7	野村彰作画
5-8	沖縄県渡名喜村教育委員会『渡名喜村渡名喜伝統的建造物群保存対策調査報告書』, 1999, 表紙より作成
5-9	大窪健之

著者略歴

〈編著者〉

平尾和洋（ひらお・かずひろ）
立命館大学理工学部建築都市デザイン学科教授
1966年生まれ．京都大学工学部建築学科卒業，京都大学大学院修了．パリ建築大学ラ・ヴィレット校，京都大学工学研究科助手を経て現職ならびに造形工房・平尾アトリエ主宰．博士（工学），一級建築士．編著に『日本の建築意匠』（学芸出版社），著書に『沈黙と光―ルイス・カーンの建築精神』（青山社），『建築デザイン発想法』『テキスト建築計画』（学芸出版社）など．
執筆担当：6章，8章，9章，10章

末包伸吾（すえかね・しんご）
神戸大学大学院工学研究科建築学専攻教授
1963年生まれ．神戸大学工学部建築学科卒業，ワシントン大学大学院および神戸大学大学院修了．鹿島建設建築設計部，神戸大学工学部建築学科，関西大学環境都市工学部建築学科教授を経て，現職．博士（工学），一級建築士．編著に『テキスト建築の20世紀』（学芸出版社），訳書に『ルドルフ・シンドラー』（鹿島出版会）．
執筆担当：1章，2章，3章（5節）

〈執筆者〉

大窪健之（おおくぼ・たけゆき）
立命館大学理工学部環境都市工学科教授
1968年生まれ．京都大学工学部建築学科卒業，京都大学大学院修了．京都大学工学研究科助手，京都大学大学院地球環境学堂准教授を経て現職．立命館大学歴史都市防災研究所 所長．2021年より国際イコモス理事．博士（工学），一級建築士．著書に『歴史に学ぶ減災の知恵』（学芸出版社），共著に『地球環境学のすすめ』（丸善）．
執筆担当：6章，13章

松本 裕（まつもと・ゆたか）
大阪産業大学デザイン工学部建築・環境デザイン学科准教授
1966年生まれ．京都大学工学部建築学科卒業，京都大学大学院およびパリ建築大学ベルビル校DEA修了．工学修士，DEA学位．共著にシリーズ『都市・建築・歴史』第6巻（東京大学出版会）．
執筆担当：5章，11章

藤木庸介（ふじき・ようすけ）
滋賀県立大学人間文化学部生活デザイン学科教授
1968年生まれ．京都精華大学美術学部建築分野卒業，シュテーデル・シューレ・フランクフルトを経てイーストロンドン大学大学院および和歌山大学大学院修了．和歌山大学システム工学部助手等を経て，現職ならびに遊工舎一級建築士事務所主宰．博士（工学），一級建築士．編著に『初歩からの建築製図』『名作住宅で学ぶ建築製図』（学芸出版社），『世界遺産と地域振興』（世界思想社）．
執筆担当：4章，12章

山本直彦（やまもと・なおひこ）
奈良女子大学生活環境学部住環境学科准教授
1969年生まれ．京都大学工学部建築学第二学科卒業，京都大学大学院博士課程修了．デンマーク王立オーフス建築大学助手，立命館大学および滋賀県立大学専任講師を経て，現職．博士（工学）．編著に『日本の建築意匠』（学芸出版社），共著に『テキスト建築計画』（学芸出版社）．
執筆担当：3章，7章

イラスト：野村彰

テキスト建築意匠

2006年12月10日　第1版第1刷発行
2025年3月20日　第1版第11刷発行

編著者　平尾和洋・末包伸吾
著　者　大窪健之・藤木庸介・松本 裕・山本直彦
発行者　井口夏実
発行所　株式会社学芸出版社
　　　　京都市下京区木津屋橋通西洞院東入
　　　　〒600-8216　電話 075・343・0811
編集担当　知念靖廣
印刷・製本：モリモト印刷
装丁：KOTO DESIGN Inc. 山本剛史

© Kazuhiro HIRAO, Shingo SUEKANE 2006
ISBN978-4-7615-3146-1　Printed in Japan